U0366372

国家科学技术学术著作出版基金资助出版

氢能利用关键技术系列

氢燃料电池

Hydrogen Fuel Cell

衣宝廉　俞红梅　侯中军　等　著

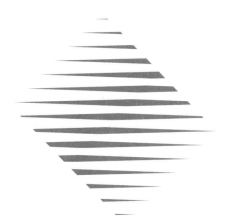

化学工业出版社

·北京·

内 容 简 介

《氢燃料电池》主要汇集了中科院大连化学物理研究所燃料电池团队最新的燃料电池研究工作进展，内容包括燃料电池概念与原理，质子交换膜、电催化剂、膜电极、双极板等关键材料和部件的研制与测试方法、环境适应性、单电池、燃料电池电堆以及燃料电池系统等的设计与实验方法的研究成果。

本书既可以为燃料电池的研发人员在燃料电池的基础材料、关键部件以及电堆与系统等方面的研发与应用提供借鉴，也可以作为大专院校相关专业学生和老师的学习参考书。本书的出版可为氢能领域的研究和利用人员提供有益参考，为氢能的高效利用提供一定的指导。

图书在版编目（CIP）数据

氢燃料电池/衣宝廉等著. —北京：化学工业出版社，2021.5（2023.2 重印）
（氢能利用关键技术系列）
ISBN 978-7-122-23788-0

Ⅰ.①氢… Ⅱ.①衣… Ⅲ.①氢能-燃料电池 Ⅳ.①F426.61

中国版本图书馆 CIP 数据核字（2021）第 033022 号

责任编辑：袁海燕　　　　　　　　　　文字编辑：向　东
责任校对：王鹏飞　　　　　　　　　　装帧设计：王晓宇

出版发行：化学工业出版社（北京市东城区青年湖南街 13 号　邮政编码 100011）
印　　装：三河市航远印刷有限公司
787mm×1092mm　1/16　印张 17½　字数 421 千字　　　2023 年 2 月北京第 1 版第 4 次印刷

购书咨询：010-64518888　　　　　　　售后服务：010-64518899
网　　址：http://www.cip.com.cn
凡购买本书，如有缺损质量问题，本社销售中心负责调换。

定　　价：168.00 元

  自 1839 年英国 Grove 爵士提出燃料电池发电原理以来，燃料电池作为能量转换装置，由于其高效、环境友好的特性，受到研发人员的重视。同时由于燃料电池部件与系统的复杂程度高、贵金属用量多、成本高、核心材料寿命要求高等特点，燃料电池在 20 世纪 60 年代才开始从基础研究走向特殊领域应用，如 20 世纪 60 年代美国的宇宙飞船、70 年代的航天飞机，以及稍后的德国潜艇等。直至 21 世纪，燃料电池在降低成本与提高可靠性和耐久性方面取得了长足的进步，才使得燃料电池在汽车动力与民用发电等领域崭露头角，逐步走向人们的日常生活。尤其是 2015 年日本丰田燃料电池乘用车进入市场以来，在国际上掀起了新一轮燃料电池产业化的热潮。在国内，有关燃料电池的材料、部件、电堆与系统的研发、测试和应用需求不断增长。

  为适应燃料电池工程技术人员对燃料电池研究开发与工程实验的需求，本书作者主要基于燃料电池最新的国内外进展，长期从事燃料电池研发的中国科学院大连化学物理研究所燃料电池团队与新源动力有限公司团队，以及国内部分燃料电池研发单位的实践与经验，继 2003 年出版《燃料电池——原理·技术·应用》之后，撰写本书。主要汇集了大连化学物理研究所燃料电池团队 2003 年之后燃料电池方面的研究工作进展，涵盖了从质子交换膜、电催化剂、膜电极、双极板等关键材料与部件的研制与测试方法、环境适应性与燃料电池电堆以及燃料电池系统等的设计与实验方法的研究成果。

  全书由衣宝廉院士整体构思策划，对各章节的撰写提出具体要求，并对书稿内容的修改完善提出详细意见，最后对全书进行审核与校正。在编写过程中，俞红梅负责第 1~6 章，参与工作的有宋微（第 6 章），迟军（第 1 章、第 5 章），高学强（第 2 章），张洪杰、覃博文、谢峰（第 3 章），蒋尚峰、姚德伟、孙昕野（第 4 章），李新绘制了部分示意图。新源动力有限公司原总工程师侯中军独立撰写了第 7 章与第 8 章。姜广对全书参考文献进行了校核。

  感谢国内相关研发单位与学者为本书的编写提供素材：大连理工大学宋玉江教授提供了催化剂研发的进展；武汉理工大学潘牧教授团队、大连新源动力有限公司提供了膜电极研发的进展；广东国鸿公司、上海交通大学、上海神力公司、大连新源动力有限公司提供了双极板的进展。在此，对各方长期以来的支持与配合表示衷心的感谢。

希望本书能为燃料电池的研发人员在燃料电池的基础材料、关键部件以及电堆与系统等方面的研发与应用提供借鉴。

由于工作与认知观点的局限，本书难免存在不足之处，欢迎读者不吝指出，未来作者将进一步完善。

2020 年 9 月

目 录

第**1**章
燃料电池概念与原理

1.1 氢燃料电池原理

燃料电池（fuel cell，FC）是一种能量转换装置。以电化学反应的方式，等温地把贮存在燃料和氧化剂中的化学能直接转换为电能。以氢气或富氢气体为燃料的燃料电池即为氢燃料电池。

1839 年 William Grove 发表了首个关于"氢燃料电池"研究的报告[1]。William Grove 通过如图 1-1 所示的实验装置发现，当向外电路中施加一定的电压，水可以被分解为氢气和氧气；而通过所示的实验装置可在外接电路中的电流计中检测到一定的电流，该过程是电解水的逆过程，氢气和氧气再重新组合，并在外电路中产生了电流。

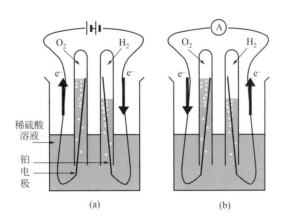

图 1-1 实验装置示意图

(a) 电解水反应；(b) 燃料电池

燃料电池的这一过程的总反应为：

$$H_2 + \frac{1}{2}O_2 \longrightarrow H_2O \tag{1-1}$$

虽然上述过程与氢气"燃烧"的产物相同，但与真正的氢气燃烧过程不同之处在于，燃料电池中的电化学反应不经过热机过程而直接产生电能，而无"燃烧"的特征——"火焰"。

氢燃料电池中的反应为：

阳极反应：

$$H_2 \longrightarrow 2H^+ + 2e^-$$

(1-2)

阴极反应：

$$\frac{1}{2}O_2 + 2H^+ + 2e^- \longrightarrow H_2O$$

(1-3)

总反应：

$$H_2 + \frac{1}{2}O_2 \longrightarrow H_2O$$

氢燃料电池的工作原理如图 1-2 所示，氢离子在将两个半反应分开的电解质内迁移，电子通过外电路定向流动、做功，形成总的电回路。氧化剂发生还原反应的电极为阴极，其反应过程为阴极过程，对外电路依原电池定义为正极。还原剂或燃料发生氧化反应的电极为阳极，其反应过程为阳极过程，对外电路为负极。

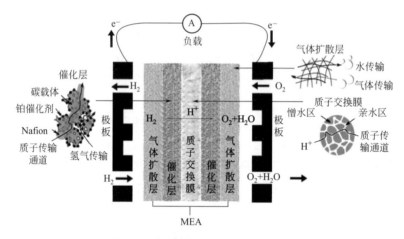

图 1-2 氢燃料电池工作原理示意图

MEA—膜电极组件

燃料电池与常规电池工作方式不同，它的燃料和氧化剂不是贮存在电池内，而是贮存在电池外部的贮罐中。常规的燃料电池电堆结构如图 1-3 所示，由外而内依次为端板、集流

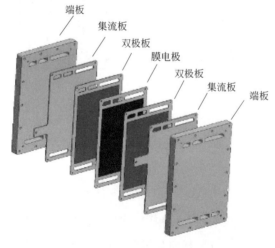

图 1-3 燃料电池电堆结构示意图

板、双极板、膜电极，其中膜电极又可分解为气体扩散层、催化层、质子交换膜。当燃料电池工作时（输出电流并做功时），需要不间断地向电池内输入燃料和氧化剂，发电并同时排出反应产物，这从另一方面更能解释燃料电池这个名词的由来。因此，从工作方式上看，它类似于常规的汽油或柴油发电机。燃料电池是按电化学原理将贮存在富氢燃料和氧化剂中的化学能直接转换为电能（直流电）的一种能量转换装置。

燃料电池工作时需要不间断地向电池内送入燃料和氧化剂，所以燃料电池所使用的燃料和氧化剂均为流体（即气体或液体）。最常用的燃料为纯氢、各种富氢气体（如重整气），或某些液体（如甲醇水溶液）。最常用的氧化剂为纯氧、净化空气等气体，或某些液体（如过氧化氢和硝酸的水溶液）。

1.2 氢燃料电池发展简史

William Grove 在 1842 年首次设计的气态伏打电池（gaseous voltaic battery），实现了氢气与氧气反应发电[2]，并指出，强化气体、电解液与电极三者之间的相互作用是提高电池性能的关键。随后，L. Mond 和 C. Langer 在 1889 年采用浸有电解质的多孔材料为电池隔膜，铂黑为电催化剂，钻孔的铂或金片为电流收集器组装出燃料电池。该电池以氢与氧为燃料和氧化剂。当工作电流密度为 $3.5mA/cm^2$ 时，电池的输出电压为 $0.73V$，这种电池结构已经接近现代的燃料电池。

此后，W. Ostwald 发表了关于燃料电池的效率可以不受卡诺循环限制的理论，燃料电池可以更高效、安静、无污染地直接获得电能，与热机相比有巨大优势。

英国工程师 F. T. Bacon 在 1932 年与 1952 年陆续完成了 5kW 中温（200℃）"培根型"碱性燃料电池的构建和优化，提出了双孔结构电极的概念，并将非贵金属催化剂和自由电解质成功应用到燃料电池中。

20 世纪 60 年代初，美国通用电气公司研制出以离子交换膜为电解质隔膜，采用高铂黑担载量电催化剂的质子交换膜燃料电池，并于 1960 年 10 月首次将燃料电池用作双子星（Gemini）飞船的主电源。而在 Apollo 登月飞行中，采用了中温碱性燃料电池。

进入 70 年代，由于燃料电池在航天飞行中的成功应用和世界范围内能源危机的出现，提高燃料有效利用率的呼声日高。人们认识到，化石燃料经过重整或气化转化为富氢燃料之后也可用于燃料电池发电，提高了燃料有效利用率。在这一时期，各国研究和发展的重点是以净化重整气为燃料的磷酸燃料电池和以净化煤气、天然气为燃料的熔融碳酸盐燃料电池。至今已有近百台 PC25 磷酸燃料电池电站（200kW）在世界各地运行[3]，实践证明，磷酸燃料电池的运行高度可靠，能作为各种应急电源和不间断电源使用。在此期间，熔融碳酸盐燃料电池也有了很大的发展，目前已有 2MW 实验电站在运行。固体氧化物燃料电池采用固体氧化物膜作为电解质，工作温度为 800～1000℃，可直接采用天然气、煤气和碳氢化合物作为燃料，余热与燃气、蒸汽轮机构成联合循环发电。

60 年代初，杜邦公司开发了含氟的磺酸型质子交换膜。通用电气公司采用这种膜组装的质子交换膜燃料电池，运行寿命超过了 57000h。1983 年加拿大国防部斥资支持 Ballard 动力公司开展燃料电池研究[4]。在各国科学家的努力下，相继解决了电极结构立体化与大幅度降低催化剂的铂用量、膜电极组件（membrane electrode assembly，MEA）的热压合，以及电池内水传递与平衡等一系列技术问题。2005 年，德国的燃料电池辅助动力潜艇正式服役[5]。日本丰田汽车于 2014 年 12 月正式推出民用商业化的燃料电池汽车"Mirai"[6]，成为燃料电池商业化的里程碑。

目前质子交换膜燃料电池电堆的质量比功率和体积比功率已分别达到或超过 2kW/kg 和 3kW/L，比如丰田的"Mirai"燃料电池汽车，本田汽车的"Clarity"[7]燃料电池汽车，以及现代汽车的"Nexo"[8]燃料电池汽车，成为商用电动汽车的代表性产品。

在国内，上海汽车集团采用新源动力的 HyMOD-50 电堆产品，开发了荣威 950 氢燃料电池车，2016 年 10 月获得工信部公告认证。采用新源动力电堆（体积比功率 2kW/L）的大通 V80 燃料电池商用车率先商业化，已开始小批量销售。

氢燃料电池汽车的推广是作为营造未来"氢经济"的重要环节，这对于缓解全球温室效应有着重要的意义。迄今，以氢燃料电池为代表的燃料电池，正在逐步实现商业化应用，对发展可再生能源，以氢气为能源载体实现一次能源的再分配，优化利用石油、天然气并提高燃料的转化利用效率、降低环境污染具有重要作用。

1.3　氢燃料电池的特点、分类及应用

1.3.1　氢燃料电池的特点

与传统能量转换技术相比，氢燃料电池技术拥有诸多优势，因而其有巨大的应用前景。

① 效率更高　燃料电池直接将化学能转换为电能。在理论上它的热电转化效率可达 85%～90%。但由于电化学反应中存在的各种极化的限制，燃料电池实际工作时的能量转化效率在 40%～60% 的范围内。但若实现热电联供，燃料的总利用率可高达 80% 以上，远高于传统内燃机的工作效率。

② 环境友好　当采用纯氢为燃料时，水是唯一的反应产物，可以实现零污染物排放，而且氢燃料电池发电不经过热机的燃烧过程，所以它几乎不排放氮氧化物和硫氧化物，减轻了对大气的污染。

③ 能源安全　氢燃料电池采用氢气作为燃料。尽管氢气在自然界中不以游离态的形式存在，但是可以利用本土现有的能源（可再生能源、核能、生物能、煤，或者天然气）通过水电解过程，或者碳氢化合物重整制得。这可以在很大程度上降低对外部石油能源的依赖。

④ 结构简单、噪声低　氢燃料电池的结构简单、紧凑。运动部件少，因而它工作时安静，噪声很低。

⑤ 可靠性高　因为氢燃料电池的运动部件很少，因而也具有很高的可靠性，可作为应急电源和不间断电源使用。

⑥ 兼容性好、规模可调节　燃料电池具有常规电池的积木特性，既可用多台电池按串联、并联的方式向外供电，也可用作各种规格的分散电源和可移动电源。因此氢燃料电池的发电规模通过调整单节电池的数目，可进行规模调节，实现微瓦至兆瓦规模的发电。

1.3.2 燃料电池的分类及应用

迄今为止已开发出多种类型的燃料电池。这些燃料电池可根据电池所采用的电解质进行分类，如表1-1所示。

① 碱性燃料电池（alkaline fuel cells，AFC） 在较高温度（250℃）采用高浓度（85%，质量分数）KOH作为电解质，在较低温度（<120℃）采用较低浓度（35%～50%，质量分数）KOH作为电解质，储存在石棉膜中。碱性燃料电池可选择的电催化剂很多，包括镍、银、金属氧化物等，但是此类碱性燃料电池对CO_2的耐受度较差。以KOH为电解质的碱性燃料电池已成功作为Apollo登月飞船和航天飞机的主电源，应用于载人航天飞行，证明了燃料电池高效、高比能量、高可靠性。

② 质子交换膜燃料电池（polymer electrolyte membrane or proton exchange membrane fuel cells，PEMFC） 采用质子交换膜（全氟化磺酸膜或者部分氟化的磺酸型质子交换膜）作为电解质。以富氢气体为燃料的质子交换膜电池通常采用碳载铂（直径3～5nm，质量分数20%～40%Pt/C）作为电催化剂。阳极铂的担载量控制在约$0.1mg/cm^2$，阴极铂的担载量控制在约$0.4mg/cm^2$。若富氢燃料中含有少量的CO，则氢侧的催化剂应该采用铂钌合金等抗毒化催化剂。质子交换膜燃料电池的工作温度通常为60～80℃。质子交换膜燃料电池可在室温快速启动，并可按负载要求快速改变输出功率，是电动车、不依赖空气推进的潜艇动力源和各种可移动电源以及分布式发电设备的最佳候选者。2014年12月丰田汽车推出燃料电池车"Mirai"，拉开了商用燃料电池车的序幕。本田汽车、现代汽车、通用汽车等正在开发燃料电池车用技术。

③ 直接甲醇燃料电池（direct methanol fuel cells，DMFC） 是质子交换膜燃料电池的一种，它采用气态或者液态的甲醇/水混合物作为燃料。直接甲醇燃料电池采用循环液态燃料进行反应，不需要额外的设备对电池排出废热，是单兵、笔记本电脑等供电的优选小型便携电源。

④ 阴离子交换膜燃料电池（alkaline polymer electrolyte membrane or alkaline anion exchange membrane fuel cells，AEMFC） 以阴离子交换膜作为电解质，其结构与质子交换膜燃料电池类似。但阴离子交换膜在燃料电池中营造出的碱性环境使得非贵金属催化剂可以应用在低温燃料电池当中，这有望解决低温燃料电池贵金属催化剂成本过高的问题。同时非贵金属催化剂对富氢燃料中的杂质（如CO，硫化物）有更高的耐受度，从而降低了对富氢燃料纯度的要求，进一步降低了成本。近年来阴离子交换膜的研究取得一些进展，但是阴离子交换膜燃料电池在稳定性与运行寿命方面与质子交换膜燃料电池尚有差距[9]。

⑤ 磷酸燃料电池（phosphoric acid fuel cell，PAFC） 是第一种实现商业化大规模应用的燃料电池。磷酸型燃料电池通常采用储存于碳化硅材质中的高浓度（约100%）磷酸作为电解质。采用耐酸的纳米铂为电催化剂，操作温度通常介于150～220℃之间。多组由International Fuel Cells公司（后为UTC Fuel Cells公司）生产的200kW级磷酸型燃料电池在美国、欧洲各国得以应用[10]。

⑥ 熔融碳酸盐燃料电池（molten carbonate fuel cell，MCFC） 以碱金属（Li，Na，K）

碳酸盐作为电解质。该燃料电池的操作温度通常介于 600～700℃ 之间，在此温度区间内的熔融碱金属碳酸盐可实现碳酸根离子的传输，也通常不需要使用贵金属催化剂。该熔融碳酸盐燃料电池可采用净化煤气或天然气作燃料，发电功率达 1MW 以上，适宜于建造区域性分散电站。将余热发电与利用考虑在内，燃料的总热电利用效率可达 69%～70%。Fuel Cell Energy 公司生产的兆瓦级 MCFC 电站已在韩国进行商业化运行[11]。磷酸燃料电池与熔融碳酸盐燃料电池的造价高于火电站。

⑦ 固体氧化物燃料电池（solid oxide fuel cell，SOFC） 以固体氧化物为氧离子载体，如以氧化钇稳定的氧化锆膜为电解质。该类燃料电池的工作温度通常介于 800～1000℃ 之间，目前研究以工作温度 700℃ 的 SOFC 为主导方向[12]。固体氧化物燃料电池功率可达 200kW 以上，特别适宜于建造大型、中型电站。固体氧化物燃料电池技术通过热电联用，可提高其总的能量利用率。SOFC 目前已有不少应用案例，如丹麦 Topsoe Fuel Cell 公司开发的 100kW 级固体氧化物燃料电池电站，日本的 EnFarm 计划初期产品中，700W 的家用燃料电池系统中有部分为固体氧化物燃料电池。

各种燃料电池的技术状态见表 1-1。

表1-1 燃料电池的技术状态

类型	电解质	导电离子	工作温度/℃	燃料	氧化剂	技术状态	可能的应用领域
碱性燃料电池	KOH	OH⁻	50～200	纯氢	纯氧	1～100kW，高度发展，高效	航天，特殊地面应用
质子交换膜燃料电池	质子交换膜	H⁺	室温～100	氢气，重整气	空气	几百千瓦，高度发展，商业化初期	电动车，潜艇，移动电源，固定电站
阴离子交换膜燃料电池	阴离子交换膜	OH⁻	室温～80	氢气	空气	约几千瓦，发展中	备用电源，移动电源
直接甲醇燃料电池	质子交换膜	H⁺	室温～100	甲醇等	空气	1kW～几十千瓦，小规模应用	微型移动电源
磷酸燃料电池	H₃PO₄	H⁺	100～200	重整气	空气	1～2000kW，高度发展，成本高	特殊需求，区域供电
熔融碳酸盐燃料电池	(Li,K)₂CO₃	CO₃²⁻	650～700	净化煤气、天然气、重整气	空气	250～2000kW，示范阶段，需延长寿命	区域性供电
固体氧化物燃料电池	氧化钇稳定的氧化锆	O²⁻	900～1000	净化煤气、天然气	空气	1～200kW，电池结构，廉价制备技术	区域性供电、联合循环发电

同时也可以按照温度对燃料电池进行分类[12]：

（1）低温（工作温度通常低于 100℃）燃料电池　包括碱性燃料电池、质子交换膜燃料电池以及阴离子交换膜燃料电池。

（2）中温（工作温度通常在 100～300℃）燃料电池 包括培根型碱性燃料电池和磷酸燃料电池。

（3）高温（工作温度通常在 600～1000℃）燃料电池 包括熔融碳酸盐燃料电池和固体氧化物燃料电池。

1.4 电极过程动力学

1.4.1 法拉第定律

当燃料电池工作，输出电能、对外做功时，电池燃料如氢、氧化剂如氧的消耗与输出电量之间的定量关系服从法拉第第一定律和法拉第第二定律。

法拉第第一定律：燃料与氧化剂在电池内的消耗量 Δm 与电池输出的电量 Q 成正比，即：

$$\Delta m = k_e Q = k_e I t \tag{1-4}$$

式中，Δm 为化学反应物质的消耗量；Q 为电量，它等于电流强度 I 和时间的乘积；k_e 为比例因子，它表示产生单位电量所需的化学物质量，称为电化当量。

电量的单位是库仑（C），$1C = 1A \cdot s$，电量的单位也可用法拉第（F），$1F = 26.8A \cdot h = 96485C$。当以库仑为电量单位时，对氢 $k_e^H = 1.04 \times 10^{-5} g/(A \cdot s)$，而对氧 $k_e^O = 8.29 \times 10^{-5} g/(A \cdot s)$。

法拉第第二定律：反映燃料和氧化剂消耗量与其本性之间的关系，物质的电化当量跟它的化学当量成正比，化学当量 k 是指该物质的摩尔质量 M 跟它的化合价的比值。第二定律的数学表达式为：

$$k = M/(Fn) \tag{1-5}$$

式中，n 为化合物中正或负化合价总数的绝对值；F 为法拉第恒量，它是阿伏伽德罗常数 $N = 6.02214 \times 10^{23} mol^{-1}$ 与元电荷 $e = 1.602176 \times 10^{-19} C$ 的积，又称法拉第常数，$F = Ne = 96485C$。

对于氢燃料电池，每输出 1F（26.8A·h 或 96485C）电量，消耗 0.5mol 的氢气和 0.25mol 的氧气，即消耗 1.008g 氢和 8.000g 氧。

1.4.2 电化学反应速率

与化学反应速率定义一样，电化学反应速率 v 也同样定义为单位时间内物质的转化量，如式（1-6）所示：

$$v = \frac{d(\Delta m)}{dt} = k_e \frac{dQ}{dt} = k_e I \tag{1-6}$$

即电流强度 I 可用来表示任何电化学反应的速率，当然也适用于燃料电池。

电化学反应均是在电极与电解质的界面上进行，因此电化学反应速率与界面的面积有关，将电流强度 I 除以反应界面的面积 S：

$$i = \frac{I}{S} \tag{1-7}$$

式中，i 为电流密度，即单位电极面积上的电化学反应速率。

燃料电池均采用多孔气体扩散电极，反应可在整个电极的立体空间内的三相界面（气、液、固）上进行，但对任何形式的多孔气体扩散电极，均以电极的几何面积除电流强度，称为表观电流密度，表示燃料电池的反应速率。

1.4.3 电池反应和电极过程

1.4.3.1 电池反应

在氢燃料电池中，在阳极和阴极上同时发生如下电化学反应。

在阳极：

$$H_2 \longrightarrow 2H^+ + 2e^-$$

在阴极：

$$\frac{1}{2}O_2 + 2H^+ + 2e^- \longrightarrow H_2O$$

总反应：

$$H_2 + \frac{1}{2}O_2 \longrightarrow H_2O$$

该电池反应包含在电极表面与邻近电极表面的化学物质之间的电子传导、离子传输，或者说反应是发生在离子迁移电解质与电子导电导体之间的界面上。燃料电池通常以气体为燃料和氧化剂（如氢气和氧气），而气体在电解质溶液中的溶解度很低，为了提高燃料电池的实际工作电流密度并减少极化，一方面应增加电极的真实表面积，另一方面应尽可能地减小液相传质的边界层厚度。多孔气体扩散电极就是为适应这种要求而研制出来，多孔气体扩散电极既有利于气体传输到电极表面，又有利于生成的水排出。

整体燃料电池的反应过程当中存在多个连续和并行步骤。电化学反应既包括电荷转移过程也包括 Gibbs 自由能的变化。降低电荷从电解质迁移到固体电极所克服的活化能全能够有效提高电化学反应速率。电极表面进行的电化学反应速率等于反应进行时单位时间内释放或者消耗电子的速率，即电流 I；或者采用"电流密度" i 来表示，电流密度是指单位表面积上的电流。由"法拉第定律"可知，电流密度与电荷转移和单位面积消耗的反应物量成正比。

$$i = nFj \tag{1-8}$$

式中，nF 为转移电荷量，C/mol；j 为单位面积的反应物通量，mol/(s·cm²)。

因此，反应速率可由置于电池外部的电流计方便地进行测量。然而，通过这种方式测试出的电流或者电流密度实际上为"净电流"，即电极上的正向电流与反向电流之差。一般情况下，电化学反应包括氧化反应与还原反应两个半反应：

$$Red \longrightarrow Ox + ne^- \tag{1-9}$$

$$Ox + ne^- \longrightarrow Red \tag{1-10}$$

当电极表面的反应到达平衡状态时，电池外部没有电流产生，此时电极表面的氧化和还原过程以相同速率进行：

$$Ox + ne^- \Longleftrightarrow Red \tag{1-11}$$

反应物组分的消耗与电极表面的反应物浓度成正比。对于式(1-11)中的正向反应，反应物

消耗的通量可表示为

$$j_f = k_f c_O \tag{1-12}$$

式中，k_f 为正向反应速率系数，s^{-1}；c_O 为反应组分的表面浓度，mol/cm^2。

同理，对于式(1-11) 中的逆向反应，反应物通量可表示为

$$j_b = k_b c_R \tag{1-13}$$

正向与逆向反应同时进行，分别消耗和释放电子。产生的净电流是释放电子与消耗电子之差：

$$i = nF(k_f c_O - k_b c_R) \tag{1-14}$$

1.4.3.2 电极过程

以氢氧化电极过程为例，对氢的氧化电极过程：

$$H_2 \xrightarrow{催化剂} 2H^+ + 2e^- \tag{1-15}$$

具体反应过程如下：

$$H_2(g) \xrightarrow{扩散} H_2（催化剂表面） \tag{1-16}$$

$$H_2 \longrightarrow 2H_a \tag{1-17}$$

$$H_a \longrightarrow H^+ + e^- \tag{1-18}$$

$$H^+ \xrightarrow{电迁移} H^+（电解质） \tag{1-19}$$

即氢气首先必须经过传质过程：对流、扩散等，迁移至电极的电催化剂附近，进而产生 H_2 的解离吸附，生成 H_a，吸附的 H_a 在电催化剂与电极电位的推动下进行电化学反应，生成 H^+ 与电子（e^-），生成的 H^+ 还需定向电迁移离开反应点进入电解液中。

日本学者堀内引入了化学计算数 ν_s 的概念，ν_s 表示为完成电极反应，如 $H_2 \xrightarrow{催化剂} 2H^+ + 2e^-$，电极反应历程中各基元反应必须发生的次数。如对上述假定的氢氧化反应历程，反应式(1-17) 的 $\nu_s = 1$，而反应式(1-18) 的 $\nu_s = 2$。

当电极反应以恒定速率进行时，电极反应历程中各串行步骤的反应速率与总反应速率的关系服从方程：

$$\nu_{总} = \nu_s^i \nu_i \tag{1-20}$$

即各基元反应速率乘以它的化学计算数，均应等于总反应速率。否则会产生中间物累积，反应不可能在稳态下进行。阻力最大的步骤消耗能量（或所需推动力）最大，它的本征反应速率最慢。所以对于一个多步串联的电极反应过程，往往存在一个最慢的步骤，整个电极反应速率主要由这个最慢的步骤进行的速率决定，此时整个电极反应所表现出的动力学特征与这个最慢步骤的动力学特征相同，我们称这个最慢步骤为控制步骤。若电极过程存在控制步骤，则电极过程所包括的其他各非控制步骤可近似地用热力学参数，如平衡常数、吸附平衡常数等处理。而控制步骤则必须用动力学参数，如反应速率常数等处理。

1.4.4 燃料电池的极化

正如前述，燃料电池运行输出电能时，输出电量与燃料和氧化剂的消耗服从法拉第定律；同时，电池的电压也从电流密度 $i = 0$ 时的静态电势 E_s（它不一定等于电池的电动势），

降为 V。若在电池内加入参考电极，如标准氢电极，并测量氢电极与氧电极的电极电位，会发现当电池从 $i=0$ 状态转入 $i\neq0$，即 $I>0$ 时，氢、氧电极的电位均发生了变化，并有：

$$\varphi_{a(H_2)}=\varphi_{a(H_2)}^{s}-\eta_a \tag{1-21}$$

$$\varphi_{c(O_2)}=\varphi_{c(O_2)}^{s}-\eta_c \tag{1-22}$$

以及

$$\eta=\eta_a+\eta_c+\eta_\Omega \tag{1-23}$$

$$V=E_s-\eta_a-\eta_c-\eta_\Omega \tag{1-24}$$

式中，η_a 为阳极极化过电位；η_c 为阴极极化过电位；η_Ω 为欧姆极化过电位，主要由将阴、阳极分开的电解质离子迁移电阻引起；φ_a^s 与 φ_c^s 分别为阳极、阴极电极的静态电位，不一定等于电极电势，它与电极电势的差值称为开路极化。

在燃料电池的实际运行过程中，电池电压始终低于反应的平衡电势，其差值：$E_s-V=\eta$，$V=E_s-\eta$。η 称为极化损失，这种电极电势偏离平衡电势的现象，被称为"极化"现象[13]，V 与 I 的关系图称为伏安（V-I 或 V-i）曲线。图 1-4 是 PEMFC 典型的极化曲线，在开路极化之外，主要分为三种极化方式：

① 活化极化或者动力学极化（kinetic loss） 活化极化是由于电极表面上电化学反应的动力学限制而产生的，活化极化与电化学反应速率直接相关。PEMFC 阳极侧发生氢的电化学氧化反应，Pt 表面的氢氧化交换电流密度（i_0）为 10^{-3} A/cm^2，阳极反应的损失通常可忽略不计。而阴极侧氧的电化学还原（oxygen reduction reaction，ORR）动力学非常慢（i_0 较低，$10^{-10}\sim10^{-8}$ A/cm^2）[14]。通常认为活化极化是由动力学慢的 ORR，以及 ORR 活性较低的催化剂造成的。减小活化极化的影响在于提高 ORR 的交换电流密度 i_0，通过提高电池温度、采用高活性催化剂、增加电极内粗糙度（增加电极的真实活性面积）、增加反应气体浓度和压力等方式可以有效提高交换电流密度。

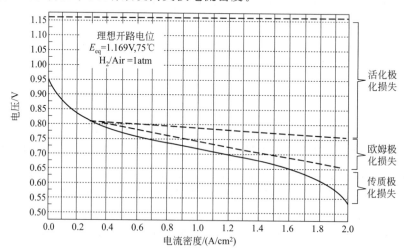

图 1-4 PEMFC 典型的极化曲线（1atm=101325Pa）

② 欧姆极化（Ohmic loss，也称 iR loss） 主要由燃料电池催化层、集流体内电子、聚合物膜和质子传导时的阻抗引起。对于大多数燃料电池材料来说，选用导电性优良的材料制备电极和集流体，降低界面处的接触电阻，可以忽略电子电阻造成的影响。加强电池的"水管理"，提高催化层和膜内的质子电导率，同时降低 PEMFC 中各组件的接触电阻的方法可

以降低欧姆极化。

③ 传质极化（mass transport loss） 主要是由于反应界面上反应气体传质速度不能满足电极反应的需要而引起的。在饱和增湿的 PEMFC 中，较大电流密度时，一方面由于此时电化学反应速度较快，反应气的消耗亦较快，反应气的供应不足；另一方面由于大量液态水的存在，堵塞气体扩散层中的孔道，从而引起反应气的传递受阻，因此合理的孔道结构、表面亲/疏水性质适当的气体扩散层是降低传质极化的关键。

1.4.5　电化学极化

任何电极过程均一定包含一个或几个反应物接受或失去电子的过程，由这一过程引起的极化称为电化学极化或活化极化。

假定电化学过程 $Ox + ne^- \rightleftharpoons Red$ 为反应的控制步骤。则整个电极过程速度由这一步控制，其余各步可视为在准平衡态。

电化学反应的活化能包含化学与电两部分，其中，化学的活化能相当于电极过电势等于零的活化能，与电催化剂的活性相关；而电的活化能相当于双电层电场引起的活化能改变，与电极过电势相关。而双电层电场是与电极电势相关的，依据 Brønsted 原理，假定由电极电势引起的能量变化 $nF\varphi$ 分配在正逆反应之间，表示影响正反应（阴极过程）的能量份数用 α 表示，影响逆反应（阳极过程）的能量份数为 $\beta = (1-\alpha)$。α 称为传递系数。假定正逆反应均服从一级反应动力学方程，则有：

$$\overrightarrow{i} = nF\overrightarrow{A}e^{-\frac{\overrightarrow{E}}{RT}}e^{-\frac{anF\varphi}{RT}}c_O = nF\overrightarrow{k}e^{-\frac{anF\varphi}{RT}}c_O \tag{1-25}$$

$$\overleftarrow{i} = nF\overleftarrow{A}e^{-\frac{\overleftarrow{E}}{RT}}e^{\frac{(1-a)nF\varphi}{RT}}c_R = nF\overleftarrow{k}e^{\frac{(1-a)nF\varphi}{RT}}c_R \tag{1-26}$$

式中，A 为指前因子；E 为化学部分活化能，电极电势有关指数符号不同，表示电场能量加速一个反应、减慢另一个反应。

当电极电势等于平衡电势时，电极处于平衡态，对外工作电流为零，此时电极上进行的正逆向反应速率应相等，即

$$i = \overrightarrow{i} - \overleftarrow{i} = 0 \tag{1-27}$$

$$i^0 = \overrightarrow{i} = \overleftarrow{i} = nF\overrightarrow{k}e^{-\frac{anF\varphi^e}{RT}}c_O = nF\overleftarrow{k}e^{\frac{(1-a)nF\varphi^e}{RT}}c_R \tag{1-28}$$

i^0 称为交换电流密度，而当 c_O 与 c_R 均等于 1 时，i^0 称为标准交换电流密度。

电化学极化：
$$\eta_e = \varphi^e - \varphi$$

代入上述方程，则有净阴极电流密度：

$$i = i^0 \left[e^{\frac{anF\eta_e}{RT}} - e^{\frac{-(1-a)nF\eta_e}{RT}} \right] \tag{1-29}$$

若令电极表面浓度分别为 c_O^s 和 c_R^s，则有：

$$i = i^0 \left[\frac{c_O^s}{c_O} e^{\frac{anF\eta_e}{RT}} - \frac{c_R^s}{c_R} e^{-\frac{(1-a)nF\eta_e}{RT}} \right] \tag{1-30}$$

由式（1-30）可知，增加阴极极化，加速电极的阴极过程，减慢阳极过程，增加电极对外输出的电流密度 i。

下面对两种极端情况进行分析：

① $i \ll i^0$　即近可逆电极情况，此时当电极对外输出的电流密度为 i 时，电极的极化很

小,即满足:

$$\eta_e \ll \frac{RT}{\alpha nF} \times \frac{RT}{(1-\alpha)nF} \tag{1-31}$$

据此可将式(1-29)按级数展开,近似得:

$$i = i^0 \frac{nF}{RT}\eta_e \tag{1-32}$$

即电极工作电流密度 i 与电化学极化过电位 η_e 成正比,$i^0 \frac{nF}{RT}$ 可视为等价电阻项。

② $i \gg i^0$　此时逆反应可忽略。

$$i = i^0 e^{\frac{\alpha nF\eta_e}{RT}} \tag{1-33}$$

取对数得

$$\ln i = \ln i^0 + \frac{\alpha nF\eta_e}{RT} \tag{1-34}$$

$$\eta_e = -\frac{RT}{\alpha nF}\ln i^0 + \frac{RT}{\alpha nF}\ln i \tag{1-35}$$

令 $a = -\frac{RT}{\alpha nF}\ln i^0$,$b = \frac{RT}{\alpha nF}$ 则有:

$$\eta = a + b\ln i \tag{1-36}$$

此即为 Tafel 方程。

加快电化学反应速度的关键是提高交换电流密度 i_0,即提高电催化剂的活性。电催化剂的活性与其组成、晶面结构、制备方法都有关联。对于氢氧化反应(hydrogen oxidation reaction,HOR)[15,16],是近可逆电极反应,其交换电流密度通常为 $0.1 \sim 100 \mathrm{mA/cm^2}$,当燃料电池的工作电流密度为几百毫安每平方厘米时,HOR 的极化仅为 $1 \sim 20\mathrm{mV}$,几乎相当于可逆电极反应。但是,氧还原反应(oxygen reduction reaction,ORR)为高度不可逆电极反应,在铂电极上其交换电流密度仅为 $10^{-7}\mathrm{A/cm^2}$,甚至更低[17]。因此,燃料电池的电化学极化主要来自阴极侧的氧还原反应,一般为 $0.4 \sim 0.5\mathrm{V}$。ORR 电催化剂是决定 PEMFC 电化学反应速度的关键,提高 ORR 的交换电流密度是促进 PEMFC 的电催化反应的根本途径。从 20 世纪后期至今,科学家们千方百计提高氧还原反应的交换电流密度,但收效甚微。若能将 ORR 的交换电流密度提高几个数量级,达到氢氧化反应交换电流密度的 $1/3 \sim 1/2$,则 PEMFC 的效率可提高 15%~20%。

1.4.6　传质极化

迁移和纯化学转变均能导致电极反应区参加电化学反应的反应物或产物浓度的变化,形成浓度梯度会使电极电位改变,即产生浓差极化作用,也称为传质极化。仅当电化学反应为控制步骤时,才可忽略浓差极化作用。一般仅当电化学反应速度很小时,才呈现这种情况,而在高电流密度下,浓差极化不能忽略。

在没有中间化学转变的情况下,反应物迁移到电极反应区,或反应产物从电极反应区迁移出,主要通过三种方式来实现,即对流、分子扩散和电迁移。

① 对流　对流传质是指物质的粒子随流动的流体(液体、气体)而移动。引起对流的

原因是浓度或温度引起的密度差（自然对流）或是搅拌、压力差引起的流体流动（强制对流）。对第 i 种物质的对流引起的流量 $N_{对i}$ 为：

$$N_{对i} = \vec{V}c_i = (V_x + V_y + V_z)c_i \tag{1-37}$$

② 分子扩散 其推动力为化学位梯度，也近似视为浓度梯度。对第 i 种物质，由分子扩散引起的流量为：

$$N_{扩i} = -D_i \nabla c_i \tag{1-38}$$

∇ 为向量算符，

$$\nabla = \vec{i}\frac{\partial}{\partial x} + \vec{j}\frac{\partial}{\partial y} + \vec{k}\frac{\partial}{\partial z} \tag{1-39}$$

③ 电迁移 带电粒子在电位梯度的推动下产生的迁移，

$$N_{电迁} = \pm(E_x + E_y + E_z)u_i^0 c_i \tag{1-40}$$

式中，E_x，E_y，E_z 分别为电场在 x，y，z 方向的场强；u_i^0 为第 i 种带电粒子的"淌度"，即第 i 种带电粒子在单位强度电场作用下的运动速率。正号用于荷正电荷的粒子，负号用于荷负电的粒子。

据此，当同时考虑三种迁移方式时，有：

$$N_i = \vec{V}c_i - D_i \nabla c_i \pm E u_i^0 c_i \tag{1-41}$$

对于电极过程 $Ox + ne^- \longrightarrow Red$，假定对流、电迁移传质不发生，且氧化剂 Ox 向反应区扩散传质过程为控制步骤，因此其他步骤均可认为处在近似平衡态，可用热力学进行处理。进而假定扩散层厚度为 δ，在扩散层内，浓度呈线性变化，Ox 的本相浓度为 c^0，表面浓度为 c^S，进而有：

$$N_0 = D\frac{c^0 - c^S}{\delta} \tag{1-42}$$

电化学反应速率，

$$i = \frac{N_0}{nF} = \frac{D}{nF} \times \frac{c^0 - c^S}{\delta} \tag{1-43}$$

当 $c^S \to 0$ 时的电化学反应速率称为极限电流密度，用 i_d 表示，则有 $i_d = \frac{D}{nF} \times \frac{c^0}{\delta}$。将此式代入上式可得：

$$c^S = c^0\left(1 - \frac{i}{i_d}\right) \tag{1-44}$$

电极电势：

$$\begin{aligned}\varphi &= \varphi^0 + \frac{RT}{NF}\ln\frac{c_O^S}{c_R} \\ &= \varphi^0 + \frac{RT}{NF}\ln\frac{c_O}{c_R} + \frac{RT}{NF}\ln\left(1 - \frac{i}{i_d}\right) = \varphi^e + \frac{RT}{NF}\ln\left(1 - \frac{i}{i_d}\right)\end{aligned} \tag{1-45}$$

式中，φ^e 为电极电动势。$\frac{RT}{NF}\ln\left(1 - \frac{i}{i_d}\right)$ 为由氧化剂扩散传质部分引起的极化，即浓差过电位。由 $\frac{RT}{NF}\ln\left(1 - \frac{i}{i_d}\right)$ 可知，电流密度 i 越小，浓差过电位越小；对不同电极结构或反应物、产物等，其极限电流密度 i_d 越大，由传质引起的浓差过电位越小。

1.4.7 燃料电池的不可逆性

铂是首选的低温燃料电池电催化剂。对氢氧化,交换电流密度可高达 $0.1\sim100\text{mA/cm}^2$。用其作电催化剂,制备的多孔气体扩散电极,当其工作电流密度高达每平方厘米几百毫安时,极化过电位仅有 $1\sim20\text{mV}$,接近可逆电极。而将其用于氧还原时,交换电流密度最高为每平方厘米几微安,在室温交换电流密度可低至 10^{-10}A/cm^2,因此氧电极是典型的不可逆电极。

1.4.8 燃料渗透和内电流

PEMFC 单池开路电压在 $0.90\sim1.10\text{V}$ 之间,制备 MEA 采用的质子交换膜越薄,开路电压越低。其原因是质子交换膜并不能完全阻隔两侧反应气的穿透,会有少量反应气通过膜相互渗透,氢到达氧电极,氧到达氢电极,这两个过程均产生短路电流。通常情况下,阳极氢电极交换电流密度较大,在 10^{-3}mA/cm^2 级别,这一毫安级短路电流对氢电极电位几乎无影响;而阴极氧还原的交换电流密度相对很小,在 10^{-9}mA/cm^2 级别,这一毫安级的短路电流能导致氧电极电位下降,产生混合电位,进而导致电池开路电压下降,如图 1-5 所示。此时的电压,称为开路电压。

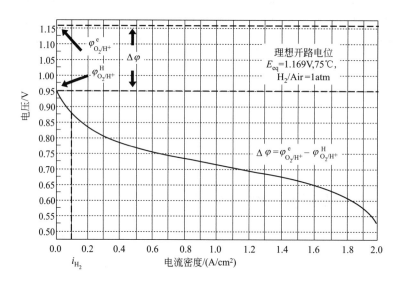

图 1-5 由于膜渗透氢氧电极产生混合电位原理图 (1atm = 101325Pa)

图中 $i_{\text{H}_2} = \dfrac{Q_{\text{H}}}{2F}$,$Q_{\text{H}}$ 为单位时间通过每平方厘米膜渗透到氧电极的氢量

燃料电池处在每平方厘米几百毫安以上的状态运行时,燃料穿透率、短路电流远低于电极上氢气的消耗速率,以及外电路中生成的电流,所以不会对电压造成显著影响。由于氢气的渗透量远大于氧气的渗透量,故通常只考虑渗氢量的影响,而忽略渗氧量造成的影响。

燃料穿透主要受质子交换膜的阻气性、膜的厚度,以及膜两侧的氢气分压差的影响。当开路电位过低(通常低于 0.9V)时通常意味着氢气穿透量过大,或者膜短路。

1.5 电化学热力学

1.5.1 电极电势

根据国际纯粹与应用化学联合会（IUPAC）的定义，电极电势是两个电极间的电动势，为获得电极电势数值，通常以某种电极的电极电势作标准与待测电极组成电池，通过测定电池的电动势确定各种不同电极的相对电极电势 E 值。采用标准氢电极作为标准电极，并人为地规定标准氢电极的电极电势为零。

当用电解质将任一氧化还原反应分为两个半反应，一个为还原反应，另一个为氧化反应，即构成一个电池。通称半反应为半电池或电极。目前通用的表达方法：从左至右依次为电池中两个电极之一的材料，与其相接触的电解液，与另一个电极相接触的电解液，另一电极材料，用竖线或逗号表示相界。当两电极的电解液不同时，若液体接界电位已消除，用双实竖线表示，未消除用双虚竖线表示。另外，通常写在左边的电极起氧化作用，为负极，在该电极上进行还原剂的氧化反应，其过程称为阳极过程；写在右边的电极起还原作用，为正极，在该电极上进行氧化剂的还原反应，其过程称为阴极过程。有时在反应物质的后面加括号表示其活度或浓度。例如：

$$Pt, H_2 | H^+ \parallel Cu^{2+} | Cu$$

表示浸在酸性溶液中的氢电极和浸在二价铜盐溶液中的铜电极，电池液体接界电位已消除。对酸性氢氧燃料电池可写为：

$$Pt, H_2(p=0.2MPa) | H^+(a=1mol/L) | O_2(p=0.3MPa), Pt$$

至今，还不能用实验测定或理论上计算电极电势，但可以测定电池的电动势。将镀有铂黑的铂片放入含有氢离子的溶液中，并将氢气不断吹到铂片上，这样构成的电极作为氢电极。并把氢气分压为 1atm、氢离子活度 $a_{H^+}=1mol/L$ 时的氢电极作为标准氢电极，取其电极电势为零，$\varphi^0_{H^+/H_2}=0$，上标"0"代表标准电极电势。因此 IUPAC 建议并已被采用和承认，用标准氢电极为标准电极，它的电极电势作为零，任何电极与同温度下氢标准电极所组成的电池的电动势为该电极的电势，并用 $\varphi_{[O]/[R]}$ 表示。[O] 代表电极过程氧化态物质，[R] 代表电极过程还原态物质。如在酸性氢氧燃料电池中的氧电极电势表示为：φ_{H^+/O_2}。

按照惯例，将标准氢电极放在电池表示式的左侧，与任一给定电极构成电池，并消除液接电位，测定的电池电动势则为该电极以标准氢电极为标度的电极电势。因此若给定电极上进行的电极反应为还原反应，则 φ 为正值；反之若进行的反应为氧化反应，则 φ 为负值。因此这种惯例给出 φ 为还原电位。当给定的电池反应物与产物均处在标准状态时，其值为标准电极电势，即 φ^0。例如对质子交换膜燃料电池，对氢阳极氧化过程：

阳极反应：

$$H_2 \longrightarrow 2H^+ + 2e^-$$

$$\varphi^0_{H_2/H^+} = 0V$$

对氧阴极还原过程：

$$\frac{1}{2}O_2 + 2H^+ + 2e^- \longrightarrow H_2O$$

$$\varphi^0_{O_2/H_2O} = 1.229V$$

各种电极过程的标准电极电势已有表可查。因为均采用还原电势，所以对由任何两个电极构成的电池的标准电动势 E^0 等于：

$$E^0 = \phi^0_{右(还原)} - \phi^0_{左(氧化)} \tag{1-46}$$

1.5.2 可逆电动势

一个氧化还原反应可以被分解为两个半反应：还原剂的阳极氧化和氧化剂的阴极还原，并与适宜的电解质构成电池，按电化学方式可逆地实施该反应。由化学热力学可知，在等温等压的可逆电池反应中，向外所能做出的最大非膨胀功即为电功，

$$\Delta G = -nFE \tag{1-47}$$

式中，E 为电池的电动势；ΔG 为反应的吉布斯（Gibbs）自由能变化；F 为法拉第常数（$F = 96485C$）；n 为反应转移的电子数。该方程是电化学的基本方程，是电化学与热力学联系的桥梁。

以 H_2/O_2 型质子交换膜燃料电池为例，电池中总的反应为：

$$H_2 + \frac{1}{2}O_2 \longrightarrow H_2O$$

该反应中转移的电子数为 2。在 25℃、0.1MPa 条件下，反应生成液态水，该反应的 Gibbs 自由能变化为 $-237.2kJ/mol$。根据式（1-47）可计算出电池的可逆电动势为 1.229V。

然而反应的 Gibbs 自由能并不是一成不变的，它会随着温度和相态（气态或液态）的改变而改变。

由化学热力学可知，当反应在恒压条件下进行，ΔG 随温度变化的关系为：

$$\left(\frac{\partial \Delta G}{\partial T}\right)_p = -\Delta S \tag{1-48}$$

代入方程式(1-47)，可得：

$$\left(\frac{\partial E}{\partial T}\right)_p = \frac{\Delta S}{nF} \tag{1-49}$$

该方程给出电池电动势与温度变化的关系，$\dfrac{\Delta S}{nF}$ 称为电池电动势的温度系数。

ΔG 与反应的焓变 ΔH 和熵变 ΔS 之间的关系为：

$$\Delta G = \Delta H - T\Delta S \tag{1-50}$$

由方程式(1-50)可知，对任一电池，该过程的热力学效率，即最大效率为：

$$f_{id} = \frac{\Delta G}{\Delta H} = 1 - T\frac{\Delta S}{\Delta H} \tag{1-51}$$

由方程式(1-51)可知，任一电池过程热力学效率与 100% 的偏离决定于其过程熵变的大小和符号。由化学热力学可知，化学反应的熵变主要由反应物与产物气态物质的物质的量差值决定。若反应的总气态物质的量减少，则熵变为负值，热力学效率小于 100%，并随温度升高，电池电动势减小，即电动势温度系数为负值；若反应气态物质的物质的量变化为

零，则电池的热力学效率接近 100%，电池的电动势随温度的变化很小；若反应的气态物质的量增加，则反应的熵变为正值，电池的热力学效率大于 100%，即电池过程还吸收环境的热做功，电池电动势随温度升高而增加。

由电化学热力学可知，当反应过程的温度变化时，如果参加反应的反应物与产物在温度变化范围内均无相变，则有

$$\Delta S = \int \frac{\Delta C_p}{T} dT \tag{1-52}$$

$$\Delta H = \int \Delta C_p dT \tag{1-53}$$

方程中 ΔC_p 为反应的恒压热容变化。若某物质有相变，则在计算由 T 改变引起的 ΔH 变化时需考虑相变潜热 ΔH_t，和在相变过程中的熵变 $\Delta H_t/T_t$（T_t 为相变温度，ΔH_t 为相变潜热）。在热力学数据表中已给出了各种物质在 25℃，1atm 下的 ΔH^0、ΔS^0、ΔG^0 值和 C_p 与温度的函数关系式：

$$C_p = a + bT + cT^2 \tag{1-54}$$

$$C_p = a + bT + \frac{c'}{T^2} \tag{1-55}$$

式中，a，b，c 与 c' 为经验系数。这样一来我们可以 25℃ 为始点，计算任一温度下的 ΔH 与 ΔS，进而计算 ΔG，再依据式(1-47)、式(1-51)，求出任一温度下的电池电动势、热力学效率等参数。

由化学热力学可知，对于 i 种物质构成的体系，第 i 种物质的化学势（chemical potential）μ_i 与体系 Gibbs 自由能的关系为：

$$\mu_i = \left(\frac{\partial G}{\partial n_i}\right)_{T,p,n_j} \tag{1-56}$$

$$G_{T,p} = \sum_i \mu_i n_i \tag{1-57}$$

μ_i 可表示为：

$$\mu_i = \mu_i^0(T) + RT \ln a_i \tag{1-58}$$

式中，a_i 为第 i 物种的活度，对于理想气体，a_i 等于气体的压力。即有：

$$\mu_i = \mu_i^0(T) + RT \ln p_i \tag{1-59}$$

μ^0 为 $a_i = 1$，对理想气体 $p_i = 1$ 时的化学势，称为该物质在标准状态下的化学势。它仅是温度的函数，与浓度和压力无关。

对任一化学反应过程：

$$\sum \nu_i A_i = 0 \tag{1-60}$$

ν_i 是反应式中的计量系数（stoichiometric factor），对反应物取负值，对产物取正值。此化学反应过程的 Gibbs 自由能变化，依据方程式(1-56)、式(1-58) 有：

$$\Delta G = \sum_i \mu_i \nu_i \tag{1-61}$$

$$\Delta G = \sum_i \mu_i^0(T)\nu_i + RT \sum_i \nu_i \ln a_i \tag{1-62}$$

对气体反应有：

$$\Delta G = \sum_i \mu_i^0(T)\nu_i + RT \sum_i \nu_i \ln p_i \tag{1-63}$$

式中，$\sum_i \mu_i^0(T)\nu_i$ 称为标准 Gibbs 自由能变化，即反应各物质浓度或压力均为 1 时 Gibbs 自由能改变，用 ΔG^0 表示。由化学热力学可知，

$$\Delta G = -RT \ln K \tag{1-64}$$

式中，K 为上述反应的平衡常数。

利用式(1-47)，由上述方程可得：

$$E = \frac{RT}{nF} \ln K - \frac{RT}{nF} \sum_i \nu_i \ln a_i = E^0 - \frac{RT}{nF} \sum_i \nu_i \ln a_i \tag{1-65}$$

对气体反应：

$$E = E^0 - \frac{RT}{nF} \sum_i \nu_i \ln p_i \tag{1-66}$$

式中，$E^0 = \frac{RT}{nF} \ln K$ 称为电池标准电动势，它仅是温度的函数，与反应物的浓度、压力无关。式(1-65) 或式(1-66) 即反映电池电动势与反应物、产物活度或者压力关系的 Nernst 方程。

值得注意的是可逆电动势是在假设反应"完全可逆"的条件下获得的，而燃料电池的实际反应中存在各种原因造成的过电势，燃料电池的实际电压比可逆电动势要低。

1.5.3 燃料电池的效率

（1）卡诺循环

在传统的化学能利用方式中，热机常被用来将燃料的化学能转化成内能再转化成机械能，如蒸汽机、汽轮机、内燃机等。热机通常以气体作为工质，利用气体受热膨胀对外做功获得机械能。然而，工作过程中，燃料燃烧时放出的热量并没有全部被工质所吸收，只有一部分转变为机械功，其余一部分随工质排出，传给低温热源；还有一部分因克服机件摩擦而损失。

卡诺循环效率指的是热机在两个不同温度之间工作时具有的最大效率[13]。以燃气轮机为例，如果热机工作时的最高温度为 T_1，热流体在温度为 T_2 时释放出能量。

通过热力学相关定理我们可以得出，卡诺循环的效率

$$\eta_c = 1 - T_2/T_1 \tag{1-67}$$

由此可以看出，卡诺循环的效率只与两个热源的热力学温度有关，如果高温热源的温度 T_1 愈高，低温热源的温度 T_2 愈低，则卡诺循环的效率愈高。因为不能获得 $T_1 \to \infty$ 的高温热源或 $T_2 = 0K(-273℃)$ 的低温热源，所以，卡诺循环的效率必定小于 1[13]。

（2）氢燃料电池的热力学效率

燃料电池作为一种电化学能量转换装置，并不受到卡诺效率的限制。根据式(1-47)，在完全可逆的氢燃料电池反应中，认为 Gibbs 自由能完全转换成为电能。

热力学效率

$$\eta_{FC} = \frac{\Delta G}{\Delta H} \tag{1-68}$$

$$G = nFE \tag{1-69}$$

任何一种能量转换装置的效率都可以定义为最大可用输出能量与总的输入能量之间的比值。对氢燃料电池而言，最大可用输出能量指的就是燃料电池本身所能产生的电能（$\Delta \overline{g}$）；总的能量输入为氢气完全燃烧所释放出的能量（$\Delta \overline{h}$）（为方便比较，"—"标示"每摩尔"）。

因此氢燃料电池的效率可理解为：

$$\frac{\Delta \overline{g}}{\Delta \overline{h}} \tag{1-70}$$

为了避免歧义，需要说明的是，由于产物的状态不同，氢气完全燃烧释放出的能量 $\Delta \overline{h}$ 对应有两个数值：

当产物为气态水时，

$$H_2 + \frac{1}{2}O_2 \longrightarrow H_2O(g) \tag{1-71}$$

$$\Delta \overline{h} = -241.83 \text{kJ/mol}$$

当产物为液态水时，

$$H_2 + \frac{1}{2}O_2 \longrightarrow H_2O(l) \tag{1-72}$$

$$\Delta \overline{h} = -285.84 \text{kJ/mol}$$

产物水处于不同相态所对应的 $\Delta \overline{h}$（44.01kJ/mol），即为水的摩尔潜热。-285.84kJ/mol 通常被称为氢的高热值（higher heating value，HHV），-241.83kJ/mol 则被称为氢的低热值（lower heating value，LHV）。

通过这种方式我们认识到燃料电池的效率存在理论限制，这个效率也被称为"热效率"，

理论最大效率
$$\eta = \frac{\Delta \overline{g}}{\Delta \overline{h}} \times 100\% \tag{1-73}$$

将卡诺（Carnot）效率与燃料电池的理论效率对比，我们可以得到图1-6，该图展示出在不同温度时的效率对比[18]。

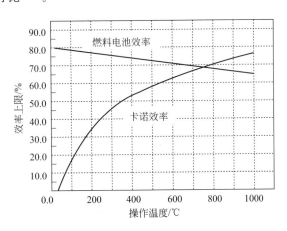

图 1-6 卡诺效率与燃料电池理论效率

由图1-6展示出了这两种效率与温度之间的关系，但需要注意几点：

① 尽管理论上燃料电池在低温下效率更高，但是由于燃料电池中的极化损失在温度较高时会有所改善，所以实际来说，燃料电池的效率在温度升高后随温度提升。

② 高温燃料电池的废热比低温燃料电池的废热有更高的利用价值。

③ 并不是在所有温度范围内，燃料电池的理论效率都比热机效率高。

1.5.4　燃料电池实际效率的影响因素

燃料电池通过电化学反应将燃料的化学能转化为电能，其过程如图 1-7 所示。进入燃料电池的燃料的热焓为 ΔH，燃料电池输出的电能为 IVt。正如前述，燃料电池在工作时，在将燃料中的杂质排除掉的同时也会排出少量燃料，因此，定义 f_g 为燃料的利用率，$(1-f_g)\Delta H$ 为经尾气排放的燃料带走的热焓，Q 为燃料电池系统与环境热交换的热量。

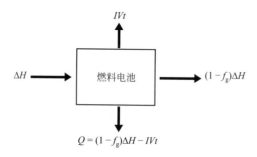

图 1-7　燃料电池的能流图

定义燃料电池热电转换效率为进入电池燃料的热焓与输出电能的比[21]，即

$$f_{FC}=\frac{IVt}{\Delta H} \tag{1-74}$$

对式（1-74）进行下述变换，

$$f_{FC}=\frac{IVt}{\Delta H}=\frac{\Delta G}{\Delta H}\times\frac{V}{\dfrac{\Delta G}{nF}}\times\frac{It}{f_g nF}f_g \tag{1-75}$$

依据热力学，$\dfrac{\Delta G}{\Delta H}$ 为热力学效率 f_T，因为 $\dfrac{\Delta G}{nF}=E$ 即电池的热力学电动势，所以称 $\dfrac{V}{\dfrac{\Delta G}{nF}}=\dfrac{V}{E}$ 为电压效率 f_V，It 为电池输出电量，而 $f_g nF$ 为依据法拉第定律应产生的电量，所以称 $\dfrac{It}{f_g nF}$ 为电流效率或法拉第效率 f_I。即

$$f_{FC}=f_T f_V f_I f_g \tag{1-76}$$

一些可能用于燃料电池的化学反应标准热焓与自由能变化，标准热力学电动势与标准热力学效率见表 1-2。

对隔膜型电池如石棉膜型 AFC、PEMFC 等，尽管隔膜具有良好的阻气性能，但反应气通过隔膜均有微量渗透发生，而对于自由介质型 AFC 电池，通过碱的作用公用管道会产生内漏电。这些内漏电均导致电池电流或法拉第效率小于 100%。但除了直接甲醇燃料电池外，由上述原因导致的燃料损失均在 $1mA/cm^2$ 左右，而这些电池的工作电流密度均大于 $100mA/cm^2$，因此 $f_I \geqslant 99\%$，所以在计算燃料电池的效率时，一般取 f_I 为 100%。

对 $f_{FC}=\dfrac{IVt}{\Delta H}$ 进行下述变换：

$$f_{FC}=\frac{IVt}{\Delta H}=\frac{V}{\dfrac{\Delta H}{nF}}\times\frac{It}{f_g nF}f_g=\frac{V}{\dfrac{\Delta H}{nF}}f_1 f_g \tag{1-77}$$

如前述，一般取 f_1 为 100%，$\dfrac{\Delta H}{nF}$ 为按化学反应焓变计算得到的虚拟电池电动势，当以氢为燃料时，最终产物以液态水或气态水计算出的效率不同；当以烃类为燃料时，燃料电池系统的效率与电池废热和尾气燃烧热如何高效地与重整制氢系统耦合密切相关。

表1-2 几个典型反应在 25℃，1atm 下的热力学与电化热力学数据

燃料	反应	n	$-\Delta H^{\ominus}$ /(kJ/mol)	$-\Delta G^{\ominus}$ /(kJ/mol)	$E_{rev}^{\ominus}$ /V	f_T /%
H₂	$H_2+0.5O_2\longrightarrow H_2O(l)$	2	286.0	237.3	1.229	82.97
	$H_2+Cl_2\longrightarrow 2HCl(aq)$	2	335.5	262.5	1.359	78.33
	$H_2+Br_2\longrightarrow 2HBr(aq)$	2	242.0	205.7	1.066	85.01
CH₄	$CH_4+2O_2\longrightarrow CO_2+2H_2O(l)$	8	890.8	818.4	1.060	91.87
C₃H₈	$C_3H_8+5O_2\longrightarrow 3CO_2+4H_2O$	20	2221.1	2109.3	1.093	94.96
C₁₀H₂₂	$C_{10}H_{22}+15.5O_2\longrightarrow 10CO_2+11H_2O(l)$	66	6832.9	6590.5	1.102	96.45
CO	$CO+0.5O_2\longrightarrow CO_2$	2	283.1	257.2	1.066	90.86
CH₃OH	$CH_3OH+1.5O_2\longrightarrow CO_2+2H_2O(l)$	6	726.6	702.5	1.214	96.68
CH₂O(g)	$CH_2O(g)+O_2\longrightarrow CO_2+H_2O(l)$	4	561.3	522.0	1.350	93.00
HCOOH	$HCOOH+0.5O_2\longrightarrow CO_2+H_2O(l)$		270.3	285.5	1.480	105.62
N₂H₄	$N_2H_4+O_2\longrightarrow N_2+2H_2O(l)$		622.4	602.4	1.56	96.77

通过表 1-2 可以看到氢燃料电池电动势与效率之间存在对应关系。由此可以推论，燃料电池的工作电压与效率之间也存在联系。假如质子交换膜燃料电池的氢气将自身的能量（热值、生成焓）完全转化为电能，那么据式(1-47)，燃料电池的电动势可以表示为

$$E=-\frac{\Delta\overline{h}_f}{2F} \tag{1-78}$$

$E=1.48V$ 以高热值（HHV）计算，产物为液态水

$E=1.25V$ 以低热值（LHV）计算，产物为气态水

此电动势代表从能量转换效率为 100% 的燃料电池系统所能得到的最大电压。在描述氢燃料电池的效率时需要阐明是"低热值"，还是"高热值"。

燃料电池的效率也可以表示为

$$\eta=\frac{V}{1.48}\times100\% \quad（以高热值计算） \tag{1-79}$$

此外，在燃料电池的实际运行当中，并不是所有进入燃料电池的氢气都会完全反应。针对这一情况，燃料电池的实际效率计算还应引入"燃料利用率"或"燃料计量比" μ_f 这一概念，

$$\mu_f = \frac{在燃料电池中反应掉的燃料}{进入燃料电池中的燃料总量} \qquad (1\text{-}80)$$

因此燃料电池的实际运行效率可以表示为

$$\eta = \mu_f \frac{V}{1.48} \times 100\% \quad (以高热值计算) \qquad (1\text{-}81)$$

如果采用氢气的低热值进行计算，则应该用 1.25 代替 1.48。通过这种方式可以快速简便地计算燃料电池的实际运行效率。

（1）温度的影响

由热力学的知识我们可知，在每个化学反应中，都会产生一些熵，也正是由于这个原因，氢的高热值中必定有一部分不能转化成有用功——电能。燃料电池中可转换为电能的部分反应焓（或氢的高热值）对应于 Gibbs 自由能，

$$\Delta G = \Delta H - T\Delta S$$

因此，燃料电池的理论电势会随着温度变化而改变。

$$\Delta G = -nFE \qquad (1\text{-}82)$$

$$E = -\left(\frac{\Delta H}{nF} - \frac{T\Delta S}{nF}\right) \qquad (1\text{-}83)$$

由式(1-83) 可知，燃料电池的理论电势会随着电池温度的升高而降低。

由相关热力学知识可知 ΔH 与 ΔS 均为温度的函数。以 298.15K、0.1MPa 作为标准情况，以上标 "$\ominus$" 标示，

$$H_T = H^{\ominus} + \int_{\ominus}^{T} C_p \, dT \qquad (1\text{-}84)$$

$$S_T = S^{\ominus} + \int_{\ominus}^{T} \frac{C_p}{T} \, dT \qquad (1\text{-}85)$$

式中，C_p 代表物质的摩尔定压热容，其随温度的变化如经验公式(1-86) 所示[19]，

$$C_p = a + bT + cT^2 \qquad (1\text{-}86)$$

式中，a，b，c 是经验系数，不同气体的经验系数不同。氢气、氧气和水的经验系数见表 1-3。

表1-3 式（1-86）中氢气、氧气和水的经验系数

组分	a	b	c
H_2	28.91404	−0.00084	2.01×10^{-6}
O_2	25.84512	0.012987	-3.9×10^{-6}
$H_2O(g)$	30.62644	0.009621	1.18×10^{-6}

以氢气、氧气和水为例，其摩尔定压热容与温度之间的关系如图 1-8 所示。

将式(1-86) 代入式(1-84)、式(1-85) 可得，

$$\Delta H_T = \Delta H^{\ominus} + \Delta a (T - 298.15) + \Delta b \frac{T^2 - 298.15^2}{2} + \Delta c \frac{T^3 - 298.15^3}{3} \qquad (1\text{-}87)$$

$$\Delta S_T = \Delta H^{\ominus} + \Delta a \ln \frac{T}{298.15} + \Delta b (T - 298.15) + \Delta c \frac{T^2 - 298.15^2}{2} \qquad (1\text{-}88)$$

式中，Δa，Δb，Δc 分别代表经验系数 a，b，c 之间的变化值，

$$\Delta a = a_{H_2O} - a_{H_2} - \frac{1}{2} a_{O_2} \tag{1-89}$$

$$\Delta b = b_{H_2O} - b_{H_2} - \frac{1}{2} b_{O_2} \tag{1-90}$$

$$\Delta c = c_{H_2O} - c_{H_2} - \frac{1}{2} c_{O_2} \tag{1-91}$$

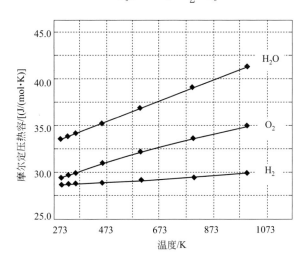

图 1-8　氢气、氧气、水的摩尔定压热容与温度之间的关系

在温度低于 100℃时，C_p、ΔH 和 ΔS 的变化值非常小，但在温度较高时不能忽略。在燃料电池的实际工作过程中，通常情况下，电池温度较高时电池的电压也会相应升高，这是因为，在一定温度范围内，电压的损耗会随温度的升高而减少，且大于电池理论电势损耗的补偿值。

需要注意的是，针对不同类型的氢燃料电池，温度对其热力学效率的影响也是不同的。

由热力学最大效率

$$\eta = \frac{\Delta \overline{g}}{\Delta h} \times 100\%$$

与

$$\Delta G = \Delta H - T\Delta S$$

可知热力学最大效率

$$\eta = \frac{\Delta G}{\Delta H} \times 100\% = \left(1 - T\frac{\Delta S}{\Delta H} \right) \times 100\% \tag{1-92}$$

由化学热力学相关知识可知，化学反应的熵变主要由反应物与产物的气态物质的量差值决定。

① 若反应的总气态物质的量减小，熵变为负值，热力学效率小于 100%。随着温度的升高，电池的电动势减小。

② 若反应的总气态物质的量变化为零，热力学效率接近 100%。随着温度的变化，电池的电动势基本不变。

③ 若反应的总气态物质的量增多，熵变为正值，热力学效率大于 100%。电池吸收外界环境的热做功，随着温度的升高，电池的电动势增高。

（2）压力的影响

由热力学可知[20]，对于一等温过程，Gibbs 自由能的变化可以表示为

$$\mathrm{d}G = V_{\mathrm{m}}\mathrm{d}p \tag{1-93}$$

式中，V_{m} 为摩尔体积，$\mathrm{m}^3/\mathrm{mol}$；$p$ 为压力，Pa。

对于理想气体，

$$pV_{\mathrm{m}} = RT \tag{1-94}$$

因此，

$$\mathrm{d}G = RT\frac{\mathrm{d}p}{p} \tag{1-95}$$

积分后，

$$G = G^{\ominus} + RT\ln\frac{p}{p^{\ominus}} \tag{1-96}$$

对于所有化学反应，

$$j\mathrm{A} + k\mathrm{B} \longrightarrow m\mathrm{C} + n\mathrm{D} \tag{1-97}$$

该反应中的 Gibbs 自由能变化可表示为

$$\Delta G = mG_{\mathrm{C}} + nG_{\mathrm{D}} - jG_{\mathrm{A}} - kG_{\mathrm{B}} \tag{1-98}$$

代入式（1-96）可得，

$$\Delta G = \Delta G^{\ominus} + RT\ln\frac{\left(\dfrac{p_{\mathrm{C}}}{p^{\ominus}}\right)^m\left(\dfrac{p_{\mathrm{D}}}{p^{\ominus}}\right)^n}{\left(\dfrac{p_{\mathrm{A}}}{p^{\ominus}}\right)^j\left(\dfrac{p_{\mathrm{B}}}{p^{\ominus}}\right)^k} \tag{1-99}$$

式（1-99）即为能斯特方程（Nernst equation），式中，p 为反应物或产物的分压。

以氢为燃料的质子交换膜燃料电池为例，能斯特方程可以改写为

$$\Delta G = \Delta G^{\ominus} + RT\ln\frac{p_{\mathrm{H_2O}}}{p_{\mathrm{H_2}}p_{\mathrm{O_2}}^{0.5}} \tag{1-100}$$

将式（1-83）代入式（1-100）可得，

$$E = E^{\ominus} + \frac{RT}{nF}\ln\frac{p_{\mathrm{H_2}}p_{\mathrm{O_2}}^{0.5}}{p_{\mathrm{H_2O}}} \tag{1-101}$$

值得注意的是，上述方程仅对气态产物和反应物有效。当在燃料电池中产生液态水时，$p_{\mathrm{H_2O}} = 1\mathrm{atm}$。该反应遵循反应物压力越高，电池电动势越高。若反应物被稀释，如采用空气替换纯氧，则会导致电池的电势降低。在氧化剂采用空气与氧气的不同情况下，该类燃料电池的理论电压变化为

$$\Delta E = E_{\mathrm{O_2}} - E_{\mathrm{Air}} = RT\ln\left(\frac{1}{0.21}\right)^{0.5} \tag{1-102}$$

如果所有的 Gibbs 自由能均转化为电能，则电池的理论电势为

$$E^{\ominus} = -\frac{\Delta G}{nF} = \frac{237200\mathrm{J/mol}}{2\times96485\mathrm{A}\cdot\mathrm{s/mol}} = 1.229\mathrm{V} \tag{1-103}$$

式中，n 代表反应中的电子转移数目。

电池电势是温度和压力的函数，

$$E_{T,p}=-\left(\frac{\Delta H}{nF}-\frac{T\Delta S}{nF}\right)+\frac{RT}{nF}\ln\frac{p_{H_2}p_{O_2}^{0.5}}{p_{H_2O}} \tag{1-104}$$

若忽略 dH 和 dS 随温度的变化（氢质子交换膜燃料电池的运行温度一般低于 100℃），上式也可改写为

$$E_{T,p}=1.482-0.000845T+0.0000431T\ln(p_{H_2}p_{O_2}^{0.5}) \tag{1-105}$$

例如，在 60℃工作的氢/空气质子交换膜燃料电池，其电势为

$$E_{T,p}=1.482-0.000845\times333.15+0.0000431\times333.15\times\ln(1\times0.21^{0.5})=1.189(V)$$

氢燃料电池的理论效率上限为

$$\eta=\frac{\Delta\overline{g}}{\Delta\overline{h}}\times100\%=\frac{237.2}{286}\times100\%=83\%$$

或者，

$$\eta=\mu_f\frac{V}{1.48}\times100\% \quad (以高热值计算)$$

式中，μ_f 代表反应中燃料的进料计量比。当 $\mu_f=1$

$$\eta=1\times\frac{1.25}{1.48}\times100\%=84\% \quad (以高热值计算)$$

参 考 文 献

[1] Grove W R. On Voltaic Series and the combination of gases by Platinum [J]. Philos Mag，1839，14：127-130.

[2] Grove W R. On a Gaseous Voltaic Battery [J]. Philos Mag，1842：417-420.

[3] Brenscheidt Th，Janowitz K，Salge H J，Wendt H，Brammer F. Performance of ONSI PC25 PAFC cogeneration plant [J]. International Journal of Hydrogen Energy，1998，23（1）：53-56.

[4] John M Nail，Gary Anderson，Gerald Caesar，Christopher J Hansen. The Evolution of the PEM Stationary Fuel Cell in the U. S. Innovation System. 1993. www. oecd. org/science/inno/31967874. pdf.

[5] Psoma A，Sattler G. Fuel cell systems for submarines：From the first idea to serial production [J]. J Power Sources，2002，106：381-383.

[6] Yoshida T，Kojima K. Toyota MIRAI Fuel Cell Vehicle and Progress Toward a Future Hydrogen Society [J]. Electrochem Soc Interface Summer，2015，2015. 24（2）：45-49.

[7] Minoru Matsunaga，Tatsuya Fukushima，Kuniaki Ojima. Powertrain System of Honda FCX Clarity Fuel Cell Vehicle [J]. World Electric Vehicle Journal，2009，3（4）：820-829.

[8] Sae Hoon Kim，Young Bum Kum，Ki Chun Lee，Tae Won Lim. Development of Hyundai's Tucson FCEV [J]. SA EMobilus，2005.

[9] Géraldine Merle Wessling M，Nijmeijer K. Anion exchange membranes for alkaline fuel cells：A review [J]. J Membr Sci，2011，377：1-35.

[10] Behling，Noriko Hikosaka. Fuel Cells：Current Technology Challenges and Future Research Needs [M]. Amsterdam：Elsevier，2013.

[11] Fuel Cell Energy in 20 MW project with Korea Southern Power [J]. Fuel Cells Bulletin，2017（10）：5-6.

[12] Barbir F. PEM fuel cells-Theory and practice [M]. 2nd ed. Laguna Hills：Elsevier，2013.

[13] Gasteiger H A，et al. Activity benchmarks and requirements for Pt，Pt-alloy，and non-Pt oxygen reduction catalysts for PEMFCs [J]. Applied Catalysis B：Environmental，2005，56（1-2）：9-35.

[14] Aulice Scibioh M，Viswanathan B. The Status of Catalysts in PEMFC Technology [M]. New York：Springer，2011.

［15］　Neyerlin K C，Gu W，Jorne J，Gasteiger H A. Study of the exchange current density for the hydrogen oxidation and evolution reactions ［J］. J Electrochem Soc，2007，154：B631-B635.

［16］　Tang D P，Lu J T，Zhuang L，Liu P F. Calculations of the exchange current density for hydrogen electrode reactions：a short review and a new equation ［J］. J Elecroanalytical Chem，2010，644：144-149.

［17］　Parthasarathy A，Srinivasan S，Appleby A J，Martin C R. Temperature dependence of the electrode kinetics of oxygen reduction at the platinum/Nafion® interface—a microelectrode investigation ［J］. J Electrochem Soc，1992，139：2530-2537.

［18］　Moseley P T. Fuel Cell Systems Explained ［M］. James Larminie，Andrew Dicks Eds. Chichester：Wiley，2011.

［19］　Hirschenhofer J H，Stauffer D B，Engleman R R. Fuel Cells：A Handbook. U. S. Department of Energy. Morgantown Energy Technology Center，1994.

［20］　Chen E. Thermodynamics and Electrochemical Kinetics ［M］ // Hoogers G. Fuel Cell Technology Handbook. Boca Raton：CRC Press，2003.

［21］　衣宝廉. 燃料电池——原理·技术·应用 ［M］. 北京：化学工业出版社，2003.

第2章

质子交换膜

2.1 引言

　　质子交换膜作为聚合物电解质膜燃料电池的关键材料,其性质对电池的性能及稳定性有十分重要的影响。质子交换膜的基本作用是隔离阴阳极反应的气体和电子,同时作为离子导体传导质子。为满足燃料电池的应用,质子交换膜需要满足以下几个方面的要求:

　　① 高的质子传导能力,电导率一般要达到 10^{-1} S/cm 数量级;

　　② 高的化学及电化学稳定性;

　　③ 低的反应气体或其他特定燃料的渗透性;

　　④ 具有一定的机械强度和热稳定性,适合于膜电极的制备和电池组的组装[1]。

　　Nafion 膜是全氟磺酸阳离子交换膜的代表产品,由 DuPont 公司在 20 世纪 60 年代末期推出。它具有优良的稳定性和高的质子传导率,使得 PEMFC 有了飞跃式的发展[2]。在此之后,又相继出现了其他几种类似的质子交换膜,它们包括美国 Dow 化学公司的 Dow 膜、日本 Asahi Chemical 公司的 Aciplex 膜和 Asahi Glass 公司的 Flemion 膜。这些膜的化学结构与 Nafion 膜类似,只是共聚物链段比例和醚支链的长度略有差别,结构如图 2-1 所示。其中 Flemion 膜和 Aciplex 膜与 Nafion 膜同属长支链型,Dow 膜为短支链型,也正是因为这个原因,Dow 膜较其他全氟磺酸膜具有更小的 EW 值〔表示含 1mol 磺酸基团的干树脂质量(g)〕和更高的电导率,但其合成工艺更加复杂。Solvay Solexis 公司发展了新的合成路

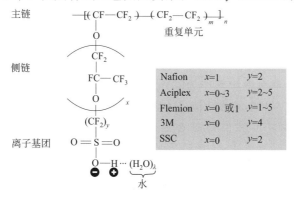

图 2-1　几种典型全氟磺酸膜的化学结构式

线，制备出不同 IEC（离子交换容量）的短链树脂 Hyflon，成本有所降低。

全氟磺酸树脂材料是由四氟乙烯单体及其磺化单体自由共聚而成，其中的磺氟酰基团的乙烯基醚以提供合适的离子交换容量，随后将磺氟酰基团水解成磺酸根基团[3]。从分子水平看，聚四氟乙烯（PTFE）主链骨架通过醚键与磺酸基全氟支链相连，其中 PTFE 主链是憎水的，而磺酸基是亲水的。因此，当全氟磺酸膜吸水时就会形成亲水和憎水两相，亲水相可以为质子的迁移提供通道，憎水相则保证膜的尺寸和形貌的稳定等物理性能。氢离子是以水合质子 $H^+(xH_2O)$ 的形式存在，当质子交换膜中的水化离子簇彼此连接时，膜才会传导质子。因此在适宜的温度条件下，膜在充分润湿后就可以表现出较高的质子传导率。但是当膜中的含水量下降时，团簇收缩，通道减少，膜的电导率显著下降，直至成为绝缘体。

2.2 质子交换膜的基本性能

质子交换膜的基本性能体现为几个关键参数：质子传导率、离子交换当量、拉伸强度、吸水率等。

2.2.1 质子传导率

质子传导率（proton conductivity）代表膜传导质子的能力，用 S/cm 来表示。质子传导率衡量膜质子导通能力的一项电化学指标，反映了质子在膜内的传递速率，与电阻率互为倒数关系。膜的质子传导率受其水含量与温度的影响，测试时需要关注这两个参数。

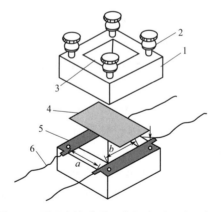

图 2-2   质子交换膜质子传导率测量池示意图

1—聚砜绝缘框；2—螺杆；3—平衡开放区；4—膜样品；5—镀金薄片；6—镀金电极导线

膜质子传导率的测试采用交流阻抗法在如图 2-2 所示的测量池中进行测试。在测试中，膜样品两侧各放置一个聚砜绝缘框作为端板，端板上方有一个小孔（2cm×2cm），作为膜的有效测试面积，采用一个小的扰动信号（频率范围 $1×10^6 \sim 5×10^6$ Hz，扰动电压 10mV）加载到测量池上，采集其反馈信号以获得阻抗数据[2]。质子膜的质子传导率采用公式（2-1）进行计算：

$$\sigma = \frac{L}{RA} \tag{2-1}$$

式中 σ——质子膜的离子电导率，mS/cm；

L——两电极之间的距离，cm；

A——质子膜的横截面积，cm^2；

R——质子膜的电阻，Ω。

2.2.2　离子交换当量

离子交换当量（equivalent weight，EW）是每摩尔离子基团（如磺酸根基团—SO_3H）所含干膜的质量，单位为 g/mol，体现了质子交换膜内的酸浓度，是表征膜内离子官能团数量的重要参数。

随着膜 EW 值的增加，膜中离子簇团的直径、离子簇内磺酸根数目均减小，而膜的结晶度及聚合物分子刚性增加。EW 值与表示离子交换能力大小的离子交换容量（ion exchange capacity，IEC）成倒数关系。

IEC 是指一定数量（g 或 mL）的离子交换树脂所带的可交换离子的数量，以 mmol/g（或 meq/g）等单位来表示树脂的交换能力。IEC 还受到膜吸水率的影响。

IEC 的测量通常采用酸碱滴定或核磁共振的方法。滴定法由于实验条件简单易行而被广泛应用，实验中首先将质子膜完全转化为质子型，再将其放入中性的硫酸钠溶液中浸泡，最后用氢氧化钠的标准溶液进行滴定。这种以质量为基准的 IEC_w 计算公式如式（2-2）：

$$IEC_w = \frac{V_{NaOH} N_{NaOH}}{W} \tag{2-2}$$

式中　V_{NaOH}——消耗氢氧化钠溶液的体积，L；

　　　N_{NaOH}——消耗氢氧化钠溶液的质量浓度，g/L；

　　　W——膜样品的质量，g。

2.2.3　拉伸强度

膜的拉伸强度（tensile strength）是在给定温度、湿度和拉伸速度下，在标准膜试样上施加拉伸力，试样断裂前所承受的最大拉伸力与膜厚度及宽度的比值，单位为 MPa。按照 GB/T 1040.3—2006《塑料拉伸性能的测定　第 3 部分：薄膜和薄片的试验条件》，可测试 80℃下经 24h 烘干后的干膜的拉伸强度。具体方法为：将膜裁成 10mm 宽的长方形，标线间的距离为 50mm，在材料试验机上拉伸，拉伸速度为 50mm/min。测试温度为室温。

根据测出的拉伸曲线读出所需负荷及相应膜厚度、宽度，用式（2-3）计算膜的最大拉伸强度：

$$\sigma = \frac{p}{bd} \tag{2-3}$$

式中　σ——膜的最大拉伸强度，MPa；

　　　p——最大载荷，N；

　　　b——样品宽度，mm；

　　　d——样品厚度，mm。

作为燃料电池隔膜，质子交换膜通常被密封件所固定，需要具有较好的机械强度，从而在燃料电池干湿变化时保证其可靠性，因此，质子交换膜的拉伸强度通常需要大于 20MPa。

断裂伸长率（elongation at break），又称拉伸伸长率，是指膜受外力作用至拉断时，拉伸后的伸长长度与拉伸前长度的比值，以百分比表示。以 e 代表断裂伸长率，表示了膜承受最大负荷时的伸长变形能力，也表征了膜的柔软性能和弹性性能。

$$e = \frac{L_a - L_o}{L_o} \tag{2-4}$$

式中　L_o——试样原长；

　　　L_a——试样拉断时的长度。

2.2.4　吸水率

吸水率（water uptake）是在给定温度和湿度下单位质量干膜的吸水量（质量分数），单位为%。

测试方法：将膜在一定温度下干燥至恒重（W_0），然后将膜放在一定温度的水中浸泡至少 24h，用滤纸快速吸去膜表面的水分后称重（W_1），膜的吸水率按式(2-5)计算：

$$\Delta W = \frac{W_1 - W_0}{W_0} \times 100 \tag{2-5}$$

式中　ΔW——吸水率，%；

　　　W_1——样品在恒温水浴中浸泡后的质量，g；

　　　W_0——样品初始质量，g。

2.2.5　溶胀率

溶胀率（swelling ratio）是在给定温度和湿度下相对于干膜在横向、纵向和厚度方向的尺寸变化，单位为%。

溶胀率参数对制备膜电极，以及后续电堆的设计与组装具有重要意义。溶胀率过大，可能给膜电极制备与电堆的组装带来困难，而且，在燃料电池经历干湿变化时，溶胀率过大可能带来膜机械损伤的风险。

测试方法：将膜在一定温度下干燥至恒重，冷却后量取膜的尺寸（L_0），然后放入一定温度的水中浸泡至少 24h，取出膜，快速量取湿膜的尺寸（L_1），由式(2-6)计算出膜的尺寸变化率：

$$\Delta L = \frac{L_1 - L_0}{L_0} \times 100 \tag{2-6}$$

式中　ΔL——膜的溶胀率，%；

　　　L_1——膜在恒温水浴中浸泡后的尺寸，μm；

　　　L_0——膜初始尺寸，μm。

2.2.6　透气率

透气率（gas permeation）是在一定的温度和湿度下单位面积质子交换膜的透气速率，单位为 mL/(cm² · min) 或 cm³/(cm² · min)。以氢气为反应物时，若质子交换膜的透气率较大，容易造成燃料利用率的下降，而且有可能在质子交换膜两侧压力波动时，两侧的氢气与氧气（空气）的互串带来安全隐患。

测试方法：将样品夹在两块均具有气体进口和出口的不锈钢夹具之间，将其密封，使两侧形成气室，作为试验渗透池。将渗透池按照图 2-3 所示的示意图安装在试验装置上，进行膜的透气率测试。

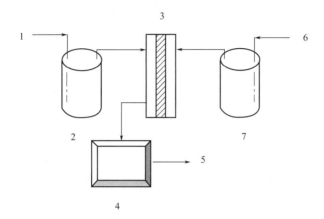

图 2-3　质子交换膜的气体透气率测量装置示意图

1—氢气/氮气；2,7—增湿罐；3—渗透池；4—气相色谱仪；5—尾气；6—氧气/氢气

由于膜的透气率也受湿度影响，在测试时，采用增湿罐来增湿氧气/氢气和惰性气体，以控制膜的相对湿度；通过增湿罐增湿的氧气/氢气和惰性气体进入渗透池，在膜的两侧流动，从而可以维持膜两侧的压力平衡。两侧的压力平衡主要是通过两侧精密压力表来控制。被测气体渗透的推动力是膜两侧的气体分压，这样从渗透池流出的惰性气体中就含有从膜的另一侧渗透过来的被测气体；气相色谱仪用于检测渗透池出口气体的浓度。测试在恒温恒湿条件下进行。分别在气室的两侧通入温度为 $25℃±2℃$、相对湿度为 $50\%±5\%$、压力为 $0.05MPa$ 的氧气或氢气和惰性气体，使气室两侧的压力保持平衡。

在测试所要求的温度、湿度和压力下稳定至少 2h，将出口的惰性气体通入气相色谱仪检测。要求气相色谱仪检测最低限 $≥100×10^{-6}m^3/m^3$。

用式(2-7)计算透气率：

$$C=q/S \tag{2-7}$$

式中　C——质子交换膜单位时间、单位面积的透气率，$cm^3/(cm^2·min)$；

q——单位时间的气体渗透量，cm^3/min；

S——渗透有效测试面积，cm^2。

2.2.7　氢气渗透电流

当工作电极（电池阴极）的电势达到或高于 H_2 的氧化电势时，从电池阳极渗透到阴极的 H_2 直接被电化学氧化，产生的氧化电流，即为氢气渗透电流（hydrogen permeation current），可以从电化学反应角度反映膜的渗透性。质子交换膜的氢气渗透电流通常是在膜电极上测试。

测试采用电化学工作站进行线性伏安扫描（linear sweep voltammetry，LSV），在线测定燃料电池 MEA 的氢气渗透性。

在膜样品所组装的单电池阳极侧通入氢气（作为参比和对电极），阴极侧通入氮气（作为研究电极）。在测试所要求的温度、湿度和压力下稳定 4h 后，以阳极作为对电极和参比电极，阴极作为工作电极，将单电池与电化学系统进行连接。按照下列实验条件进行透氢电流的电化学检测：

电压范围：0～0.5V（vs. RHE），应保证从阳极渗透至阴极的 H_2 完全氧化；

电池温度：低于质子交换膜的玻璃化温度，对于全氟磺酸树脂膜，一般为 80℃；

扫描速度：2mV/s。

在测试过程中 MEA 两侧的气体流速保持不变，可以得到稳定的电流，即透过膜的 H_2 被完全电化学氧化的电流。通常取 0.4V 左右的电流值为该条件下燃料电池的氢气渗透电流。典型的透氢电流测试曲线如图 2-4 所示。

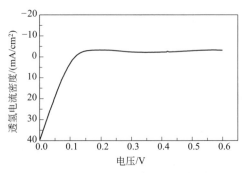

图 2-4   典型的透氢电流测试曲线

2.3　全氟质子交换膜

20 世纪 60 年代，质子交换膜燃料电池被试用于双子星座飞船的太空探索任务，但由于美国通用公司开发的磺化聚苯乙烯和苯乙烯共聚物膜材料在燃料电池强氧化环境下的降解问题导致膜的寿命较短，并未得到广泛应用。60 年代末期，DuPont 公司开发了 Nafion 系列全氟阳离子交换膜，由于采用高电负性的氟原子取代氢原子，氟原子强烈的吸电子作用增加了全氟磺酸质子交换膜的酸性，其酸性与硫酸相当，提高了质子交换膜的质子传导率。另外，由于 C—F 键键能（485kJ/mol）比一般的 C—H 键键能高出 84kJ/mol，全氟磺酸质子交换膜具有良好的热稳定性和化学稳定性，富电子的氟原子紧密地包裹在碳碳主链周围，保护碳骨架免于电化学反应产生的自由基中间体的氧化，因而具有良好的电化学稳定性[4]。全氟磺酸膜的这些特点特别有利于提高燃料电池的寿命，使得全氟磺酸膜广泛应用于 PEMFC 中。

在燃料电池民用领域，首先应用的质子交换膜是 DuPont 公司的以 Nafion 为商标的全氟磺酸膜。综合考虑膜的内阻与机械强度需求，燃料电池中比较常用的为 Nafion 211 与 Nafion 212 膜，其性能参数列于表 2-1。

目前，除美国 DuPont 公司开发的 Nafion 系列质子交换膜外，国内外主要的化学公司也都纷纷推出各自的全氟磺酸质子交换膜，主要有：

① 美国 Dow 化学公司的 XUS-B204 型短支链的 Dow 膜。

② 美国 3M 公司的长支链全氟磺酸质子交换膜。

表2-1 DuPont 的 Nafion 211 和 Nafion 212 膜的主要性能参数

物理性质	Nafion 211	Nafion 212
厚度/μm	25.4	50.8
拉伸强度（纵向）/MPa	23	32
拉伸强度（横向）/MPa	28	32
断裂伸长率（纵向）/%	252	343
断裂伸长率（横向）/%	311	3521
离子交换容量/(mmol/g)	0.95～1.01	0.95～1.01
氢气透过率/ [mL/(min·cm²)]	＜0.02	＜0.01
水含量(23℃水，1h)/%	5.0±3.0	5.0±3.0
水吸收率(100℃水，1h)/%	50.0±5.0	50.0±5.0
长度变化率(23℃水，1h)/%	10	10
长度变化率(100℃水，1h)/%	15	15

③ 日本的 Asahi Chemicals 公司和 Asahi Glass 公司的 Aciplex 和 Flemion 的长支链全氟磺酸质子交换膜。

④ 加拿大 Ballard 公司的 BAM 型长支链全氟磺酸膜。

⑤ 比利时 Solvay 公司的短支链型全氟磺酸膜。Solvay 公司的 Aquivion E79 和 E87 以及 Hyflon Ion E83 膜都是熔融挤出型膜，由短侧链全氟磺酸树脂生产制备[5]。表 2-2 列出了 E73-09s 质子膜的物理化学性质。

表2-2 Solvay 公司 E73-09s 质子膜的主要物理化学性质

物理性质	指标
拉伸强度（纵向）/MPa	20～40
拉伸强度（横向）/MPa	20～35
断裂伸长率（纵向）/%	90～180
断裂伸长率（横向）/%	100～200
离子交换容量/（mmol/g）	＞1.23
拉伸模量（纵向/横向）/MPa	9～13
水吸收率(100℃水，4h)/%	＜55
膨胀率(100℃，纵向/横向)/%	＜15～25

⑥ Gore 公司的增强型全氟磺酸膜，商品名为 Gore-Select。该膜是由浸渍-干燥工艺复合膨体聚四氟乙烯和长链 PFSA（全氟磺酸）树脂合成的。其特点是采用基膜增强，较均质膜的机械强度大幅提高[6]，从而可以在保证膜的机械强度的基础上，减薄膜的厚度，降低燃料电池中质子交换膜的内阻。Gore-Select 系列膜的厚度可降至 10μm，目前应用于燃料电池电堆的 Gore 膜通常为 15μm。

⑦ 国内东岳集团的短支链全氟磺酸质子交换膜，通过与上海交通大学合作开发出，该种膜具有良好的化学稳定性及热稳定性[7]。东岳公司开发的全氟磺酸质子交换膜的物理化学性质如表 2-3 所示。

表2-3 东岳全氟磺酸膜的物理化学性质

物理性质	指标
厚度/μm	50/30
拉伸强度/MPa	28
断裂伸长率/%	150
离子交换容量/（mmol/g）	1.0
离子电导率/（mS/cm）	＞100
水含量(23℃)/%	6
水含量(100℃)/%	40
吸水线性膨胀率/%	10（23℃）/15（100℃）

从使用角度，根据不同应用需求，质子交换膜的厚度与离子交换当量 EW 值往往是用户最关心的参数。膜的厚度与其欧姆电阻成正比，表 2-4 列出了一些常用的质子交换膜的 EW 值和干膜厚度。

表2-4 不同种类质子交换膜的 EW 值和干膜厚度

公司	产品型号	厚度/μm	EW/（g/mol）
Chemours	Nafion	25～250	1100～1200
Gore	Gore-Select	15～18	—
Asahi Glass	Flemion	50～120	1000
Asahi Chemicals	Aciplex	25～1000	1000～1200
Dow	陶氏 Xus-B204	125	800
Solvay	Hyflon Ion		850～870
东岳	DF988,DF2801	50～150	800～1200

2.3.1　全氟磺酸型质子交换膜结构

物质的结构决定了物质的性质，全氟磺酸膜的独特性质也必然与其特殊的结构相关。全氟磺酸膜的树脂材料是由四氟乙烯单体及其磺化单体自由共聚而成，其中的磺氟酰基团的乙烯基醚提供合适的离子交换容量，随后将磺氟酰基团水解成磺酸根基团[2]。从分子水平看，聚四氟乙烯（PTFE）主链骨架通过醚键与磺酸基全氟支链相连，其中 PTFE 主链是憎水的，而磺酸基是亲水的。因此，当全氟磺酸膜吸水时就会形成亲水和憎水两相，亲水相可以为质子的迁移提供通道，憎水相则保证膜的尺寸和形貌的稳定等物理性能。因此在适宜的温度条件下，膜在充分润湿后就可以表现出较高的质子传导率，这些都源于全氟磺酸膜的纳米相分离结构[8]。

全氟磺酸膜的微观结构研究为设计开发新型质子交换膜提供了重要的依据。Hsu 等于1983 年提出了 Nafion 膜的反胶束结构（被未磺化的基底主链相区包覆的磺酸根侧链的微相区）模型[9,10]，如图2-5所示。Nafion膜的反胶束模型具体解释为：其骨架是类似聚四氟乙烯的碳氟主链，形成结晶相的憎水区；溶剂（水）与亲水性磺酸根的侧链构成水核反胶束离子簇。Nafion膜内存在明显的三相区：离子簇亲水相、碳氟聚合物骨架憎水区和两者的界面区。Nafion膜内的球状离子簇团直径约4～5nm，离子簇间连接通道直径为1nm。

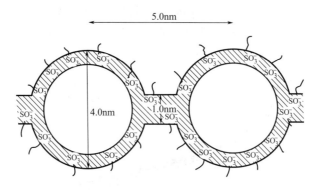

图2-5　Hsu和Gierke提出的Nafion膜内离子簇模型

2.3.2　全氟磺酸膜的质子传导模型与机理

在含水体系中，质子通常并不以裸露的原子核状态存在，一般通过氢键作用与周围分子（如溶剂水）结合，以水合氢离子的形式存在，水分子对质子传递有着重要意义[11,12]。质子在水中的存在形式通常认为有两种：Zundel阳离子 $[H_5O_2^+]$ 和Eigen阳离子 $[H_9O_4^+]$。其中在Zundel阳离子中质子停留于两个水分子之间，$[H_2O\cdots H^+\cdots H_2O]$[13]，Eigen阳离子 $[H_9O_4^+]$ 由一个中心 H_3O^+ 分子在氢键作用下和三个水分子相连构成，$[H_3O^+(H_2O)_3]$[14]。在水分子偶极取向的过程中氢键的断裂、形成使得Zundel阳离子和Eigen阳离子之间可以实现相互转换[15]。

从微观结构上看，全氟磺酸膜分为两部分：一部分是离子基团簇，含有大量的磺酸基团（—SO_3H），它既能提供游离的质子，又能吸引水分子；另一部分是憎水骨架，使膜具有良好的化学稳定性和热稳定性。Nafion膜吸水溶胀后，在微观上形成一种胶束网络结构，为质子和溶剂的传输提供通道。

质子传递机理主要包括运载机理（vehicle mechanism）、Grotthuss机理等。质子传输时通常会与一定的物质相结合，与质子结合的物质称为质子载体（或质子溶剂）[16]。运载机理认为质子和载体相结合，结合了质子的载体在扩散过程中产生浓度梯度，造成其余载体逆向扩散，得到的质子净传递量即为质子传导量，质子传导量是载体扩散速率的函数[17]。Grotthuss机理认为载体分子静止，而质子沿氢键在载体分子间运动。通过载体分子的重新定位，形成质子的连续运动，质子的传导量取决于载体的重新取向速率和质子在分子间传递所需的活化能。

全氟磺酸膜的高质子导电率归功于膜内部的憎水骨架，使得内部水团簇与表面水分离，以及Grotthuss结构扩散对质子传递的贡献。理论和实验研究证实可以通过添加亲水性无机物增加膜的含水率来提高膜的导电率。此外，由于氟原子具有强烈的吸电子作用，使得—SO_3H上的 H^+ 在水中完全解离形成 H_3O^+，失去 H^+ 的—SO_3^- 在静电吸引和电势差的驱动下，使得邻近的—SO₃H 根上的 H^+ 跳跃到此—SO₃⁻ 上，以此类推，H^+ 在连续的胶束网络内形成传递[18]。

膜厚度直接影响其欧姆电阻，进而影响燃料电池的性能。采用不同厚度的 Nafion 膜制备膜电极，并测试组装的燃料电池性能，如图 2-6 所示。从图中可以看出，膜厚度与欧姆电阻直接相关，当膜厚度由 $18\mu m$ 下降至 $8\mu m$，欧姆损失大幅降低，燃料电池的性能得到显著提高[19]。这也是目前商业化的燃料电池尽可能采用薄膜的一个重要原因。

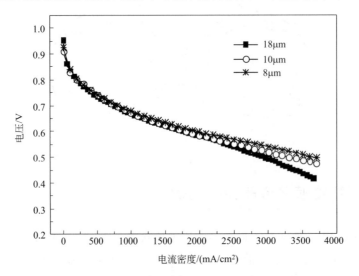

图 2-6　不同厚度 Nafion 膜组装 PEMFC 的性能

单池有效面积 $25cm^2$，Pt 载量 $0.1/0.2mg/cm^2$，背压 1.5bar

（1bar＝10^5Pa），90℃，计量比 2∶3

随着膜 EW 值的降低，膜中离子簇团的直径、离子簇内磺酸根数目均增加，离子传递能力增加。特别是燃料电池在高电流密度运行时，低 EW 值的质子交换膜的离子传导能力的优势明显，图 2-7 是 Nafion 1135 与 Flemion SH80 膜的单池性能对比。两种膜厚度相近，但 Flemion 膜树脂的 EW 值为 1000g/mol，明显小于 Nafion 膜的 EW 值 1100～1200g/mol，因此 Flemion 膜在高电流密度时的性能明显优于 Nafion 膜。全氟膜性能主要由制膜树脂的当量值和厚度决定[19,20]。

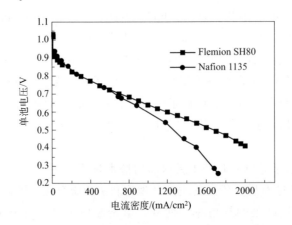

图 2-7　Nafion 1135 与 Flemion SH80 膜的单池性能对比

2.4 复合质子交换膜

由于全氟磺酸膜制备中的氟化过程的危险性以及复杂程度，导致其成本较高，全氟磺酸质子交换膜在价格、机械强度以及燃料渗透等性能方面的问题，阻碍着质子交换膜燃料电池的商业化进程。研究人员尝试研制非氟或者部分氟化质子交换膜，尽管在某些方面的性能得到显著改善，但其综合性能很难超越全氟磺酸质子交换膜。随着研究的深入，针对全氟磺酸膜存在的缺陷与问题，许多研究者提出通过复合方法制备复合型质子交换膜改善其性能。目前，制备复合型质子交换膜的方法主要有：用基膜为骨架、以树脂填充或辅以无机纳米材料、杂多酸、有机材料掺杂制备复合膜，以改善膜的机械强度、调整膜含水量与溶胀率、降低渗透性，提高电池效率。增强膜的性能同时可以节省材料，降低成本，提高膜的机械强度和尺寸稳定性。

2.4.1 基膜增强拉伸多孔 PTFE 复合增强膜

由于在燃料电池操作条件下，全氟质子交换膜会因为吸水溶胀而导致其发生变形，如 Nafion 211 与 Nafion 212，在 23℃水中的尺寸变化率即达到 10%，对已封装的固定尺寸质子交换膜的机械稳定性与燃料电池内部的传质都有一定影响。为提升全氟磺酸膜的机械稳定性，可将作为质子导体的离子聚合物和支撑组分复合制备成机械增强型质子交换膜[6,21,22]。PTFE 由于其良好的机械强度和化学稳定性，常被选作复合增强膜的支撑组分[23]。采用树脂溶液制备 PTFE 复合膜的主要问题是如何降低 PTFE 多孔膜的表面张力以适应树脂浸入以及连续生产工艺的开发。

（1）Gore-Select® 复合增强膜

1994 年，Gore 公司提出基于多孔材料（如，聚四氟乙烯、聚乙烯、聚丙烯等）填充离子聚合物胶体微乳液以制备复合膜[24,25]。以膨体聚四氟乙烯材料（ePTFE）为基膜，与离子聚合物复合，Gore-Select® 的复合膜是目前车用燃料电池使用较多的质子交换膜。如，丰田的 Mirai，新源动力 HYMOD®-300 型车用燃料电池电堆采用了 Gore 的 Gore-Select®，突破了 5000h 耐久性，并实现了电堆在 −10℃环境下的低温启动，以及在 −40℃下的储存。

（2）Nafion/PTFE 复合增强膜

刘富强等[26]提出在有机醇类混合溶剂溶解的树脂溶液中添加高沸点极性溶剂的方法制备复合膜，该方法操作简单、一步完成，而且膜的厚度以及树脂的浸入量都能得到控制。利用有机醇类溶剂可以改善 Nafion 树脂与 PTFE 多孔膜的亲和性，使树脂浸入 PTFE 孔内变得更加容易；高沸点溶剂可以使制成的复合膜不发脆，既有柔顺性又有一定的机械强度。在 PTFE 多孔膜表面滴加一定量的 Nafion 树脂溶液，依靠其重力使其浸入到膜孔中。同时加热升温到 60℃以上减低 Nafion 树脂溶液的表面张力，将有利于 Nafion 向膜内浸入。采用这种方法制备的 Nafion/PTFE 复合膜不透气、强度高、成本低，可以安全地应用于燃料电池中。

图 2-8 是 Nafion/PTFE 复合膜的表面和横断面 SEM 照片，从表面图可以看出，同表面粗糙、多孔的 PTFE 基膜相比，复合膜表面平滑，没有明显的孔存在，因此可以推断已经有一层薄的 Nafion 膜存在于 PTFE 多孔膜表面；从断面图可以看出 PTFE 中的孔完全被

Nafion 树脂填充，树脂均匀分布于 PTFE 复合膜中[26]。

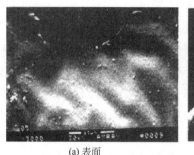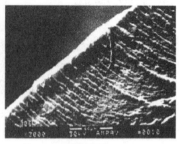

|　(a) 表面　|　(b) 横断面　|

图 2-8　Nafion/PTFE 复合膜 SEM 照片

　　经过复合增强后，Nafion/PTFE 复合膜在吸水、溶胀以及机械稳定性方面都有了显著改善。表 2-5 和表 2-6 分别给出了 Nafion/PTFE 复合膜和 Nafion 膜含水量、吸水前后尺寸变化。从表 2-5 可以看出，随着 Nafion/PTFE 复合膜厚度增加，其含水量增加，但要远低于 Nafion 117 膜，其主要原因为复合膜中 Nafion 树脂含量较低。从表 2-6 知，复合膜在水化后，无论在纵向、横向以及厚度方向尺寸的增加都较 Nafion 膜小，从而其体积增加就比 Nafion 膜小，这就使得 Nafion/PTFE 复合膜在水化/脱水过程中保持良好的尺寸稳定性。表 2-7 给出了 Nafion/PTFE 复合膜的力学性能参数。从表中可以看出，Nafion 膜在干态时的拉伸强度要比湿态时的大，而 Nafion/PTFE 复合膜在湿态时的拉伸强度与干态时的相差不大，其主要原因是 PTFE 底膜是憎水的，受水分的影响较小。从表中还可以看出 Nafion/PTFE 复合膜的薄膜拉伸强度大于厚膜的拉伸强度，因为膜越薄，拉伸强度就越接近其 PTFE 底膜拉伸强度。采用合适的后处理方法还可以继续提高其拉伸强度[26,27]。

表2-5　Nafion/PTFE 复合膜和 Nafion 膜含水量

膜	厚度/μm	Nafion 含量/%	含水量/%
Nafion/PTFE	25	48	16
复合膜	40	58	19
Nafion 117	175	100	27

表2-6　Nafion/PTFE 复合膜和 Nafion 膜尺寸稳定性

膜	厚度/μm	尺寸变化/%			
		长度	宽度	厚度	体积
Nafion/PTFE	25	6.9	5.3	7.7	24.2
复合膜	40	14.3	10.0	10.3	35.4
Nafion 112	50	14.0	3.0	25.5	47.4
Nafion 1135	88	11.5	4.2	37.7	60.0
Nafion 115	125	23.1	11.7	34.6	85.1
Nafion 117	175	21.8	10.1	14.1	53.0

表2-7 Nafion/PTFE 复合膜的力学性能参数

膜		厚度/μm	最大拉伸强度/MPa	断裂强度/MPa	延伸率/%
Nafion 112	干	50	39.5	38.6	270
	湿		23.1	22.8	245
Nafion 1135	干	88	76.5	59.2	160
	湿		54.1	34.4	135
Nafion/PTFE 复合膜	干	40	21.4	20.0	50
	湿		20.7	18.5	50
	干	25	26.3	24.9	60
	湿		25.7	23.3	60

2.4.2　无机材料增强型质子交换膜

以 PTFE 为基底或者作为增强纤维的增强膜主要原因是考虑到聚四氟乙烯材料与全氟磺酸树脂的主链结构相似，两者之间的结合性相对较好，同时 PTFE 的化学稳定性也很好。但是 PTFE 材料本身的强度并不是很高，如果要明显地提高复合膜的强度，需要 PTFE 材料在复合膜内的体积含量较高。而 PTFE 含量较高会明显地降低复合膜的电导率。开发掺杂含量更低，同时又可以提高复合膜强度的复合材料成为研究人员关注的一个方向。

2.4.2.1　碳纳米管增强型质子交换膜

碳纳米管由碳-碳共价键结合而成，同时又具有管径小、长径比大的特点，使得碳纳米管具有优良的力学性能，其杨氏模量和剪切模量与金刚石相同，理论强度可达 10^6 MPa，是钢的 100 倍，并且具有很高的韧性，而密度仅为钢的 1/7，耐强酸、强碱，在空气中 700℃以下基本不氧化，是复合材料理想的增强体。近年来，碳纳米管/聚合物复合材料的发展也受到关注[28-31]。

采用球磨法及溶液浇筑法可制备碳纳米管增强的 Nafion 复合膜，碳纳米管的引入可以有效提高复合膜的强度，还可以提高复合膜的尺寸稳定性；通过控制碳纳米管的长径比和含量，可以避免碳纳米管在复合膜内形成连续的电子通道。由于复合膜内碳纳米管的体积含量比较低，对复合膜的质子电导率影响不大，有利于获得更好的电池性能[32]。此外，CNT/Nafion 复合膜和商业化 Nafion 212 膜具有相似的晶体结构，在 50μm 厚度的 1%（质量分数）CNT/Nafion 复合膜组装的电池性能与同等厚度的 Nafion 212 膜组装的电池性能相近，如图 2-9 所示。

由于球磨法分散多壁碳纳米管比较复杂，而且碳纳米管容易团聚，不适合大规模生产，需提高多壁碳纳米管在膜中的分散程度。具体方法为：将碳纳米管用过氧化氢处理，并在铸膜液中加入一定量的 NaOH，以改善碳纳米管在全氟磺酸树脂溶液中的分散性。图 2-10 是2%多壁碳纳米管增强膜的断面扫描电镜照片，图中的白点为多壁碳纳米管。可以发现，纳米管在 NaOH-MWCNT/Nafion 复合膜中分散得比在 MWCNT/Nafion 中更加均匀。并且在含量相同的情况下，NaOH-MWCNT/Nafion 复合膜的断面单位面积上白点更多，这也说明其中的碳纳米管分散得更加均匀。

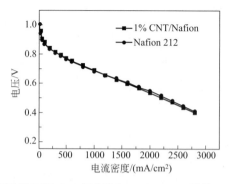

图 2-9 采用 CNT/Nafion 复合膜和 Nafion 212 膜的 PEMFC 性能

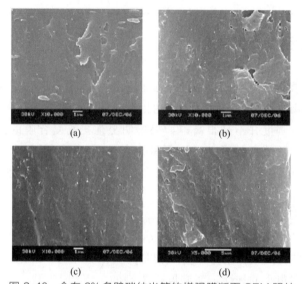

图 2-10 含有 2%多壁碳纳米管的增强膜断面 SEM 照片

（a），（b）MWCNT/Nafion（×10000）；（c）NaOH-MWCNT/Nafion（×10000）；（d）NaOH-MWCNT/Nafion（×5000）

图 2-11 为 NaOH-MWCNT/Nafion 增强膜在 80℃饱和增湿状态下的燃料电池性能。当增强膜中多壁碳纳米管的含量增加时，燃料电池的性能下降。NaOH-MWCNT/Nafion 增强膜燃料电池性能下降是由于复合膜中加入了不导质子的多壁碳纳米管导致膜的质子传导率下降引起的。即使如此，应用于燃料电池增强膜的性能尚可[28]。

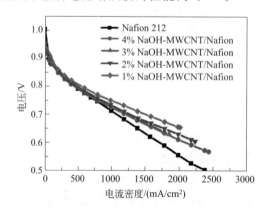

图 2-11 NaOH-MWCNT/Nafion 增强膜在 80℃饱和增湿状态下的燃料电池性能

此外，碳纳米管增强后的复合膜组装的电池在−20～70℃的冷冻/解冻循环（如图2-12）中表现出良好的性能[29]。图2-13对比了Nafion 112与碳纳米管增强复合膜组装的燃料电池在经过160次冷冻/解冻循环之后的燃料电池性能变化情况。通过对比可以发现，在冷冻/解冻循环中经历了湿度/水含量的变化之后，采用碳纳米管复合增强膜组装的燃料电池较采用常规Nafion 112膜的燃料电池性能损失更小。

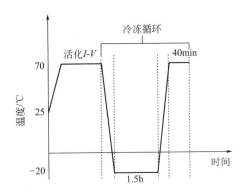

图2-12 燃料电池冷冻/解冻循环操作示意图

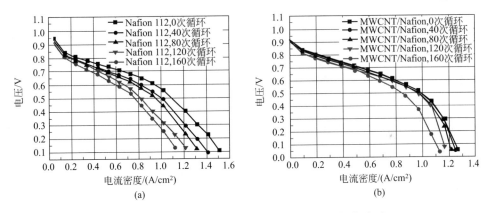

图2-13 Nafion 112（a）与碳纳米管增强复合膜（b）
组装的电池在经过160次冷冻/解冻循环电池性能变化

2.4.2.2 添加保水剂的复合膜

如前述，在质子交换膜燃料电池中广泛使用的全氟磺酸膜需水合后传导质子，因此要对反应气体进行增湿以保持质子交换膜的质子电导率。这种增湿系统增加了燃料电池系统的复杂程度。为了简化或去掉增湿，可减薄膜的厚度，并通过设计合适的气体流场通道，或使阴极侧气体压力大于阳极侧气体压力，从而加速阴极生成的水向阳极侧扩散。此外，从膜材料改性角度开发自增湿质子交换膜，主要是通过在膜中添加保水材料SiO_2等方法提高膜自身保水能力，或引入贵金属Pt，通过保持膜中的水含量或者依靠膜中渗透的氢气和氧气在Pt表面催化反应生成水来实现质子交换膜自增湿[33-35]，但有研究质疑此方法可能加速膜的降解。

质子交换膜燃料电池在高于100℃以上操作时，可以显著增加抗CO的能力，同时还可以消除两相流，以简化水热管理。但是，现有的质子交换膜燃料电池的工作温度一般控制在90℃以下，若膜内水分的蒸发速度大于燃料电池内水的生成速度，则膜内的水分会慢慢减少，而质子交换膜中的水起着质子传输通道的作用，因此质子的有效传输会受到很大的影响，燃料电池的工作效率也会相应降低。为此，研究人员将视线转移到如何提高质子交换膜高温质子传导性能。研究方向大致可以分为三类：

一是向膜内添加亲水性无机材料，这种方法的基本原理是向质子交换膜中加入具有亲水性的无机分子（一般为无机酸或杂多酸），以增大聚合物膜对水分子的约束力，增强水合作用，确保在高温条件下质子交换膜内仍保持一定的湿度，从而达到提高质子传导速率的目的。二是采用非水的、难挥发的液体取代水作为质子的载体。作为质子交换膜内质子接受体的非水溶剂必须具备两个基本条件：①是 Brønsted 碱；②具有高的绝缘常数。目前已经被证实可取代水做质子接受体的溶剂有磷酸、咪唑、甲基四氟硼酸盐等。三是采用固体状态的质子传导体。前面两种方法均是依靠酸化的聚合物膜，如 Nafion 以及液态溶剂为质子来提供传输动力和渠道的，而第三种方法则完全以固体状态的物质为基础，在无液体溶剂存在的情况下进行质子的传导过程。

20 世纪 80 年代末 90 年代初，Mauritz 等就开展了在线溶胶-凝胶法在 Nafion 膜中进行原位生长 SiO_2 的研究[36]。研究人员将 Nafion 膜首先在甲醇的水溶液中溶胀，再将甲醇水溶液溶胀过的 PFSA 膜置于正硅酸乙酯（TEOS）的甲醇溶液中，此时，TEOS 就会扩散进入膜内部，并在膜中的磺酸基团所带的质子的催化作用下水解，生成纳米 SiO_2。在线溶胶-凝胶法利用了全氟磺酸膜微观上的特点：主链为疏水的 C—F，而侧链带亲水的—SO_3H 基团的特殊结构。这一结构在复合膜在线溶胶-凝胶法制备过程中可以起到模板的作用，使得在膜中生长的 SiO_2 分布均匀、尺寸相近。

1994 年，Watanabe 等[37]也对 Nafion/SiO_2 进行了报道，并考虑将其作为 PEMFC 的"自增湿"膜使用。掺杂 SiO_2 后，Nafion 保水能力得以增强。60℃水蒸气环境下，含有 3%（质量分数）SiO_2（7nm）纳米粒子的复合膜的含水率达到了 43%，远远高于在同等条件下未改性的 Nafion 含水率为 17%的水平。Watanabe 等也进行了在线溶胶-凝胶法制备 Nafion/TiO_2 的研究[38,39]。Bocarsly 等也对在线溶胶-凝胶法制备 Nafion/SiO_2 复合膜进行了研究[40]，印证了 SiO_2 能够提高 PEMFC 在高温、低湿度下的适应性。

图 2-14 中，球体代表全氟磺酸膜中的亲水离子簇，在制备复合膜的过程中首先将膜浸泡在甲醇水溶液中溶胀，此时这一区域被甲醇和水占领。溶胀过程作为溶胶-凝胶反应的前过程对反应具有很重要的影响，后面的反应创造了条件，一方面有甲醇这种共溶剂存在为正硅酸乙酯（TEOS，$C_8H_{20}O_4Si$）的扩散提供条件，另一方面也将水吸收在膜中作为后面反应的反应物。当包含甲醇和水的全氟磺酸树脂进入甲醇的 TEOS 溶液中时，外部溶液中的 TEOS 通过全氟磺酸中的亲水通道向膜的内部扩散。TEOS 与 H_2O 在侧链的—SO_3H 上的

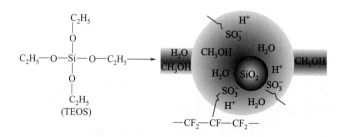

图 2-14　Nafion/SiO_2 复合膜在线溶胶-凝胶法制备过程

质子催化下发生水解反应。

$$C_8H_{20}O_4Si + 2H_2O \xrightarrow{H^+} SiO_2 + 4C_2H_5OH$$

这一反应中，全氟磺酸基团实际上充当了相当于表面活性剂的模板作用。合成出来的 SiO_2 粒子粒径约在 5nm。刘永浩[41] 通过在线溶胶-凝胶法制备复合膜，膜中 SiO_2 的分布如图 2-15 所示。在低湿度下可改善燃料电池的性能，如图 2-16 所示。

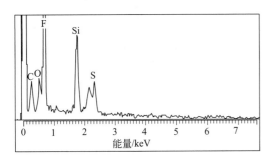

图 2-15 Nafion/SiO_2 复合膜中的元素分布

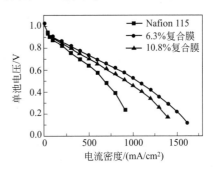

图 2-16 含不同 SiO_2（质量分数）的复合膜在低增湿条件下的 PEMFC 性能

$T_{cell} = 110℃$；H_2、O_2 增湿温度：100℃；操作压力：0.25MPa

采用溶胶-凝胶法将 SiO_2 复合到 Nafion 115 膜中，使膜有充分的保水性能，可有效地减缓水分的损失从而提高燃料电池在 130℃ 操作时的性能（图 2-17），而常规 Nafion 膜在 100℃ 以上的燃料电池中性能较差。实验结果表明在 Nafion 膜内通过添加亲水性无机材料来提高其工作温度是切实可行的。但随着复合膜内 SiO_2 含量的增加，复合膜的含水量增加、尺寸稳定性变化不大、复合膜的断裂伸长率明显下降、复合膜的质子电导率逐渐下降[41]。

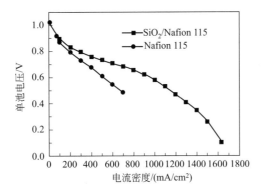

图 2-17 SiO_2/Nafion 115 复合膜与 Nafion 115 膜的电池 I-V 曲线

SiO_2 含量：6.3%，电池温度：130℃，H_2/O_2 增湿温度：100℃，H_2/O_2 压力：0.25MPa

类似的，结合 PTFE 增强的策略制备的 SiO_2/Nafion/PTFE 复合膜也有利于提高膜的自增湿能力，SiO_2/Nafion/PTFE 在干气操作时优于 Nafion/PTFE 复合膜（图 2-18）[42]。

2.4.2.3 添加催化剂的复合膜

对于无机材料复合膜，除添加保水剂外，也有研究尝试在制膜过程中添加催化剂。如，采用具有高比表面积的 Pt 催化剂，利用 Pt 能催化从阴极、阳极向膜内扩散的氧气和氢气在

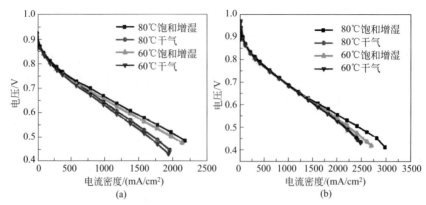

图 2-18 Nafion/PTFE（a），SiO_2/Nafion/PTFE（b）
在 80℃饱和增湿和干气操作的 I-V 曲线

其表面化学催化产生水，进而达到增湿电池的目的。

Watanabe 于 1996 年开始研究 H_2-O_2 复合自增湿 PEMFC，主要是依靠从阴、阳两极渗透的 O_2 和 H_2 在 PEM 中的 Pt 催化剂表面化学催化反应生成水，与阴极 O_2 还原反应生成水二者共同作用增湿 PEM[37-39]。在 PEM 中利用化学镀形成高度分散的催化剂 Pt 粒子（$d=1\sim2nm$），或者采用含有 Pt 粒子、亲水性氧化物（SiO_2，TiO_2 等）和 Nafion 树脂的再铸膜作为电解质，Pt 催化剂粒子具有高的比表面积。化学催化从阴、阳两极分别渗透到其表面的 O_2 和 H_2 在 PEM 中生成水，在低电流密度时，亲水性氧化物作为保水剂能够吸收水，在高电流密度时释放水。

UTC 公司在其发表的专利中提出了在膜的两侧或中间加入过氧化氢分解催化剂，以提高质子交换膜的寿命[43]。通过将加入碳载铂或铂黑催化剂的 Nafion 溶液浇筑到 PTFE 多孔膜上，然后将溶液挥发，可制备增湿复合膜——Pt/C-PEM[44]。如图 2-19 所示，由于 Pt/C-PEM 中的 Pt 颗粒可以化学催化从阳极和阴极渗透过来的反应气体，Pt/C-PEM 复合膜组装电池的开路电压相较 Nafion/PTFE 复合膜有所提高，但 Pt 催化氢氧反应、过氧化氢有可能带来对膜材料的化学降解的风险，对膜的寿命也可能造成影响。

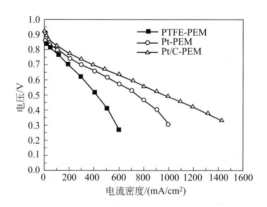

图 2-19 不同的质子交换膜在 80℃无增湿下的燃料电池 I-V 曲线

由于 Pt/C 纳米颗粒是良好的电子导体，直接掺杂在膜中存在短路的风险。在其外侧分别增加纯树脂层，可避免可能存在的电子短路。具有三层结构的 Pt/CNT-Nafion 自增湿复合膜[30]中，两侧的纯 Nafion 层不仅切断了内层自增湿层中的 Pt/CNT 可能造成的电子短路，使 CNT 在膜内仅起到增强纤维的作用；同时还避免了 Pt/CNT 与电极中催化剂的连通，使 Pt/CNT 催化剂不发生电催化作用，仅化学催化氢气和氧气发生化学反应生成水的作用。Pt/CNT-Nafion 复合自增湿膜保持了 CNT/Nafion 复合膜的机械强度和尺寸稳定性，并具有更好的质子传导性能。与不含 Pt 粒子的 N-CNT-N 复合膜组成的 PEMFC 相比，N-Pt/CNT-N 自增湿复合膜在干气进气条件下，可在膜的内部生成水，对膜起到增湿作用，保证了膜的质子传导性能，从而提高了在无外增湿条件下的燃料电池性能，如图 2-20 所示。

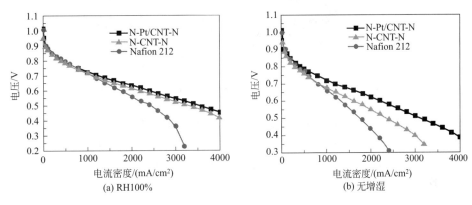

图 2-20 不同膜组装燃料电池的 I-V 曲线（ H_2/O_2， 操作温度 80℃ ）

为避免复合膜内存在的 Pt 可能造成的短路问题，还可将导电性能良好的载体材料碳、碳纳米管等换为不导电的氧化物，如 SiO_2 等。采用 Pt/SiO_2 催化剂化学催化氢氧生成水，利用亲水物质 SiO_2 原位保水，并以多孔 PTFE 增强，制备自增湿增强复合膜[45]。在低增湿状态下，复合膜的电池性能都明显高于 Nafion 212 的电池性能，如图 2-21 所示。

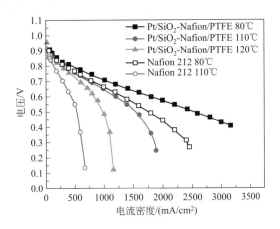

图 2-21 采用 Pt/SiO_2-Nafion/PTFE 复合膜和 Nafion 212
膜的燃料电池在无增湿条件下的 I-V 曲线

需要注意的是，添加复合膜中的氢氧反应催化剂，同时也可催化过氧化氢分解，释放出羟基自由基，加速膜的降解。Trogadas 等[46]在模拟电池环境的离线旋转环盘电极测试中证实了 Pt/C 和碳载体在催化氧还原过程中，伴随着 H_2O_2 的生成，且 H_2O_2 的转化率随着电位的变化而变化。一些学者通过其他离线方法间接证实了 Pt 在催化过氧化氢分解过程中导致自由基大量产生的事实[47-49]。

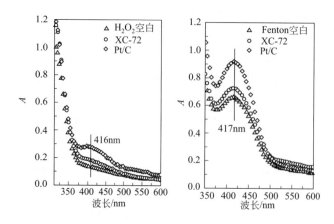

图 2-22　Pt/C 及 XC-72 对 H_2O_2 分解产生自由基的影响

从图 2-22 可以看到，无催化剂存在的条件下，过氧化氢水溶液体系检测不到羟基自由基的存在，而加入催化剂 Pt/C 后，416nm 处出现了羟基捕获产物甲基亚磺酸的特征吸收峰，强度为约 0.27，即相同时间内过氧化氢溶液体系内产生了一定浓度的自由基。为了排除催化剂载体的影响，用同样方法研究了 XC-72 的作用，发现加入 XC-72 的过氧化氢溶液体系中在 416nm 处亦产生微弱的吸收，强度为约 0.17。说明 Pt/C 与碳载体 XC-72 均可催化 H_2O_2 分解产生自由基，Pt 的催化活性明显高于 XC-72。

2.4.2.4　添加无机酸的复合膜

（1）$Cs_{2.5}H_{0.5}PWO_{40}$-SiO_2/Nafion 复合膜

由于 $Cs_{2.5}H_{0.5}PWO_{40}$ 具有微中孔和高比表面积，并且不溶于水和有机溶剂，有利于其作为质子交换膜的功能添加剂。$Cs_{2.5}H_{0.5}PWO_{40}$ 与 SiO_2 复合，将具有强酸性、亲水性以及氧化还原性质，可制备 $Cs_{2.5}H_{0.5}PWO_{40}$-SiO_2/Nafion 复合膜[50]。$Cs_{2.5}H_{0.5}PWO_{40}$-SiO_2 粒子可增加膜的质子传导率。在饱和增湿和不增湿条件下，采用 $Cs_{2.5}H_{0.5}PWO_{40}$-SiO_2/Nafion 复合膜的单电池性能优于采用商业化的 Nafion 212 膜，如图 2-23 所示。

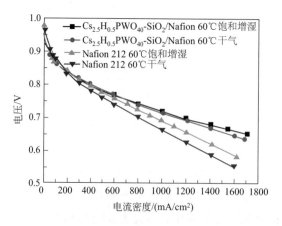

图 2-23　$Cs_{2.5}H_{0.5}PWO_{40}$-SiO_2/Nafion 复合膜和 Nafion 212 膜
在饱和增湿和干气条件下的 I-V 曲线

（2）Nafion/ZrH(PO$_4$)$_x$(SO$_4$)$_y$ 共混膜

磷酸锆 ZrP$_2$O$_7$(H$_2$O) 是一种极难溶的固体，具有质子传导特性，在 α-变体 ZrP$_2$O$_7$(H$_2$O) 中，每个锆原子被 6 个不同的 HPO$_4$ 单位八面体配位而形成层状结构，水分子在两层之间的空穴里通过氢键同 HPO$_4$ 单元中的 OH 基相连，因此磷酸锆作为改性 Nafion 膜的添加剂，具有亲水性和质子传导性两个理想优点。采用磷硫酸氢锆与 Nafion 溶液共混可制备 Nafion/ZrH(PO$_4$)$_x$(SO$_4$)$_y$ 共混膜，由于磷硫酸氢锆中可以加入少量硫而提升其酸性，可进一步提升共混膜的电导率。图 2-24 为 Nafion/ZrH(PO$_4$)$_x$(SO$_4$)$_y$ 共混膜和 Nafion 112 膜组装电池在 110℃高温条件下的性能，可以看出，共混膜优于 Nafion 112 膜。其主要原因为 Nafion/ZrH(PO$_4$)$_x$(SO$_4$)$_y$ 共混膜中引入了 PO$_4^{3-}$ 和 SO$_4^{2-}$ 基团，易与膜中的水形成氢键，导致水在膜中的滞留，进而提升了膜的含水量，最终使膜的电导率得到提高，有利于电池性能的提升；另外，层状结构的磷硫酸氢锆含有质子，在水存在下可以产生额外的质子传输通道，进而提升膜的电导率，提高燃料电池性能。

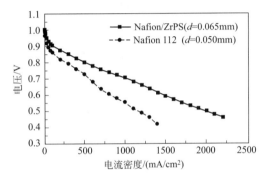

图 2-24　Nafion/ZrH(PO$_4$)$_x$(SO$_4$)$_y$(ZrPS)共混膜、
Nafion 112 膜的燃料电池性能（110℃）

2.4.3　部分氟化复合膜

鉴于全氟磺酸树脂的制备工艺复杂、成本高，为降低膜的成本，研究人员也尝试制备部分氟化膜，如 SPTFS/PTFE 复合膜。

付永柱采用部分氟化的磺酸树脂——磺化聚 α,β,β-三氟苯乙烯（SPTFS），通过溶液浸渍法制备 SPTFS/PTFE 复合膜。表 2-8 为 SPTFS/PTFE 复合膜和 Nafion 膜水化前后尺寸变化，由于 PTFE 基膜的存在能使膜保持良好的尺寸稳定性，复合膜经过水化前后其尺寸变化要远小于均质膜。表 2-9 比较了 SPTFS/PTFE 复合膜和 Nafion 膜的机械强度，相同厚度条件下，SPTFS/PTFE 复合膜的断裂拉伸强度要远高于均质膜，复合膜越薄，其断裂拉伸强度越接近 PTFE[51]。

图 2-25 为采用 SPTFS/PTFE 复合膜和 Nafion 115 膜组装的电池性能[52]，从图中可以看出，相同厚度的 SPTFS/PTFE 复合膜在 0.5V 时的电流密度（分别为 1800mA/cm^2，1300mA/cm^2）均高于 Nafion 115 膜（1000mA/cm^2）的性能；但复合膜组装电池的开路电压略低于 Nafion 115 膜，除膜的厚度差异，可能的原因是 SPTFS 与 PTFE 结构上存在差异，使两者不能充分相容形成均一结构，进而造成其结构上结合不致密，有一定量的氢气透过膜。部分氟化膜的稳定性较全氟膜也有差距，因而未进入实际应用。

表2-8　SPTFS/PTFE 复合膜和 Nafion 膜水化前后尺寸变化

膜	厚度/μm	尺寸变化/%		
		长度	宽度	厚度
SPTFS（329）	40	123.0	110.4	152.2
SPTFS（329）/PTFE	40 80	25.6 27.1	17.2 18.3	40.5 55.3
SPTFS（867）	40	89.1	79.7	100.2
SPTFS（867）/PTFE	40 80	10.0 15.6	7.2 10.3	26.5 30.3
Nafion 115	125	23.1	11.7	34.6

表2-9　SPTFS/PTFE 复合膜和 Nafion 膜机械强度的比较

膜	厚度/μm	断裂拉伸强度/MPa
SPTFS（329）	40	8.5
SPTFS（329）/PTFE	40 80	15.2 12.1
SPTFS（867）	40	20.6
SPTFS（867）/PTFE	40 80	41.7 29.6
Nafion 112	50	23.1
Nafion 1135	87.5	54.1

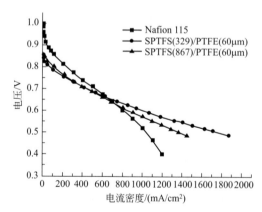

图 2-25　SPTFS/PTFE 复合膜和 Nafion 115 膜组装的燃料电池 I-V 曲线

2.5　烃类质子交换膜

最早用于 PEMFC 的膜材料聚苯乙烯磺酸（PSSA）是非氟质子交换膜，在 20 世纪 60 年代初用于美国的 GE 公司为 NASA 研制的空间电源，在使用中发现：聚苯乙烯磺酸膜的膜电阻较大，并且存在电化学氧化降解，导致膜的寿命较短，仅为 300h 左右，因此影响了非氟材料质子交换膜的应用。

　　随着具有优良化学、力学性能聚芳烃的不断出现，新型非氟烃类质子交换膜的研究工作也在继续，如通过对聚苯醚、聚苯并咪唑、芳香族聚酰亚胺、聚砜、聚酮等进行磺化处理，使其具有质子传导能力。为了引入磺酸根，采用直接对树脂进行磺化以及先磺化单体，然后以磺化单体进行聚合两种方法。因直接磺化的方法不易控制磺酸根的位置以及磺化度，且容易引起聚合物主链和支链的降解，现已很少采用。

　　芳香族聚酰亚胺具有优良的热稳定性、高的机械强度、良好的成膜性和优异的化学稳定性。Faure 等[53]合成了六元环的磺化聚酰亚胺，用 1,4,5,8-萘四甲酸酐（NTDA）作为聚合二酐单体，使用已商业化的磺化二胺单体联苯胺双磺酸（BDSA）将磺酸基团引入到聚酰亚胺结构中。由于六元环的磺化聚酰亚胺膜是由聚酰亚胺溶于溶剂后的均匀溶液经铸膜制成，所以聚酰亚胺的溶解性决定了其能否成膜及成膜的难易和好坏，然而六元环聚酰亚胺在普通溶剂中的溶解性和加工性能较差，而且 NTDA 只有和有限的二胺才能制备出可溶的产品。聚砜是一类热塑性聚合物，不仅具有优良的力学和化学性能，而且还具有抗氧化和抗酸催化水解性能，将亲水基团（主要是磺酸基团）引入聚砜主链，改善其亲水性能，有可能将其应用于 PEMFC。

　　非氟烃类质子交换膜材料主要存在两方面问题：一是它们大部分都是通过将磺酸根键合在苯环上来实现材料的离子化，由于苯环具有共轭 π 键结构，使磺酸根的电离性能下降，因此其质子传导率要低于全氟材料质子交换膜；二是苯环上由于磺酸根的引入，使周围的电荷分布发生很大的变化，对材料的化学稳定性产生影响，同时由于 C—H 键的离解焓较低，电池环境中的 H_2O_2 会使之发生化学降解，影响膜的使用寿命。所以迄今为止，烃类膜在性能与寿命方面，仍达不到全氟磺酸膜的水平，研究也逐渐减少。

2.5.1　低温烃类膜

　　聚苯硫醚砜（PPSS）作为聚苯硫醚（PPS）的结构改性树脂，是在聚苯硫醚主链结构中引入了强极性的砜基（—SO_2—），由于砜基与硫原子之间有一定的配位作用，增强了树脂分子之间的作用力，具有耐高温、耐化学腐蚀性、高韧性、高强度等特点；聚苯并噁唑（PBO）是主链含苯并噁唑稠杂环重复单元的耐高温芳杂环聚合物。磺化苯并噁唑（SPBO）以其优良的力学性能、耐热性、耐氧化性等逐渐显示了其在燃料电池领域的应用潜力[54-59]。

　　赵丹等将苯并噁唑稠杂环引入磺化聚硫醚砜聚合物结构中，经亲核取代缩聚反应合成磺化聚苯并噁唑硫醚砜聚合物[60]，在合成单体 2,2'-双[2-(4-氟苯基)苯并噁唑-6-基]六氟丙烷（6FBO）与 3,3'-二磺酸基-4,4'-二氯二苯砜（SDCDPS）的基础上，选择全氟苯（HFB）作为封端与偶联试剂，消除 SPTESBO 聚合物中存在的含氢活性端基（—SH），实现聚合物的封端及偶联反应，其合成反应路径如图 2-26。所制备膜材料的红外光谱如图 2-27，1086cm^{-1} 和 1021cm^{-1} 处分别为磺酸基中 O=S=O 的反对称和对称伸缩振动吸收峰；620cm^{-1} 处为磺酸基中 S—O 的伸缩振动吸收峰；1596cm^{-1} 和 1049cm^{-1} 分别为噁唑环中—C=N 和—C—O 伸缩振动吸收峰。

　　在图 2-28 中，SPTESBO-60 和 SPTESBO-HFB-60 在 80℃下的含水率和尺寸变化率分别为 25%～30% 和 13%～17%，相同条件下 Nafion 212 膜的含水率和溶胀率分别为 28% 和 30%。可见，在相同的含水率下，SPTESBO 和 SPTESBO-HFB 膜的尺寸稳定性得到了提高。这是由于聚合物体系中磺酸根与噁唑氮杂环通过离子键在聚合物内部形成交联结构，抑

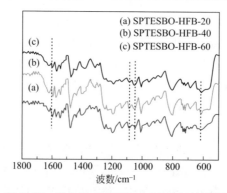

图 2-26　聚合物 SPTESBO-HFB 的合成路径

图 2-27　聚合物 SPTESBO-HFB 红外谱图

（HFB 后的数字代表磺化度）

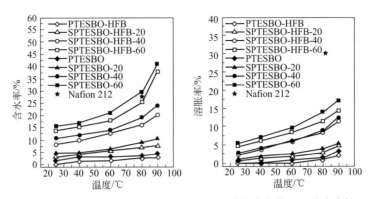

图 2-28 SPTESBO 和 SPTESBO-HFB 膜的含水率和尺寸稳定性

制了链段的进一步运动和膜的溶胀。

在单电池性能考察中，SPTESBO-HFB 膜的单电池性能受磺化度和反应气相对湿度的影响。SPTESBO-HFB-60 膜在 80℃、0.2MPa、RH＝100％ 条件下的电池性能与 Nafion 212 在相同运行条件下相当，如图 2-29。但随相对湿度的降低，SPTESBO-HFB-60 性能严重衰减，如图 2-30。在解决材料稳定性问题的同时，会带来其他问题，需进一步深入研究。

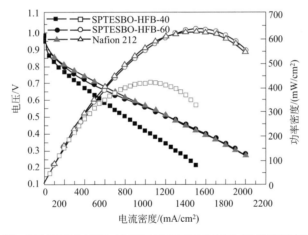

图 2-29 SPTESBO-HFB-40 膜和 SPTESBO-HFB-60 膜燃料电池性能

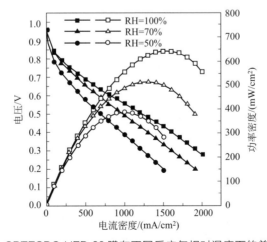

图 2-30 SPTESBO-HFB-60 膜在不同反应气相对湿度下的单电池性能

2.5.2 聚苯并咪唑膜

虽然全氟磺酸膜在水饱和的条件下具有非常好的质子电导率，但是随着湿度的下降，膜电导急剧下降。在 PFSA 的质子传导过程中，水起到水化质子、构建质子通道的重要作用。要保持全氟磺酸膜的高质子传导率，必须保证膜中有足量的水存在，即需要为燃料电池配备气体增湿系统，而且燃料电池的运行温度须保持在水的沸点以下。由于燃料电池内部存在气-液两相流，带来了复杂的电池内部水管理问题。燃料中如果具有 CO 等杂质，CO 在 Pt 上的吸附作用会导致催化剂中毒使得电池性能急剧衰减，这样就提高了燃料电池对燃料纯度的要求。此外，由于工作温度与环境温度温差相对较小，将使得电池系统的散热系统工耗增加，余热利用也颇为不便，降低了电池系统的能量转换效率。为解决上述问题，提高 PEMFC 的运行温度，成为燃料电池研究的一个重要课题。提高燃料电池运行温度，往往与低湿度运行相伴而行，前文介绍了基于全氟磺酸适应低湿度的自增湿复合膜，下面重点介绍适宜高温 PEMFC 的聚苯并咪唑类膜材料研究。

聚苯并咪唑（PBI）是一类主链含有咪唑环的高热稳定性材料的统称[61]，它具有良好的化学稳定性、热稳定性以及优异的力学性能，其玻璃化转变温度可达 $425\sim436℃$，被广泛应用于航空航天、纺织、黏结剂等领域[62,63]。在针对燃料电池的研究中，较多采用商业化的聚 [2,2′-(间苯基)-5,5′-联苯并咪唑]。为了适应燃料电池的使用条件，研究人员尝试多种结构修饰的 PBI，这些修饰主要包括引入醚键、吡啶、联苯、砜基、酚羟基、磺酸根等，其代表性的结构如图 2-31 所示。

PBI 膜本身的质子传导率很低，在一定湿度下质子传导率仅为 $10^{-7}\sim10^{-6}$ S/cm[64]，不能直接应用于燃料电池。但由于 PBI 特殊的碱性结构，可以与酸掺杂或接枝上含有磺酸基团的支链，使得它在高温、低湿条件下具有高的质子传导率，可应用于高温质子膜燃料电池。PBI 不能直接磺化，因为其磺化度较低并会增加材料的脆性[65]。PBI 酸络合改性通常是指将 PBI 膜浸渍于一定浓度的酸液中，PBI 的质子传导率与浸渍酸种类、浓度、浸渍时间密切相关[66,67]。

20 世纪 90 年代中期，Savinell 等[68]首次提出了 PBI/H_3PO_4 膜体系，并对 PBI/H_3PO_4 膜进行了 200℃ 的直接甲醇燃料电池性能测试，实验结果表明电池输出电压在 0.21V 时，放电电流能达到 $500mA/cm^2$ 左右。此后，作者针对 PBI 进行了更为详细的研究。他们对 PBI/H_3PO_4 体系热稳定性进行了研究[69]。丹麦技术大学的 Bjerrum 和李庆峰等对 PBI/H_3PO_4 体系做了大量的研究工作[70,71]，并将其应用于高温质子交换膜燃料电池中。

李进采用常规的溶液浇铸法制备了 PBI 膜，采用高温浸渍磷酸方法处理 PBI 膜制备 PBI/H_3PO_4 复合膜[72]。以 PBI 为黏结剂，PVDF 为憎水剂，Pt/C 为催化剂制备催化层。采用无增湿氢气和氧气对膜电极性能进行了测试，如图 2-32；对 PBI/H_3PO_4 复合膜制备的膜电极的稳定性测试，在电流密度 $1.0A/cm^2$ 下，20h 内电压稳定，如图 2-33 所示。

聚苯并咪唑分子具有典型的刚性结构，当分子量过高的时候，难以在常见的溶剂中分散，导致加工性能不好，难以制备成膜。为了降低 PBI 分子的刚性，可以在高分子主链上添加一些柔性的基团，从而提高 PBI 分子的分散性。醚键就是一类典型的柔性基团。关于 PBI 膜浸渍磷酸后力学性能降低的问题，由于磷酸掺杂的 PBI 膜一部分磷酸分子将与咪唑环上的—N =形成氢键，没有与 PBI 骨架分子形成氢键的磷酸分子通过物理吸附于 PBI 膜中，

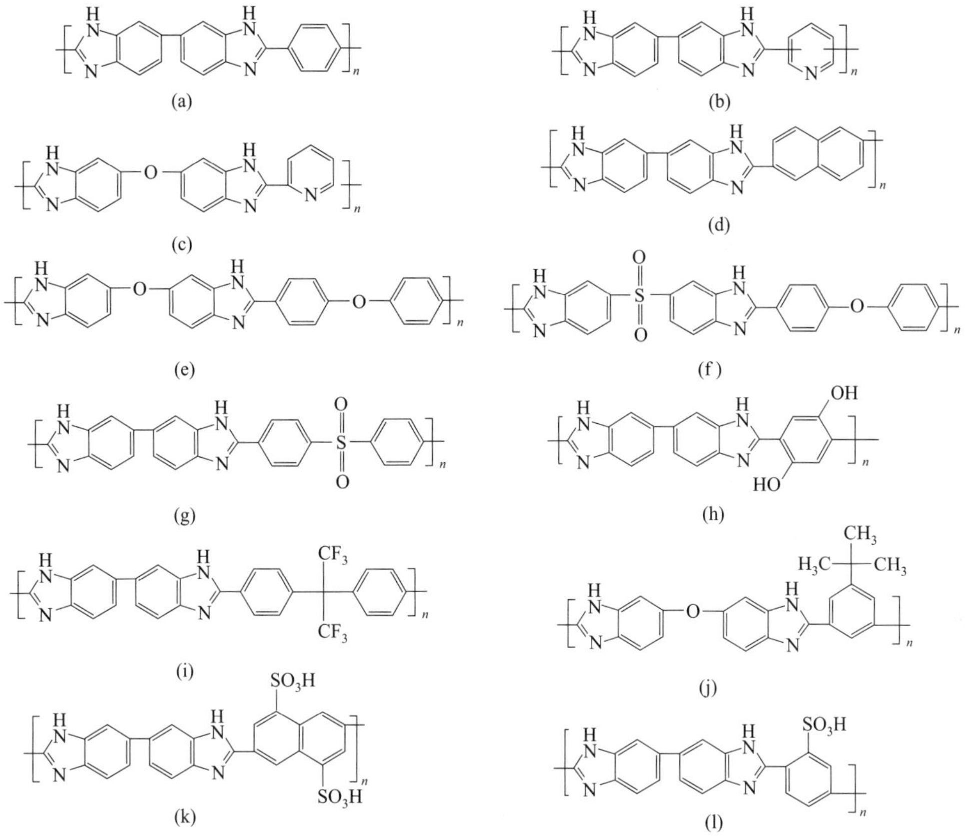

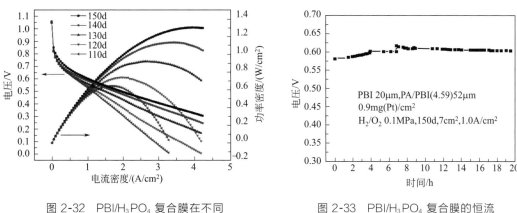

图 2-31　不同结构改性的 PBI

（a）对 PBI；（b）Py-PBI；（c）Py-O-PBI；（d）萘-PBI；（e）OO-PBI；（f）OSO$_2$-PBI；
（g）SO$_2$-PBI；（h）2OH-PBI；（i）F$_6$-PBI；（j）叔丁基 PBI；（k）磺化萘-PBI；（l）磺化 PBI

图 2-32　PBI/H$_3$PO$_4$ 复合膜在不同
温度下的电池性能（0.1MPa，H$_2$/O$_2$）

图 2-33　PBI/H$_3$PO$_4$ 复合膜的恒流
稳定性试验

导致 PBI 膜体骨架容易分离，链间分子间作用力降低，从而造成膜力学性能的降低。为解决 PA/PBI 的溶胀，有效的方法是在膜内部或外部构建一个网络或形成一个复合层，通过改变 PBI 链段结构或加入有机交联剂将 PBI 内部的分子链段构建成一个交联的网络结构。可采用 PPMA 为溶剂，合成含醚键聚苯并咪唑树脂，合成路径如图 2-34 所示。用含醚键 PBI/

H_3PO_4 复合膜组装的燃料电池最高功率密度为 $1.17W/cm^2$[73]；在 $200mA/cm^2$ 恒流 100h 稳定性实验中，燃料电池电压没有出现下降，开路电压在 1.05V 以上，如图 2-35。

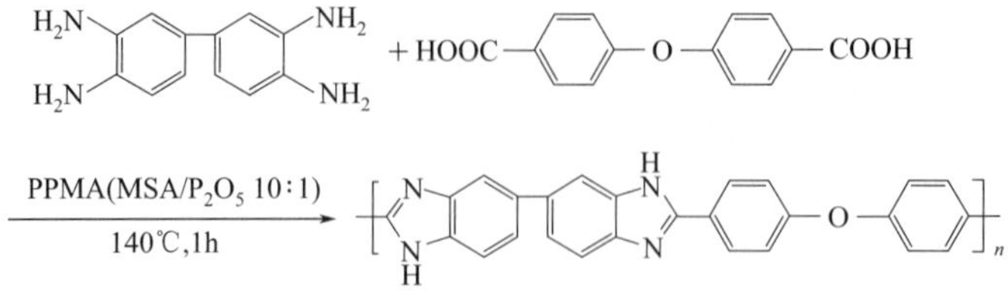

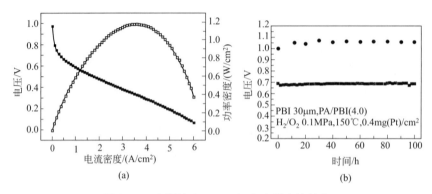

图 2-34 含醚键 PBI 树脂合成路径

(a)

(b)

图 2-35 含醚键 PBI/H_3PO_4 复合膜电池性能
(a) 含醚键 PBI/H_3PO_4 复合膜电池性能；(b) 恒流 $200mA/cm^2$ 的稳定性和开路电压

随着对磷酸（PA）掺杂 PBI 体系研究的深入，逐渐发现许多问题：①膜内磷酸容易流失，引起催化剂中毒；②PBI 易受自由基攻击而发生降解；③PBI 经过 PA 浸渍后，在高温条件下其力学性能降低。为了解决上述这些问题，提高 PBI/PA 体系的质子传导性和力学性能，相继提出多种策略。针对磷酸流失的问题，需要改变磷酸与 PBI 的结合方式，从物理吸附改为化学键合，如采用有机酸化法在 PBI 内部接枝酸质子载体；为解决 PBI 受自由基攻击降解，在 PBI/PA 膜中添加自由基猝灭剂 CeO_2 以缓解膜的衰减。如图 2-36 所示，CeO_2 的加入能够显著提升膜的化学稳定性及力学性能；当 CeO_2 含量为 2% 时，电池在 $200mA/cm^2$ 运行 240h，性能未发生明显降低[74]。

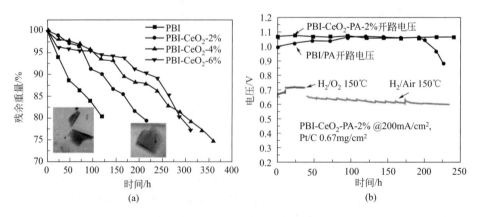

(a)

(b)

图 2-36 不同 CeO_2 含量 PBI 膜的化学稳定性（a）和
含量 2% CeO_2 的 PBI/PA 膜燃料电池性能（b）

有关 PBI 膜的研究多集中于低增湿与高温燃料电池。Wannek 等报道了 PBI/AB 在 140℃无增湿条件下，质子电导率为 0.08S/cm，而采用 20% RH 增湿后，质子电导率达 0.2S/cm[21]。为提高 PBI/AB 的机械强度和单电池性能，Lin 等通过环氧基树脂交联 PBI 骨架，160℃无增湿下燃料电池测试最大功率密度达 172mW/cm²[75]；Kim 等制备的苯并噁嗪交联 PBI 膜，150℃无增湿时质子电导率为 0.12S/cm[76]；Aili 等利用 divinylsulfone 交联 PBI，膜的力学性能和氧化稳定性相比于其线型类似物有所改善，在 150℃、20% RH 条件下，交联膜质子电导率为 0.12S/cm[77]。

2.6 质子交换膜的降解

由于质子交换膜是燃料电池结构中的核心材料，其耐久性是燃料电池寿命的重要指标之一，研究其降解机理有助于提高耐久性的研究。质子交换膜的衰减过程主要包括化学降解、热降解和物理损伤。

2.6.1 化学降解

对于 PEM 的化学降解，在燃料电池操作中，反应气体的渗透、催化剂铂的溶解与再沉积、过渡金属离子杂质以及自由基的生成等许多因素都会造成膜的化学降解。而在燃料电池尾排水中检测出 F^-，则为膜的化学降解提供了坚实的证据[78]。目前普遍认为化学降解主要是自由基（$HO\cdot$/$HO_2\cdot$）攻击聚合物膜的主链或侧链所致[79,80]。

自由基作为 PEM 化学降解的重要因素，其产生主要有两种机理：过氧化氢（H_2O_2）分解产生自由基[81]；直接生成自由基[82,83]。过氧化氢分解产生自由基，主要是在燃料电池阴极或阳极的 O_2 通过二电子途径化学反应生成 H_2O_2，再由 H_2O_2 分解产生自由基 $HO\cdot$，其主要过程如式(2-8)～式(2-11) 所示[84,85]。

在阴极：

$$H_2 + O_2 \longrightarrow H_2O_2 \text{（化学反应）} \tag{2-8}$$

在阳极：

$$H_2 + O_2 \longrightarrow H_2O_2 \text{（化学反应）} \tag{2-9}$$

$$2H^+ + O_2 + 2e^- \longrightarrow H_2O_2 \text{（电化学反应）} \tag{2-10}$$

$$\frac{1}{2}H_2O_2 \longrightarrow HO\cdot \text{（化学反应）} \tag{2-11}$$

第二种方式为直接产生自由基，即透过膜渗透到阴极的 H_2 与催化剂表面的 O_2 直接生成自由基，其主要过程如式(2-12)～式(2-16) 所示[86]。

$$H_2 \longrightarrow 2H\cdot \text{（在催化剂 Pt 表面）} \tag{2-12}$$

$$H\cdot + O_2 \longrightarrow HO_2\cdot \tag{2-13}$$

$$HO_2\cdot + H\cdot \longrightarrow H_2O_2 \tag{2-14}$$

$$H_2O_2 + M^{2+} \longrightarrow M^{3+} + HO\cdot + OH^- \tag{2-15}$$

$$H_2O_2 + HO\cdot \longrightarrow H_2O + HO_2\cdot \tag{2-16}$$

自由基作为氧还原过程的中间产物，它的存在可以通过电子顺磁共振谱（EPR）检测到[87,88]。自由基生成后如果停留在催化剂表面将不会造成膜的化学降解，因此自由基只是膜化学降解的物质基础，自由基只有在其消亡前对聚合物的易受攻击部位发起有效攻击，才能导致膜的化学降解。

自由基引发的膜化学降解可以分为微观和宏观两个方面。微观层面的降解主要是指聚合物分子结构中哪部分易受攻击而引发降解，属于分子水平的降解，如主链降解、支链降解、官能团降解（磺酸根降解、醚键断裂、端基降解、酰亚胺环水解等）。但是微观层面与宏观层面不是相互独立的，而是相互关联的。此外，膜的化学降解还与膜的结构密切相关[89]。

原位 EPR 测试[26,27]证实了在燃料电池运行过程中 HO·/HO$_2$· 的存在，是导致膜降解的主要因素。关于导致质子交换膜降解，有两种观点（图 2-37）。一种观点认为氧气经过膜渗透到阳极侧，在阳极 Pt 及微量过渡金属离子的催化作用下，形成 HO·/HO$_2$· 自由基，这种自由基进攻膜而导致膜降解[28-30]。另一种观点认为，氧在阴极还原时经二电子途径产生 H$_2$O$_2$ 中间物，在微量过渡金属离子作用下分解，产生 HO·/HO$_2$· 等氧化性自由基，这些自由基进攻聚合物而导致膜降解[31,32]。

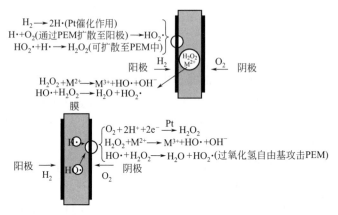

图 2-37　过氧化氢及羟基自由基生成机理示意图

羟基自由基 HO· 具有很高的反应活性及很强的氧化性，其标准电极电位 2.8V，仅次于氟[14]；而且其寿命很短，生存的时间小于 $1\mu s$，因此不易对其进行定量的测定。羟基自由基的捕集及测定方法有电子顺磁共振法、高效液相色谱法、化学发光法、荧光分析法、电化学法等[15]。这些方法大多需要较为昂贵的仪器。一般实验室可采用较为简单的分光光度法[16]，由于 HO· 本身不能由分光光度法直接检测，须选用合适的化合物与 HO· 反应，生成在紫外-可见光区内产生特征吸收的产物。适宜的化合物可作为自由基捕获剂：溴邻苯三酚红（BPR）、碘化钾（KI）、噻嗪指示剂（如亚甲基蓝）、二甲基亚砜（DMSO）等[17]。通过紫外-可见光谱可获得 Pt 在催化过氧化氢分解过程中加速羟基自由基生成的信息。

以 DMSO 作为羟基自由基的捕获剂，其测定原理为[18-20]：

$$Fe^{2+} + H_2O_2 \longrightarrow Fe^{3+} + HO^- + HO· \tag{2-17}$$

$$CH_3SOCH_3(DMSO) + HO· \longrightarrow CH_3SOOH(MSA) + CH_3· \tag{2-18}$$

$$\underset{\text{（亚磺酸）}}{CH_3SOOH} + \underset{\text{（重氮化物）}}{Ar-N^+ \equiv N} \longrightarrow \underset{\text{（diazosulfone）}}{Ar-N=N-SO_2-CH_3} + H^+ \tag{2-19}$$

首先，羟基自由基与 DMSO 反应生成甲基亚磺酸（MSA），该物质是一种比较稳定的非自由基化合物，通常在被测体系中本不存在，因此体系中的 MSA 的生成量与羟基自由基的浓度之间存在定量关系。但是化合物在紫外-可见范围内没有吸收，需要显色剂来间接检测 MSA 的含量。根据 Charles F. Babbs 和 Melissa J. Gale 的研究[90]：某些特殊的重氮盐能够与 MSA 反应，生成有色的重氮盐，如，坚牢蓝 BB 盐（fast blue BB salt）反应的生成物（diazosulfone）在 420nm 处出现最大吸收。

以乙酸乙酯作为参比，用 UV-1201 紫外-可见分光光度仪，在 200～750nm 范围内扫描测试各样品的吸收强度。具体做法：

取一定质量的待测催化剂、2mL 200mmol/L DMSO、1mL 10mmol/L HCl 及 2.5mL 18mmol/L $FeSO_4$ 加入 10mL 的带刻度试管中，摇匀；然后加入 1mL 80mmol/L H_2O_2 并补加去离子水至 10mL，混合均匀。避光，准确取 1mL 上述溶液转移至另一个试管，同时向该试管中加入 2mL 15mmol/L 坚牢蓝 BB 盐溶液，在室温下避光反应 10min。反应结束后，向试管中加入 4mL 乙酸乙酯，振荡萃取 5min 并静置分层。上层为产物 MSA，下层为未反应的坚牢蓝 BB 盐水溶液。将上层产物转入比色皿中，在紫外-可见分光光度仪中检测 410～420nm 处的吸收峰。为进行对比，未加入催化剂的空白样品按照同样方法测试。

2.6.2 热降解

对于质子交换膜热降解行为的研究与 PEMFC 的实际应用条件密切相关。当工作温度高于 100℃时，将给 PEMFC 带来一系列的好处，如有利于提高阳极抗 CO 能力、降低阴极极化过电位、提高催化剂的活性及质子交换膜的质子传导能力、简化电池系统等[91]。然而由于全氟磺酸树脂的玻璃化转变温度较低，大约在 110℃，当温度高于 150℃时即发生形变，因此高温下膜的机械强度和气体阻隔性较差，采用全氟磺酸膜的 PEMFC 工作温度通常为 80℃左右。另外，当质子交换膜在低温至高温的热循环过程中，聚合物的微观结晶形态也会发生变化，从而影响材料本身的性能。

对于非氟耐热型质子交换膜材料，如磺化聚砜、磺化聚醚砜、磺化聚醚酮、磺化聚酰亚胺等[92]，在其热降解过程中一般会出现两个分解过程，即磺酸基团的热解和聚合物主链的分解[93]。此类聚合物其磺酸基团的热解温度基本在 200℃以上[79]，但非氟聚合物主链的分解是非氟体系难以克服的问题。

2.6.3 物理损伤

质子交换膜在受到化学降解影响的同时，各种物理因素也会造成膜损伤，主要表现为力学性能的衰减[94]。在电池运行过程中，由于温度及湿度变化导致膜材料的尺寸变化[95]、流场中局部压力的分布不均匀[96]、封装不当及膜材料本身存在的缺陷等[97]，均会导致膜中针孔及裂缝的形成。这种宏观结构的破坏将可能会导致燃料和氧气在电池两极的互窜，氢气和氧气直接在催化剂表面反应生成水并放出大量热而形成局部热点[98]，加速膜材料的降解过程。虽然上述针孔和裂缝在膜中是随机形成的，但足以使膜渗透破裂，使燃料电池完全失效。

2.6.4 质子交换膜降解表征方法

由于正常操作条件下的寿命测试费时费力，而且很难将膜的降解同其他组件的降解分离开来，因此研究人员提出加速方法测试膜的降解[79]。膜的加速降解一般选择如下条件中的一种或几种：离线 Fenton 测试、开路电压（OCV）以及湿度循环、电压循环、负载循环、冷冻循环和启停循环等[79,99-101]。在线 OCV 测试和离线 Fenton 测试是加速膜化学降解最常用的两种测试方法。

（1）在线 OCV 测试

在开路状态下，由于不存在法拉第电流，反应气的浓度和分压都较高，因而反应气通过膜渗透到另一侧的通量较大，相应生成自由基或 H_2O_2 的量就较大[102,103]。在这种情况下膜的降解主要为化学降解，聚合物的结构受到破坏。因此，OCV 测试被广泛用作在线加速膜化学降解的实验方法。

OCV 加速降解实验中，主要有三个参数表征膜的化学降解：OCV 衰减速率、膜的渗氢电流和阴/阳极的氟离子释放速率[104]。Teranishi 等比较了饱和增湿和不增湿两种操作条件下膜的降解情况，发现经过 24h 的测试，电池的 OCV 衰减速率分别为 1.3mV/h 和 5.8mV/h[105]，而电池稳态运行的衰减在 10μV/h 以内。50μm 厚的 Nafion 112 膜初始的渗氢电流为 1mA/cm²，相当于 2.6×10^{-13} mol $(H_2)/(cm \cdot kPa \cdot s)$[106]。Gore 公司的研究人员发现 Gore-Select 膜由于渗氢导致其电池寿命被限制在 26300h，在三年的连续测试过程中，膜在 70℃、常压、100% 相对湿度条件下测试结束时其渗氢电流为 12～13mA/cm²[107]，低于美国能源部关于燃料电池膜衰减失效指标的渗氢电流 20mA/cm²。在厚 25μm 的膜中，其氟的含量约为 3.8mg/cm²[107]，在温和的操作条件下测试 6000h 氟的流失速率仅为 0.01μg/(cm² · h)，相当于氟的整体损失仅为 2%；而在更加苛刻的操作条件下测试 1200h 氟的流失速率高达 3μg/(cm² · h)[88,108]。

图 2-38 为单电池在 80℃、50% 相对湿度的开路条件下不同时间的过氧化氢生成量，可见，运行 72h 后，阴极处生成的 H_2O_2 要明显高于阳极处，并且随着考察时间的增加，H_2O_2 的生成量呈增加趋势。另外，随着电池开路条件下运行时间的延长，单电池的氢气渗透量也逐渐增加。这些现象说明，电池在开路条件下，过氧化氢主要产生于电池的阴极处，可能源自氧气在阴极还原时的二电子途径。质子交换膜的氢渗透量随测试时间增加，导致有更多的 H_2 从阳极处渗透至阴极，与二电子途径还原的氧气结合生成 H_2O_2。

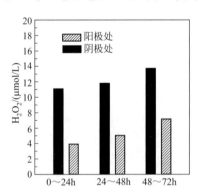

图 2-38 单电池中过氧化氢生成量[109]

（2）离线 Fenton 测试

离线 Fenton 测试是为了模拟在线测试中膜降解的一种加速测试方法，其目的是研究膜的原位化学降解。Fenton 测试的原理为 Fe^{2+} 催化 H_2O_2 生成自由基，如式（2-20）～式（2-24）所示，自由基再攻击膜导致膜化学降解[101,110]。根据 Fe^{2+} 的存在状态不同，Fenton 测试又可分为溶液法和交换法。溶液法是先配制好 Fenton 试剂，再对膜进行加速降解处理；交换法是先通过离子交换的方法使 Fe^{2+} 与磺酸基团上的质子交换得到 Fe^{2+}-Nafion，然后采用 H_2O_2 溶液对 Fe^{2+}-Nafion 进行处理。目前，Fenton 测试已广泛应用于膜衰减机理的研究以及新型膜材料耐久性测试，图 2-39 是经过溶液法和交换法测试的 Nafion 膜的扫描电镜图[110]。研究中发现，不含金属离子的过氧化物溶液也会造成 Nafion 膜降解。Qiao 等用 30% 的 H_2O_2 处理 Nafion 膜 30d，发现其电导率和吸水率都有所下降[111]；LaConti 等对加速衰减因素进行了研究，发现影响因素排序为：温度＞ Fe^{2+} ＞ H_2O_2，各种金属离子杂质对膜衰减的影响排序为[112]： $Fe^{2+} \gg Cu^{2+} \gg TiO^{2+} > Co^{2+} > Pt^{2+} > Ni^{2+} > Al^{3+}$ 。

$$Fe^{2+} + H_2O_2 \longrightarrow Fe^{3+} + HO\cdot + OH^- \tag{2-20}$$

$$Fe^{2+} + HO\cdot \longrightarrow Fe^{3+} + OH^- \tag{2-21}$$

$$H_2O_2 + HO\cdot \longrightarrow H_2O + HO_2\cdot \tag{2-22}$$

$$Fe^{2+} + HO_2\cdot \longrightarrow Fe^{3+} + HO_2^- \tag{2-23}$$

$$Fe^{3+} + HO_2\cdot \longrightarrow Fe^{2+} + O_2 + H^+ \tag{2-24}$$

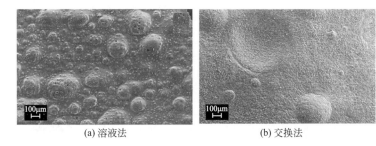

(a) 溶液法　　　　　　　　　　(b) 交换法

图 2-39　经过 Fenton 加速衰减测试 Nafion 膜表面形貌图

（3）膜的氟离子流失速率测定

采用离子选择电极法（ISE）测定氟离子流失速率（FER），利用标准加入法测量样品中的氟离子浓度[113]。测定过程中，待测溶液需加入总离子强度调节缓冲溶液（TISAB），起到稳定溶液的离子强度、控制溶液的 pH 值（pH＝5～7）以及掩蔽干扰离子（ Fe^{3+} ， Al^{3+} ， Ca^{2+} ， Mg^{2+} ）的作用。

氟离子浓度为：

$$\rho_x = \frac{\Delta\rho}{10^{\Delta E/S} - 1} \tag{2-25}$$

式中　ρ_x——被测试液中氟离子的质量浓度；

　　　$\Delta\rho$——加入氟标准溶液后的质量浓度增量，假定加入氟标准溶液后溶液总体积不变；

　　　ΔE——加入氟标准溶液后的电势增量，$\Delta E = E_2 - E_1$；

　　　S——电极相应斜率，即标准曲线斜率。

实际样品中氟离子的质量浓度为：

$$\rho = k\rho_x \tag{2-26}$$

式中　k——样品被稀释的倍数。

氟离子流失速率：

$$FER = \frac{\rho V}{19 t m_0} \tag{2-27}$$

$$FER = \frac{\rho V}{19tA} \qquad (2-28)$$

式中　V——待测溶液的体积，mL；

　　　t——稳定性测试的时间，h；

　　m_0——膜样品的质量，g；

　　　A——电池中 MEA 的几何面积，cm^2。

（4）H_2O_2 分解速率测定

图 2-40 是气体流量法测定过氧化氢分解速率的示意图。采用间歇反应装置测定定量反应物质在单位时间内生成气体产物的体积，比较不同催化剂对过氧化氢分解速率的影响。其中，过氧化氢的浓度为 3%（质量分数），分解温度为（80±0.2）℃。恒温水浴的温度控制为 80℃，然后将一定量的催化剂快速加入反应体系，封好瓶口，同时记录不同时间点处产生氧气的体积。

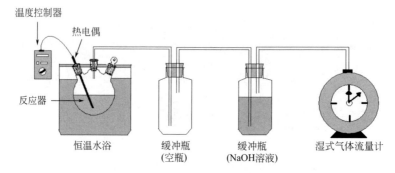

图 2-40　气体流量法测定过氧化氢分解速率示意

（5）燃料电池尾排水中痕量 H_2O_2 的检测

由于燃料电池尾排收集水中会含有膜降解片段分子，为避免光谱光度法中 H_2O_2 浓度测定的误差，以 I_3^- 法精确测定水溶液中浓度低于 $1\mu mol/L$ 的过氧化氢。根据 Klassen 等[114]的工作，I_3^- 法精确度高 $[\varepsilon_{max}(I_3^-) = 26450 L/(mol \cdot cm)]$，对于水溶液中有机物的存在并不敏感，而且溶液配制相对简单。适于测定燃料电池尾排水中的痕量 H_2O_2。

I_3^- 法的基本原理：通过 H_2O_2 与过量的碘化钾（KI）反应生成碘（I_2），进而发生 I_2、I^-、I_3^- 之间的平衡反应。I_3^- 可以通过分光光度法精确地测定。

$$H_2O_2 + 2I^- + 2H^+ \longrightarrow I_2 + 2H_2O \qquad (2-29)$$

$$I_2 + I^- \Longleftrightarrow I_3^- \qquad (2-30)$$

其中，I^- 在 193nm 和 226nm 有两个吸收峰，I_3^- 在 288nm 和 350nm 有两个较宽的吸收峰。为了避免 I^- 对 I_3^- 吸收峰的干扰，选取 350nm 处的吸收峰作为测量 I_3^- 吸收强度的特征峰。另外，Chen[115]等发现在 $10\mu g/g(F^-)$ 的标准溶液中，I_3^- 在 350nm 的吸收峰不会发生位移，即燃料电池尾排水中的 F^- 不会对 H_2O_2 的测量造成影响。

I_3^- 法的具体测试方法：首先配制溶液 A 和溶液 B。溶液 A 由 33g KI、1g NaOH、0.1g 四水合钼酸铵溶解于 500mL 去离子水中制成（pH 值为 12.8）。由于 H_2O_2 与 I^- 反应生成 I_2 的速率较慢（一级反应的半衰期为 8min），用四水合钼酸铵作为催化剂，加速反应式(2-29)的进行（一级反应的半衰期降为 2.5s）。NaOH 的作用是使 KI 在碱性溶液中保持稳定。将配制好的溶液 A 置于暗处保存，防止 I^- 氧化。溶液 B 是缓冲溶液，由 10g 邻苯二甲酸氢钾（KHP）溶解于 500mL 去离子水中制成（pH 值为 4.03）。在测试过程中，将等质量的溶液 A 与溶液 B 混合（pH＝4.86），然后加入一定量的 H_2O_2 待测溶液，在 1cm 吸收池中检测 350～354nm 处的吸收峰强度。以等体积的去离子水代替上述的 H_2O_2 待测溶液重复上述的操作得到空白样品的吸收。根据 Lambert-Beer 定律，

$$A = \varepsilon bc \tag{2-31}$$

式中　　A——吸光度；

　　　　b——介质厚度，cm；

　　　　c——样品浓度，mol/L；

　　　　ε——摩尔消光系数，L/(mol·cm)。

Klassen[114] 等测定 $\varepsilon_{max}(I_3^-)$ 为 26450L/(mol·cm)（24.4℃±0.5℃）。

（6）湿度循环测试

在实际的燃料电池操作中，相对湿度的改变将会导致膜的机械强度下降。湿度循环是通过控制进气湿度的变化，考察燃料电池的性能。湿度的变化范围根据测试需求而定，通常的湿度循环测试范围：0～100％。General Motors 公司的 Mathias 等考察了在湿度循环（0～150％，80℃）条件下膜的机械强度下降情况，研究结果表明：在干湿状态不断变化时，膜由于不断收缩-溶胀而产生的应力会导致膜降解[116]。Tang 等考察了 Nafion 111 膜相对湿度从 25％～100％（90℃）变化时拉伸强度和收缩应力的变化，发现在湿度循环的过程中，其收缩应力高达 3.1MPa[117]。

2.6.5　提高质子交换膜稳定性的方法

为解决质子交换膜在燃料电池运行中的降解问题，即提升膜的稳定性，许多研究者提出了相应的解决策略[67,118]。

（1）化学降解对策——添加自由基猝灭剂

针对燃料电池运行过程中形成的氧化性物种 H_2O_2、HO· 攻击分子链上的薄弱位点及不稳定端基带来的化学降解，为提高质子交换膜的化学稳定性，将具有自由基猝灭功能的催化剂加入质子交换膜是一种行之有效的办法。一些可变价金属氧化物，如 MnO_2、Co_3O_4、Fe_2O_3 等，均具有猝灭自由基的功能。

基于上述考虑，赵丹[109] 等设计了包覆式结构的 MnO_2/SiO_2-SO_3H 催化剂，并将其分散至 Nafion 树脂中，浇铸成 MnO_2/SiO_2-SO_3H-Nafion 复合膜，希望利用催化剂中的 MnO_2 有效分解聚合物网络中的 H_2O_2 并猝灭自由基，利用其表面的磺酸基团降低膜内阻，利用 SiO_2 的吸水、保水功能，提高质子交换膜在低增湿条件下的燃料电池性能[119]。通过 Fenton 试剂法中氟离子流失速率表征复合膜的抗氧化性发现，复合膜 MnO_2/Nafion、MnO_2/SiO_2-SO_3H/Nafion 及 Nafion 膜在 80℃下 Fenton 试剂中氧化降解 150h 后，加入催化剂 MnO_2 及 MnO_2/SiO_2-SO_3H 后，膜的氟离子流失速率较 Nafion 膜明显降低（如图 2-41 所示），说明 MnO_2 能够有效地分解 H_2O_2，并猝灭自由基。

此外，通过在 Nafion 膜中掺杂 CeO_2[120,121]、Fe_2O_3[31]、$Cs_xH_{3-x}PW_{12}O_{40}$[54] 等，在膜的稳定性提升方面也都取得了不错的效果。

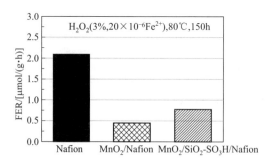

图 2-41　复合膜 MnO_2/Nafion、 MnO_2/SiO_2-SO_3H/Nafion 及 Nafion 膜在 Fenton 试剂中的氟离子流失速率比较

（2）物理损伤对策——复合改性

针对物理损伤的修复，Wang 等提出了自愈合质子交换膜的对策[122]，具体做法是：将 Nafion 和磷酸三酯填充在脲醛树脂的胶囊壳中，再将微胶囊与 Nafion 溶液共混成膜，其结构如图 2-42 所示。其自愈合方式为，当 Nafion 膜出现针孔、裂纹时，胶囊破裂，释放出 Nafion 溶液，将裂纹愈合。

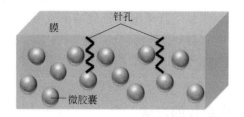

图 2-42　自愈合质子交换膜结构示意图

图 2-43 是这种自愈合质子交换膜的单电池性能，可见，6% UF/Nafion（质量分数）的复合膜性能和稳定性与相同厚度的 Nafion 膜相当，稳定性良好。

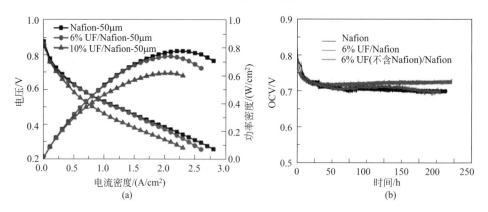

图 2-43　Nafion 膜、 6% UF/Nafion 和 10% UF/Nafion 单电池性能（a）与 Nafion 膜、 6% UF/Nafion 膜和 6% UF（不含 Nafion）/Nafion 膜的 OCV 加速衰减测试（b）

参　考　文　献

［1］　衣宝廉. 燃料电池——原理、技术、应用［M］. 北京：化学工业出版社，2003.

［2］　质子交换膜燃料电池　第 3 部分：质子交换膜测试方法：GB/T 20042.3—2009［S］. 北京：中国标准出版

社，2009.

[3] Kusoglu A，Weber A Z. New Insights into Perfluorinated Sulfonic-Acid Ionomers [J]. Chem Rev，2017，117（3）：987-1104.

[4] Dunwoody D，Leddy J. Proton Exchange Membranes：The View Forward and Back [J]. The Electrochemical Society Interface，2005：37-39.

[5] Merlo L，Ghielmi A，Cirillo L，et al. Membrane electrode assemblies based on HYFLON® ion for an evolving fuel cell technology [J]. Sep Sci Technol，2007，42（13）：2891-2908.

[6] Liu W，Ruth K，Rusch G. Membrane durability in PEM fuel cells [J]. J New MatElectrochem Syst，2001，4（4）：227-232.

[7] Yongming Z，Junke T，Wangzhang Y. Progress of fuel cell perfluorosulfonic acid membrane [J]. Membrane Science and Technology，2011，31（3）：76-85.

[8] Zhang H W，Shen P K. Recent Development of Polymer Electrolyte Membranes for Fuel Cells [J]. Chem Rev，2012，112（5）：2780-2832.

[9] Dunwoody D，Leddy J. Proton Exchange Membranes：The View Forward and Back [J]. The Electrochemical Society Interface，2005：37-39.

[10] Hsu W Y，Gierke T D. Ion-transport and clustering in Nafion perfluorinated membranes [J]. J Membr Sci，1983，13（3）：307-326.

[11] Kamiya M，Saito S，Ohmine I. Proton transfer and associated molecular rearrangements in the photocycle of photo-active yellow protein：Role of water molecular migration on the proton transfer reaction [J]. Journal of Physical Chemistry B，2007，111（11）：2948-2956.

[12] Choi P，Jalani N H，Thampan T M，et al. Consideration of thermodynamic，transport，and mechanical properties in the design of polymer electrolyte membranes for higher temperature fuel cell operation [J]. Journal of Polymer Science Part B-Polymer Physics，2006，44（16）：2183-2200.

[13] Zundel G. Hydrogen bonds with large proton polarizability and proton transfer processes in electrochemistry and biology [J]. Advances in Chemical Physics，2000，111：1-217.

[14] Eigen M. Proton Transfer Acid-Base Catalysis＋Enzymatic Hydrolysis. I. Elementary Processes [J]. Angew Chem-Int Edit，1964，3（1）：1-19.

[15] Kreuer K D. On the complexity of proton conduction phenomena [J]. Solid State Ionics，2000，136：149-160.

[16] Agmon N. The grotthuss mechanism [J]. Abstr Pap Am Chem Soc，1995，210：328.

[17] Kreuer K D，Rabenau A，Weppner W. Vehicle mechanism，a new model for the interpretation of the conductivity of fast proton conductors [J]. Angew Chem-Int Edit Engl，1982，21（3）：208-209.

[18] 沈春晖，潘牧，王明宏，等. 燃料电池用质子交换膜的发展方向 [J]. 膜科学与技术，2004（5）：58-62.

[19] 于景荣，衣宝廉，韩明，等. Nafion 膜厚度对质子交换膜燃料电池性能的影响 [J]. 电源技术，2001（6）：384-386.

[20] Du X Z，Yu J R，Yi B L，et al. Performances of proton exchange membrane fuel cells with alternate membranes [J]. Physical Chemistry Chemical Physics，2001，3（15）：3175-3179.

[21] Wannek C，Lehnert W，Mergel J. Membrane electrode assemblies for high-temperature polymer electrolyte fuel cells based on poly（2,5-benzimidazole）membranes with phosphoric acid impregnation via the catalyst layers [J]. J Power Sources，2009，192（2）：258-266.

[22] Nouel K M，Fedkiw P S. Nafion®-based composite polymer electrolyte membranes [J]. Electrochimica Acta，1998，43（16-17）：2381-2387.

[23] Asawa T. Material properties of cation-exchange membranes for chlor-alkali electrolysis，water electrolysis and fuel-cells [J]. Journal of Applied Electrochemistry，1989，19（4）：566-570.

[24] Shen W H，Kaler W E. Microemulsion polymerization systems and coated materials made therefrom：US5376441 [P/OL]. 1994-12-27.

[25] Shen W H，Kaler W E. Process for coating microporous substrates and products therefrom：US5460872 [P/OL].

1995-10-24.

[26]　刘富强，邢丹敏，于景荣，等. 质子交换膜燃料电池 Nafion/PTFE 复合膜的研究 [J]. 电化学，2002 (1)：86-92.

[27]　Liu F Q，Yi B L，Xing D M，et al. Nafion/PTFE composite membranes for fuel cell applications [J]. Journal of Membrane Science，2003，212 (1-2)：213-223.

[28]　Wang L，Xing D M，Zhang H M，et al. MWCNTs reinforced Nafion® membrane prepared by a novel solution-cast method for PEMFC [J]. Journal of Power Sources，2008，176 (1)：270-275.

[29]　Wang L，Prasad A K，Advani S G. Freeze/thaw durability study of MWCNT-reinforced Nafion membranes [J]. Journal of the Electrochemical Society，2011，158 (12)：B1499-B1503.

[30]　Liu Y-H，Yi B，Shao Z-G，et al. Pt/CNTs-Nafion reinforced and self-humidifying composite membrane for PEMFC applications [J]. Journal of Power Sources，2007，163 (2)：807-813.

[31]　Baker A M，Wang L，Advani S G，et al. Nafion membranes reinforced with magnetically controlled Fe_3O_4-MWC-NTs for PEMFCs [J]. Journal of Materials Chemistry，2012，22 (28)：14008-14012.

[32]　Liu Y H，Yi B L，Shao Z G，et al. Carbon nanotubes reinforced nafion composite membrane for fuel cell applications [J]. Electrochemical and Solid State Letters，2006，9 (7)：A356-A359.

[33]　Wang L，Advani S G，Prasad A K. PBI/Nafion/SiO_2 hybrid membrane for high-temperature low-humidity fuel cell applications [J]. Electrochimica Acta，2013，105：530-534.

[34]　Wang L，Advani S G，Prasad A K. Ionic liquid-based composite membrane for PEMFCs operating under low relative humidity conditions [J]. Electrochemical and Solid State Letters，2012，15 (4)：B44-B47.

[35]　Liu Y，Nguyen T，Kristian N，et al. Reinforced and self-humidifying composite membrane for fuel cell applications [J]. Journal of Membrane Science，2009，330 (1-2)：357-362.

[36]　Deng Q，Moore R B，Mauritz K A. Nafion® (SiO_2，ORMOSIL，and dimethylsiloxane) hybrids via in situ sol-gel reactions：Characterization of fundamental properties [J]. J Appl Polym Sci，1998，68 (5)：747-763.

[37]　Watanabe M，Uchida H. Absract No. 606：Proceedings of the Electrochemical Society meeting [C]. Pennington：1994.

[38]　Uchida H，Ueno Y，Hagihara H，et al. Self-humidifying electrolyte membranes for fuel cells -Preparation of highly dispersed TiO_2 particles in Nafion 112 [J]. Journal of the Electrochemical Society，2003，150 (1)：A57-A62.

[39]　Watanabe M，Uchida H，Seki Y，et al. Self-humidifying polymer electrolyte membranes for fuel cells [J]. Journal of the Electrochemical Society，1996，143 (12)：3847-3852.

[40]　Adjemian K T，Lee S J，Srinivasan S，et al. Silicon oxide Nafion composite membranes for proton-exchange membrane fuel cell operation at 80-140℃ [J]. Journal of the Electrochemical Society，2002，149 (3)：A256-A261.

[41]　刘永浩. 燃料电池用增强及自增湿质子交换膜的研究 [D]. 大连：中国科学院大连化学物理研究所，2006.

[42]　王亮. 燃料电池用新型质子交换膜研究 [D]. 大连：中国科学院大连化学物理研究所，2010.

[43]　Cipollini N E，Hertzberg J B，Condit D A，et al. Membrane electrode assemblies with hydrogen peroxide decomposition catalyst：WO2006071225 [P/OL]. 2006-07-06.

[44]　Liu F，Lu G，Wang C-Y. Water transport coefficient distribution through the membrane in a polymer electrolyte fuel cell [J]. Journal of Membrane Science，2007，287 (1)：126-131.

[45]　Wang L，Xing D M，Liu Y H，et al. Pt/SiO_2 catalyst as an addition to Nafion/PTFE self-humidifying composite membrane [J]. Journal of Power Sources，2006，161 (1)：61-67.

[46]　Trogadas P，Ramani V. Pt/C-WO_3 electrocatalysts for degradation mitigation in polymer electrolyte fuel cells [J]. J Electrochem Soc，2008，155 (7)：B696-B703.

[47]　Cai M，Ruthkosky M S，Merzougui B，et al. Investigation of thermal and electrochemical degradation of fuel cell catalysts [J]. Journal of Power Sources，2006，160 (2)：977-986.

[48]　Peron J，Nedellec Y，Jones D J，et al. The effect of dissolution，migration and precipitation of platinum in Nafion®-based membrane electrode assemblies during fuel cell operation at high potential [J]. Journal of Power Sources，2008，185 (2)：1209-1217.

[49]　Kim T，Lee H，Sim W，et al. Degradation of proton exchange membrane by Pt dissolved/deposited in fuel cells

[J]. Korean J Chem Eng，2009，26（5）：1265-1271.

[50] Wang L，Yi B L，Zhang H M，et al. $Cs_{2.5}H_{0.5}PWO_{40}/SiO_2$ as addition self-humidifying composite membrane for proton exchange membrane fuel cells [J]. Electrochimica Acta，2007，52（17）：5479-5483.

[51] 付永柱，刘富强，邢丹敏，等. 质子交换膜燃料电池用 SPTFS/PTFE 复合膜研究 [J]. 电源技术，2003（4）：345-347.

[52] Fu Y，Xing D，Yi B，et al. Study of sPTFS/PTFE composite membranes with different EWs [J]. Electrochemistry，2004，10（1）：27-34.

[53] Sylvain F，Regis M，Michel P，et al. Sulphonated polyimides，membranes and fuel cell：FR2748485 [P/OL]. 1997-11-14.

[54] Zhao D，Yi B L，Zhang H M，et al. Cesium substituted 12-tungstophosphoric（$Cs_xH_{3-x}PW_{12}O_{40}$）loaded on ceria-degradation mitigation in polymer electrolyte membranes [J]. Journal of Power Sources，2009，190（2）：301-306.

[55] Wang L，Yi B L，Zhang H M，et al. Pt/SiO_2 as addition to multilayer SPSU/PTFE composite membrane for fuel cells [J]. Polymers for Advanced Technologies，2008，19（12）：1809-1815.

[56] Wang L，Yi B L，Zhang H M，et al. Novel multilayer Nafion/SPI/Nafion composite membrane for PEMFCs [J]. Journal of Power Sources，2007，164（1）：80-85.

[57] Wang L，Yi B L，Zhang H M，et al. Sulfonated polyimide/PTFE reinforced membrane for PEMFCs [J]. Journal of Power Sources，2007，167（1）：47-52.

[58] Li W，Bellay A，Fu Y Z，et al. N,N'-Bis-(1H-benzimidazol-2-yl)-isophthalamide as an additive in sulfonated polymer membranes for direct methanol fuel cells [J]. Journal of Power Sources，2008，180（2）：719-723.

[59] Fu Y，Li W，Manthiram A. Sulfonated polysulfone with 1,3-1H-dibenzimidazole-benzene additive as a membrane for direct methanol fuel cells [J]. Journal of Membrane Science，2008，310（1-2）：262-267.

[60] Zhao D，Li J，Song M-K，et al. A Durable Alternative for Proton-Exchange Membranes：Sulfonated Poly (Benzoxazole Thioether Sulfone) s [J]. Advanced Energy Materials，2011，1（2）：203-211.

[61] Fujigaya T，Nakashima N. Fuel Cell Electrocatalyst Using Polybenzimidazole-Modified Carbon Nanotubes as Support Materials [J]. Advanced Materials，2013，25（12）：1666-1681.

[62] Antonio Asensio J，Sanchez E M，Gomez-Romero P. Proton-conducting membranes based on benzimidazole polymers for high-temperature PEM fuel cells. A chemical quest [J]. Chemical Society Reviews，2010，39（8）：3210-3239.

[63] Mader J，Xiao L，Schmidt T J，et al. Polybenzimidazole/Acid Complexes as High-Temperature Membranes [M] //SCHERER G G. Fuel Cells Ⅱ，2008：63-124.

[64] Glipa X，Elhaddad M，Jones D J，et al. Synthesis and characterisation of sulfonated polybenzimidazole：A highly conducting proton exchange polymer [J]. Solid State Ion，1997，97（1-4）：323-331.

[65] Linkous C A，Anderson H R，Kopitzke R W，et al. Development of new proton exchange membrane electrolytes for water electrolysis at higher temperatures [J]. International Journal of Hydrogen Energy，1998，23（7）：525-529.

[66] Jones D J，Roziere J. Recent advances in the functionalisation of polybenzimidazole and polyetherketone for fuel cell applications [J]. Journal of Membrane Science，2001，185（1）：41-58.

[67] Kawahara M，Morita J，Rikukawa M，et al. Synthesis and proton conductivity of thermally stable polymer electrolyte：poly（benzimidazole）complexes with strong acid molecules [J]. Electrochimica Acta，2000，45（8-9）：1395-1398.

[68] Wainright J S，Wang J T，Weng D，et al. Acid-Doped Polybenzimidazoles -A New Polymer Electrolyte [J]. Journal of the Electrochemical Society，1995，142（7）：L121-L123.

[69] Samms S R，Wasmus S，Savinell R F. Thermal stability of proton conducting acid doped polybenzimidazole in simulated fuel cell environments [J]. Journal of the Electrochemical Society，1996，143（4）：1225-1232.

[70] Li Q F，Hjuler H A，Bjerrum N J. Phosphoric acid doped polybenzimidazole membranes：Physiochemical character-

ization and fuel cell applications [J]. Journal of Applied Electrochemistry, 2001, 31 (7): 773-779.

[71] Li Q F, Jensen J O, Savinell R F, et al. High temperature proton exchange membranes based on polybenzimidazoles for fuel cells [J]. Progress in Polymer Science, 2009, 34 (5): 449-477.

[72] 李进, 李晓锦, 鲁望婷, 等. 高温浸渍法 PBI/H_3PO_4 复合膜特性及电池性能研究 [J]. 电源技术, 2013, 37 (5): 758-780.

[73] Li J, Li X, Zhao Y, et al. High-Temperature Proton-Exchange-Membrane Fuel Cells Using an Ether-Containing Polybenzimidazole Membrane as Electrolyte [J]. Chemsuschem, 2012, 5 (5): 896-900.

[74] Hao J K, Jiang Y Y, Gao X Q, et al. Degradation reduction of polybenzimidazole membrane blended with CeO_2 as a regenerative free radical scavenger [J]. J Membr Sci, 2017, 522: 23-30.

[75] Lin H-L, Chou Y-C, Yu T L, et al. Poly (benzimidazole) -epoxide crosslink membranes for high temperature proton exchange membrane fuel cells [J]. Int J Hydrog Energy, 2012, 37 (1): 383-392.

[76] Kim S-K, Choi S-W, Jeon W S, et al. Cross-Linked Benzoxazine-Benzimidazole Copolymer Electrolyte Membranes for Fuel Cells at Elevated Temperature [J]. Macromolecules, 2012, 45 (3): 1438-1446.

[77] Aili D, Li Q, Christensen E, et al. Crosslinking of polybenzimidazole membranes by divinylsulfone post-treatment for high-temperature proton exchange membrane fuel cell applications [J]. Polymer International, 2011, 60 (8): 1201-1207.

[78] Baldwin R, Pham M, Leonida A, et al. Hydrogen oxygen proton-exchange membrane fuel-cells and electrolyzers [J]. J Power Sources, 1990, 29 (3-4): 399-412.

[79] Borup R, Meyers J, Pivovar B, et al. Scientific aspects of polymer electrolyte fuel cell durability and degradation [J]. Chemical Reviews, 2007, 107 (10): 3904-3951.

[80] Zhang S S, Yuan X Z, Wang H J, et al. A review of accelerated stress tests of MEA durability in PEM fuel cells [J]. Int J Hydrog Energy, 2009, 34 (1): 388-404.

[81] Trogadas P, Ramani V. $Pt/C/MnO_2$ hybrid electrocatalysts for degradation mitigation in polymer electrolyte fuel cells [J]. J Power Sources, 2007, 174 (1): 159-163.

[82] Mittal V O, Kunz H R, Fenton J M. Membrane degradation mechanisms in PEMFCs [J]. J Electrochem Soc, 2007, 154 (7): B652-B656.

[83] Liu H, Gasteiger H A, Laconti A, et al. Factors Impacting Chemical Degradation Of Perfluorinated Sulfonic Acid Ionomers [J]. ECS Transactions, 2006, 1 (8): 283-293.

[84] Coms F D. The Chemistry of Fuel Cell Membrane Chemical Degradation [M] //Fuller T, Shinohara K, Ramani V, et al. Proton Exchange Membrane Fuel Cells 8, Pts 1 and 2. Pennington. Electrochemical Society Inc, 2008: 235-255.

[85] Endoh E, Hommura S, Terazono S, et al. Degradation Mechanism of the PFSA Membrane and Influence of Deposited Pt in the Membrane [J]. ECS Transactions, 2007, 11 (1): 1083-1091.

[86] Xie J, Wood D L, Wayne D M, et al. Durability of PEFCs at high humidity conditions [J]. J Electrochem Soc, 2005, 152 (1): A104-A113.

[87] Danilczuk M, Coms F D, Schlick S. Visualizing Chemical Reactions and Crossover Processes in a Fuel Cell Inserted in the ESR Resonator: Detection by Spin Trapping of Oxygen Radicals, Nafion-Derived Fragments, and Hydrogen and Deuterium Atoms [J]. J Phys Chem B, 2009, 113 (23): 8031-8042.

[88] Endoh E, Terazono S, Widjaja H, et al. Degradation study of MEA for PEMFCs under low humidity conditions [J]. Electrochem Solid State Lett, 2004, 7 (7): A209-A211.

[89] Wu J F, Yuan X Z, Martin J J, et al. A review of PEM fuel cell durability: Degradation mechanisms and mitigation strategies [J]. J Power Sources, 2008, 184 (1): 104-119.

[90] Babbs C F, Gale M J. Colorimetric assay for methanesulfinc acid in biological samples [J]. Analytical Biochemistry, 1987 (163): 67-73.

[91] Zhang J, Xie Z, Zhang J, et al. High temperature PEM fuel cells [J]. Journal of Power Sources, 2006, 160 (2): 872-891.

[92] Peighambardoust S J，Rowshanzamir S，Amjadi M. Review of the proton exchange membranes for fuel cell applications [J]. International Journal of Hydrogen Energy，2010，35 (17)：9349-9384.

[93] Collier A，Wang H，Yuan X Z，et al. Degradation of polymer electrolyte membranes [J]. Int J Hydrogen Energy，2006，31：1838.

[94] Zhang S，Yuan X，Wang H，et al. A review of accelerated stress tests of MEA durability in PEM fuel cells [J]. Int J Hydrog Energy，2009，34 (1)：388-404.

[95] Tang H，Shen P，Jiang S P，et al. A degradation study of Nation proton exchange membrane of PEM fuel cells [J]. Journal of Power Sources，2007，170 (1)：85-92.

[96] Seo D，Park S，Jeon Y，et al. Physical degradation of MEA in PEM fuel cell by on/off operation under nitrogen atmosphere [J]. Korean Journal of Chemical Engineering，2010，27 (1)：104-109.

[97] Hara M，Jar P Y，Sauer J A. Fatigue behavior of ionomers. 1. Ion content effect on sulfonated polystyrene ionomers [J]. Macromolecules，1988，21 (11)：3183-3186.

[98] Wang H，Capuano G A. Behavior of Raipore radiation-grafted polymer membranes in H_2/O_2 fuel cells [J]. Journal of the Electrochemical Society，1998，145 (3)：780-784.

[99] Sethuraman V A，Weidner J W，Haug A T，et al. Durability of Perfluorosulfonic Acid and Hydrocarbon Membranes：Effect of Humidity and Temperature [J]. J Electrochem Soc，2008，155：B119.

[100] Liu D，Case S. Durability study of proton exchange membrane fuel cells underdynamic testing conditions with cyclic current profile [J]. J Power Sources，2006，162：521.

[101] Tang H，Pan M，Wang F，et al. Highly Durable Proton Exchange Membranes for Low Temperature Fuel Cells [J]. J Phys Chem B，2007，111：8684.

[102] Buchi F N，Gupta B，Haas O，et al. Performance of Differently Cross-Linked，Partially Fluorinated Proton Exchange Membranes in Polymer Electrolyte Fuel Cells [J]. J Electrochem Soc，1995，142：3044.

[103] Inaba M，Kinumoto T，Kiriake M，et al. Gas crossover and membrane degradation in polymer electrolyte fuel cells [J]. Electrochim Acta，2006，51：5746.

[104] Kundu S，Fowler M，Simon L C，et al. Reversible and irreversible degradation in fuel cells during Open Circuit Voltage durability testing [J]. J Power Sources，2008，182 (1)：254-258.

[105] Teranishi K，Kawata K，Tsushima S，et al. Degradation mechanism of PEMFC under open circuit operation [J]. Electrochem Solid State Lett，2006，9 (10)：A475-A477.

[106] De Bruijn F A，Dam V A T，Janssen G J M. Durability and degradation issues of PEM fuel cell components [J]. Fuel Cells，2008，8 (1)：3-22.

[107] Cleghorn S J C，Mayfield D K，Moore D A，et al. A polymer electrolyte fuel cell life test：3 years of continuous operation [J]. J Power Sources，2006，158：446.

[108] Healy J，Hayden C，Xie T，et al. Aspects of the Chemical Degradation of PFSA Ionomers used in PEM Fuel Cells [J]. Fuel Cells，2005，5：302.

[109] 赵丹. 燃料电池质子交换膜降解机理研究 [D]. 大连：中国科学院大连化学物理研究所，2011.

[110] Kundu S，Simon L C，Fowler M，et al. Mechanical properties of Nafion electrolyte membranes under hydrated conditions [J]. Polymer，2005，46：11707.

[111] Qiao J L，Saito M，Hayamizu K，et al. Degradation of perfluorinated ionomer membranes for PEM fuel cells during processing with H_2O_2 [J]. J Electrochem Soc，2006，153 (6)：A967-A974.

[112] LaConti A，Liu H，Mittelsteadt C，et al. Polymer Electrolyte Membrane Degradation Mechanisms in Fuel Cells—Findings Over the Past 30 Years and Comparison with Electrolyzers [J]. ECS Transactions，2006，1 (8)：199-219.

[113] Saxberg B E H，Kowalski B R. Generalized standard addition method [J]. Anal Chem，1979，51 (7)：1031-1038.

[114] Klassen N V，Marchington D，Mcgowan H C E. H_2O_2 Determination by the I_3^- method and by $KMnO_4$ titration [J]. Anal Chem，1994，66 (18)：2921-2925.

[115] Chen Cheng. Dissertation: Membrane degradation studies in PEMFCs [D]. Atlanta: Georgia Institute of Technology, 2009.

[116] Mathias M F, Makharia R, Gasteiger H A, et al. Two fuel cell cars in every garage [J]. Electrochem Soc Interface, 2005: 14 (3): 24.

[117] Tang H, Peikang S, Jiang S P, et al. A degradation study of Nafion proton exchange membrane of PEM fuel cells [J]. J Power Sources, 2007, 170: 85.

[118] Park J, Wang L, Advani S G, et al. Mechanical Stability of H_3PO_4-Doped PBI/Hydrophilic-Pretreated PTFE Membranes for High Temperature PEMFCs [J]. Electrochimica Acta, 2014, 120: 30-38.

[119] Zhao D, Yi B L, Zhang H M, et al. MnO_2/SiO_2-SO_3H nanocomposite as hydrogen peroxide scavenger for durability improvement in proton exchange membranes [J]. Journal of Membrane Science, 2010, 346 (1): 143-151.

[120] Wang L, Advani S G, Prasad A K. Degradation reduction of polymer electrolyte membranes using CeO_2 as a free-radical scavenger in catalyst layer [J]. Electrochimica Acta, 2013, 109: 775-780.

[121] Baker A M, Wang L, Johnson W B, et al. Nafion Membranes Reinforced with Ceria-Coated Multiwall Carbon Nanotubes for Improved Mechanical and Chemical Durability in Polymer Electrolyte Membrane Fuel Cells [J]. Journal of Physical Chemistry C, 2014, 118 (46): 26796-26802.

[122] Wang L, Advani S G, Prasad A K. Self-Healing Composite Membrane for Proton Electrolyte Membrane Fuel Cell Applications [J]. Journal of the Electrochemical Society, 2016, 163 (10): F1267-F1271.

3.1 质子交换膜燃料电池中的电催化概述

在质子交换膜燃料电池的电化学反应中，主要涉及两个反应，分别为氢氧化（hydrogen oxidation reaction，HOR）过程与氧还原（oxygen reduction reaction，ORR）过程[1]。

阳极过程：

$$H_2 \longrightarrow 2H^+ + 2e^- \tag{3-1}$$

阴极过程：

$$\frac{1}{2}O_2 + 2H^+ + 2e^- \longrightarrow H_2O \tag{3-2}$$

与阳极侧的 HOR 过程相比，阴极侧的 ORR 过程和反应机理相对复杂，从动力学上，阴极 ORR 是一个非常慢速的反应[2]。首先，氧氧键（O—O）的键能较高（约 498kJ/mol），O—O 难以断裂；其次，在 ORR 过程中，催化剂表面形成的 O_{ad} 或 OH_{ad} 等含氧吸附物种十分稳定，不易从催化剂表面脱附，占据了催化剂的表面活性位点，为后续反应的发生造成了困难；另外，ORR 涉及四电子转移过程，复杂度较高。因此，燃料电池工作时，与 HOR 相比，ORR 的过电位较大，在电池电化学极化损失中占绝大部分。所以，在燃料电池的电化学反应中，ORR 是电极反应的控制步骤[3]。深入了解 ORR 的电催化原理有利于高活性、高稳定性催化剂的研制和应用，并最终提高 PEMFC 的性能和寿命，降低成本。

电化学的 ORR 过程复杂，目前有关其反应机理尚存争论，有待进一步深入研究。总的来说，电化学 ORR 的反应机理随着电解质和催化剂体系的不同而有所区别。在酸性环境下，如 PEMFC 中，Wroblowa[4] 等提出 ORR 过程中可能存在如下反应路径[5-7]（图 3-1）：① O_2 与 H^+ 发生四电子反应直接生成水（反应速率常数为 k_1）；② O_2 与 H^+ 发生二电子反应生成 H_2O_2（图 3-1 中的 k_2 和 k_5）；③ O_2 与 H^+ 首先发生二电子反应生成 H_2O_2，然后 H_2O_2 得到另外的 2 个电子生成水（图 3-1 中的 k_2 和 k_3）。它们分别被定义为直接四电子过程、直接二电子过程及间接四电子过程。

进入 MEA 阳极侧的氢气，在阳极催化层中催化剂及电子传导介质、质子传导介质和氢气构成的三相界面上发生氧化反应 [式(3-1)]，该电极反应产生的电子经外电路到达阴极，氢离子（质子）则经过质子交换膜到达阴极，与阴极侧的氧气反应生成水[1]。

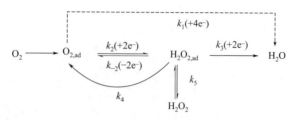

图 3-1　酸性介质中氧还原的可能反应机理

PEMFC 工作时，与阴极 ORR 相比，阳极 HOR 的动力学过程非常快。电化学反应的活化能包含化学与电两部分，其中，化学的活化能相当于电极过电势等于零的活化能，与电催化剂的活性相关；而电的活化能相当于双电层电场引起的活化能改变，与电极过电势相关。加快电化学反应速率的关键是提高交换电流密度 i_0，即提高电催化剂的活性。电催化剂的活性与其组成、晶面结构、制备方法都有关联。HOR 是可逆电极反应，其交换电流密度通常为 $0.1 \sim 100 \text{mA/cm}^2$，当燃料电池的工作电流密度为每平方厘米几百毫安时，HOR 的极化仅为 $1 \sim 20 \text{mV}$，几乎相当于可逆电极反应。因此，HOR 过电位几乎可以忽略不计[3]。但是，氧还原反应为高度不可逆电极反应，在铂电极上其交换电流密度仅为 10^{-7}A/cm^2，甚至更低。因此，燃料电池的电化学极化主要来自阴极侧的氧还原反应，一般为 $0.4 \sim 0.5 \text{V}$。ORR 电催化剂是决定 PEMFC 电化学反应速率的关键，提高 ORR 的交换电流密度是促进 PEMFC 的电催化反应的根本途径。

3.2　氧还原催化剂

在降低成本和提高活性及稳定性两个目标的推动下，ORR 催化剂在近几十年获得了非常显著的进步。在 Pt 基催化剂方面，在燃料电池发展初期，特别是在航天等特殊领域，多采用铂黑催化剂，其成本高且催化剂利用率低。为提高催化剂利用率，发展了担载型的 Pt 纳米颗粒催化剂，载体多为碳材料[8]。随后，在低铂载量催化剂的研究进程中，Pt 基合金（PtM）催化剂[9-13]、Pt 基核壳结构催化剂[14-16] 以及具有特殊形貌（如多面体、纳米笼、纳米花、纳米线等）[17-21] 的 Pt 或 Pt 基合金催化剂等得到了越来越多的关注。催化剂的 Pt 担载量大幅降低，催化活性和稳定性显著提高。在非 Pt 催化剂方面，以非贵金属 N-C 基催化剂最为引人瞩目。它们通常是过渡金属（Fe、Co 等）、氮源（含 N_4 结构大环配体、NH_3、CH_3CN 等）及碳源（如碳载体、聚丙烯腈等）高温热处理（一般 $600 \sim 1000 ℃$）后得到的金属大环化合物、金属脂肪族多胺以及金属聚吡咯类等物质作为活性组分[22]。这类催化剂的研究虽然已取得了显著进展，但是在体积活性密度和燃料电池条件下的稳定性等方面还有待进一步提高，而且对该类催化剂的活性位以及反应机理的研究尚不够深入[22]。因此，Pt 基催化剂仍然作为当前 ORR 的主流催化剂，通过调节其形貌、组分及结构从而同时有效提高活性与稳定性，在目前的 PEMFC 中具有更大的实际应用价值。

3.2.1　铂黑催化剂

早期，在氢/氧燃料电池应用于宇航用途时，所采用的催化剂为铂黑（Pt 黑），即 Pt 的纳米粉末。如，双子星飞船使用的燃料电池，其电极的 Pt 黑用量达 35mg/cm^2[23]。

Pt 黑催化剂的常见制备方法有液相还原法、微乳法等。采用液相还原法制备铂黑的具体操作如下[24]：在 H_2PtCl_6 的水溶液中，按 1:1 比例加入柠檬酸三钠，待柠檬酸三钠全部溶解后，用 NaOH 水溶液调节体系 pH 值到所需范围，继续反应数小时后，使用 $NaBH_4$ 水溶液在一定条件下再进行数小时还原，然后过滤、洗涤、真空干燥，即得到铂黑催化剂。微乳法[25]则是在正庚烷/辛基苯基聚氧乙烯醚/异丙醇/水体系中进行，纳米颗粒粒径小于 4nm，采用乙醇挥发的方法较好地解决了 Pt 颗粒团聚问题，产品性能与商品 Pt 黑相当。

在随后的磷酸燃料电池中，电极上的 Pt 黑用量有所降低，为每平方厘米几毫克。为降低 Pt 的用量，将 Pt 担载于载体上进行分散，可制成高比表面积（达 $100m^2/g$）的催化剂，而一般的 Pt 黑比表面积约为 $25m^2/g$。将 Pt 担载于载体之上，即为后文要介绍的担载型催化剂。

特殊形貌的 Pt 具有不同的催化活性。Si 等[26]采用原位光催化快速成核法，以锌（Ⅱ）卟啉（ZnP）为光催化剂，在含有表面活性剂的水溶液中，通过光照制备三维分枝状 Pt 纳米电催化剂（Pt nanodendrites），其尺寸可调、粒径分布区间窄。Pt 催化剂的尺寸可通过改变光照时间进行调控。如，Pt 的平均尺寸可从 0s 的 (39.8±9.1)nm，降至 60s 的 (19.7±1.7)nm，尺寸分布由 0s 的 22.9% 降至 60s 的 8.9%（图 3-2），延长光照时间，Pt 的平均尺寸进一步减小，尺寸分布均一（8.5%～8.9%）。光照时间越长，产生铂晶种的量越大，用于光照后铂晶种生长的铂盐的量越少，则得到的分枝状铂纳米结构的尺寸越小。同商品 Pt 黑催化剂相比，分枝状 Pt 呈现出显著提高的氧还原活性（图 3-3），其主要原因是分枝状 Pt 的树枝状结构，使得暴露出来的 Pt 的电化学活性比表面积（$44.0m^2/g$）比商品铂黑电催化剂（$20.4m^2/g$）更高。

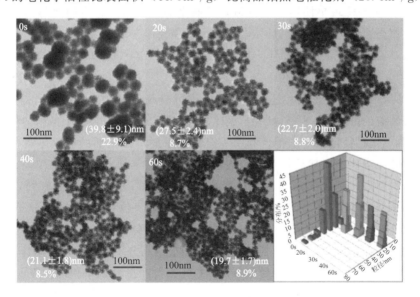

图 3-2 不同光照时间（0～60s）下，Pt 纳米电催化剂的 TEM 图及尺寸分布

3.2.2 Pt/C 催化剂

在传统 Pt 黑催化剂的基础上对 Pt 颗粒进行纳米化，获得较小的粒径尺寸，同时用高导电性的炭黑进行担载，获得高分散度的 Pt/C 催化剂。Pt/C 是目前 PEMFC 中最常用的催化剂。

在 Pt 单金属组分催化剂体系中，E-TEK 的 20% Pt/C 催化剂[9]的活性面积达到了约 $100m^2/g$，面积比活性也可以达到或接近 $0.2mA/cm^2$。在各类新型 ORR 催化剂的研究中，

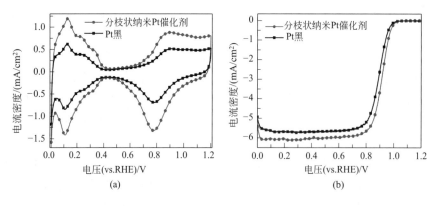

图 3-3　分枝状纳米 Pt 催化剂（光照 20s）与商品 Pt 黑性能比较

（a）CV 曲线（N_2 饱和的 0.1mol/L HClO$_4$，50mV/s）；

（b）氧化还原极化曲线（O_2 饱和的 0.1mol/L HClO$_4$，1600r/min，10mV/s）

该催化剂常被用作质量比活性和面积比活性的参考标准。另一类常用的 Pt/C 催化剂是 TKK 多孔碳担载 Pt 纳米颗粒形成的催化剂[9]，该催化剂 Pt 的担载量一般可以达到 $46\%\sim50\%$，同时该催化剂的活性面积一般在 $65m^2/g$ 左右，面积比活性可以达到或接近 $0.3\sim0.4mA/cm^2$。上述两种单一金属组分的催化剂中，Pt 纳米颗粒的粒径一般为 $3\sim5nm$。

Pt/C 催化剂的制备方法主要有浸渍还原法、离子交换法、胶体法、微乳液法等。

浸渍还原法[27-30]是最早使用的制备担载型催化剂的方法。它是用前驱物的盐溶液浸渍载体，干燥后用还原性气体还原。具体做法是：将碳载体在某种溶剂（如水、乙醇等）中分散均匀，加入一定量的贵金属前驱体，如氯铂酸（$H_2PtCl_6\cdot6H_2O$），浸渍到碳载体上。在一定的温度下，加入过量的还原剂（如 HCHO[27]、HCOONa[28]、Na_2SO_3[29] 或者 NH_2NH_2[30]、NaBH$_4$[30]），或在还原性气氛下进行热解还原，即可得到所需要的 Pt/C 催化剂。该方法制得的催化剂，颗粒尺寸与载体相关，可以获得约为几个纳米的催化剂。

胶体法[31,32]是在特定的溶剂中，利用一定的还原剂将催化剂的前驱体制备为胶体，并均匀稳定地分散在溶剂中，然后将载体用溶剂分散成浆液，加入胶体溶液中，在此过程中进行还原，制备得到催化剂。为防止制备过程中催化剂聚集，获得较小的颗粒，常使用保护剂，如带电的表面活性剂（季铵盐，NR_4^+）或具有空间位阻效应的高分子聚合物（如 PPh$_3$、PVP、PVA）等。前者是带电表面活性剂吸附于胶体纳米粒子上，在相同电荷的排斥作用下阻止金属粒子的聚集。后者是吸附于金属粒子上的高分子聚合物，利用其特殊的空间几何结构阻止粒子的聚集，可以得到粒径分布窄、粒子尺寸小的金属催化剂。Watanabe 等[33]首先用 NaHSO$_3$ 将 H_2PtCl_6 还原为 $H_3Pt(SO_3)_2OH$ 胶体，加入 H_2O_2 使 $H_3Pt(SO_3)_2OH$ 氧化为 PtO$_2$ 胶体。然后加入 RuCl$_3$ 并得到 RuO$_2$ 胶体，最后加入炭粉并通入 H_2 还原，制备得到高分散 PtRu/C 催化剂。但由于采用了保护剂，有可能在催化剂中引入杂质[34]，从而影响催化剂的性能。使用的保护剂可以通过将催化剂在一定温度下热处理而除去，但是热处理的结果可能促进金属粒子的聚集，从而使粒子变大。通过适当选择金属前驱物、溶剂、还原剂和电解质等，发展了不用保护剂的胶体法，已经成功合成了铜[87]、钯[88]、钛[89]、钌[90]、铂[91]和铑[91]等金属催化剂。Wang 等[28]报道的方法中，采用乙二醇的碱性溶液为溶剂，制备得到担载型金属催化剂。

（1）Pt/C 催化剂粒径的影响

利用浸渍还原法，采用不同的还原剂制备系列 Pt/C 催化剂，评价不同还原剂的影响[35]。以异丙醇为溶剂，H_2PtCl_6 为前驱体，通过 NaOH 调节反应体系至弱碱性（pH＝8～10），分别以 HCHO、N_2H_4、$NaBH_4$ 为还原剂在 80℃ 条件下不断搅拌进行还原，并采用 XC-72R 炭粉进行担载。结果表明，利用甲醛为还原剂时，催化剂中 Pt 的聚集程度最小，颗粒粒径最小，Pt 的电化学比表面积最大，并且利用甲醛为还原剂时，Pt/C 催化剂更倾向于生成 Pt(111) 晶面。单电池及 RDE（旋转圆盘电极）测试结果也表明甲醛为还原剂时，制备的 Pt/C 催化剂具有最高的催化活性和单电池功率密度，催化活性顺序为 Pt/C(HCHO)＞Pt/C($NaBH_4$)＞Pt/C(N_2H_4)。

为研究粒径的影响，Xu 等[36]通过对初始 Pt/C 催化剂进行不同条件的电化学老化处理，获得不同粒径的 Pt/C 催化剂。将 46.2%（质量分数）的 Pt/C 催化剂与 5%（质量分数）的 Nafion 溶液以及异丙醇混合、超声，获得均匀的催化剂浆料；然后将催化剂浆料喷涂到炭纸上，制备成气体扩散电极。电化学扫描老化条件为：0.6～1.2V（vs. RHE），扫描速度为 50mV/s，经过不同的扫描圈数进行老化处理，如扫描 300 圈的样品标记为 EA300，初始样品则为 EA0。电化学老化处理后检测到催化剂平均粒径随老化时间延长而增大：EA0 2.9nm，EA300 3.5nm，EA800 4.4nm，EA1500 5.4nm，EA2400 6.0nm，EA3500 6.5nm。

采用不同粒径的 Pt/C 催化剂为阴极催化剂时的单电池极化曲线如图 3-4 所示。阳极和阴极的 Pt 担载量分别为 $0.3mg/cm^2$ 和 $0.7mg/cm^2$，Nafion 的担载量分别为 $0.3mg/cm^2$ 和 $0.5mg/cm^2$，采用 Nafion 212 膜，电池运行温度为 80℃，氢气和氧气压力 0.2MPa。可以看出，经过 300 圈和 800 圈老化处理后，催化剂的 ORR 活性均高于初始状态，也即 Pt/C 催化剂的粒径从 2.9nm 增大到 4.4nm 时，并没有造成催化活性的损失。甚至当催化剂的粒径增大到 5.4nm 时，其活性仍然与初始状态的催化剂相当。Pt/C 催化剂的 ORR 催化活性和电化学稳定性随 Pt 粒径的变化而变化，表现出明显的纳米尺寸效应。Pt 纳米颗粒的粒径增大时，表面缺陷原子比例下降，使得 Pt-O 吸附减弱、表面 ORR 加快，导致 Pt 的面积比活性提高；与此同时，催化剂的 ECSA（电化学活性面积）下降，质量比活性先增大后减小，当 Pt 的粒径在 4.4nm 附近时，质量比活性最高。但粒径较大时，表面缺陷原子比例

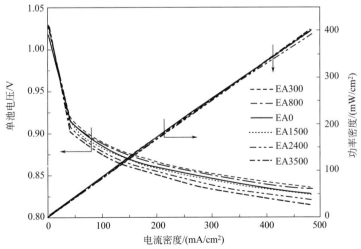

图 3-4　不同粒径的 Pt/C 催化剂为阴极催化剂时的单电池极化曲线[36]

低，催化剂表现出更高的电化学稳定性。

（2）泡沫状 Pt/C 催化剂

泡沫状 Pt/C 催化剂独特的形貌对提高质量比活性、面积比活性均有积极作用。Li 等[37]通过憎水-憎水相互作用，将憎水炭黑组装在脂质体憎水双层中，形成同时具有模板（脂质体）与支撑（炭黑）功能的双功能微观反应环境（图 3-5）。利用双功能微观反应环境，在常温常压下可制备负载在炭黑上的泡沫状铂纳米电催化剂（Pt foam/C）。45％（质量分数）的泡沫 Pt/C 的质量比活性、面积比活性和耐久性均优于 40％的商品 Pt/C 电催化剂（图 3-6），高活性 Pt[26]晶面的优势暴露利于质量比活性的提高；泡沫 Pt/C 纳米片的径向尺寸较大，提高了面积比活性。泡沫 Pt/C 电催化剂中形成了介稳态的纳米孔，在改善了耐久性的同时，保留了较高的比表面积。

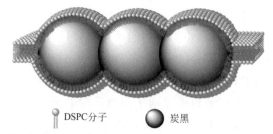

○ DSPC分子　　● 炭黑

图 3-5　炭黑包裹在脂质体（DSPC，二硬脂酰磷脂酰胆碱）双层中
形成双功能微观反应环境的横截面示意

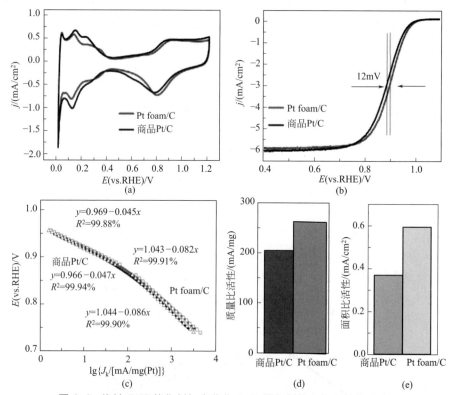

图 3-6　泡沫 Pt/C 催化剂与商业化 Pt/C 催化剂的电化学性能对比

（a）CV 曲线（N_2 饱和的 0.1mol/L $HClO_4$，50mV/s）；（b）氧化还原极化曲线（O_2 饱和的 0.1mol/L $HClO_4$，1600r/min，10mV/s）；（c）氧还原 Koutechy-Levich 曲线；（d）质量比活性条形图 [0.9V（vs. RHE）]；（e）面积比活性条形图 [0.9V（vs. RHE）]

3.2.3　PtM 催化剂

早期研究发现 Pt 与第三周期过渡元素 M（M＝Ni、Co、Cr、Mn、Fe 等）构成的合金 PtM 在磷酸燃料电池中表现出了高于纯 Pt 的 ORR 活性[3]。随后，PtM 催化剂被用于 PEMFC，并同样表现出了优异的 ORR 活性[3]。目前，PtM 催化剂作为 ORR 催化剂的研究多通过引入除 Pt 之外的第二种或第三种元素，以期获得新的催化剂结构和优异的催化性能，统称为 Pt 基合金催化剂。PtM 催化剂中通过第二元素的引入，改变 Pt 的 d 带中心和催化剂表面的原子排布，进而改变含氧物种在催化剂表面的化学吸附状态[27]。在 ORR 反应中，含氧物种在催化剂表面的吸附对其动力学过程有着重要影响[28]，对于提高催化剂的催化活性和降低成本具有重要意义。

PtM 催化剂主要包括具有外延生长的 Pt 合金单晶表面的催化剂，双金属纳米颗粒催化剂，具有不同维度、不同纳米空间结构的（如纳米笼、纳米片、纳米线等）Pt 合金催化剂等。设计和制备策略主要是控制 Pt 合金催化剂的形状（或晶面暴露）以及尺寸、控制催化剂表面元素组成、控制催化剂的空间结构等。

与纯 Pt 相比，PtM 催化剂的高 ORR 活性可能来自以下原因[3,7]：

① 雷尼效应——过渡金属 M 溶解导致了催化剂表面粗糙化，增大了活性面积；

② 几何效应——原子半径较小的 M 进入 Pt 的晶格使 Pt 的晶格收缩，改变了邻近 Pt 原子间距，有利于 O—O 的断裂；

③ 电子效应——M 的加入使得 Pt 的 d 带空穴减少或 d 带中心能量降低，减弱表面 OH_{ad} 的吸附。几何效应与电子效应是相互作用的，例如晶格常数的减小可能会导致 Pt 电子结构的变化。

研究不同 Pt 基二元合金催化剂的结构对活性的影响，Mukerjee 等[29]发现合金化后的 Pt 原子间距减小，高电位下 Pt 的 d 带空穴数目减少，导致 OH_{ad} 在合金表面的吸附程度变低。PtM 的 ORR 活性与 Pt 原子间距及 d 带空穴数目存在"火山形"关系，即适中的 Pt 原子间距及 d 带空穴数目对应较高的 ORR 活性。

PtM 合金催化剂还表现出晶面效应。Stamenkovic 等[30]发现 Pt_3Ni(111)-skin 具有远高于 Pt_3Ni(110)-skin 和 Pt_3Ni(100)-skin 的 ORR 活性，甚至可达 Pt(111) 的 10 倍。考虑到 Pt 单晶表面的 ORR 活性是 Pt/C 催化剂的 5～10 倍，则 Pt_3Ni(111)-skin 的活性相比于 Pt/C 有 90 倍左右的提高[30]。多种方法可制备具有此类结构的 Pt_3Ni 纳米材料。Zhang 等[31]发现 Pt_3Ni 八面体纳米晶体的 ORR 面积比活性分别为 Pt_3Ni 立方体以及 Pt 立方体的 5.1 倍与 6.5 倍，而质量比活性则分别相当于两者的 2.8 倍与 3.6 倍，证明了 Pt_3Ni 的晶面效应。Wang 等[32]采用酸洗后退火的方法制备 Pt-Ni 合金纳米粒子，Pt 在纳米粒子的表面形成了类似 Pt-skin 的结构，提高了 Pt-Ni 催化剂的面积比活性和质量比活性。Cui 等[38]制备的 Pt-Ni 八面体表现出 10 倍于 Pt/C 的 ORR 面积比活性和质量比活性，显示近表层的 Pt/Ni 原子比对 ORR 活性有显著影响。

Chen 等[18]制备了具有空间纳米笼结构的合金催化剂，在 PtNi 双金属合金（Pt_3Ni）多面体纳米晶结构演变过程的研究中发现多面体边缘富 Pt 特征，其面积比活性和质量比活性分别较商品 Pt/C 催化剂提高 22 倍和 36 倍，其高活性的原因除了合金元素间的相互作用外，开放的三维空间结构使得催化剂内外表面均参与反应，Pt 的利用率得到大幅度提高。

　　Huang 等[17]则对 Pt_3Ni 八面体合金表面进一步进行过渡金属元素（V、Cr、Fe、Mn、Co、Mo、W、Rh）的掺杂，发现 Pt_3Ni 合金八面体表面经 Mo 修饰后可获得较高的 ORR 催化性能，面积比活性和质量比活性分别达到了 Pt/C 催化剂的 81 倍和 73 倍。理论计算表明，Mo 原子倾向于分布在八面体表面的顶点位置或紧邻表面下层的空穴处，利于提高催化剂的活性和稳定性。Huang 等[19]设计制备了具有多级结构、原子有序、具有高指数富 Pt 表面的 PtCo 合金纳米线催化剂，对 ORR 的面积比活性和质量比活性分别较商品 Pt/C 提高 39.6 倍和 33.7 倍，富 Pt 高指数表面活泼的三重中空位点是合金催化剂活性提高的原因。

　　上述 PtM 催化剂在活性方面相比于 Pt/C 均有了显著提高，主要得益于对催化剂表面结构和元素组成的优化。通过对化学环境进行优化调控，单晶 Pt 表面或表面结构和组成精确控制的 Pt_3Ni 八面体纳米颗粒已经表现出超高的比活性。但 Ni 的析出和颗粒团聚等因素会导致电化学活性面积的降低。鉴于此，Duan 等[20]制备了带有锯齿结构的 Pt 纳米线，由直径约为 5nm、长度 250～300nm 的 Pt/NiO 纳米线经 H_2 气氛退火形成 Pt-Ni 合金纳米线，再经电化学方法将 Ni 原子逐步析出，使 Pt-Ni 合金纳米线去合金化得到锯齿结构的 Pt 纳米线。该催化剂 ECSA 为 $118m^2/g$，质量比活性为 13.6mA/mg，为商品 Pt/C 催化剂的 50 倍左右，高应力的、富菱形结构的表面利于这种锯齿结构 Pt 纳米线提高 ORR 质量活性。

　　Zeng 等基于基团效应设计制备的铑原子掺杂的铂超细纳米线催化剂[21]，通过调节 Pt 基催化剂的维度改变对称性和与碳载体的接触面积的同时，引入铑原子增强其稳定性。PtRh 超细纳米线直径仅为 1.3nm，Pt 原子利用率达到了 48.6%，该催化剂的质量比活性和面积比活性分别为商业化 Pt/C 催化剂的 7.8 倍和 5.4 倍，同时该催化剂经过 10000 次循环使用后，只有 9.2% 的质量比活性性能损失，与之相对应的 Pt/C 催化剂，质量比活性损失达到 72.3%。

　　不容忽略的是过渡金属 M 对阴极催化剂的稳定性有正反两方面的影响。一方面，M 减缓了 Pt 在碳载体表面的移动性，且合金化后催化剂粒径普遍增大，使得催化剂的抗聚结能力提高[39]；M 的适度溶解可以在催化剂表面形成 Pt-skeleton 结构[40,41]，有利于活性的提升。另一方面，M 的过度溶出会导致合金化优势的消失，降低催化活性；M 溶解后生成的 M^{x+} 由于还原电位较低，不能被阳极渗透过来的 H_2 还原，却能够与固体聚合物电解质（包括质子交换膜和催化层中的立体化试剂）的磺酸基团结合，占据质子的位置，造成[7]：膜的电阻增加、催化层的电阻增加、立体化试剂中氧气的扩散速率减小以及膜的加速降解，由此给燃料电池带来负面影响。

　　PtM 催化剂的研究早期主要集中于 Pt 与贵金属体系，如，Pt-Pd、Pt-Au 等，之后的研究拓展至 Pt 与非贵金属体系，如，Pt-Cu、Pt-Co 等。

3.2.3.1　Pt-Pd 催化剂

（1）孪晶结构 Pd-Pt/C

孪晶结构纳米颗粒能更多地暴露高活性的 Pt(111) 晶面和更多活性缺陷位，具有优异的催化性能。同时，孪晶结构的晶格常数还能产生畸变，可调变纳米颗粒的表面原子间距，改变纳米颗粒的各种性能。以往，孪晶结构纳米颗粒的制备过程中通常使用表面活性剂和有机高分子作为保护剂，这些保护剂会降低多面体和孪晶结构的表面能，有利于孪晶结构的形成与稳定。然而，表面活性剂和有机高分子通常具有强吸附作用，易吸附在催化剂表面，占据活性位而使催化活性降低，需要较复杂的后处理过程才能除去。无保护剂法[42,43]可以避免对催化剂活性的不利影响，唐永福等用无保护剂法制备具有孪晶结构的低 Pt 含量 Pd-Pt/C 合金催化剂。

催化剂的制备方法如下：

① 将 PdCl$_2$ 溶于盐酸中得到 H$_2$PdCl$_4$ 溶液；

② 取 8.67mL 浓度为 0.022mol/mL 的 H$_2$PdCl$_4$ 溶液，与 20mL 乙二醇和 20mL 去离子水混合均匀，加入 1mL 浓氨水，搅拌均匀后溶液颜色由橙黄色变成无色，表明 Pd 离子与 NH$_3$ 分子发生了络合作用；

③ 加入设计量的 H$_2$PtCl$_6$ 溶液，Pd 和 Pt 的质量比分别为 9∶1、8∶2、7∶3 和 6∶4；

④ 将预先均匀分散在 20mL 乙二醇中的 Vulcan XC-72 炭粉加入其中，催化剂总金属担载量为 20%（质量分数）；

⑤ 强力搅拌均匀后逐滴加入 NaBH$_4$ 溶液直至过量，搅拌 5h 后沉降 40h，离心、洗涤、干燥后，得到催化剂样品。得到的催化剂样品按照 Pd/Pt 质量比分别标记为 Pd$_{18}$Pt$_2$/C、Pd$_{16}$Pt$_4$/C、Pd$_{14}$Pt$_6$/C 和 Pd$_{12}$Pt$_8$/C。

通过 NaBH$_4$ 还原得到的催化剂主要是以面心立方的金属态存在，随着 Pt 含量增大，金属的晶格常数减小，原子间距减小，有利于 O$_2$ 在催化剂表面的解离吸附。Pd/C 催化剂中 Pd 的晶格常数大于 Pt/C 中 Pt 的晶格常数，Pt 原子大于 Pd 原子，少量 Pt 的加入能减小原子间距，可能的原因是畸变的孪晶结构增大了原子间距，而 Pt 的加入减小了晶格的畸变，使原子间距减小。

图 3-7 是 Pd/C、Pd-Pt/C 和 JM Pt/C 催化剂在 O$_2$ 饱和的 0.5mol/L H$_2$SO$_4$ 溶液中的 ORR 曲线，电位负向扫描，扫描速度为 5mV/s，旋转圆盘电极的旋转速度为 1600r/min。当 Pt/Pd 的质量比大于 2∶8 时，Pd-Pt/C 催化剂的半波电位已接近商业化 JM Pt/C 催化剂，明显大于 Pd/C 催化剂的半波电位，Pd$_{12}$Pt$_8$/C 催化剂的半波电位只比 JM Pt/C 低 7mV，随着 Pt 含量增加，ORR 的半波电位增大。

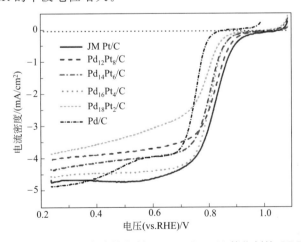

图 3-7　不同比例的 Pt-Pd 合金催化剂及 Pd/C 和 Pt/C 催化剂的 ORR 极化曲线

低 Pt 含量 Pd-Pt/C 催化剂的高 ORR 活性可能归因于三个方面：①Pd-Pt/C 催化剂金属颗粒较小且分散比较均匀，为 ORR 提供了较大的活性比表面积；②孪晶和多晶结构具有很多晶界面、角、边以及台阶等缺陷，为 ORR 提供更多高活性反应位点；③Pt 的加入减小了表面原子间距，降低了 O_2 分子在催化剂表面的吸附解离能，提高了 ORR 活性。

（2）Pt/Pd/C 核壳结构催化剂

张耕等[44,45]直接以粒径小、分散性好的商品 Pd/C 催化剂（Pd 平均粒径 4nm）作为基底，通过化学还原法将 Pt 选择性地沉积在 Pd 表面，Pd 的溶解对 Pt 的保护以及动电位扫描过程中纳米粒子由 Pd@Pt 核壳向 Pt-Pd 合金结构的转变，均有利于提高催化剂的稳定性。制备 Pt/Pd/C 核壳结构催化剂金属粒子的平均粒径约为 5nm。在半电池和全电池测试中，$Pt_1/Pd_4/C$ 和 $Pt_1/Pd_2/C$ 的 ORR 质量比活性超过了商品 40%Pt/C（JM）催化剂；$Pt_1/Pd_2/C$ 和 $Pt_1/Pd_1/C$ 的电化学稳定性也比 40%Pt/C（JM）有显著提高。

（3）Pd@Pt 纳米枝晶催化剂[45,46]

采用抗坏血酸为还原剂，Pluronic F127（$PEO_{106}PPO_{70}PEO_{106}$）嵌段共聚物为稳定剂，利用抗坏血酸对 Na_2PdCl_4 和 K_2PtCl_4 还原速度的差别，可一步法制备 Pd@Pt 纳米枝晶催化剂。具体方法如下：

① 将 0.1g Pluronic F127 溶解在去离子水中，待 F127 完全溶解后，向其水溶液中同时加入 34.2mmol/L Na_2PdCl_4 水溶液和 19.1mmol/L K_2PtCl_4 水溶液，使溶液中总的 Pt/Pd 原子比为 1∶2，并保证溶液总体积为 9mL；

② 加入新制的 0.4mol/L 抗坏血酸水溶液，室温下搅拌过夜，得到 Pd@Pt NDs；

③ 将双氧水预处理的 Vulcan XC-72R 炭黑于无水乙醇中超声分散均匀，并加入反应体系中以担载 Pd@Pt NDs，保证 Pd@Pt NDs 于碳载体上的总金属担载量为 20%（质量分数），室温下搅拌过夜；

④ 用无水乙醇和去离子水清洗并离心，如此重复操作多次后，将产物于真空干燥箱中 60℃烘干，得到催化剂 Pd@Pt NDs/C。

制备的 Pd@Pt 催化剂表现出枝晶形貌，Pt∶Pd 原子比为 33∶67，与投料比相同。首先还原出来的 Pd 为 Pt 的异相成核提供活性位点，最终形成以 Pd 为核、以 Pt 为壳的核壳结构纳米粒子，且外壳疏松多孔，Pt 纳米粒子平均粒径为 3nm。

（4）空心纳米笼结构 Pt-Pd

张耕[45]对上述制备的 Pd@Pt 纳米枝晶进行动电位扫描，动电位扫描 300 圈后，Pd 核发生了溶解，Pd@Pt 纳米枝晶转变成空心纳米笼结构的纳米粒子，平均粒径为 15.7nm，而且部分 Pd 原子进入 Pt 的晶格，成为 Pt-Pd 合金，Pt∶Pd 原子比为 50∶50，图 3-8 描述了 Pd@Pt 纳米枝晶（NDs）向空心纳米笼（NCs）结构 Pt-Pd 合金的变化过程。由于 Pd@Pt NDs 的 Pt 外壳不致密，作为核心的 Pd 有一部分暴露在电解质溶液中，而且 Pd 的溶解电位 [Pd→Pd^{2+}+2e^-，U_0=0.92V（vs. SHE）] 低于 Pt [1.19V（vs. SHE）]，所以当动电位扫描的高电位达到 1.2V 时，Pd 溶解，Pd 溶解生成的 Pd^{2+} 在电位较低时被重新还原成 Pd 并沉积到 Pt 的表面，Pt 与 Pd 的晶格常数相差很小，沉积的 Pd 原子易于向 Pt 晶格中扩散，得到 Pd-Pt 合金。

电化学研究表明，空心纳米笼结构 Pt-Pd 合金纳米粒子表现出优于 Pd@Pt 纳米枝晶的 ORR 活性，高于商品 Pt/C（20%，JM）催化剂，图 3-9 是单位 Pt 质量的 ORR 极化曲线，在 0.85V 时，Pd@Pt 纳米枝晶的质量比活性为 0.16A/mg，转变为合金纳米笼后，质量比活性提高到 0.23A/mg。空心 Pt-Pd 合金纳米笼具有较高的 ORR 活性原因如下：①独立的

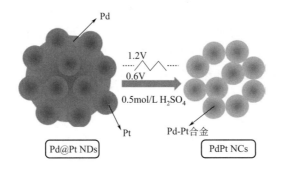

图 3-8　电化学动电位扫描法由纳米枝晶制备空心纳米笼催化剂示意图[46]

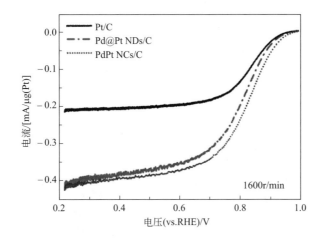

图 3-9　Pt-Pd 合金催化剂的 ORR 极化曲线

Pt 原子相互连接形成纳米笼，Pt 的粒径增大，Pt 表面低配位数的原子比例下降；②经动电位扫描，Pt 表面发生重构，低配位数的原子发生溶解。如此使得 PdPt 纳米笼表面更加光滑，对含氧物种的吸附减弱，因此表现出较高的 ORR 活性。另外，Pd 进入 Pt 的晶格中，能够诱导 Pt 的晶格产生细微收缩，由此降低 Pt 的 d 带中心能量，削弱 Pt 对 OH_{ad} 的吸附强度，使 Pt 表面能够暴露出更多的活性位点，有利于提高 ORR 活性。

3.2.3.2　Pt-Au-M 催化剂

采用晶种法[47]可以避免二次成核，通过改变晶种与金属离子之间的浓度比例，可得到不同形状、尺寸可控且均一的核壳纳米粒子。马原蔚等采用强还原剂将 Au^{3+} 还原为粒径较小的 Au 粒子作为晶种，然后将 Pt^{4+} 加入含有 Au 晶种的溶液中，在 Au 表面的弱还原剂将 Pt^{4+} 还原，从而控制 Pt 纳米粒子生长。核壳结构可提高 Pt 的利用率，通过 Au 和 Pt 之间的相互作用改善催化活性，测试结果表明 PtAu/C 的氧还原质量比活性高于商品 Pt/C，当 Pt∶Au 质量比为 3∶2 时，PtAu/C 催化剂具有最高的氧还原催化活性。

（1）Pt/Au/PdCo/C 催化剂

唐琪雯等[48]基于 Cu 欠电位沉积结合置换反应方法制备的超低 Pt 载量的 Pt/PdCo/C 核壳结构（Pt 单层）催化剂，在 PdCo 合金核和 Pt 层之间引入一层 Au，可提高催化剂在电化学环境下的稳定性。催化剂中 Pd 和氧化钴纳米粒子同时存在，Pd 平均粒径约为 2.6nm，

Pd 粒子分布均匀。氢气气氛热处理可提高催化剂中 PdCo 的合金度与催化活性。Au 的加入利于抑制 OH 物种在 Pt 表面的吸附，大幅提高 Pt/Au/PdCo/C 的催化活性和稳定性。Pt/Au/PdCo/C 催化剂的 ORR 质量比活性（以 Pt 计）与商品 Pt/C 催化剂相比提高了 10 倍；经 10000 圈 CV 扫描，ECSA 和催化活性未见明显变化，而 Pt/C 催化剂则团聚明显，ECSA 和催化活性显著下降。

（2）$Pd_3Au@Pt/C$ 催化剂

Li 等[49]利用铂、钯和金三种贵金属盐前驱体与还原剂抗坏血酸（AA）间还原反应动力学的差异，在不使用任何表面活性剂的条件下，通过共沉淀法在常温常压下制备核壳结构的 $Pd_3Au@Pt/C$ 催化剂（图 3-10）。

$Pd_3Au@Pt/C$ 催化剂的质量比活性高达 939mA/mg（Pt），较商品 Pt/C 催化剂 [205mA/mg（Pt）] 提高了 3.6 倍（图 3-11），$Pd_3Au@Pt/C$ 催化剂的耐久性与商品 Pt/C 催化剂接近。XRD 结果表明，Pt 的晶格参数（Pt/C，0.392nm）略小于 Pd_3Au 的晶格参数（Pd_3Au/C，0.395nm），HRTEM 中所给出的 $Pd_3Au@Pt/C$ 催化剂的 Pt 壳层的晶格参数（$d=0.228$nm）略大于 Pt/C 的晶格参数（$d=0.222$nm），显示 $Pd_3Au@Pt/C$ 的 Pt 层中存在着拉伸应变。XPS 结果显示 $Pd_3Au@Pt/C$ 催化剂中 Pt $4f_{7/2}$ 峰与 Pt/C 相比发生负移，表明电子由 Pd_3Au 传递给了壳层的 Pt。因此，$Pd_3Au@Pt/C$ 催化剂的电化学活性较高的可能原因包括拉伸效应、电子效应以及 Pt 的高利用率。

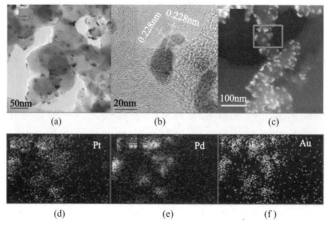

图 3-10　$Pd_3Au@Pt/C$ 催化剂的表征

（a）TEM 图；（b）HRTEM 图；（c）HAADF-STEM 图；（d）～（f）Pt、Pd 和 Au 的元素测绘图

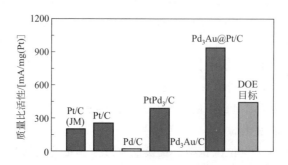

图 3-11　$Pd_3Au@Pt/C$、Pd_3Au/C 及 Pt/C 催化剂的氧还原反应的质量比活性比较

[O_2 饱和的 0.1mol/L $HClO_4$，1600r/min，0.9V（vs. RHE），10mV/s]

3.2.3.3 Pt-Cu 催化剂

为了提高 Pt 原子的利用率，许壮等[50,51]采用以季铵盐（CTAB）作为保护剂的 Pt-Cu 置换法，通过调控 Cu 纳米颗粒表面进行 Pt^{2+} 的还原置换，可制备核壳结构的 PtCu/C 催化剂。以季铵盐为保护剂的 Pt-Cu 置换法制备 PtCu/C 核壳结构催化剂的过程如图 3-12 所示。具体制备过程如下：

① 向 250mL 的三口烧瓶中加入 5mmol/L 的 $CuCl_2 \cdot 2H_2O$ 水溶液，并通入高纯 N_2 吹扫 30min 以除去反应体系的空气。然后，加入 10 倍于 Cu 物质的量的十六烷基三甲基溴化铵（CTAB），搅拌使其充分溶解。

② 取 10 倍过量的 KBH_4 加入上述溶液，剧烈搅拌，在 30℃、N_2 保护下反应 4h，制得深红色 Cu 胶体，然后将体系温度升高至 40℃，搅拌 6h 以分解未参与反应的 BH_4^-。

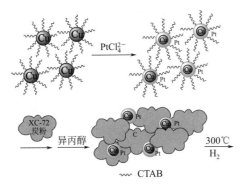

图 3-12 PtCu/C 核壳结构催化剂的制备过程示意图

③ 取含有 12.5mg Pt 的 K_2PtCl_4 水溶液 10mL，逐滴加入上述反应体系，待滴加完全后继续搅拌过夜，反应体系逐渐变为棕色。

④ 向反应体系加入 50mg XC-72 炭粉混合均匀，搅拌 4h 使纳米颗粒在载体上充分吸附。

⑤ 向其中加入约 20mL 异丙醇破乳，将所得混合物离心，弃去上清液，经洗涤、60℃ 真空干燥、研磨后，在 H_2/N_2 下 300℃热处理 3h 即获得 PtCu/C 催化剂，热处理过程中的 H_2/N_2 流量比为 1∶5。

由于 Pt、Cu 之间的电子传递作用，PtCu/C 催化剂表面 Pt 原子层的价电子结构发生变化，对 O 物种的吸附强度下降，ORR 催化活性大幅提高，如图 3-13 所示，PtCu/C 催化剂用于 ORR 时，极化曲线的半波电位较商品 Pt/C 显著提高约 50mV，具有商品 Pt/C 催化剂约 4 倍的贵金属质量比活性。PtCu/C 催化剂的高活性主要归因于形成 Pt-Cu 核壳结构所引起的电子效应和几何效应。通过研究所制备的 PtCu/C 催化剂的活性影响机制，建立了微观结构-表面吸附特性与 ORR 催化活性之间的关系，为进一步构筑高性能的 Pt 基 ORR 催化剂提供了理论指导。

3.2.3.4 Pt-Co 催化剂

唐雪君等[52]通过化学还原法制备 PtCo/C 催化剂，具体制备过程为：将 50mg XC-72 炭黑置于 60mL 的乙二醇溶液中，超声搅拌分散后，加热至 60℃并通入氮气 30min，之后加入 40mg 的 $NaBH_4$ 新鲜水溶液，最后逐滴滴加配制好的 H_2PtCl_6 水溶液和 $CoCl_2$ 水溶液。待

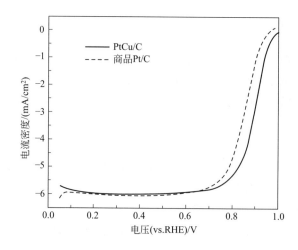

图 3-13　PtCu/C 催化剂和商业化 Pt/C 催化剂的 ORR 极化曲线

反应完全后，离心洗涤得到质量分数为 20% 的 $Pt_{36}Co/C$ 催化剂。XRD 表明：由于 Co 原子半径小，使得 Pt-Co 合金的衍射角往高角度偏移，说明晶格有收缩趋势，有利于 ORR 反应。分析催化剂的表面元素价态，XPS 测试 PtCo/C 的 Pt 4f 结合能往高角度偏移 0.26eV，说明 Pt 与 Co 之间存在电子效应。电子从 Pt 原子转移至 Co 原子，使得 d 带中心下移，减弱 O—O 吸附键，使得 ORR 活性得到提升。

3.2.4　非铂催化剂

如前述，ORR 反应是质子交换膜燃料电池实现能量转换最关键的步骤之一，但是由于 ORR 反应的动力学缓慢，需要高载量含贵金属（如 Pt）元素的催化剂。这样不可避免地导致了燃料电池的成本较高，而且地球上的铂资源有限，限制了燃料电池大规模推广应用。因而开发高活性和稳定性的非贵金属 ORR 催化剂替代 Pt 具有重要的意义。针对实际应用需求研发的 ORR 非铂催化剂通常需要满足以下要求：

① 高的氧还原起始电位，接近或优于 Pt/C 催化剂（>0.9V）；

② 均匀分布且高的活性位点密度；

③ 高比表面积与孔径控制，催化剂的比表面积达到 $500m^2/g$ 以上；

④ 高的导电性能与传质性能；

⑤ 高的化学以及电化学稳定性，特别是耐强酸性与氧化性的能力。

目前学者们研究的非铂 ORR 催化剂主要有：过渡金属碳化物和氮化物催化剂、非金属碳基催化剂、过渡金属-氮-碳催化剂以及过渡金属硫族化合物、氧化物等其他非贵金属催化剂。其中，过渡金属-氮-碳化合物在酸性和碱性条件下均具有优良的活性，成为研究的重点。过渡金属-氮-碳化合物催化剂的氮源，除了含氮聚合物、有机小分子（如邻二氮菲[53]等）或含氮气体外，还可利用成本低廉的生物质氮源[34]；碳源除了普通炭黑、活性炭等，还出现了氮掺杂石墨烯[54]和竹节状碳纳米管包覆[55]等新型碳载体。

（1）$Ag/MnO_x/C$ 催化剂

唐琪雯等[56]采用 $AgMnO_4$ 一步热分解法制备了碳载 Ag/MnO_x 催化剂，通过将 Ag 和 MnO_x 复合，提高 ORR 的催化活性和选择性。一方面价格低廉的 MnO_x 有助于降低电催化剂成本；另一方面，Ag 的添加可以改善 MnO$_x$/C 催化剂的导电性，还可能提高催化剂的长期稳定性。考察不同热处理条件对催化剂组成和 ORR 催化活性的影响，发现 Ag/MnO$_x$/C 催化剂的 ORR 活性与热分解温度的关系曲线呈"火山形"，400℃ 分解得到的 Ag/Mn$_3$O$_4$/C 催化剂具有最佳活性，稳定性测试表明，Ag/Mn$_3$O$_4$/C 稳定性优于商品 Pt/C（E-TEK）催化剂。

（2）CrN/C 催化剂

氮化铬具有良好的物理和机械性能，是比氮化钛更好的耐磨材料。氮化铬还是氮化物里唯一具有反铁磁性的材料。由于氮化铬具有很多优异的性能，如硬度高、耐酸碱腐蚀性好、化学稳定性高、耐磨性能好、熔点高等，使其在磁学、电子工业、耐高温结构陶瓷等多方面得到广泛应用。由于氮化铬的表面电子结构与 Pt 类似，有望获得与铂族金属相类似的催化性能。

采用程序升温氨解法以 Cr(NO$_3$)$_3$ 和 NH$_3$ 为原料制备高比表面积的碳载氮化铬（CrN/C）催化剂。具体制备方法如下[57]：

取一定量硝酸铬［Cr(NO$_3$)$_3$］水溶液，加入水和异丙醇超声混合均匀后，加入 0.5g Vulcan XC-72R 炭粉，混匀后将混合物静置浸渍 12h。将上述混合物置于 90℃ 水浴中，使溶剂缓慢挥发至表面干燥，然后将其置于真空干燥箱中于 120℃ 下干燥 12h；再将样品移入管式炉进行焙烧，焙烧条件为：N$_2$ 气氛中以 5℃/min 升温至 500℃，恒温焙烧 2h 后，将其降温至室温。用程序升温在流量为 100mL/min 的 NH$_3$ 的气氛下对上述样品进行氮化：首先以 10℃/min 的升温速度由室温升温到 350℃；然后以 0.5℃/min 的速度由 350℃ 升温到 450℃，再以 2.5℃/min 的速度由 450℃ 升温到反应温度，在反应温度恒温 2h 后开始降温，待自然降温至室温后即得到 CrN/C 催化剂（Cr 质量分数为 18%）。氮化温度为 800℃ 时，催化剂颗粒分散比较均匀，粒径分布窄，催化剂的平均粒径约为 12nm。通过对其反应机理的研究，CrN/C 的氧还原过程部分按照四电子过程进行，部分按照二电子过程进行。在单电池测试中，显示了对氧还原反应具有一定的催化活性（图 3-14）。

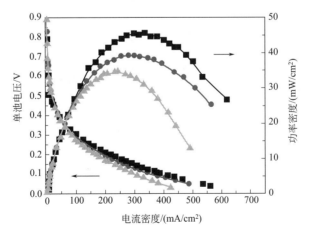

图 3-14　不同温度制备的 CrN/C 催化剂的单电池性能[58]

━■━ 800℃；　━●━ 900℃；　━▲━ 950℃

阴极催化剂担载量为 0.5mg/cm^2

（3）Mo$_x$N/C 催化剂

钟和香等[59]采用程序升温法在不同条件下制备了高比表面积的碳载氮化钼（Mo$_x$N/C）

催化剂。该催化剂具有一定的氧还原催化活性和稳定性，动力学测试表明其氧还原过程主要按照近四电子过程进行。随氮化温度升高，催化性能有所提升，氮化温度为 800℃，催化剂平均粒径 11nm，组成为 MoN，单电池性能最好。不同方法制备的碳载氮化钼催化剂稳定性普遍很高，但以其作为阴极催化剂时燃料电池的电荷转移电阻和内阻都远大于 Pt/C 催化剂，这可能也是其活性相对低于 Pt/C 催化剂的原因。

（4）CoN_x/C 催化剂[60]

马原蔚等[60]以廉价、低毒性的咪唑和硝酸钴分别作为 N 与 Co 的前驱体，通过 N 的孤对电子与 Co 的空轨道的简单螯合作用和热处理过程，制备 CoN_x/C 催化剂。进一步通过添加少量 CeO_2 作为自由基猝灭剂，增强 CoN_x/C 催化剂的稳定性。结果表明，热处理温度与 Co 的担载量对催化剂的活性均有一定的影响。CoN_x/C 作为一种非贵金属催化剂，具有较好的氧还原反应催化活性，电化学测试表明，CoN_x/C 催化剂催化氧还原反应沿着接近四电子的途径进行。

（5）$Ru_{85}Se_{15}$/TiO_2/C 催化剂[61]

徐婷等以廉价易得的 $RuCl_3$ 和 Na_2SeO_3 为前驱体，通过简单、快捷的微波辅助乙二醇还原法制备 $Ru_{85}Se_{15}$，再将其担载于经 TiO_2 修饰的碳载体上制得了 $Ru_{85}Se_{15}$/TiO_2/C 催化剂[61]。向活性较好的 $Ru_{85}Se_{15}$/C 催化剂中添加 TiO_2，一方面可以通过 TiO_2 对 $Ru_{85}Se_{15}$ 纳米粒子的分散及锚定作用来抑制其团聚，以提高催化剂的稳定性；另一方面通过减缓 Ru 和 Se 的氧化和流失来增强催化剂在高电位下的电化学稳定性。

图 3-15 为 $Ru_{85}Se_{15}$/C 催化剂和 $Ru_{85}Se_{15}$/TiO_2/C 催化剂在相同加速衰减测试（AAT）前后的单电池极化曲线。两种催化剂的初始性能很接近，在 $400mA/cm^2$ 的电流密度下，$Ru_{85}Se_{15}$/C 和 $Ru_{85}Se_{15}$/TiO_2/C 的单电池功率密度分别为 $200mW/cm^2$ 和 $195mW/cm^2$。在加速衰减测试后，$Ru_{85}Se_{15}$/C 单电池性能衰减比 $Ru_{85}Se_{15}$/TiO_2/C 单电池性能衰减严重。

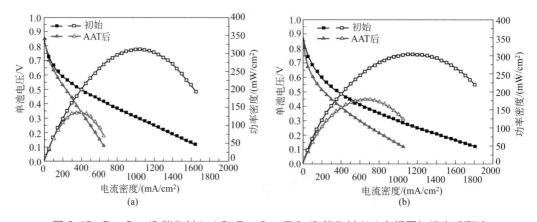

图 3-15　$Ru_{85}Se_{15}$/C 催化剂（a）和 $Ru_{85}Se_{15}$/TiO_2/C 催化剂（b）在相同加速衰减测试
（AAT：0.6～1.0V，1000 次循环）前后的单电池极化曲线

（6）Fe-N-C 催化剂

厦门大学孙世刚团队基于聚苯胺-Fe-C 催化剂[62]，在接枝炭黑外生成聚间苯二胺后加入硫氰化铁，经两步热解后得到 S 掺杂的铁氮碳催化剂，功率密度可达 $1.03W/cm^2$。

肖辉[63]选用廉价、无毒的咪唑作为氮源，普通炭黑（Ketjen black EC300J）作为碳源，氯化铁作为金属前驱体，在惰性气体热处理的条件下合成 Fe-N-C 催化剂[64]。具体制备方法如下：

① 将 160mg 咪唑溶解于 50mL 乙醇中，滴加所需含量的氯化铁水溶液，使得铁含量达到所需值；

② 60℃ 条件下搅拌 2h 以充分形成配合物；

③ 加入 200mg 炭黑（Ketjen black EC300J），搅拌 6h，并蒸干溶剂，60℃ 真空干燥过夜；

④ 得到的粉末在氮气保护下，600～900℃ 热处理 2h。

咪唑含氮量高，容易与 Fe 配位形成类似于铁卟啉的结构，而铁卟啉在燃料电池氧还原催化剂中，具有良好的氧还原活性，结合 XPS 表征等对催化剂的活性位点进行初步分析。结果表明，Fe 的添加显著增强了催化剂的活性，如图 3-16 所示，且 Fe 含量存在最优值，实验条件[64]下为 10%。此外，热处理温度对 Fe-N-C 催化剂的活性与选择性有着重要影响，经 700℃ 热处理的 Fe-N-C 催化剂 ORR 活性最好，热处理温度影响催化剂表面 Fe 含量和 N 含量，Fe-N$_x$ 和石墨型 N 两者共同起到活性位点的作用。

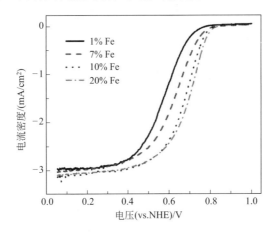

图 3-16　不同 Fe 含量（质量分数）的 Fe-N-C 催化剂的 ORR 极化曲线

（7）包覆型 Fe 催化剂

邓德会[65]分别以二茂铁、叠氮化钠为原料，在氮气保护、350℃ 条件下合成了豆荚状碳纳米管包覆过渡金属纳米粒子的包覆型氧还原催化剂 Pod-Fe，以水合高铁氰化铵及硝酸钴为原料在 Ar 气氛、600℃ 条件下合成 Pod(N)-Fe 及 Pod(N)-FeCo。

在氧气饱和的 0.1mol/L H$_2$SO$_4$ 电解液中，豆荚铁的 ORR 活性显著高于碳纳米管和商品 Vulcan XC-72R 炭粉的活性，Pod(N)-FeCo 性能最优，Pod(N)-FeCo 催化氧还原的起始电位（vs. Ag/AgCl）达到约 0.6V（图 3-17）。

采用豆荚铁为燃料电池阴极催化剂，载量为 0.38mg/cm^2；阳极采用 20% Pt/C 催化剂，载量为 0.20mg/cm^2，H$_2$-O$_2$ 燃料电池单电池测试性能如图 3-18(a)。在 80℃、3.0bar 的燃料电池操作条件下，电流密度为 0.10A/cm^2 时，放电电压 0.34V，达到相同条件下 20% Pt/C 阴极催化剂电压的 40%。豆荚铁催化剂较高的稳定性如图 3-18(b)，在恒电压 0.25V 放电模式 210h 运行后，燃料电池的放电电流仅下降 8%；当燃料电池重新启动，相同条件下放电电流可恢复，显示豆荚铁作为质子交换膜燃料电池阴极催化剂具有较高的氧还原活性和稳定性，且该催化剂具有较好的抗 SO$_2$ 毒化性能。

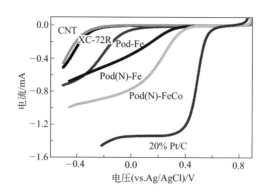

图 3-17 Pod（N）-Fe、 Pod（N）-FeCo 催化剂 ORR 活性对比

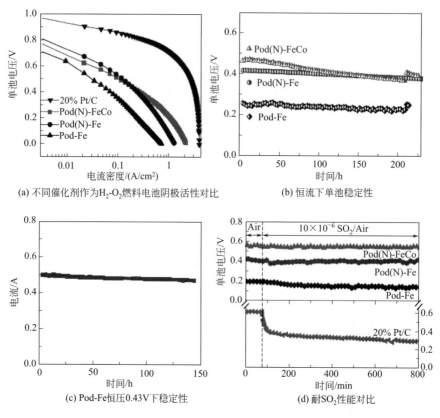

(a) 不同催化剂作为 H$_2$-O$_2$ 燃料电池阴极活性对比

(b) 恒流下单池稳定性

(c) Pod-Fe 恒压 0.43V 下稳定性

(d) 耐 SO$_2$ 性能对比

图 3-18 Pod（N）-Fe、 Pod（N）-FeCo 催化剂单电池活性稳定性及抗 SO$_2$ 特性对比

从 TEM 与高角环形暗场像 HAADF 图（图 3-19）可见，Pod(N)-Fe 的金属铁纳米颗粒被封装在石墨化的碳腔中。尽管铁纳米颗粒被碳纳米管与反应气氛及环境介质完全隔离起来，但是 Fe 修饰了其表面碳层的电子结构并增加了其化学活性。该工作为设计高效、持久并且能在苛刻条件下工作的电催化剂及传统的多相催化剂提出了新思路[66]。

Zhu 与 Xing 等[67]用二氰二胺、氧化炭黑和氯化铁为前驱体制备氮掺杂碳纳米管包覆碳化铁粒子/碳复合催化剂（Fe$_3$C/NCNT/C），发现碳材料表面的含氧基团对形成包覆型结构有重要作用。该催化剂在酸性条件下表现出良好的氧还原性能，起始还原电位和半波电位分别达到了 0.928V 和 0.785V，活性的提高主要得益于催化剂交联的碳纳米管/碳组成和薄壁

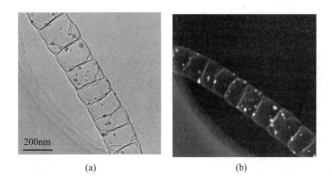

图 3-19　Pod(N)-Fe 的 TEM 图(a) 和对应的 HAADF 图(b)

碳管包覆碳化铁粒子的结构，同时该催化剂具有超低的双氧水产率，在整个测试电位区间内其双氧水产率低于 1%。

Hu 与 Xing 等[68]通过高温、高压热处理方法合成的多层石墨烯-碳化铁纳米颗粒的复合催化剂材料，为 400～500nm 具有均一纳米结构的碳球，包覆的 Fe_3C 颗粒约 10nm。研究表明，Fe_3C 并不与氧气和电解质接触，但通过与包覆的碳层之间的协同效应，改变了碳层的电子云密度，改善了氧还原活性。

（8）MOF 催化剂

金属有机骨架（MOF）是由金属阳离子和有机配体配位而成的结构可调的三维材料，具有高比表面积的均匀微孔结构，作为前驱体制备非贵金属 ORR 电催化剂具有独特的优势，同时可作为金属源、碳源、氮源（含氮配体），可获得均匀分布且高活性位点密度。

由 MOF 材料制备的 Me-N-C 催化剂主要包括：

① 直接热解 MOF 型催化剂，包括热解单一 MOF 或双金属 MOF 催化剂，热解过程中的 MOF 由于有金属的存在，可以催化生成石墨碳或 CNT/石墨烯层封装包覆的金属碳化物等活性物种。

② 掺杂后热解 MOF 型催化剂，是将 MOF 与其他碳、氮源掺杂，如葡萄糖、酚醛树脂、尿素、三聚氰胺等，以增强金属与碳、氮原子的相互作用，提高活性位点密度。

③ 热解 MOF 基复合物型催化剂等，通常与 MOF 复合的基底有：CNT、Te 纳米线、碱式碳酸钴阵列、草酸 Co 微米管等一维材料；GO、LDH（层状双羟基化物）等二维材料；六角有序介孔碳（硬模板）以及聚苯胺等其他基底。

白杨芝、宋玉江等[69]采用 MOF 材料 ZIF-67 为前驱体，通过 500～900℃高温热处理制备非贵金属 ORR 电催化剂，在氧气饱和的 0.1mol/L KOH 水溶液中，600℃热处理得到的电催化剂的活性较好，见图 3-20(a)。为了进一步提高电催化剂的导电性和分散性，采用 BP2000 碳担载 ZIF-67 前驱体，获得的电催化剂的 ORR 活性进一步提高。当载量为 1.0mg/cm^2 时，其 ORR 的起始电位和半波电位（vs. RHE）分别为 1.017V 和 0.857V，与商品 Pt/C［$20\mu g(Pt)/cm^2$］的性能相近，见图 3-20(b)。透射电镜揭示此电催化剂为 N 掺杂碳担载的 Co 颗粒，平均粒径约为 10nm。X 射线光电子能谱显示，氮掺杂碳中的 N 原子主要以吡啶型存在，是可能的主要 ORR 活性位点。电催化剂的比表面积为 296m^2/g，高于未碳载电催化剂的 268m^2/g，有利于提高电化学活性，此电催化剂的耐久性能优于商品 Pt/C。

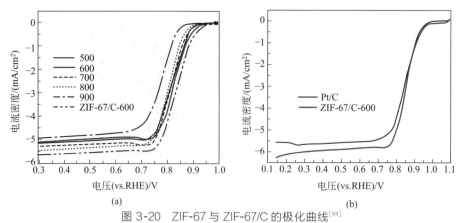

图 3-20　ZIF-67 与 ZIF-67/C 的极化曲线[69]

（a）在 500～900℃热处理的 ZIF-67 和 ZIF-67/C-600 的极化曲线（催化剂的载量
为 0.4mg/cm²）；（b）ZIF-67/C-600（1.0mg/cm²）和 Pt/C [20%（质量分数），
Johnson Matthey，20μg(Pt)/cm²] 的极化曲线

3.2.5　非金属催化剂

掺杂类的非金属催化剂中研究最多的是氮掺杂碳材料催化剂，包括氮掺杂碳纳米管[70]、氮掺杂石墨烯[71]、氮掺杂碳纳米纤维[72]和氮掺杂有序介孔碳[73]等，其中氮掺杂石墨烯及其衍生复合物基的非贵金属催化剂被认为较有前景[74]。在氮掺杂石墨烯催化剂方面，重庆大学魏子栋团队的研究认为吡啶型和吡咯型的二维平面结构保持了石墨烯原有的平面共轭大 π 键结构，他们利用层状材料（如蒙脱石等）的层间限域效应，在层状材料间插入苯胺单体，聚合热解后可获得平面氮达 90%以上的氮掺杂石墨烯材料，显著提高了催化剂活性[75]。

（1）N 掺杂的碳干凝胶催化剂

金虹等[76]采用溶胶-凝胶聚合并结合氨气热解法，首先以间苯二酚和甲醛为原料，过渡金属盐为催化剂，制备了有机干凝胶；然后将合成的有机干凝胶在高温炭化的同时进行 N 掺杂，将 N 原子原位掺杂到碳干凝胶中，制得 N 掺杂的碳干凝胶（N-CX）催化剂，其制备过程如图 3-21 所示。

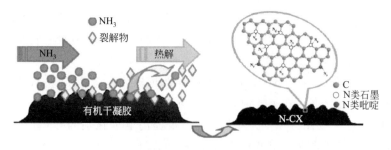

图 3-21　有机干凝胶热解氮掺杂过程示意图

图 3-22 是以 CX、N-CX 和 Pt/C 为阴极催化剂在 80℃、相对湿度 100%条件下的单电池性能曲线。在 100mA/cm² 电流密度下，N-CX 电池的电压为 0.62V，比相同电流密度下 CX 电池高出 0.3V。此外，在 1140mA/cm² 电流密度处，N-CX 电池的峰功率达到 360mW/cm²，约为 CX 电池峰功率（53mW/cm²）的 7 倍，Pt/C 电池的峰功率（1100mW/cm²）的

1/3。由此可见，N 掺杂对于 N-CX 催化剂活性的提高具有十分重要的作用。处理温度、前驱体中金属种类及含量均对合成的 N-CX 催化剂活性有影响。研究发现，N-CX 中几乎不含金属，碳结构中暴露的大量边缘缺陷，为催化氧还原提供较多的活性位点。N-CX 催化剂活性的增强与 N 的掺杂量和掺杂 N 的化学态有关，结构相对稳定的石墨型 N 掺杂，有可能是提高 N-CX 催化剂活性和稳定性的关键因素。虽然 N-CX 催化剂的活性比 Pt/C 还有一定差距，但其成本低，而且通过对催化剂制备方法及电极制备条件的深入研究和优化，有可能进一步提高其催化活性和电池性能。

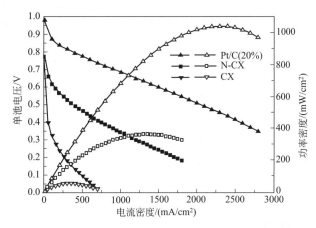

图 3-22　CX、N-CX 和 Pt/C 催化剂的单电池性能曲线

（2）石墨烯担载的非贵金属电催化剂

石墨烯是由 sp² 碳原子轨道组成的二维结构体，具有较大的比表面积（理论比表面积高达 $2620m^2/g$）和高电导率的特点，符合燃料电池对电催化载体的要求。石墨烯掺氮能提高石墨烯的导电性和自由载流子密度。引入的含氮官能团可作为金属粒子的锚定位，增强金属-石墨烯之间的相互作用，有利于提高催化剂的稳定性。Xie 等[77]通过沉积和热处理等过程制备石墨烯担载的非贵金属电催化剂 [图 3-23(a)]。该电催化剂含有高密度的小尺寸过渡金属氧化物纳米颗粒，3.6% 的 N 和可能的 Me-N-C 活性位点 [图 3-23(b)]。含 N 配体的种类、碳载体种类、过渡金属盐的载量以及热处理的温度都会影响非贵金属电催化剂的氧还原活性。

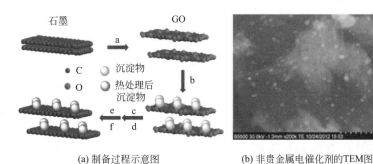

(a) 制备过程示意图　　(b) 非贵金属电催化剂的TEM图

图 3-23　石墨烯担载的非贵金属电催化剂

在碱性溶液中，载量为 $1.2mg/cm^2$ 的非贵金属电催化剂的半波电位与载量为 $20\mu g(Pt)/cm^2$、$40\mu g(Pt)/cm^2$ 的商品 20% Pt/C 的半波电位相差仅为 30mV 和 45mV [图 3-24(a)]；经过 1500 次循环伏安（CV）的加速老化实验发现，商品 Pt/C 在 0V（vs. Hg/HgO）的电流密度

减小了 42.9％，而非贵金属电催化剂的电流密度仅减小了 13.6％〔图 3-24(b)〕。石墨烯担载的非贵金属电催化剂优异的氧还原活性归因于石墨烯上高密度的过渡金属氧化物纳米粒子、3.6％的 N 掺杂以及可能存在的 Me-N-C 活性位点。

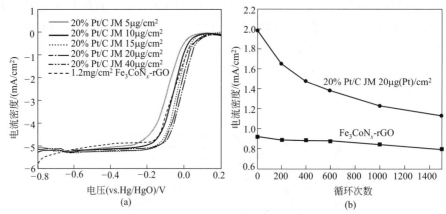

图 3-24　石墨烯担载的非贵金属电催化剂与 Pt/C 的性能对比

(a) 不同电催化剂的氧还原极化曲线（O₂ 饱和的 0.1mol/L KOH，1600r/min，5mV/s）；

(b) 电压（vs. Hg/HgO）为 0V 时，非金属电催化剂和 20％ JM Pt/C 的电流密度变化

3.3　氢氧化催化剂

对于氢的电催化氧化，Pt 已经是非常理想的催化剂。通常氢的电催化氧化采用高分散的碳载 Pt 纳米颗粒（Pt/C）催化剂，氢气在 Pt 上的电氧化动力学过程非常快，所以阳极极化非常小。但是当氢气中含有微量的 CO 时，特别是通过天然气或其他烃类化合物重整制得的氢气中都含有微量的 CO，由于 CO 在 Pt 催化剂表面的强烈吸附会占据 Pt 催化剂的表面活性位点，与氢气形成竞争关系，从而导致催化剂对氢的催化效率降低，进而产生比较严重的极化现象和电池性能的下降，这种现象称为 CO 毒化。Papageorgopoulos 等的研究[78]发现，进入阳极的氢气中含有 1％的 CO 时，就能覆盖 Pt 表面 95％的活性位点。因此，一般认为当氢气中 CO 的含量为 0.001％时，就会产生明显的毒化现象和电池性能的下降。

目前，对氢的电氧化催化剂的研究主要集中在如何提高其抗 CO 毒化能力上，同时为了减少贵金属 Pt 的用量，降低催化剂成本，一些 Pt 合金催化剂和非 Pt 催化剂的研究引起人们的广泛关注。抗 CO 毒化的催化剂研究主要集中在二元合金催化剂 PtM（M＝Ru，Sn，W，Mo，Bi，Co，Cr，Fe，Os 和 Au 等）上。其中许多 PtM 合金催化剂都表现出比 Pt 更高的抗 CO 的能力。而其中的 PtRu 催化剂又是目前为止研究最为成熟、应用最多的抗 CO 阳极催化剂。在该二元合金催化剂中，Pt 和 Ru 通过协同作用降低 CO 的氧化电势，使电池在 CO 存在下相对于 Pt 性能明显提高。有研究表明[79]，Ru 的加入可能会带来两方面的作用，一方面 Ru 通过电子作用修饰 Pt 的电子性能影响氢气的吸附和脱质子过程，减弱中间产物在 Pt 表面的吸附强度；另一方面，由于 Ru 是一种比 Pt 更活泼的贵金属，Ru 的加入能使催化剂在较低电位下获得反应所必需的表面含氧物种。

目前使用的 PtRu/C 催化剂具有一定的抗 CO 中毒性能，但仍不能完全满足 PEMFC 实用化的要求。基于纳米 Au 对催化 CO 低温氧化和水煤气变换反应的高催化活性，Ma 等[80]

采用微波辅助乙二醇并热处理的方法制备了 PtAuFe/C 催化剂，Fe 的引入使纳米 Au 分散得更加均匀并促进了 Au 对 CO 的低温氧化，热处理强化了金属之间的相互作用。结果表明，制备的 PtAuFe/C 催化剂具有增强的抗 CO 氢氧化活性。

前文提及的用于氧还原反应的无保护剂法制备的具有孪晶结构的低 Pt 含量 Pd-Pt/C 催化剂[42]，也可作为 PEMFC 阳极催化剂。该研究考察了其 HOR 活性和抗 CO 中毒性能，采用 EIS 在线分析技术研究了 Pt-Pd/C 和 Pt-Ru/C 催化剂不同抗 CO 毒化机理，并研究了络合剂 NH₃·H₂O 和 Pt 含量对催化剂形貌及孪晶结构的影响。结果发现，孪晶结构的低 Pt 含量 Pd-Pt/C 催化剂作为 PEMFC 阳极催化剂时，表现出接近商品 Pt/C 的 HOR 活性和更优的抗 CO 中毒性能；对催化剂的抗 CO 中毒机理研究表明，Pd-Pt/C 催化剂良好的抗 CO 中毒性能，主要归因于富 Pd 表面可降低 CO 在催化剂表面的吸附强度和覆盖率，而 Pt-Ru/C 催化剂的抗 CO 中毒机理主要是 Ru 的加入有利于 CO 的氧化脱除。

3.4　催化剂的衰减机理

Pt/C 电催化剂虽然表现出较好的初活性，但在燃料电池中运行一段时间后，会出现 Pt 催化剂氧化、Pt 颗粒聚集以及催化剂载体氧化等现象，导致电化学活性面积降低，进而使催化剂的整体活性降低。在 Pt 催化剂衰减过程中，Pt 从催化剂载体上脱离，或与其他 Pt 颗粒聚集，或溶解在产物水中而流失，或在电场作用下迁移到聚合物中，加速了聚合物的降解。了解 Pt 催化剂衰减机理对研制抗衰减催化剂具有重要意义。迄今为止，有关 Pt 催化剂在燃料电池操作条件下的衰减机理分析主要有如下几种。

① Ostwald 熟化效应造成的催化剂 Pt 颗粒长大。这一过程发生在相邻或相近的微晶之间，由于催化剂中 Pt 粒径的不均一性，尺寸较小的晶粒因为表面自由能较高，因而容易溶解，生成 Pt 离子。进一步通过原子或分子扩散，离子迁移到尺寸较大的晶粒上沉积下来造成大的晶粒不断长大、小的晶粒不断减少，催化剂体系总能量减小。如图 3-25 所示，尺寸较小的 Pt 氧化、溶解形成离子，再通过扩散迁移作用，在不易发生溶解的尺寸较大的 Pt 表面发生沉积。Ferreira[81] 等分析了寿命试验后阴极催化层的 Pt 颗粒尺寸分布，认为在 PEMFC 中 Ostwald 熟化效应对电化学活性表面积（ECSA）损失的影响约为 50%。

$$Pt \Longrightarrow Pt^{x+} + xe^-$$
溶解　　　　　Pt^{x+} 复合体迁移　　　　$Pt^{x+} + xe^- \Longrightarrow Pt$
　　　　　　　　碳载体　　　　　　　　　再沉积

图 3-25　Ostwald 熟化效应导致 Pt 颗粒长大示意图[82]

② Pt 晶体溶解后在聚合物相中再沉积。碳载体上的 Pt 纳米晶粒被溶解成离子后，在氢气作用下被还原没有沉积在碳载体上，而是沉积在质子交换膜内形成 Pt 带，不但导致催化剂 Pt 的流失，而且可引起质子交换膜的加速衰减/降解，如图 3-26 所示。Pt 在聚合物相中沉积的位置主要取决于阴极氧分压，阴极侧氧分压越高，Pt 在聚合物相中的沉积位置越靠近阳极侧。

③ 晶体迁移造成的 Pt 颗粒长大（图 3-27）。虽在 Pt/C 的高温气相烧结实验中可以观察到晶体的迁移和粗化现象，但尚无文献报道在 PEMFC 中直接观察到 Pt 纳米晶体的迁移现象。有研究者认为，当电池电压低于 0.7V 时可以忽略 Pt 的溶解，因此造成阴极催化剂

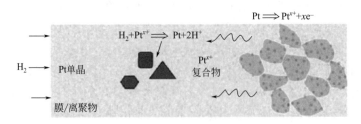

图 3-26　Pt 晶体溶解后在聚合物中的再沉积[82]

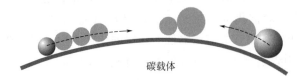

图 3-27　Pt 纳米粒子在碳载体表面的迁移和聚结[83]

ECSA 减少的原因是 Pt 纳米晶粒的迁移和粗化。Pt 的溶解除受电势影响外还与表面形成的中间产物，如 PtO、PtOH 和 H_2O_2 有关。Stamenkovic[30] 等认为，表面氧化物的存在可能把被吸附的 Pt 原子拖离表面，造成阴极催化性能的下降。Guilminot[83] 等发现在较高电势（vs. SHE）（0.8V 以上）形成的 PtO 使 Pt 的溶解还受到化学溶解的影响。Darling 等[84] 研究了 Pt 的溶解、迁移以及 Pt 纳米颗粒的长大，指出 Pt 表面发生的氧化对催化剂的稳定性有重要影响，当电势从高向低转化时，Pt 的溶解速度会迅速增加。

　　④ 碳载体腐蚀导致的 Pt 纳米颗粒的脱落（图 3-28）和聚集。这主要取决于 Pt 纳米颗粒与碳载体之间的相互作用、碳载体的石墨化程度以及燃料电池的电压、相对湿度等操作条件。当燃料电池电压低于 0.8V 时，以 Vulcan 为代表的碳载体的腐蚀微乎其微，但是当燃料电池电压高于 1.1V 时，碳载体的腐蚀会显著上升。

图 3-28　碳载体腐蚀导致的 Pt 纳米粒子脱落[83]

　　上述几种机制对催化剂衰减的影响因操作条件不同而有所差异，且各种途径所占比例也还没有确定结论。但是，在车用 PEMFC 正常工作条件下，由于载荷变化引起的反复动电位循环能够显著加速 Pt 的溶解。

3.5　催化剂载体

　　催化剂载体在 PEMFC 催化剂中的应用最初是为了降低贵金属的用量进而降低催化剂的成本，实际上，随着研究的不断深入，人们发现催化剂载体在 PEMFC 中发挥着更重要的作用。催化剂载体是电池系统中重要的组成部分，对催化剂的性能、燃料和电荷的传输有着重要的影响。首先，载体会影响催化剂颗粒的分散度、稳定性和利用率，具体表现在催化剂粒径的大小和分布，催化剂的合金化程度，催化层的电化学活性区域以及电池的寿命等方面；

其次，载体影响 PEMFC 工作时的传质过程，反应物能否和催化层中的活性位点充分接触，以及反应物和产物的传输都与载体有着重要联系；另外，载体的导电率直接关系到电荷的传输效率和速度，这将直接影响整个 PEMFC 系统的工作效率。因此，对催化剂载体的研究和优化选择也是进一步提高 PEMFC 性能的重要内容。

基于上述催化剂载体的重要作用，对于质子交换膜燃料电池而言，优异的催化剂载体应该具有以下几个特点：

① 具有合适的比表面积和孔结构，能够提供高活性表面，利于均匀负载催化剂；

② 具有高的电导率；

③ 具有较好的热稳定性，耐酸腐蚀；

④ 具有良好的电化学稳定性，耐高电位氧化；

⑤ 不含有使催化剂中毒的杂质，且容易获得，成本较低。

碳材料因具有高的电导率、高的活性面积、多孔结构以及其在酸性和碱性介质里良好的稳定性，且价格相对较低，是 PEMFC 中电催化剂载体材料的最佳选择。以碳载型 Pt 基合金催化剂为例，碳材料的表面物理化学性质和结构对最终催化剂的活性和稳定性起着重要的作用。这是因为碳与 Pt 合金之间的相互作用可以调控合金催化剂的物理化学性质和电子结构，进而影响催化活性和稳定性。对于碳载型合金催化剂，越来越多的研究致力于合金与碳载体之间的相互作用对合金纳米颗粒在载体上生长、结构和分散情况，以及最终催化剂颗粒的尺寸、形状和组分的影响。

有研究表明，碳材料的比表面积、孔径分布、表面性质等会严重影响沉积在载体表面的 Pt（或 Pt 合金）纳米颗粒的尺寸、粒径分布、表面结构、合金化程度等结构和形貌特征[85]，进而通过改变催化剂表面活性位点的数量对 PEMFC 中 ORR 催化剂的活性产生影响[86]。在催化剂载体对催化活性影响的研究中[87]，Limpattayanate 和 Hunsom 等[33]研究了三种不同的碳载体材料（Hicon Black，HB；multiwalled carbon nanotubes，MWCNT；Vulcan XC-72）对担载型 Pt-Pd 合金催化剂催化性能的影响。通过 Boehm 滴定法测定碳载体表面的含氧官能团的数量排序为 Vulcan XC-72（4.74mEq/g）＜HB（4.95mEq/g）＜MWCNT（5.03mEq/g）＜TiO_2（5.28mEq/g），所对应燃料电池开路电压的顺序为 Vulcan XC-72（1.026V）＞HB（1.017V）＞MWCNT（1.012V），与 Pt-Pd 在不同载体上的分散程度有关，电导率顺序为 Vulcan XC-72（2.99mS/cm）＞HB（2.66mS/cm）＞MWCNT（2.32mS/cm）＞TiO_2（1.02mS/cm）。使用这三种碳载体，通过相同方法制备的担载型 Pt-Pd 合金催化剂中，Vulcan XC-72 担载的催化剂颗粒分散性更好，粒径相对也更小（约 6.78nm），并且在 PEMFC 测试中表现出最高的催化活性。据此得出结论，载体材料的比表面积和表面含氧官能团的多少影响了合金催化剂颗粒的尺寸、粒径分布和催化活性。以此三种载体制备的催化剂对应的单电池峰值功率密度顺序为 Pt-Pd/Vulcan XC-72＞Pt-Pd/HB＞Pt-Pd/MWCNT。

在燃料电池动态工况下可能产生的高电位对催化剂载体是一个严峻的挑战。针对载体的稳定性问题，申强等[88]研究了 XC-72、多壁碳纳米管（MWCNT）和石墨化 XC-72 三种催化剂载体的抗腐蚀性，并研究了温度和电势阶跃对腐蚀速率的影响。采用常见的硬模板法，以 SBA-15 介孔硅基分子筛为模板合成介孔碳载体，利用恒电势氧化的方法初步研究了介孔碳的抗腐蚀性。研究结果表明，在高电势下，石墨化 XC-72 和 MWCNT 的抗腐蚀性都要优于 XC-72，其中石墨化 XC-72 的抗腐蚀性最优，并且温度提高对载体腐蚀具有明显的加速作用，温度越高时，MWCNT 和石墨化 XC-72 相比 XC-72 抗腐蚀性强的优势越明显。此外，担载 Pt 催化剂之后，恒电势氧化和电势循环条件下，也是 Pt/石墨化 XC-72 的稳定性最优。

碳凝胶作为一种新型的碳材料，除了具备普通碳材料常见的性质外，还具有高比表面积、高孔隙率、低密度、高稳定性等特点，其三维网络结构与孔结构可以通过控制反应条件进行调控。

在碳干凝胶前驱体中添加具有催化石墨化作用的金属盐，采用溶胶-凝胶聚合-高温热解法，可获得具有高石墨化度和多中孔分布的碳干凝胶材料（GCX）[90]。制备条件对石墨化碳干凝胶材料的组成、结构以及电化学稳定性均有影响。研究表明，随着处理温度升高，材料石墨化度逐渐提高，电化学稳定性也随之增强。但是，材料的比表面积和总孔容却逐渐减小。高温热处理提高了 GCX 材料的中孔比例（最高达到 99.5%），其孔径主要分布在 3～4nm 和 30～100nm，这种孔结构使 GCX 非常适合用作 PEMFC 催化剂载体，制备的催化剂 GCX 1800 中孔比例和石墨化度高，而且稳定性也较好，在相同测试条件下表现出优于商品 Vulcan XC-72 的电化学稳定性和热稳定性。

在燃料电池长期运行条件下，碳载体的腐蚀会使催化剂纳米颗粒发生比较严重的烧结或团聚[90]，从而造成催化剂电催化活性面积的降低，以及催化活性和燃料电池性能的降低[91]。具体的衰减机理揭示了此过程中 Pt 离子在液相或离聚物中的迁移以及电子在碳载体中的迁移。碳载体的氧化衰减主要是因为在"气体饥饿"阶段发生以下反应：

$$C+2H_2O \longrightarrow CO_2+4H^+ +4e^-$$

而且，在此反应过程中 Pt 作为催化剂，一定程度上促进了 C 的氧化。在 C 氧化为 CO_2 的过程中，电极上的 Pt 也发生流失，最终导致电池性能的降低。催化剂纳米颗粒的烧结、团聚是影响燃料电池稳定性的另一因素，因为催化剂烧结会导致电化学活性面积降低，Pt 的利用率降低，最终使催化活性降低。PEMFC 碳载型电催化剂的稳定性已经成为阻碍其商业化进程的最大挑战之一。

越来越多的新型载体材料引起研究人员的关注，如稳定性较碳材料更好的复合材料或陶瓷材料载体，一定程度上可用作替代碳材料作为催化剂的载体。

三氧化钨（WO_3）作为过渡金属氧化物的一种，具有特殊的电化学特性和良好的抗腐蚀能力。Dou 等[92]以氧化硅分子筛 SBA-15 为模板、硅钨酸为钨源，采用硬模板法制备了介孔 WO_3 纳米簇，并将其用作 PEMFC 阳极催化剂载体。利用乙二醇还原法制备了 Pt/WO_3 催化剂，制备的介孔 WO_3 纳米簇由平行纳米棒（直径约 8nm）组成，具有高度的结晶性，比表面积为 $47m^2/g$，具有良好的电化学稳定性。Pt/WO_3 在恒电势和动电势条件下均表现出优异的电化学稳定性，经高电势 1.6V 氧化 10h 后，其 ECSA 仅下降 13.8%，而 Pt/C 则下降 51.0%。但 WO_3 的电导率低的问题仍然需要进一步解决。

二氧化锡（SnO_2）作为一种宽禁带的半导体材料，具有优于 WO_3 的电子导电性，且化学性质稳定，有潜力用作稳定的 PEMFC 催化剂载体。Dou 等[93]以介孔二氧化硅 SBA-15 为模板、氯化亚锡（$SnCl_2 \cdot 2H_2O$）为锡源，采用硬模板法制备了高比表面积的介孔 SnO_2 纳米簇，用于 PEMFC 阳极催化剂载体。通过电化学老化实验考察了 SnO_2 载体本身以及 Pt/SnO_2 阳极催化剂的电化学稳定性。研究发现，硬模板法制备的 SnO_2 半导体纳米材料，具有较高的比表面积（$147m^2/g$），结晶性好，呈现纳米簇状结构，用于 PEMFC 阳极催化剂载体时表现出良好的担载能力。Pt/SnO_2 催化剂在高电势和动电势老化实验下均表现出明显优于 Pt/C 的电化学稳定性，经高电势 $1.6V$ 氧化 $10h$ 后，其 ECSA 仅下降 11.3%，远低于 Pt/C 催化剂 ECSA 的下降比例（64.7%）。此外，Pt/SnO_2 催化剂具有较好的 HOR 选择性，用于 PEMFC 阳极可有效缓解启动/停车过程中氢/空气界面形成时引起的阴极碳腐蚀，提高 PEMFC 耐久性。

3.6　电催化剂的特性测试

迄今为止，氢燃料电池中的电催化剂以担载型的铂基催化剂为主，电催化剂的重要特性参数包括催化剂的组成、铂的含量、电化学活性面积、比表面积、孔容、孔径分布、微观形貌以及晶格结构等。

3.6.1　铂含量测试

通常可采用热重法和电感耦合等离子体原子发射光谱法测试催化剂中铂的含量。

（1）热重法

适用于纯 Pt 担载量高于 20% 的担载型催化剂。测试方法如下：

称取适量样品置于热重分析仪的测试坩埚中，称量后，置于马弗炉或管式炉中。以空气或者空气和惰性气体按一定比例组成的混合气体作为工作气体，控制气体流速为 $50mL/min$，将样品自室温程序升温至终点温度 $800℃$，升温速度 $2℃/min$。待样品恒重后，记录样品温度-质量曲线。

则，Pt 的担载量为：

$$L = W_1/W_0 \times 100 \tag{3-3}$$

式中　L——铂的担载量，$\%$；

W_1——终点温度样品的质量，mg；

W_0——样品的原始质量，mg。

（2）电感耦合等离子体原子发射光谱法

适用于 Pt/C 催化剂及 Pt 合金催化剂中 Pt 含量的测试。测试方法如下：

① 样品氧化灰化。将装有样品的具盖坩埚放入马弗炉，先在 $400\sim500℃$ 的空气氛围中氧化炭化 $6h$，再升温至 $900\sim950℃$ 进行氧化灰化 $12h$ 后，冷却到室温。

② 样品硝化。将样品放入具盖刚玉坩埚中，用二次蒸馏水润湿。然后沿坩埚壁向样品缓慢加入 $6\sim12mL$ 浓硫酸和浓硝酸混合液。其中，浓硫酸与浓硝酸体积比为 $1:3$。在 $80℃$ 对样品加热硝化，当酸体积浓缩到一半后，再加入适量的浓硫酸和浓硝酸及 $0.2\sim0.3mL$ 的 30% 的双氧水，将其加热至 $80℃$ 继续硝化，如此循环往复，直至溶液接近透明，没有悬浮物为止。

③ 样品溶解。样品充分硝化后，沿坩埚壁加入适量新配制的王水，$80℃$ 加热直到样品溶液完全澄清透明为止。

④ 测试样配制。将上述样品全部转移至适量容积的容量瓶中，用二次蒸馏水定容作为测试样的初始体积，测试时取适量该溶液按一定比例稀释到测试需要的浓度。采用电感耦合等离子体原子发光谱仪（ICP-AES）测定。

⑤ 使用 ICP-AES 对测试样品进行光谱分析，绘制 Pt 和金属 M 的曲线，分析待测样品中 Pt 的浓度或 Pt 和合金金属 M 的浓度。

按照公式(3-4) 计算电催化剂中的 Pt 含量：

$$\eta_{Pt} = nC_{Pt}V_{Pt}/m_0 \times 100 \tag{3-4}$$

式中　η_{Pt}——电催化剂中 Pt 的含量，%；

　　　　n——将测试样品配制为光谱分析用溶液的稀释倍数；

　　　C_{Pt}——光谱测试溶液中的 Pt 浓度，mg/L；

　　　V_{Pt}——配制的测试样品初始体积，L；

　　　m_0——测试样品的总质量，mg。

按照公式(3-5) 计算电催化剂中的合金金属 M 的含量：

$$\eta_M = nC_MV_{Pt}/m_0 \times 100 \tag{3-5}$$

式中　η_M——电催化剂中合金金属 M 的含量，%；

　　　　n——将测试样品配制为光谱分析用溶液的稀释倍数；

　　　C_M——光谱测试溶液中的合金金属 M 的浓度，mg/L；

　　　V_{Pt}——配制的测试样品的初始体积，L；

　　　m_0——测试样品的总质量，mg。

3.6.2　电化学活性面积（ECSA）测试

采用三电极体系在 0.1mol/L HClO₄ 水溶液中测定催化剂的电化学活性面积，测试仪器为搭配旋转圆盘电极系统的电化学分析仪。

工作电极为催化剂墨水涂覆在旋转圆盘电极（RDE）表面的薄膜电极，其制备方法如下：

测试样品置于真空烘箱中，于 80℃干燥 12h。准确称取（5±0.05）mg 催化剂。向称取的催化剂中依次加入 5% Nafion 溶液 50μL、去离子水 2mL 及异丙醇 2mL。然后用功率不低于 200W 的超声波超声 30min，使浆液混合均匀，超声过程中需保持水浴温度不超过 20℃。按照电极表面催化剂担载量为 10～200μg/cm²，取适量分散好的浆液分两次均匀地滴涂到光滑干净的圆盘电极表面，使其自然完全干燥，作为工作电极。

向 0.1mol/L HClO₄ 水溶液中通入高纯 N₂（99.99%），吹扫至少 30min，以去除溶液中的溶解氧，然后在三电极体系中，以薄膜电极为工作电极，饱和甘汞电极（saturated calomel electrode，SCE）为参比电极，大面积 Pt 片或 Pt 丝为对电极，电解质为 N₂ 饱和的 0.1mol/L 的 HClO₄ 溶液。进行循环伏安曲线测试，先以 100mV/s 的扫描速度对催化剂进行活化，以清洁催化剂表面直至氢脱附峰面积不再增加时，以 50mV/s 的速度扫描 5 圈，电位扫描范围为 0～1.2V（相对于可逆氢电极）。记录稳定的 CV 曲线。

在 0.1mol/L HClO₄ 中，饱和甘汞电极 SCE 的电极电位（E_{SCE}）与可逆氢电极（reversible hydrogen electrode，RHE）电位（E_{RHE}）的换算关系为：

$$E_{SCE} = E_{RHE} + 0.263V$$

对 Pt/C 催化剂，电化学测试 ECSA 获得的典型循环伏安曲线如图 3-29 所示。

获得稳定后的循环伏安曲线，对其氢脱附峰进行积分，得到面积 S（A·V），按公式

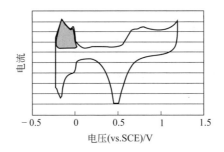

图 3-29　Pt/C 催化剂 ECSA 典型循环伏安曲线

(3-6) 计算电化学活性面积 ECSA：

$$ECSA = 100S/(CvM) \tag{3-6}$$

式中　ECSA——电化学活性面积，m^2/g；

　　　　S——氢脱附峰的积分面积，A·V；

　　　　C——光滑 Pt 表面吸附氢氧化吸附电量常数，$0.21mC/cm^2$；

　　　　v——扫描速度，mV/s；

　　　　M——电极上 Pt 的质量，g。

ORR 极化曲线测试：首先向 0.1mol/L $HClO_4$ 水溶液中通入高纯 O_2，吹扫至少 30min，使得氧气饱和。然后放入工作电极，在不同 RDE 转速下，0.2～1.0V（vs. RHE）的电位范围内，以 10mV/s 的速度正向扫描，记录 ORR 极化曲线。

3.6.3　比表面积、孔容、孔径分布测试

采用 BET 吸附法可测定催化剂的比表面积、孔容与孔径分布。采用的测试仪器为全自动物理吸附仪，测试气体为经过干燥处理的无油高纯氮气、氦气，纯度不低于 99.999％。以静态氮吸附容量法测量催化剂在不同低压下所吸附的氮气体积，至少测得符合 BET 线性关系的 4 个试验点，采用 BET 二参数方程进行表面积计算。具体测试方法为：

（1）样品预处理和脱气

① 根据脱气要求将经脱气处理后的空样品管加塞子称量，精确至 0.01mg，此时质量记为 m_1。

② 取适量样品加入样品管中。设定加热温度（一般小于 200℃），对样品加热抽真空。当加热温度达到设定温度、系统真空度达到 1.3Pa 时，再连续脱气至少 4h。

③ 将脱气后的样品管冷却至室温后加塞子称量，精确至 0.01mg。此质量记为 m_2，m_2 与 m_1 之差为样品净重。

（2）死空间测定

① 根据分析要求向分析系统歧管中充氦至 79.9～119.9kPa，并记录此压力和歧管温度。随后打开待测样品阀，使氦气充入样品管。

② 平衡约 5min 后，记录平衡压力和歧管温度。根据记录的压力和歧管温度以及已知歧管体积，准确计算死空间。

（3）吸附测定

① 根据分析要求向系统充氮，在相对压力 p/p_0 为 $0.06\sim0.2$ 或 0.25 之间实测 4 个以上吸附试验点。记录相应的平衡压力 p，并计算吸附量 V_a。

② 吸附测定时，压力变动在 5min 内不超过 13Pa，可以视为达到吸附平衡；测量并记录液氮饱和蒸气压 p_0。

根据 BET 二常数方程计算，

$$\frac{p/p_0}{V_a(1-p/p_0)} = \frac{1}{V_mC} + \frac{C-1}{V_mC} \times \frac{p}{p_0} \tag{3-7}$$

式中　p/p_0——相对压力；

p——平衡压力，kPa；

p_0——饱和蒸气压，kPa；

V_a——氮吸附量，$cm^3(STP)/g$；

V_m——单层吸附量，$cm^3(STP)/g$；

C——与氮气净摩尔吸附热有关的常数。

以 p/p_0 对 $\dfrac{p/p_0}{V_a(1-p/p_0)}$ 作图，直接由图解法或者最小二乘法，求出 BET 直线图的截距 I（即 $\dfrac{1}{V_mC}$）和斜率 S（即 $\dfrac{C-1}{V_mC}$）。

单层吸附量：

$$V_m = \frac{1}{S+I} \tag{3-8}$$

式中　V_m——单层吸附量，$cm^3(STP)/g$；

S——BET 直线斜率；

I——BET 直线截距。

样品的比表面积 S_{BET}（m^2/g）：

$$S_{BET} = 4.353V_m \tag{3-9}$$

式中　S_{BET}——样品的比表面积，m^2/g；

V_m——单层吸附量，$cm^3(STP)/g$。

孔径分布可根据 BJH 模型，由软件处理数据得到。

3.6.4　结构表征

（1）X 射线衍射（X-ray diffraction，XRD）通过对材料进行 X 射线衍射，分析其体相结构衍射图谱，可以获得材料的成分、材料内部原子或分子的结构或形态等信息。

将样品置于真空干燥箱中，于 80℃ 干燥 12h 至完全干燥后，磨成小于 100nm 的细粉；将样品装到样品槽中，用玻璃片压片，样品表面要与样品槽持平；将样品槽放入 XRD 测试仪的样品夹具中，以一定速度在角度范围内进行扫描，得到催化剂的 XRD 谱图，与标准谱图库对比，确定催化剂晶型结构。

以 Scherrer 公式估算平均粒径：

$$D = \frac{K\lambda}{\beta\cos\theta} \tag{3-10}$$

式中　　D——晶粒尺寸，nm；

$\quad\quad\quad K$——Scherrer 常数，通常为 0.89；

$\quad\quad\quad \lambda$——X 射线波长，1.54056nm；

$\quad\quad\quad \beta$——半峰宽，rad；

$\quad\quad\quad \theta$——晶体半衍射角，(°)。

（2）X 射线光电子能谱（XPS）

XPS 在催化剂表征方面的主要用途为：

① 元素的定性分析。根据能谱图中出现的特征谱线的位置鉴定除 H、He 以外的所有元素。

② 元素的定量分析。根据能谱图中光电子谱线强度（光电子峰的面积）反映原子的含量或相对浓度。

③ 固体表面分析。包括表面的化学组成或元素组成，原子价态，表面能态分布，测定表面电子的电子云分布和能级结构等。

选择适当的射线源和功率，将样品送入能谱仪的样品预处理室，高真空条件下脱附处理表面的吸附物种，然后送入分析室测试。首先进行低分辨率的全谱扫描，检测可能存在的元素；再进行单个元素的精确扫描，校正后用软件进行 XPS 数据解析。

3.6.5　形貌表征

（1）扫描电镜与能谱（SEM-EDS）

先将导电胶或者双面胶纸黏结在样品座上，再把粉末状样品均匀地撒在上面，用洗耳球吹去未粘住的粉末，然后镀上一层导电膜，用扫描电镜（SEM）选择合适的放大倍数进行观察即可。采用配备的能量色散 X 射线光谱（X-ray energy dispersive spectrum，EDS）仪可测定元素的种类、含量及分布等。

（2）透射电镜与能谱（TEM-EDS）

取一定量待测催化剂样品于无水乙醇中超声分散均匀，然后吸取一滴悬浊液滴到表面覆有碳膜的铜网上，待乙醇挥发后，将样品放入透射电镜（TEM）中观测样品的形貌和粒径分布等。也可采用 TEM 配备的能量色散 X 射线光谱仪进行元素种类、含量及分布的测试。

3.7　电催化剂的特性测试实施例

浸渍还原法制备 PtCo/C 合金催化剂，考察 ORR 活性。

具体制备过程如下：将 0.205mmol H_2PtCl_6 水溶液和 0.615mmol $CoCl_2$ 水溶液，以及 100mg XC-72 和 10mL 水、10mL 乙醇加入 50mL 烧杯中，搅拌 2h，80℃烘干后，将固体混合物置于管式炉中，在氢气气氛中 300℃热还原 2h。最后将产品用去离子水离心洗涤数次，真空干燥。制备得到的 PtCo/C 催化剂进行 XRD 分析，结果如图 3-30 所示。PtCo/C 在衍射角为 40.9°、47.6°、69.5°和 83.9°的特征峰分别对应于晶面（111）、（200）、（220）和（311）。根据 Scherrer 公式计算得到纳米颗粒的平均粒径为 4.4nm。

进一步对制备得到的 PtCo/C 催化剂进行透射电镜表征，如图 3-31 所示，其纳米颗粒分布均匀，且平均粒径为 1.89nm。

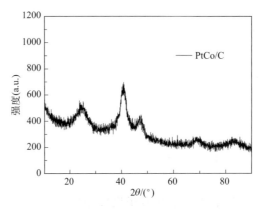

图 3-30 PtCo/C 催化剂的 XRD 图

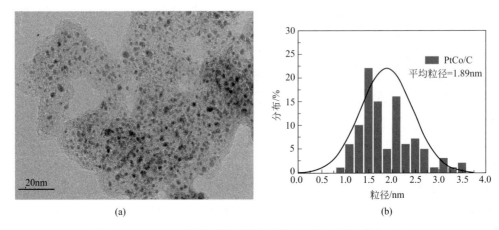

(a) (b)

图 3-31 PtCo/C 催化剂的透射电镜图（a）以及粒径分布（b）

为了考察催化剂的孔结构，对其进行 BET 测试，结果如图 3-32 所示。根据 BET 测试结果分析得到 PtCo/C 的比表面积为 $176.1m^2/g$、微孔面积为 $35.4m^2/g$、总孔容为 $0.425cm^3/g$。从孔径分布图 3-33 可知，催化剂的孔结构主要是微孔和介孔。

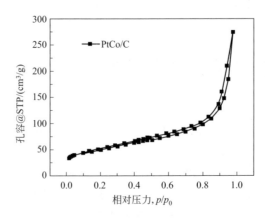

图 3-32 BET 测试得到的 PtCo/C 催化剂的吸附等温线图

为了考察催化剂的组分，对其进行 SEM-EDS 表征，结果如图 3-34 所示。由 EDS 分析结果表明：Pt 与 Co 的原子比为 85∶15，同时也对催化剂进行了热重分析，如图 3-35 所示。

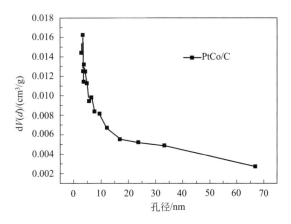

图 3-33　BET 测试得到的 PtCo/C 催化剂的孔径分布图

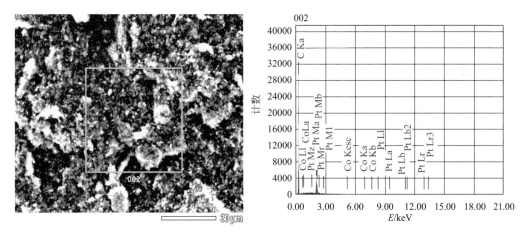

图 3-34　SEM-EDS 测试得到的 PtCo/C 催化剂 SEM-EDS 图

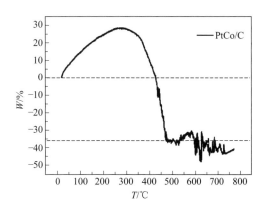

图 3-35　PtCo/C 催化剂热重测试图

从图 3-35 可以看出，由于 PtCo/C 与空气中的氧气反应，导致其在室温～300℃环境下，质量分数出现增加，说明样品不稳定；300～500℃中为正常的失重区间，由于碳载体与空气反应，导致失重；500～800℃区间样品不稳定，导致天平持续波动，造成曲线波动性较大。根据曲线可知，催化剂与空气反应生成氧化物，依据 Pt 在 PtCo 氧化物中的质量分数得到催化剂中 Pt 的质量分数为 23.8%。

　　为了考察催化剂表面原子价态分布，对其进行 XPS 测试，结果如图 3-36 所示。对比商品 Pt/C，PtCo/C 的 Pt 4f 结合能往高角度偏移，说明 Pt 与 Co 之间存在电子效应。电子从 Pt 原子转移至 Co 原子，使得 d 带中心下移，减弱 O—O 吸附键，使得 ORR 活性得到提升。

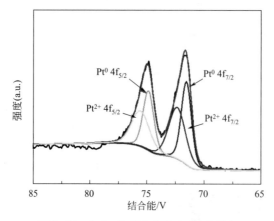

图 3-36　PtCo/C 催化剂的 Pt 价态分布

　　25℃，在氩气饱和的 0.1mol/L HClO$_4$ 水溶液中，以 100mV/s 的速度，在 0～1.2V（vs. RHE）电势窗口，电势扫描 20 圈，清洁电极表面。然后，将扫描速度改为 50mV/s，记录稳定的 CV 曲线，如图 3-37。其中，电极涂覆催化剂的载量为 15.4μg(Pt)/cm^2，根据公式计算得到其电化学活性面积为 141.8m^2/g。

　　25℃，在氧气饱和的 0.1mol/L HClO$_4$ 水溶液中，1600r/min、0.2～1.2V（vs. RHE）之间进行，以 10mV/s 的速度正向扫描，记录 ORR 极化曲线，如图 3-38。其在过电势为 0.9V 时动力学电流密度（以盘面积计）为 0.262mA/cm^2，计算得到质量比活性（MA）为 0.017A/mg，面积比活性（SA）为 0.0007mA/cm^2。

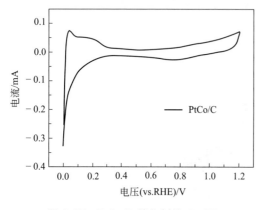

图 3-37　PtCo/C 催化剂的 CV 图

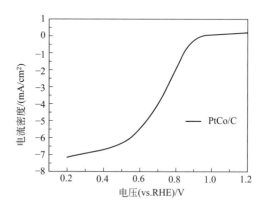

图 3-38　PtCo/C 催化剂的 ORR 极化曲线

参　考　文　献

[1]　Choi K S，Kim B G，Park K，et al. Current Advances in Polymer Electrolyte Fuel Cells Based on the Promotional Role of Under-rib Convection [J]. Fuel Cells，2012，12（6）：908-938.

[2]　Scibioh M A，Viswanathan B. The Status of Catalysts in PEMFC Technology [M]. New York：Springer，2012.

[3]　Gasteiger H A，Kocha S S，Sompalli B，et al. Activity benchmarks and requirements for Pt，Pt-alloy，and non-Pt oxy-

gen reduction catalysts for PEMFCs [J]. Appl Catal B-Environ, 2005, 56 (1-2): 9-35.

[4] Wroblowa H, Rao M L B, Damjanovic A, et al. Adsorption and kinetics at platinum electrodes in the presence of oxygen at zero net current [J]. Journal of Electroanalytical Chemistry and Interfacial Electrochemistry, 1967, 15: 139-150.

[5] Norskov J K, Rossmeisl J, Logadottir A, et al. Origin of the overpotential for oxygen reduction at a fuel-cell cathode [J]. J Phys Chem B, 2004, 108 (46): 17886-17892.

[6] Song C, Zhang J. Electrocatalytic Oxygen Reduction Reaction [M]. London: Springer, 2008.

[7] Zhang J. PEM Fuel Cells and Platinum-Based Electrocatalysts [M] // Meyers R. Encyclopedia of Sustainability Science and Technology. New York: Springer, 2017. https: //doi. org/10. 1007/978-1-4939-2493-6147-3.

[8] Nie Y, Li L, Wei Z D. Recent advancements in Pt and Pt-free catalysts for oxygen reduction reaction [J]. Chem Soc Rev, 2015, 44 (8): 2168-2201.

[9] Wu J B, Yang H. Platinum-Based Oxygen Reduction Electrocatalysts [J]. Accounts Chem Res, 2013, 46 (8): 1848-1857.

[10] Wang Y J, Zhao N N, Fang B Z, et al. Carbon-Supported Pt-Based Alloy Electrocatalysts for the Oxygen Reduction Reaction in Polymer Electrolyte Membrane Fuel Cells: Particle Size, Shape, and Composition Manipulation and Their Impact to Activity [J]. Chemical Reviews, 2015, 115 (9): 3433-3467.

[11] Antolini E. Platinum-based ternary catalysts for low temperature fuel cells Part Ⅱ. Electrochemical properties [J]. Appl Catal B-Environ, 2007, 74 (3-4): 337-350.

[12] Antolini E. Formation of carbon-supported PtM alloys for low temperature fuel cells: a review [J]. Mater Chem Phys, 2003, 78 (3): 563-573.

[13] Antolini E. Platinum-based ternary catalysts for low temperature fuel cells Part Ⅰ. Preparation methods and structural characteristics [J]. Appl Catal B-Environ, 2007, 74 (3-4): 324-336.

[14] Shin J, Choi J H, Cha P R, et al. Catalytic activity for oxygen reduction reaction on platinum-based core-shell nanoparticles: all-electron density functional theory [J]. Nanoscale, 2015, 7 (38): 15830-15839.

[15] Bian T, Zhang H, Jiang Y Y, et al. Epitaxial Growth of Twinned Au-Pt Core-Shell Star-Shaped Decahedra as Highly Durable Electrocatalysts [J]. Nano Letters, 2015, 15 (12): 7808-7815.

[16] Wang X, Vara M, Luo M, et al. Pd@Pt Core-Shell Concave Decahedra: A Class of Catalysts for the Oxygen Reduction Reaction with Enhanced Activity and Durability [J]. Journal of the American Chemical Society, 2015, 137 (47): 15036-15042.

[17] Huang X Q, Zhao Z P, Cao L, et al. High-performance transition metal-doped Pt_3Ni octahedra for oxygen reduction reaction [J]. Science, 2015, 348 (6240): 1230-1234.

[18] Chen C, Kang Y J, Huo Z Y, et al. Highly Crystalline Multimetallic Nanoframes with Three-Dimensional Electrocatalytic Surfaces [J]. Science, 2014, 343 (6177): 1339-1343.

[19] Bu L Z, Guo S J, Zhang X, et al. Surface engineering of hierarchical platinum-cobalt nanowires for efficient electrocatalysis [J]. Nat Commun, 2016, 7: 11850.

[20] Li M F, Zhao Z P, Cheng T, et al. Ultrafine jagged platinum nanowires enable ultrahigh mass activity for the oxygen reduction reaction [J]. Science, 2016, 354 (6318): 1414-1419.

[21] Huang H W, Li K, Chen Z, et al. Achieving Remarkable Activity and Durability toward Oxygen Reduction Reaction Based on Ultrathin Rh-Doped Pt Nanowires [J]. Journal of the American Chemical Society, 2017, 139 (24): 8152-8159.

[22] Morozan A, Jousselme B, Palacin S. Low-platinum and platinum-free catalysts for the oxygen reduction reaction at fuel cell cathodes [J]. Energy Environ Sci, 2011, 4 (4): 1238-1254.

[23] Kocha S S. Principles of MEA preparation [J]. Handbook of Fuel Cells, 2010.

[24] 吴韬, 谢晓峰, 郭建伟, 王要武, 唐有根. 直接甲醇燃料电池无担载铂黑催化剂的制备与表征 [J]. 清华大学学报, 2008, 48 (6): 1008-1011.

[25] 蒋庆来. 微乳法制备燃料电池铂黑催化剂 [J]. 电源技术, 2007, 131 (8): 622.

［26］ Si W F，Li J，Li H Q，et al. Light-controlled synthesis of uniform platinum nanodendrites with markedly enhanced electrocatalytic activity ［J］. Nano Res，2013，6 (10)：720-725.

［27］ Huang X Q，Zhao Z P，Chen Y，et al. A rational design of carbon-supported dispersive Pt-based octahedra as efficient oxygen reduction reaction catalysts ［J］. Energy & Environmental Science，2014，7 (9)：2957-2962.

［28］ Wang D S，Li Y D. Bimetallic Nanocrystals：Liquid-Phase Synthesis and Catalytic Applications ［J］. Advanced Materials，2011，23 (9)：1044-1060.

［29］ Mukerjee S，Srinivasan S，Soriaga M P，et al. Role of structural and electronic-properties of Pt and Pt alloys on electrocatalysis of oxygen reduction—An insitu XANES and EXAFS investigation ［J］. Journal of the Electrochemical Society，1995，142 (5)：1409-1422.

［30］ Stamenkovic V R，Fowler B，Mun B S，et al. Improved oxygen reduction activity on Pt_3Ni(111) via increased surface site availability ［J］. Science，2007，315 (5811)：493-497.

［31］ Zhang J，Yang H Z，Fang J Y，et al. Synthesis and Oxygen Reduction Activity of Shape-Controlled Pt_3Ni Nanopolyhedra ［J］. Nano Letters，2010，10 (2)：638-644.

［32］ Wang C，Chi M F，Li D G，et al. Design and Synthesis of Bimetallic Electrocatalyst with Multilayered Pt-Skin Surfaces ［J］. Journal of the American Chemical Society，2011，133 (36)：14396-14403.

［33］ Limpattayanate S，Hunsom M. Electrocatalytic activity of Pt-Pd electrocatalysts for the oxygen reduction reaction in proton exchange membrane fuel cells：Effect of supports ［J］. Renewable Energy，2014，63：205-211.

［34］ Zhang J，Wu S，Chen X，et al. Egg derived nitrogen-self-doped carbon/carbon nanotube hybrids as noble-metal-free catalysts for oxygen reduction ［J］. Journal of Power Sources，2014，271：522-529.

［35］ Zhang J L，Wang X L，Wu C A，et al. Preparation and characterization of Pt/C catalysts for PEMFC cathode：Effect of different reduction methods ［J］. React Kinet Catal Lett，2004，83 (2)：229-236.

［36］ Xu Z，Zhang H M，Zhong H X，et al. Effect of particle size on the activity and durability of the Pt/C electrocatalyst for proton exchange membrane fuel cells ［J］. Appl Catal B-Environ，2012，111：264-270.

［37］ Li S S，Li H Q，Zhang Y S，et al. One-step synthesis of carbon-supported foam-like platinum with enhanced activity and durability ［J］. Journal of Materials Chemistry A，2015，3 (43)：21562-21568.

［38］ Cui C H，Gan L，Li H H，et al. Octahedral PtNi Nanoparticle Catalysts：Exceptional Oxygen Reduction Activity by Tuning the Alloy Particle Surface Composition ［J］. Nano Letters，2012，12 (11)：5885-5889.

［39］ Liu H，Xia D，Zhang J. Platinum-based Alloy Catalysts for PEM Fuel Cells ［M］. London：Springer，2008.

［40］ Chen S，Ferreira P J，Sheng W C，et al. Enhanced activity for oxygen reduction reaction on "Pt_3CO" nanoparticles：Direct evidence of percolated and sandwich-segregation structures ［J］. Journal of the American Chemical Society，2008，130 (42)：13818-13819.

［41］ Wakabayashi N，Takeichi M，Uchida H，et al. Temperature dependence of oxygen reduction activity at Pt-Fe，Pt-Co，and Pt-Ni alloy electrodes ［J］. J Phys Chem B，2005，109 (12)：5836-5841.

［42］ Tang Y F，Zhang H M，Zhong H X，et al. In-situ investigation on the CO tolerance of carbon supported Pd-Pt electrocatalysts with low Pt content by electrochemical impedance spectroscopy ［J］. Int J Hydrog Energy，2012，37 (3)：2129-2136.

［43］ Tang Y F，Zhang H M，Zhong H X，et al. Carbon-supported Pd-Pt cathode electrocatalysts for proton exchange membrane fuel cells ［J］. J Power Sources，2011，196 (7)：3523-3529.

［44］ Zhang G，Shao Z G，Lu W T，et al. Core-shell Pt modified Pd/C as an active and durable electrocatalyst for the oxygen reduction reaction in PEMFCs ［J］. Appl Catal B-Environ，2013，132：183-194.

［45］ 张耕. 质子交换膜燃料电池阴极用 Pd@Pt 核壳催化剂的制备与性能研究 ［D］. 大连：中国科学院大连化学物理研究所，2013.

［46］ Zhang G，Shao Z G，Lu W T，et al. Electrochemical preparation and characterization of PdPt nanocages with improved electrocatalytic activity toward oxygen reduction reaction ［J］. Electrochim Acta，2013，103：66-76.

［47］ Ma Y W，Zhang H M，Zhong H X，et al. High active PtAu/C catalyst with core-shell structure for oxygen reduction reaction ［J］. Catal Commun，2010，11 (5)：434-437.

[48] Tang Q W, Jiang L H, Jiang Q, et al. Enhanced activity and stability of a Au decorated Pt/PdCo/C electrocatalyst toward oxygen reduction reaction [J]. Electrochim Acta, 2012, 77: 104-110.

[49] Li H, Yao R, Wang D, et al. Facile Synthesis of Carbon Supported Pd₃Au@Super-Thin Pt Core/Shell Electrocatalyst with a Remarkable Activity for Oxygen Reduction [J]. The Journal of Physical Chemistry C, 2015, 119 (8): 4052-4061.

[50] 许壮. 质子交换膜燃料电池高活性铂基氧还原催化剂的制备及性能研究 [D]. 大连: 中国科学院大连化学物理研究所, 2013.

[51] Xu Z, Zhang H M, Liu S S, et al. Facile synthesis of supported Pt-Cu nanoparticles with surface enriched Pt as highly active cathode catalyst for proton exchange membrane fuel cells [J]. International Journal of Hydrogen Energy, 2012, 37 (23): 17978-17983.

[52] 唐雪君, 邵志刚. 一种用于燃料电池的非贵金属修饰的铂基催化剂及其制备方法与应用: CN201811460090. 7 [P/OL]. 2018.

[53] Lefevre M, Proietti E, Jaouen F, et al. Iron-Based Catalysts with Improved Oxygen Reduction Activity in Polymer Electrolyte Fuel Cells [J]. Science, 2009, 324 (5923): 71-74.

[54] Liu Q, Zhang H, Zhong H, et al. N-doped graphene/carbon composite as non-precious metal electrocatalyst for oxygen reduction reaction [J]. Electrochimica Acta, 2012, 81: 313-320.

[55] Yang W, Liu X, Yue X, et al. Bamboo-like Carbon Nanotube/Fe₃C Nanoparticle Hybrids and Their Highly Efficient Catalysis for Oxygen Reduction [J]. Journal of the American Chemical Society, 2015, 137 (4): 1436-1439.

[56] Tang Q W, Jiang L H, Qi J, et al. One step synthesis of carbon-supported Ag/Mnᵧ Oₓ composites for oxygen reduction reaction in alkaline media [J]. Appl Catal B-Environ, 2011, 104 (3-4): 337-345.

[57] Zhong H X, Chen X B, Zhang H M, et al. Proton exchange membrane fuel cells with chromium nitride nanocrystals as electrocatalysts [J]. Appl Phys Lett, 2007, 91 (16): 3.

[58] 钟和香. 高性能质子交换膜燃料电池非铂及低铂电催化剂的研究 [D]. 大连: 中国科学院大连化学物理研究所, 2008.

[59] Zhong H X, Zhang H M, Liu G, et al. A novel non-noble electrocatalyst for PEM fuel cell based on molybdenum nitride [J]. Electrochem Commun, 2006, 8 (5): 707-712.

[60] Ma Y W, Zhang H M, Zhong H X, et al. Cobalt based non-precious electrocatalysts for oxygen reduction reaction in proton exchange membrane fuel cells [J]. Electrochim Acta, 2010, 55 (27): 7945-7950.

[61] Xu T, Zhang H M, Zhong H X, et al. Improved stability of TiO₂ modified Ru₈₅Se₁₅/C electrocatalyst for proton exchange membrane fuel cells [J]. J Power Sources, 2010, 195 (24): 8075-8079.

[62] Wu G, More K L, Johnston C M, et al. High-Performance Electrocatalysts for Oxygen Reduction Derived from Polyaniline, Iron, and Cobalt [J]. Science, 2011, 332 (6028): 443-447.

[63] 肖辉. 低温燃料电池氧还原非贵金属催化剂的研究 [D]. 大连: 中国科学院大连化学物理研究所, 2013.

[64] Xiao H, Shao Z G, Zhang G, et al. Fe-N-carbon black for the oxygen reduction reaction in sulfuric acid [J]. Carbon, 2013, 57: 443-451.

[65] 邓德会. 石墨烯及其衍生的纳米材料在催化中的应用 [D]. 大连: 中国科学院大连化学物理研究所, 2012.

[66] Deng D H, Yu L, Chen X Q, et al. Iron Encapsulated within Pod-like Carbon Nanotubes for Oxygen Reduction Reaction [J]. Angew Chem-Int Edit, 2013, 52 (1): 371-375.

[67] Zhu J B, Xiao M L, Liu C P, et al. Growth mechanism and active site probing of Fe₃C@N-doped carbon nanotubes/C catalysts: guidance for building highly efficient oxygen reduction electrocatalysts [J]. Journal of Materials Chemistry A, 2015, 3 (43): 21451-21459.

[68] Hu Y, Jensen J O, Zhang W, et al. Hollow Spheres of Iron Carbide Nanoparticles Encased in Graphitic Layers as Oxygen Reduction Catalysts [J]. Angew Chem-Int Edit, 2014, 53 (14): 3675-3679.

[69] 白杨芝. 低温燃料电池阴极氧还原反应非贵金属催化剂研究 [D]. 大连: 中国科学院大连化学物理研究所, 2016; Bai Y Z, Yi B L, Li J, et al. A high performance non-noble metal electrocatalyst for the oxygen reduction reaction derived from a metal organic framework [J]. Chin J Catal, 2016, 37 (7): 1127-1133.

[70]　Gong K, Du F, Xia Z, et al. Nitrogen-Doped Carbon Nanotube Arrays with High Electrocatalytic Activity for Oxygen Reduction [J]. Science, 2009, 323 (5915): 760-764.

[71]　Wei W, Liang H, Parvez K, et al. Nitrogen-Doped Carbon Nanosheets with Size-Defined Mesopores as Highly Efficient Metal-Free Catalyst for the Oxygen Reduction Reaction [J]. Angewandte Chemie-International Edition, 2014, 53 (6): 1570-1574.

[72]　Zhang W, Wu Z Y, Jiang H L, et al. Nanowire-directed templating synthesis of metal-organic framework nanofibers and their derived porous doped carbon nanofibers for enhanced electrocatalysis [J]. J Am Chem Soc, 2014, 136 (41): 14385-14388.

[73]　Liu R, Wu D, Feng X, et al. Nitrogen-Doped Ordered Mesoporous Graphitic Arrays with High Electrocatalytic Activity for Oxygen Reduction [J]. Angewandte Chemie-International Edition, 2010, 49 (14): 2565-2569.

[74]　Higgins D, Zamani P, Yu A P, et al. The application of graphene and its composites in oxygen reduction electrocatalysis: a perspective and review of recent progress [J]. Energy & Environmental Science, 2016, 9 (2): 357-390.

[75]　Ding W, Wei Z, Chen S, et al. Space-Confinement-Induced Synthesis of Pyridinic- and Pyrrolic-Nitrogen-Doped Graphene for the Catalysis of Oxygen Reduction [J]. Angewandte Chemie-International Edition, 2013, 52 (45): 11755-11759.

[76]　Jin H, Zhang H M, Zhong H X, et al. Nitrogen-doped carbon xerogel: A novel carbon-based electrocatalyst for oxygen reduction reaction in proton exchange membrane (PEM) fuel cells [J]. Energy Environ Sci, 2011, 4 (9): 3389-3394.

[77]　Xie Y, Li H Q, Tang C Z, et al. A high-performance electrocatalyst for oxygen reduction based on reduced graphene oxide modified with oxide nanoparticles, nitrogen dopants, and possible metal-N-C sites [J]. Journal of Materials Chemistry A, 2014, 2 (6): 1631-1635.

[78]　Papageorgopoulos D C, Bruijn F A D. Examining a potential fuel cell poison: A voltammetry study of the influence of carbon dioxide on the hydrogen oxidation capability of carbon-supported Pt and PtRu anodes [J]. J Electrochem Soc, 2002, 149 (2): A140-A145.

[79]　Yajima T, Uchida H, Watanabe M. In-situ ATR-FTIR spectroscopic study of electro-oxidation of methanol and adsorbed CO at Pt-Ru alloy [J]. J Phys Chem B, 2004, 108 (8): 2654-2659.

[80]　Ma L, Zhang H M, Liang Y M, et al. A novel carbon supported PtAuFe as CO-tolerant anode catalyst for proton exchange membrane fuel cells [J]. Catal Commun, 2007, 8 (6): 921-925.

[81]　Ferreira P J, La O G J, Shao-Horn Y, et al. Instability of Pt/C electrocatalysts in proton exchange membrane fuel cells - A mechanistic investigation [J]. J Electrochem Soc, 2005, 152 (11): A2256-A2271.

[82]　Shao-Horn Y, Sheng W C, Chen S, et al. Instability of supported platinum nanoparticles in low-temperature fuel cells [J]. Topics in Catalysis, 2007, 46 (3-4): 285-305.

[83]　Guilminot E, Corcella A, Charlot F, et al. Detection of Pt^{z+} ions and Pt nanoparticles inside the membrane of a used PEMFC [J]. Journal of the Electrochemical Society, 2007, 154 (1): B96-B105.

[84]　Darling R M, Meyers J P. Mathematical model of platinum movement in PEM fuel cells [J]. Journal of the Electrochemical Society, 2005, 152 (1): A242-A247.

[85]　Trogadas P, Fuller T F, Strasser P. Carbon as catalyst and support for electrochemical energy conversion [J]. Carbon, 2014, 75: 5-42.

[86]　Lavacchi A, Miller H V F. Nanotechnology in electrocatalysis for energy. New York: Springer, 2014.

[87]　Saha M S, Neburchilov V, Ghosh D, et al. Nanomaterials-supported Pt catalysts for proton exchange membrane fuel cells [J]. Wiley Interdiscip Rev Energy Environ, 2013, 2 (1): 31-51.

[88]　申强, 侯明, 邵志刚, 衣宝廉. PEMFC 碳载体抗腐蚀能力研究 [J]. 电源技术, 2011, 35: 43-46.

[89]　Jin H, Zhang H M, Ma Y W, et al. Stable support based on highly graphitic carbon xerogel for proton exchange membrane fuel cells [J]. J Power Sources, 2010, 195 (19): 6323-6328.

[90]　Kou R, Shao Y Y, Mei D H, et al. Stabilization of Electrocatalytic Metal Nanoparticles at Metal-Metal Oxide-Graphene Triple Junction Points [J]. Journal of the American Chemical Society, 2011, 133 (8): 2541-2547.

［91］ Wu J F, Yuan X Z, Martin J J, et al. A review of PEM fuel cell durability: Degradation mechanisms and mitigation strategies ［J］. J Power Sources, 2008, 184 (1): 104-119.

［92］ Dou M L, Hou M, Zhang H B, et al. A Highly Stable Anode, Carbon-Free, Catalyst Support Based on Tungsten Trioxide Nanoclusters for Proton-Exchange Membrane Fuel Cells ［J］. ChemSusChem, 2012, 5 (5): 945-951.

［93］ Dou M L, Hou M, Liang D, et al. SnO$_2$ nanocluster supported Pt catalyst with high stability for proton exchange membrane fuel cells ［J］. Electrochim Acta, 2013, 92: 468-473.

第4章
膜电极

质子交换膜燃料电池的膜电极组件（membrane electrode assembly，MEA）由聚合物电解质膜、膜两侧的催化层（catalyst layer，CL）及气体扩散层（gas diffusion layer，GDL）组成，燃料电池的电化学反应发生在膜电极中，具体为：反应气体 H_2、O_2 分别通过阳极、阴极扩散层传递到阳极、阴极侧的催化层中，H_2 在阳极催化层的三相界面处在催化剂的作用下失去电子，形成 H^+；H^+ 通过质子交换膜传递到阴极侧，在阴极侧催化层与 O_2 结合生成 H_2O，H_2O 通过扩散层传递到流场中，随后排出燃料电池；而电子则通过导电材料形成电的回路。

从上述过程可知，膜电极的构成材料为：催化剂、聚合物电解质膜、气体扩散层，膜电极内部的传递通道有：质子传输通道、水通道、气体通道与电子通道。如图 4-1 燃料电池单电池的组成所示。

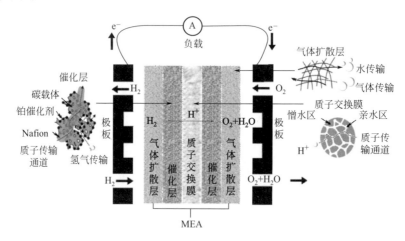

图 4-1 燃料电池单电池的组成

阳极反应：

$$H_2 \longrightarrow 2H^+ + 2e^-$$

阴极反应：

$$\frac{1}{2}O_2 + 2H^+ + 2e^- \longrightarrow H_2O$$

总反应：

$$H_2 + \frac{1}{2}O_2 \longrightarrow H_2O$$

由第 1 章的燃料电池的三种极化分析可知，膜电极中的活化极化主要与催化剂活性相关；欧姆电阻与燃料电池材料的电导率/质子传导率以及各部件之间的接触电阻相关；传质极化则与膜电极中的传递过程相关，适宜的传质通道有利于降低传质阻力。由于极化的存在，燃料电池反应时会产生废热，需要移出至燃料电池外部。

4.1　电极内部的反应与传递过程

在燃料电池内部存在电化学反应及传递过程。传递过程包括热量传递、多种物质和电荷的传输、多相流流动[1]等，主要过程如下：

① 气体流过流场的通道，在气体扩散层中可产生扩散或对流；

② 气体通过多孔的气体扩散层与催化层发生扩散；

③ 在三相界面处发生电化学反应；

④ 质子经过质子交换膜传递；

⑤ 电子流经导电部件；

⑥ 经过质子交换膜的水传递；

⑦ 通过多孔催化剂层和气体扩散层实现水传输（水蒸气和液态水）；

⑧ 未反应的带水滴气体形成两相流；

⑨ 传热，包括通过电池固体元件的传导以及反应气体和冷却介质的热传递。

4.2　气体扩散层

4.2.1　气体扩散层的基本要求

气体扩散层（GDL）的作用是支撑催化层，传递反应气体与产物（氢气、氧气/空气、水等），并传导电流。基材通常为多孔导电的材质，如炭纸、炭布等，且用 PTFE 等进行憎水处理，使其具有一定的憎水性，以利于构成气体通道。GDL 位于催化层和流场/双极板之间，起到水、气的再分配作用。虽然 GDL 不直接参与电化学反应，但对提高电极性能发挥着重要作用。GDL 的基本特征如下：

① 具有较高孔隙率，实现反应气体的分布：作为扩散层的多孔材料，需要具有较高的孔隙率，通常大于≥70%，反应气体从流场/双极板流道通过 GDL 的孔道，分散到催化层，便于进行电化学反应。

② 可排出生成水：特别是对于质子交换膜燃料电池，在阴极产生水，需要在气体传输的同时进行排水，因此扩散层需要有憎水的气孔与亲水的小孔，即扩散层材料需要具备一定的疏水性。

③ 对催化层进行机械支撑：防止催化层脱落，需要具有一定的刚度。同时需要与催化层接触紧密，接触电阻尽可能小，因而也需要具有一定的柔性，以适应组装电池时的形变。

④ 具有良好的导电能力：在燃料电池中，无论是阴极侧还是阳极侧，都需要进行电子的传输，从而形成电的回路，尽可能降低欧姆损耗。因此，要求扩散层材料是电子的良导体。

⑤ 具有导热作用：由于燃料电池的电化学反应的效率小于100%，产生的废热需要排出，因而，要求扩散层具有良好的导热特性，在贯穿平面和体相等多维度均为良好的导热体。

⑥ 具有适应质子交换膜燃料电池工作环境的抗腐蚀性：由于PEMFC是在强酸性、高电位和氧化环境下运行，因此要求扩散层材料具有抗腐蚀特性。

典型的气体扩散介质为碳纤维的复合材料（如炭布或炭纸），具有高的孔隙率（≥70%）和电子电导率。同时为了更好地进行水、气传输与再分配，通常在炭纸/炭布表面增加微孔层（microporous layer，MPL）。

目前，市场上商业化的炭纸或炭布可作为气体扩散层的基材，国外商业化产品供应商包括：日本Toray，德国SGL与Freudenberg，加拿大Ballard等。国内尚无批量商业化产品，研发单位主要有：中南大学与江苏天鸟等。

4.2.2 气体扩散层的微孔层

气体扩散层的微孔层（MPL）是在基材表面进行憎水化处理，制备的导电且利于气体传递的整平层，以减小扩散层与催化层间的接触电阻，改善气体与水的分配。微孔层可以直接制备于基材之上，也可单独成型为一个独立部件。

基于扩散层的气体传质功能要求，作为气体扩散层基材的炭纸或炭布通常需要进行憎水化处理，常用的憎水剂为聚四氟乙烯（polytetrafluoroethylene，PTFE）。将炭纸/炭布浸泡于PTFE乳液中，取出、干燥，之后在惰性气氛保护下进行烧结，PTFE负载量可为3%～40%，从而构建出疏水的反应气体通道。

基于扩散层的导电要求，由于炭纸/炭布的材料表面凸凹不平，为减小接触电阻并改进气水传递特性，通常需要对气体扩散层进行整平处理，即，在气体扩散层上直接制备微孔层或单独制备微孔层。其工艺过程为：用水或水与乙醇的混合物作为溶剂，将乙炔黑或炭黑与PTFE配成质量比为1:1的溶液，用超声波振荡，混合均匀，再使其沉降。清除上部清液后，将沉降物涂抹到进行过憎水处理的炭纸/炭布上，使其表面平整。由此在MPL中产生孔径为0.1～0.5μm的小孔，其远小于炭纸/炭布的孔径（20～50μm）。MPL中含有不同碳材料的GDL的特征参数见表4-1。

表4-1　MPL中含有不同碳材料的GDL的特征参数[2]

MPL 的碳材料	V /(cm³/g)	APR /μm	V_p /(cm³/g)	V_s /(cm³/g)	APR_p /μm	APR_s /μm
Asbury 850	0.346	3.5	0.212	0.134	0.39	8.6
Mogul L	0.276	6.0	0.157	0.119	0.20	13.6
Vulcan XC-72	0.489	1.8	0.319	0.170	0.24	4.9
Shawinigan Acetylene Black	0.594	1.7	0.368	0.226	0.27	4.3

注：V—孔体积；APR—平均孔径；下标 p 与 s——级孔与二级孔。

4.2.3 气体扩散层的特性及测试

4.2.3.1 孔隙率

气体扩散层是多孔材料，为满足燃料电池运行的供气要求，其孔隙率通常为大于70%，具体可以根据公式(4-1)进行计算。

$$\varepsilon = \left(1 - \frac{M}{\rho_{CF} LW\overline{d}}\right) \times 100\% \qquad (4\text{-}1)$$

式中　ε——孔隙率；

M——扩散层样品的质量，g；

ρ_{CF}——碳纤维的密度，g/cm³；

L——样品长度，cm；

W——样品宽度，cm；

$\overline{d}$——样品的平均厚度，cm。

按照国标 GB/T 20042.7—2014《质子交换膜燃料电池　第 7 部分：炭纸特性测试方法》测试碳纤维的密度 ρ_{CF}。以正庚烷和二溴乙烷配成混合液，注入具塞量筒内，并放入碳纤维粉末。将具塞量筒置于 25℃±1℃ 的恒温水浴，保持具塞量筒的塞与颈部露出水面。通过调节正庚烷与二溴乙烷的比例，调节混合液密度，至纤维在混合液内保持均匀悬浮。4h 后，若纤维仍均匀分布于混合液内，以密度计测量该温度下的混合液密度，即为纤维的密度。

4.2.3.2 电阻率

气体扩散层的功能之一是将催化层与流场/双极板进行电气连接。电子在阳极产生，需要通过扩散层进行电流重新分配。因此，气体扩散层需要在体相和平面中都能导电，即对垂直电阻和平面电阻都有要求。常用的气体扩散介质的平面电阻是用四探针法进行测量，而垂直电阻一般通过万能试验机进行测试，具体测试方法如下。

（1）平面电阻率的测试

平面电阻率采用四探针电阻率测试仪进行测试。按照式(4-2)计算平面电阻率：

$$\rho_{in} = \frac{\sum_{i=1}^{n}(\rho_i GD)}{n} \qquad (4\text{-}2)$$

式中　ρ_{in}——样品平面方向的电阻率，mΩ·cm；

ρ_i——不同部位电阻率测量值，mΩ·cm；

G——样品厚度校正系数；

D——样品形状校正系数；

n——测试的数据点数。

G 与 D 的取值，一般可从仪器使用说明中查到，也可参照 JJG 508—2004 的方法计算。

（2）垂直电阻率的测试

垂直电阻率采用万能试验机测量，其装置如图 4-2 所示。将样品置于两个测量电极之间，测量电极为金电极或镀金的铜电极，在电极两侧施加一定的压力，样品不超过电极外缘。压力每增加 0.05MPa，测量两电极之间的电阻值 R_m，直至测得的电阻与前一电阻值的变化不大于 5%，认为达到电阻的最小值，则测试结束。通常推荐的测量压强范围为 0.05~4.0MPa。

按式(4-3)计算垂直方向的电阻率：

$$\rho_t = \frac{R_m S - 2R_c}{\bar{d}} \tag{4-3}$$

式中 ρ_t——样品垂直方向电阻率，$m\Omega \cdot cm$；

     R_m——垂直方向的电阻、铜电极本体电阻和两个样品与电极间的接触电阻总和，$m\Omega$；

     S——样品与两个电极之间的接触面积，cm^2；

     R_c——两个铜电极本体电阻、样品与两个电极间的接触电阻总和，$m\Omega \cdot cm^2$；

     $\bar{d}$——在一定压力下样品的平均厚度，cm。

采用金电极或镀金铜块，R_c 较小，可以忽略。

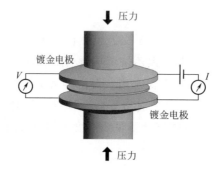

图 4-2   垂直电阻率和接触电阻测量装置

4.2.3.3   透气率

透气率是在恒定温度和单位压差下，单位时间和单位面积内透过单位厚度试样的气体体积，透气率的单位为 $mL \cdot mm/(cm^2 \cdot h \cdot mmHg)$，是表征扩散层气体透过能力的重要参数。

扩散层的透气率采用如图 4-3 的装置进行测试[3]。

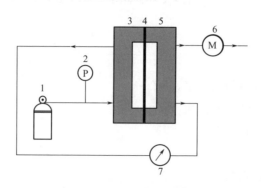

图 4-3   透气率测试装置示意图

1—气源；2—微量调节阀；3,5—夹具；4—样品；6—流量计；7—微压差计

图 4-3 中，测试夹具孔尺寸为 4cm×4cm。将已测厚度（$\bar{d}$）的扩散层置于夹具中，边

框密封不漏气，两侧形成气室，并有气体的进、出口。

气体进入测试装置，在扩散层样品两侧流动，通过流量控制，调节气体在扩散层两侧的气室间维持一定的压差，一般为 $5\sim50\mathrm{Pa}$，记为 p_s，相应流速记为 v_s。

空白样品的测试则采用中空的边框制成，在上述相同流速 v_s 下，测得空白样品的压差 p_0。

则待测扩散层样品的透气率 V_{pe} 可由式(4-4)计算[3]：

$$V_{pe}=\frac{v_s\overline{d}}{A(p_s-p_0)}\tag{4-4}$$

式中　V_{pe}——样品的透气率，$\mathrm{mL\cdot mm/(cm^2\cdot min\cdot Pa)}$；

v_s——在压差（p_s-p_0）下气体通过样品的体积流速，$\mathrm{mL/min}$；

$\overline{d}$——扩散层样品的平均厚度，mm；

A——测试样品的面积，$\mathrm{cm^2}$；

p_s——测试扩散层样品时的微压差计示数，Pa；

p_0——空白样品的微压差计示数，Pa。

4.2.3.4　机械强度

拉伸强度与抗弯强度是表征气体扩散层的两个重要的机械强度指标。

通过机械性能试验机测试拉伸强度，控制拉伸速度在 $10\sim100\mathrm{mm/min}$ 范围内。由样品断裂的负荷值 F_b 计算样品的拉伸强度：

$$T_s=\frac{F_b}{W\overline{d}}\tag{4-5}$$

式中　T_s——拉伸强度，MPa；

F_b——样品断开时的负荷，N；

W——样品宽度，mm；

$\overline{d}$——样品平均厚度，mm。

抗弯强度通常采用三点弯曲法进行测量。采用适合的支架，将扩散层样品放置于支架上，使支架轴向与试验机压头垂直于样品表面。以 $0.01\sim10\mathrm{mm/min}$ 的加载速度施加负荷，加载过程均匀且无冲击，至样品断裂，得到断裂负荷值 F_b，则抗弯强度 T_b 为：

$$T_b=\frac{3F_bL}{2W\overline{d}^2}\tag{4-6}$$

式中　T_b——抗弯强度，MPa；

F_b——弯曲断裂负荷值，N；

L——支架跨距，mm；

W——样品宽度，mm；

$\overline{d}$——样品平均厚度，mm。

4.2.4　商业化的气体扩散层

作为 PEMFC 的基本材料之一，气体扩散层比较容易在市场上购买到。商业化的气体扩散层在欧洲、美国、日本的公司多有销售。表 4-2 汇总了商业化的燃料电池气体扩散层材料特性参数。

表4-2 商业化的燃料电池气体扩散层材料特性参数

公司	材料 炭纸	厚度 /cm	密度 / (g/cm³)	重量 / (g/cm²)	孔隙率 /%	电阻率/mΩ·cm	
						体积电阻率	面电阻率
Toray	TGP-H-060	0.019	0.44	84	78	0.080	0.0058
	TGP-H-090	0.028	0.44	123	78	0.080	0.0056
	TGP-H-120	0.037	0.45	167	78	0.080	0.0047
Spectracorp	2050-A	0.026	0.48	125		2.692	0.012
	2050-L	0.02	0.46	92		7.500	0.022
	2050-HF	0.026	0.46	120		3.462	0.014
Ballard	AvCarb P50	0.0172	0.28	48		0.564	
	AvCarb P50T	0.0172	0.28	48		0.564	
SGL Carbon	10-BA	0.038	0.22	84	88	0.263	
	10-BB	0.042	0.30	125	84	0.357	
	20-BA	0.022	0.30	65	83	0.455	
	20-BC	0.026	0.42	110	76	0.538	
	21-BA	0.02	0.21	42	88	0.550	
	21-BC	0.026	0.37	95	79	0.577	
	30-BA	0.031	0.31	95	81	0.323	
	30-BC	0.033	0.42	140	77	0.394	
	31-BA	0.03	0.22	65		0.317	
	31-BC	0.034	0.35	120	82	0.441	
E-TEK	LT 1100-N	0.018	0.50	90		0.360	
	LT 1200-W	0.0275	0.73	200		0.410	
	LT 1400-W	0.04	0.53	210		0.500	
	LT 2500-W	0.043	0.56	240		0.550	
	炭布 AvCard	0.038	0.31	118		0.132	0.009

注：General Motor 测量、报道[4]。

国内的气体扩散层尚无成熟的商业化产品，中南大学在科技部项目支持下，开展了炭纸的研究工作，采用新型催化 CVD 技术制备炭纸，在以下指标方面取得重要进展（孔隙率和透气性相当的情况下）：

① 导电性能：平均体积电阻率为 3mΩ·cm 以下，导电的各向同性度较国际先进水平提高了 25% 以上，接触电阻且随压力的变化不敏感。

② 力学性能：拉伸强度提高了 20%；相同压应力作用下，变形量减少了 30%，而且变形量随密度的变化较小。

③ 利用石墨烯改性，GDL 的耐腐蚀性能提升 20％以上。

④ 通过改进压制工艺，使炭纸厚度减薄到 0.12mm 以下，在其他参数得到保持的情况下提高了透气性能，且有利于提高燃料电池的功率密度。

4.3 催化层

燃料电池膜电极上发生的电化学反应是一个多相反应，在电解质、反应气（氧气/空气与氢气）和催化剂形成的三相界面上进行。由于 PEMFC 采用固体电解质，其磺酸根固定在质子交换膜的树脂上，不会浸入电极内，这样反应三相界面仅局限于反应层与质子交换膜接触的那一部分。只有催化层与质子交换膜的表面才能有效发生质子传导。因此为确保反应在电极催化层内进行，需要在催化层内建立离子通道。PTFE 等憎水剂具有憎水性，可以在催化层中起到防止水淹和提供气体通道的作用；而 Nafion 等质子导体可以为电催化反应过程提供质子通道。美国 Los Alamos 实验室的 Raistrick 首先提出扩展电极三相反应区的技术。将含全氟磺酸电解质的异丙醇溶液浸渍由 PTFE 黏结催化剂颗粒的电极，从而形成更大的三相界面，扩大了反应区域。在电极催化层立体化过程中，Nafion 树脂含亲水基团对 Pt/C 催化剂具有良好的浸润性，能够与催化剂结合构成亲水的网络和质子传导的通道，增加了催化剂和离子交换树脂间的接触面积，催化剂利用率得到一定程度的提高[5]。

目前已经实现工业化应用的膜电极有两类：气体扩散电极（gas diffusion electrode，GDE，业内常称作厚层憎水催化层电极）以及催化剂覆膜催化层电极（catalyst-coated membrane，CCM）。其中，GDE 型膜电极是将催化剂直接涂覆在气体扩散层表面，而 CCM 是直接将催化剂涂覆在质子交换膜上。有序结构的膜电极则是将催化剂定位于有序的载体或树脂结构上，目前仍处于实验室研发阶段。

4.3.1 催化层的特性参数与测试

从研发与应用角度，体现膜电极特性的基本参数包括：催化剂载量、电化学活性面积、亲憎水性以及单电池性能。

4.3.1.1 催化剂载量

催化剂载量是单位面积膜电极上催化剂（如，贵金属 Pt 等）的用量，单位为 mg/cm^2，是决定膜电极性能与成本的重要参数。

催化剂载量的具体测试方法为：

① 干燥与制样。取膜电极样品，置于 80℃±2℃烘箱中干燥 4h。用游标卡尺准确测量其长、宽、厚，将膜电极剪碎放入坩埚。

② 样品氧化灰化。将装有样品的坩埚放入马弗炉，先在 400～500℃的空气氛围中氧化炭化 6h，再升温至 900～950℃进行氧化灰化 12h，然后冷却到室温。

③ 样品硝化。将经过氧化灰化后的样品用蒸馏水润湿，沿坩埚壁缓慢加入浓硫酸和浓硝酸混合液（浓硫酸与浓硝酸体积比为 1∶3）。80℃加热硝化，当酸体积浓缩到一半后，再加入适量的浓硫酸、浓硝酸和 30％的双氧水，继续 80℃加热硝化，如此循环往复，直至溶

液无悬浮物。

④ 样品溶解。样品充分硝化后，沿坩埚壁加入适量新配制的王水，80℃加热直到样品溶液澄清透明。

⑤ 测试样配制。将上述样品全部转移至适量容积的容量瓶中。

⑥ 测试样中 Pt 浓度分析。采用电感耦合等离子体原子发射光谱（ICP-AES）对 Pt 标准溶液以及合金催化剂中合金金属 M 的标准溶液进行光谱分析，绘制 Pt 和金属 M 的标准曲线。

根据公式(4-7)计算膜电极中的 Pt 担载量：

$$L_{Pt} = nC_{Pt}V_{Pt}/S_{MEA} \tag{4-7}$$

式中　L_{Pt}——膜电极中 Pt 的担载量，mg/cm^2；

　　　　n——试样配制为 ICP-AES 分析用溶液的稀释倍数；

　　　　C_{Pt}——ICP-AES 测试溶液中的 Pt 浓度，mg/L；

　　　　V_{Pt}——配制的测试样初始体积，L；

　　　　S_{MEA}——膜电极的几何面积，cm^2。

按公式(4-8)计算膜电极中的合金金属 M 的担载量：

$$L_M = nC_MV_{Pt}/S_{MEA} \tag{4-8}$$

式中　L_M——膜电极中合金金属 M 的担载量，mg/cm^2；

　　　　n——试样配制为 ICP-AES 分析用溶液的稀释倍数；

　　　　C_M——ICP-AES 测试溶液中的合金金属 M 的浓度，mg/L；

　　　　V_{Pt}——配制的测试样初始体积，L；

　　　　S_{MEA}——膜电极的几何面积，cm^2。

4.3.1.2　电化学活性面积

膜电极的电化学活性面积（electrochemical surface area，ECSA）是实际发生电化学反应的有效面积，用电化学方法测试，单位为 m^2/g。

ECSA 采用单电池通过电化学恒电位测试仪进行测试，用高纯 N_2 吹扫工作电极及反应腔、气体管线后，将阳极侧通入 RH＝100％的 H_2，作为参比电极和对电极，阴极侧通入 RH＝100％的 N_2 作为工作电极。控制 H_2 流速为 10mL/min，N_2 流速为 20mL/min。

通常按照如下实验条件对单电池进行循环伏安（CV）扫描：

电压扫描范围：0～1.2V（vs. SHE）；

扫描速度：20mV/s。

测试 ECSA 典型的 CV 曲线如图 4-4 所示。

根据氢脱附峰面积 S_H（mA·V），按公式(4-9)[6]可计算工作电极的 Pt 催化剂的电化学活性面积 ECSA：

$$ECSA = 0.1S_H/(Q_rvM_{Pt}) \tag{4-9}$$

式中　ECSA——工作电极中 Pt 的电化学活性面积，m^2/g；

　　　　S_H——循环伏安曲线上氢的氧化脱附峰面积，A·V；

　　　　Q_r——光滑 Pt 表面吸附氢氧化吸附电量常数，$0.21mC/cm^2$；

　　　　v——循环伏安扫描速率，V/s；

M_{Pt}——电极中 Pt 的质量，g。

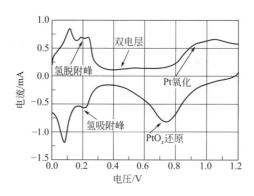

图 4-4　典型的 CV 曲线

4.3.1.3　亲憎水性

由于膜电极中存在亲水孔与憎水孔，可采用液体形状分析系统测试膜电极表面的接触角，来表征膜电极的亲憎水特性。测试时，将膜电极样品固定，在室温下将 $3\mu L$ 的蒸馏水滴到样品表面，由于膜电极表面为多孔状态，需要确定液滴在膜电极表面的稳定时间，然后对材料表面液滴的图像拍照，利用软件分析水滴形状与样品表面的接触角。图 4-5 为 CCM 膜电极的接触角示例。

图 4-5　CCM 膜电极的接触角

4.3.1.4　单电池电流-电压测试

单电池 I-V 测试可体现膜电极在燃料电池运行条件下的输出特性。通常采用标准单电池进行测试。相关的实验条件包括：燃料电池温度（通常为阴极流场中心温度）、燃料工作气压、氧化剂工作气压、燃料电池工作温度下的燃料气湿度、燃料电池工作温度下的氧化剂湿度、燃料组成、氧化剂组成、燃料化学计量比、氧化剂化学计量比、电流密度（由单电池的电流与膜电极有效面积确定）、单电池电压等。

其中，燃料或氧化剂的化学计量比是供应给燃料电池的燃料气体或氧化剂与根据电流计算的电化学反应需要燃料气或氧化剂的摩尔比。

单电池的测试在恒定气体流量或者恒定气体化学计量比的条件下，通过设定电流值，从 0 到最大电流之间小幅度逐步增加电流，进行电压测试。对每个电流密度值，电压稳定在 $\pm 5 mV$ 之间至少保持 15min。也可通过设定电压值，从开路电压到最小电压之间小幅度逐步降低电压，进行电流测试。对每个电压值，电流稳定在±2%之间至少保持5min。典型实验条件下的单池*I-V*曲线如图4-6。

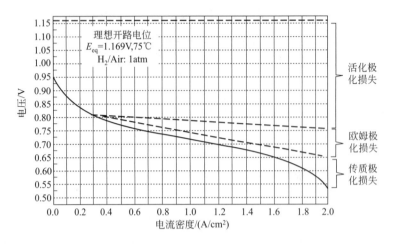

图4-6　典型*I-V*曲线

4.3.2　气体扩散电极

（1）PTFE为黏结剂的气体扩散层

传统的PEMFC电极以PTFE为黏结剂，将Pt/C催化剂与一定量的PTFE混合均匀后，采用刮涂法、喷涂法、滚压法、丝网印刷法等制备在气体扩散层（GDL）上，经240℃焙烧除去表面活性剂，再经340℃焙烧实现PTFE的黏结与憎水作用，然后向催化层表面喷涂一层低浓度质子导体溶液，完成电极结构的立体化，形成气体扩散电极（gas diffusion electrode，GDE）。最后，将电极与质子交换膜在一定条件下热压，形成膜电极。图4-7为厚层憎水催化层的电极结构示意。

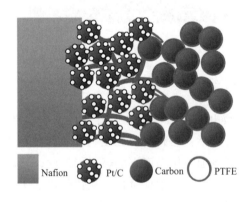

图4-7　厚层憎水催化层电极结构示意图

在2000年之前，国内的燃料电池多采用GDE的结构，其制备工艺见图4-8。

厚层憎水电极中含有PTFE憎水通道，利于反应气体的传质。催化层的厚度一般为几十微米[7]。由于离子导体聚合物是通过喷入或浸入的方式涂覆在催化层上的，很难均匀地进入到催化层内部与催化剂颗粒相接触。一般来说，离子导体聚合物只能渗入到催化层内约

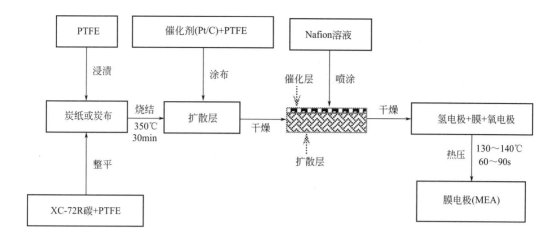

图 4-8 厚层憎水催化层电极制备流程示意

$10\mu m$，导致催化剂的利用率较低，只有 $10\%\sim20\%$[8]。为了解决这一问题，Johnson Matthey 公司的 Hards 等[9]先将 Pt/C 与 PTFE 混合制备成粉末，再将 Pt/C 与 Nafion 混合制备成粉末，然后将两种粉末混合均匀滚压在扩散层表面上，最后在电极表面浸入 Nafion 溶液。这种方法使催化层中的部分催化剂与 Nafion 充分接触，一定程度上提高了催化剂的利用率，但是与 PTFE 混合的催化剂利用率仍然很低。Uchida 等[10]提出了另一种改进的方法，将 Nafion 溶液加入醋酸丁酯中，形成胶体。将 PTFE 和表面活性剂 Triton、炭粉在胶体磨中磨成分散的悬浮液，并于 $290℃$ 加热，制备成 PTFE/C 粉末。最后将 Pt/C 电催化剂与这种 PTFE/C 粉末加入 Nafion 胶体中并超声振荡，由于胶体的聚合作用，Pt/C、PTFE/C 与 Nafion 生成糊状物，再将糊状物涂覆在扩散层上构成催化层。但此工艺烦琐，而且 Nafion 预先形成了胶体，使得质子传递路径加长，难以进入 Pt/C 电催化剂团簇中，进而导致催化剂与 Nafion 接触不佳。无 Nafion 覆盖的部分，则无法实现催化层的功效，降低了催化剂的利用率，所以需要对制备工艺进行调整，进而优化电极结构，以利于质子的传递。为提高催化剂利用率，减小极化损失，实用化的 GDE 厚度通常控制在 $10\sim15\mu m$。

（2）质子导体为黏结剂的气体扩散层

质子导体（如，全氟磺酸树脂 Nafion）的结构中同时具有憎水基团（C—F 主链）和亲水基团（—SO_3^-），当受热分解失去部分磺酸根时，Nafion 的分子结构会呈现出憎水特性，而剩余的磺酸根仍然具有亲水性，形成了亲水网络和憎水网络在三维空间上的均匀分布。张建鲁等[11]采用 Nafion 部分热分解的方法制备电极。具体方法是：以 Nafion 为黏结剂，将催化剂与一定量的 Nafion 溶液均匀混合后涂在气体扩散层上，然后在惰性气体保护下，于 $280\sim380℃$ 进行焙烧。该电极的催化层既保证了催化活性组分与质子导体、电子导体的充分接触，又提供了充分的气体通道和水通道，扩大了燃料电池的三维反应区，从而提高了电池性能。

传统的 GDE 型膜电极有着均匀分布的催化剂以及传导质子的全氟磺酸树脂，然而考虑到电池平面内沿流道气体浓度下降以及垂直电池平面方向气体因渗透浓度下降，提出了梯度化的 GDE 型膜电极。梯度化膜电极可以形成催化剂梯度，也可以形成全氟磺酸树脂的梯度；可以设计电极平面方向的梯度，也可以设计电极垂直方向的梯度。例如，考虑到沿流道气体浓度下降，催化剂用量可沿流道上升，这种催化剂梯度化设计可以针对运行特性来提升电池的性能。

　　GDE 型膜电极的催化层较厚，使得传质阻力大，催化剂的有效利用率低，催化剂的用量较高。而且由于催化层与质子交换膜的膨胀系数不一样，长期运行时容易产生催化层与膜的局部分离，导致接触电阻升高。

4.3.3　催化剂覆膜催化层

　　与 GDE 型膜电极的催化剂涂覆于气体扩散层上的方法不同，催化剂覆膜催化层（catalyst-coated membrane，CCM）型催化剂直接涂覆在质子交换膜上，利于减小接触电阻，长期使用时，催化层与质子交换膜不易脱离。而且膜电极厚度更薄，催化剂的利用率较高，催化剂 Pt 担载量可以降至 $0.1\sim0.4\mathrm{mg/cm^2}$。

　　（1）转印法（decal transfer）

　　转印法是在基体膜上制备催化剂层，然后将带有催化剂层的基体膜与质子交换膜热压，将基体膜上的催化剂层转移到质子交换膜上。

　　为了克服厚层憎水电极中 Nafion 分布不均匀和催化剂利用率低等问题，美国 Las Alamos 国家实验室的 Wilson 等首先提出了将催化层制备到膜上的工艺[12-14]，该工艺避免了 PTFE 的使用，由 Nafion 作为黏结剂。

　　具体方法：

　　首先将 5％（质量分数）的 Nafion 溶液与 Pt/C 电催化剂混合均匀，质量比为 Pt/C：Nafion＝3∶1；再向其中加入水与甘油，浆料中 Pt/C∶$\mathrm{H_2O}$∶甘油＝1∶5∶20，经超声波混合，使其成为糊状的浆料；将上述浆料涂到已清洗过的 PTFE 膜上，并在 135℃下烘干；再将带有催化层的 PTFE 膜与经过预处理的质子交换膜热压处理，使催化层转移到质子交换膜上；形成薄层覆膜催化层电极结构（CCM）；最后将两张扩散层与 CCM 组合在一起形成 MEA。图 4-9 为这种亲水性薄层催化层的制备工艺流程图。

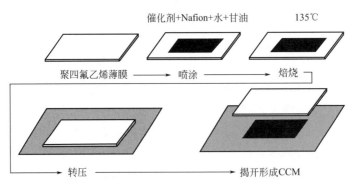

图 4-9　亲水性薄层催化层的制备工艺流程图

　　该方法的主要特点是催化层内不加憎水剂 PTFE，而用 Nafion 作为黏合剂和质子导体，提高了催化剂的利用率。同时，离子传导率也明显提高。依靠这种薄层催化剂层，燃料电池性能在低 Pt 担载量下显著提高。

　　然而，催化层中没有憎水网络，其中的所有孔都将充满水，反应气只能先溶于水或者 Nafion 树脂，并在其中传递。虽然 135℃热处理造成 Nafion 中磺酸根降解能够增加催化层疏水性，但可能会降低催化层离子电导率。据此提出：在制备催化层之前，首先将 Nafion

溶液和质子交换膜 Na^+ 型化，然后制备电极，最后将电极在酸中重新质子化。通过对催化层进行加热处理可以增强其结合强度，用 Na^+ 型的离子交换树脂代替 H^+ 型进行热处理，催化层结合强度有了较大提高。催化层经酸处理后转变为亲水性的薄层催化层。然而该催化层与未 Na^+ 型化制备的催化层相比性能与稳定性均差，这主要是亲水性催化层中孔道中全部充满水，阻碍反应气体传递。溶解氧在水中的扩散系数为 $10^{-5} \sim 10^{-4}\,cm^2/s$ 的数量级，而在 Nafion 中的扩散系数在 $10^{-5}\,cm^2/s$ 数量级，比气相 N_2-O_2 的扩散系数小 2～3 个数量级。Wilson 等的计算和实验证明这种亲水催化层厚度应小于 $5\mu m$，否则靠近膜一侧的催化层将因气体不能到达而无法利用。

为改善薄层催化层的憎水性，Liu 等在催化层中加入一定比例的造孔剂[15]和憎水剂，可以在一定程度上提高催化层的反应气体传递能力。Song 等[16]用铝箔替代 PTFE 膜用于转印，这样催化剂浆料中可以加入憎水性的 PTFE，在高温熔融纤维化后形成憎水孔道，以此提高催化层的憎水性，进而改善电池性能。如图 4-10 所示。

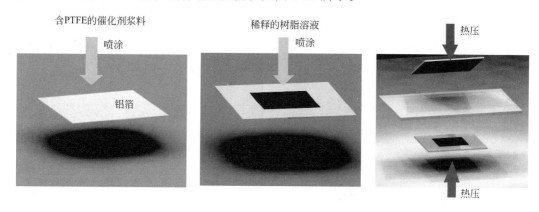

图 4-10　憎水 CCM 制备工艺示意图

（2）刮涂法

刮涂法制备膜电极是指利用刮涂工艺制备膜电极的方法，即，利用平直的刀口，设定好间隙，把多余的浆料刮去，得到设计厚度催化层的一种涂层方式。直接刮涂方法是将催化剂料浆通过刮涂工艺直接涂覆在质子交换膜上。

刮涂法制备流程见图 4-11。其中关键的刮涂工艺可采用网线辊刮涂（mayer rod）、刮刀刮涂（doctor blade）、狭缝式（slot-die）刮涂等。这些刮涂技术具有涂膜速度快、涂膜均匀性好、浆料黏度范围广、浆料利用率高等优点，适合大批量生产燃料电池膜电极。

武汉理工大学 2004 年起在国家"863"计划项目的支持下进行了刮涂法制备膜电极的攻关，解决了催化剂料浆"高浓低黏"、质子交换膜"尺寸稳定"，以及保护边框（sub-gasket）"剪切应力"等技术难题，掌握了完整的刮涂法制备膜电极技术，成功制备出催化层表面均匀、催化层厚度在 $10\mu m$ 之内的 CCM（如图 4-12）。

采用该技术制备的膜电极的催化层较薄，利于降低传质阻力，由于催化层和质子交换膜之间紧密结合而有效地降低了界面电阻，如图 4-13 所示，采用这种技术的膜电极电荷转移阻抗远远小于采用催化剂涂覆在气体扩散层上的膜电极。因此，提高了膜电极性能的同时，可以大幅度降低催化剂载量。

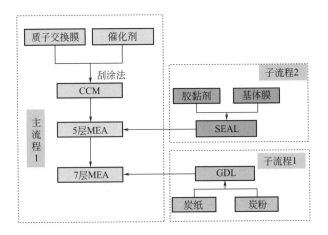

图 4-11 刮涂法制备膜电极流程图

图 4-12 采用刮涂法制备膜电极断面（a）和表面图（b）

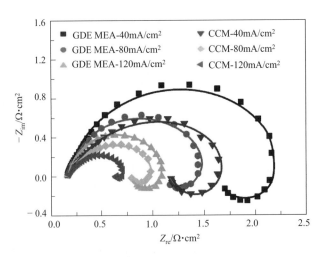

图 4-13 刮涂法生产的 CCM 型膜电极与 GDE 型膜电极电荷转移电阻比较

武汉理工新能源公司将该技术进行产业化放大，2012 年在国家科技支撑计划项目的支持下建成年产 5000m^2 的燃料电池膜电极自动化生产线（图 4-14），迄今已累计生产 45 万片燃料电池膜电极，产品销往国际市场。

图 4-14　燃料电池膜电极自动化生产线

新源动力公司批量生产的适用于中高压氢空燃料电池的 CCM 型膜电极产品（图 4-15）已经完成 10000h 的耐久性验证，累计生产超过 8000m²，应用于自产的燃料电池电堆产品和膜电极，并实现销售。CCM 膜电极产品的标准单电池极化性能见图 4-16。

图 4-15　新源动力公司的 CCM 型膜电极产品

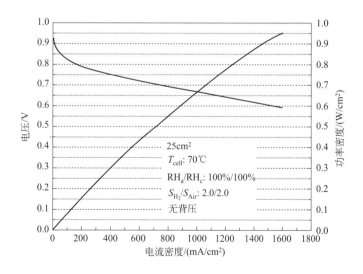

图 4-16　新源动力公司 CCM 膜电极产品的标准单电池极化性能

（3）喷涂法

在 Wilson 转印型的薄层亲水电极基础上，发展了将催化层直接制备在质子交换膜上的制备方法。即，将催化剂和离子导电聚合物以溶液浆料的状态直接喷涂于膜表面。其优点是有利于电极催化层与膜的紧密结合，防止了由于电极催化层与膜溶胀性不同而导致电极与膜的分层。然而，由于催化层中没有憎水通道，气体传递阻力仍然很大。此外，经实验证明以质子导体为黏结剂的催化层在长期工作中其结合强度会逐渐下降，从而降低电极的性能。因此，必须提高催化层的结合强度。Wilson 等在这方面做了大量的工作，起初是通过对催化层进行加热处理以增强其结合强度，此后又用 Na$^+$ 型的离子交换树脂代替 H$^+$ 型进行热处理，使其结合强度有了较大提高[12,13]。

喷涂 CCM 的制备工艺如下：将一定比例的 Pt/C 催化剂与 Nafion 以及异丙醇混合，并超声一定时间；然后将混合好的均匀浆料喷涂在质子交换膜上；将晾干的带有催化剂的膜置于阴阳极 GDL 内，并热压成型。其过程如图 4-17 所示。

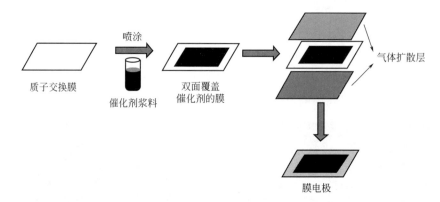

图 4-17　CCM 型膜电极制备示意

在喷涂法中，浆料中的溶剂易使质子交换膜发生溶胀变形，进而使喷涂到膜上的催化层不均匀，通常需要抑制此种形变，以保证催化层的均匀性，采用热台或负压等措施可减小膜在催化层制备过程中的形变。

在传统的 CCM 喷涂过程中，浆料在经过喷嘴后雾化并散射到周围环境中，雾化的浆料沉降在膜表面，但也有部分散射的浆料散失在环境中造成浪费。同时，由于雾化浆料的运动轨迹是随机无序的，所形成催化层微结构也是无序的。大连化学物理研究所开发的 CCM 静电喷涂技术，使浆料在雾化之前带上静电荷，通过静电作用，使浆料定向到目标基底上，有利于提高浆料利用率。

对比采用静电喷涂的方法所制备电极的浆料利用率与传统喷涂的浆料利用率，ICP-AES 测试结果表明，采用普通喷涂方法制备电极，浆料上量约为 68%；采用静电喷涂，浆料上量可达到 74%。静电作用的引入使浆料利用率得到提升。

利用扫描电镜观察静电喷涂工艺制备的 CCM，并与传统喷涂工艺的 CCM 进行对比，如图 4-18 所示。可见静电喷涂工艺制备的催化层表面平整度得到改善。

对静电喷涂工艺放大生产的 270cm^2 的电极所组装的燃料电池电堆进行测试（图 4-19），常压（test 1）操作条件下单池性能为 0.696V@1A/cm^2，在加压（test 2）操作条件下提高至 0.722V@1A/cm^2，其峰值单位面积功率密度为 895~942mW/cm^2，即单池峰值功率 242W（常压）或 254W（加压）。静电喷涂技术批量制备的电极已经应用于实际电堆。

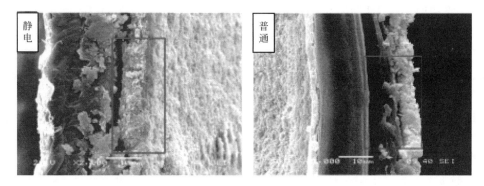

图 4-18　CCM 断面的 SEM 照片

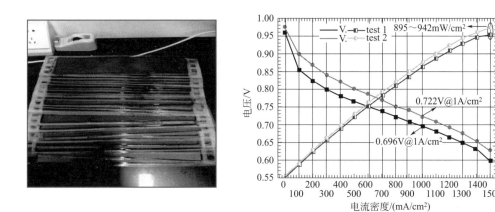

图 4-19　静电喷涂膜电极的燃料电池电堆测试

（电池 60℃，氢/空气计量比为 1.5∶2.5）

4.3.4　功能化膜电极

4.3.4.1　干气操作的膜电极

作为 PEMFC 重要组成部分的 MEA，必须在有一定水量存在的条件下，才能保证电池运行所需的质子传导，因此电池的进气需要适当的增湿，而外置增湿器增加了燃料电池系统的复杂程度。此外，由于 PEMFC 在阴极侧生成水，反应气的过高增湿容易造成电池的阴极水淹，阻碍氧气到达催化层的反应点从而使电池性能下降。因此，电池内合适的水量对保持质子交换膜及催化层的高质子传导率和电池的性能具有重要意义。对于车用燃料电池，由于工况条件下增湿器对进气的增湿不稳定，则反应气的湿度是不稳定的，需要电池有一定的保水能力来适应这种变化。在催化层内加入亲水氧化物，可以在一定程度上解决这一问题。Jung 等[17]将纳米 SiO_2 加入催化层中，利用 SiO_2 的保水性能改善了 MEA 的亲水性。Vengatesan 等[18]在催化剂浆料中加入硅溶胶制备薄层亲水电极，硅溶胶由正硅酸乙酯（TEOS）在 0.1mol/L HCl 溶液中水解得到。但依然存在的问题是，在催化层内加入适量 SiO_2 后，在低湿度条件下单池性能改善并不明显。有研究者[19,20]在 TiO_2 或 ZrO_2 表面引入磺酸基团，掺入到质子交换膜内，既有利于改善膜保水能力又有利于提高膜电导率。

同样 SiO$_2$ 表面的 Si—OH 与有机硅烷可以发生反应，因此 Munakata 等[21]分别采取两种途径制备了磺化 SiO$_2$，一种是硫醇途径，另一种是磺内酯途径。硫醇途径是指在酸性条件下 SiO$_2$ 与 3-巯基丙基三甲氧基硅烷（3-MPTMS）反应得到硫醇，用 H$_2$O$_2$ 将其氧化为磺酸基团。磺内酯途径是指在酸性条件下 SiO$_2$ 与 1,3-丙基磺内酯反应，在 SiO$_2$ 表面引入磺酸基团。

为提高燃料电池在干气进气条件下的适应能力，缪智力等[22]在阴极催化层内掺入纳米 SiO$_2$ 和磺化 SiO$_2$，使得催化层在一定程度上可适应干气操作，并提高容水能力以适应适度的"水淹"。

催化剂浆料由 Pt/C，5%（质量分数）Nafion 溶液，一定量的纳米 SiO$_2$ 或磺化 SiO$_2$ 和溶剂异丙醇组成。其中，磺化 SiO$_2$ 由纳米 SiO$_2$ 经过磺内酯途径与 1,3-丙基磺内酯反应在表面引入磺酸基团后获得。具体做法：

将纳米 SiO$_2$ 与 1,3-丙基磺内酯，在甲苯溶剂中于 110℃反应 36h，得到磺化 SiO$_2$。配制 0.05mol/L 的 NaOH 溶液，用配制的邻苯二甲酸氢钾溶液标定 NaOH 溶液。将磺化 SiO$_2$ 浸泡在饱和 NaCl 溶液中放置 3d。用滴定法测试被 NaCl 置换出来的 H$^+$，测出磺化 SiO$_2$ 表面磺酸基团的量，与磺化 SiO$_2$ 表面的磺酸基团的理论值相比，可得磺化 SiO$_2$ 的磺化度。

将催化剂浆料超声分散均匀后，喷涂在聚四氟乙烯薄膜上，室温晾干。在 150℃、15MPa 下将其转压到质子交换膜上，组成 CCM，其中含有不同量的纳米 SiO$_2$ 或磺化 SiO$_2$ 的催化层为阴极催化层。

掺入磺化 SiO$_2$ 较掺入纳米 SiO$_2$ 的阴极催化层的接触角增大。在全湿条件下阴极催化层内掺入纳米 SiO$_2$ 降低了阴极催化层的电导率，而掺入磺化 SiO$_2$ 则提高了其电导率，并且随着 SiO$_2$ 掺入量的增大，这两种现象均更加明显。在饱和增湿进气时，阴极催化层加入磺化 SiO$_2$，燃料电池性能提高，由于 SiO$_2$ 经过磺化处理有利于催化层质子传导，使得电池的电化学活性面积增大。在干气（RH 20%）进气条件下，阴极催化层加入 SiO$_2$ 的较不加 SiO$_2$ 的燃料电池性能有所改善，而加入磺化 SiO$_2$ 的电池性能更优（图 4-20）。即，适量磺化 SiO$_2$ 的引入，有利于改善燃料电池在饱和增湿与干气操作下的性能，利于拓宽燃料电池的实际使用工况范围。

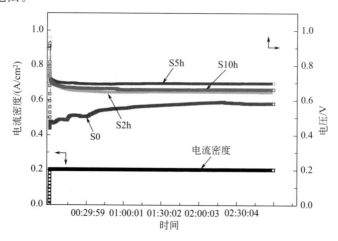

图 4-20　含有不同量磺化 SiO$_2$ 阴极催化层在干气进气恒电流时的单池性能[23]

4.3.4.2 抗杂质复合结构膜电极

重整制氢是氢气的主要来源之一，但重整气中少量的 CO 使得质子交换膜燃料电池的工作性能会发生大幅度下降。通常质子交换膜燃料电池采用高分散的 Pt/C 为电催化剂，由于氢气在 Pt 金属表面的电化学氧化是动力学快反应，因此当采用纯氢为燃料时阳极极化非常小，在电流密度为 $1A/cm^2$ 时大约为 40mV[24]。CO 在 Pt 表面具有很强烈的吸附作用[25]，因此当燃料中含有 CO 时，PEMFC 阳极的活性位会被 CO 优先吸附占据，阻碍了 H_2 的氧化，从而导致严重的极化现象，使电池的性能严重下降。

为解决燃料电池抗 CO 能力，从抗 CO 电催化剂与抗 CO 电极结构两方面探讨解决方案。其中，抗 CO 电催化剂的基本思想是以 Pt 为基础，掺入其他物质以降低氧化 CO 的电势。PtRu 催化剂是迄今为止应用最为广泛的抗 CO 催化剂。通过 Pt 与 Ru 之间的协同作用降低 CO 的氧化电势，使燃料电池在含 CO 燃料操作时的性能明显改善[26-33]。PtRu 催化剂是通过双功能机理降低 CO 氧化电势，同时 Ru 加入 Pt 晶格后，使 CO 在合金表面的吸附态有所改变，起到了活化吸附态 CO 的作用。

也有一些工作从抗 CO 阳极结构的角度进行研究，主要有：

以抗 CO 催化剂制备多孔气体扩散电极：Isono 等[34]用 PtRu/C 作为阳极电催化剂，制备了同样担载量但厚度分别为 $40\mu m$ 和 $20\mu m$ 的两种阳极，在同样的操作条件下发现薄层催化层的电极具有更好的性能。

复合抗 CO 阳极-化学氧化 CO 催化层：一些研究工作[35-37]通过在阳极催化层加入第二个催化层形成复合催化层阳极，但两个催化层的目的和实现方式不同。接近电解质膜的催化层为电化学反应催化层，通过电化学氧化燃料发生电流；远离电解质膜的催化层为化学氧化反应催化层，通过阳极中少量注入的氧在这个催化层中通过化学氧化除去 CO，从而达到抗 CO 的目的。

复合抗 CO 阳极-电化学氧化 CO 催化层[38]：阳极催化层分为两部分，靠近电解质膜的催化层为电化学反应催化层以 Pt/C 为催化剂，通过电化学氧化燃料发生电流；远离电解质膜的催化层也为电化学氧化反应催化层，但这个催化层采用抗 CO 电催化剂，它主要用来吸附和氧化 CO，但同时也可以发生燃料的电化学氧化产生电能，直接为电池的性能做贡献。

4.3.5 有序超薄催化层

虽然从 GDE 发展到 CCM，膜电极的催化剂担载量有了较大幅度的降低，但 CCM 膜电极的微观结构仍然处于无序状态，继续降低铂载量，面临更大的挑战。微观有序的电极结构有望为提高催化剂的利用率提供可能。Middelman[39]在 2002 年通过可控自组装方法首次制备出有序结构膜电极：在由碳颗粒组成的长链状定向结构表面均匀包覆分散的 Pt 颗粒，然后在其表面制备一薄层质子导体，希望获得如图 4-21 的理想结构。同时模型计算表明当质子导体薄层的厚度小于 10nm 时，有利于气体扩散到三相界面和产物水的排出。有序的膜电极结构中 Pt 的利用率近 100%，使用传统 Pt/C 制备的电极的 20% 的 Pt 担载量，就可达到传统结构电极的性能。

Hussain 等[40-42]以 E. Middelman 所提出的理想电极结构为物理模型，构建相应的数学模型，通过计算研究有序电极结构中的 ORR 过程，考察不同电极结构参数对电池性能的影

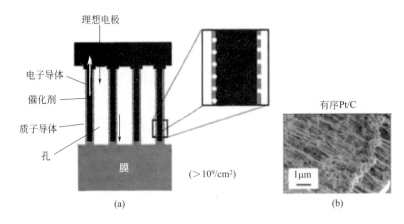

图 4-21 理想有序化膜电极的示意图（a）及其 SEM 图（b）[39]

响。模型研究结果显示，理想的有序结构的电极内部，氧气在阵列中的传输阻力几乎为零，而最大的阻力是氧气传输到反应三相界面处通过质子导体薄膜的阻力，但此类阻力的测试尚需研究[43]。

美国 3M 公司采用一种纳米结构的有机晶须作为催化剂基底，在其表面溅射涂上 Pt 或 Pt 合金催化剂，得到纳米结构薄层（nanostructured thin film，NSTF），将其转印到质子交换膜两侧，制备出超薄催化层（图 4-22）。利用超薄电极制备出的催化层厚度约 $0.27\mu m$，仅为传统催化层的 $1/30 \sim 1/20$。

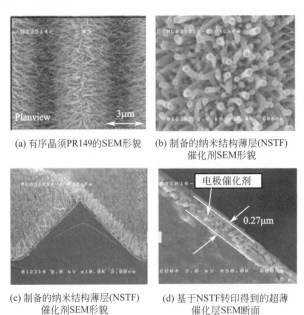

(a) 有序晶须PR149的SEM形貌

(b) 制备的纳米结构薄层(NSTF)
催化剂SEM形貌

(c) 制备的纳米结构薄层(NSTF)
催化剂SEM形貌

(d) 基于NSTF转印得到的超薄
催化层SEM断面

图 4-22 超薄催化层[43,44]

其中，有序晶须是有机颜料［PR149，N,N-di（3,5-xylyl）perylene-3,4:9,10bis（dicarboximide）］在真空蒸镀后退火形成的。晶须为长条形状，截面宽（52.5±12.0）nm，厚（27.0±7.5）nm。晶格结构为体心立方（111）和侧面（011），顶端生长部位为（211）。晶格常数为 1.45（4）nm，即每个晶胞中有 4 个 PR 分子。有序晶须具有良好的热、化学和电化学稳定性，为 Pt 基催化剂提供良好的骨架结构。NSTF 结构 MEA 中催化剂的载量可降至 $0.15mg/cm^2$，电极的性能优于传统电极，大幅度降低了电极的传质极化。基于 3M 公司的 NSTF 制备的超薄催化层性能见表 4-3。

表4-3　基于 3M 公司的 NSTF 制备的超薄催化层性能

特性	单位	目标	现状
PGM 含量 （以电堆额定功率计）	g（Pt）/kW	0.125	$0.14\sim0.18$g（Pt）/kW，电压在 $0.6\sim0.65$V,80℃,150$\sim$250kPa,Pt_2Ni_7,50cm^2,0.15mg（Pt）/cm^2
PGM 总担载量	mg/cm^2	0.125	$0.15\sim0.20$mg/cm^2,PtCoMn 0.15,Pt/Pt_3Ni_7
质量比活性(150kPa H_2/O_2，80℃，100% RH,1050s)	A/mg（Pt）@900mV，150kPa O_2	0.44	0.24A/mg,50cm^2,PtCoMn 0.43A/mg,50cm^2,Pt_3Ni_7
面积比活性(150kPa H_2/O_2，80℃,100% RH)	mA/cm^2（Pt）@900mV	0.720	2.1mA/cm^2,PtCoMn 0.1mg（Pt）/cm^2 $2.7\sim3.0$mA/cm^2,Pt_3Ni_7 0.125mg（Pt）/cm^2
稳定性:30000 次循环，$0.6\sim1.0$V,50mV/s，80℃/80℃/80℃,100kPa,H_2/N_2	损失/mV ECSA 损失/% 质量比活性损失/%	<30 <40 <40	（10±7）mV 损失,0.8A/cm^2 16%±2%的 ECSA 损失,PtCoMn 37%±2%的质量活性损失
稳定性:1.2V 400h,80℃，H_2/N_2,150kPa,100% RH	损失/mV ECSA 损失/% 质量比活性损失/%	<30 <40 <40	10mV 损失,1.5A/cm^2 10%的 ECSA 损失 10%的质量比活性损失
稳定性:OCV 500h，250kPa/200kPa H_2/Air，90℃,30% RH	渗氢电流/（mA/cm^2） OCV 损失/%	<20 <20	（13±4）mA/cm^2，500h 12%±5%开路电压损失
稳定性(膜寿命测试)：$T\geqslant80$℃	时间/h	5000	9000h,3M 膜（20μm,850EW） 50cm^2,80℃/64℃/64℃,2000h

Vliet 等[45]通过中等温度退火形成合金并去合金化，制备了介观结构薄膜电极（meso-structured thin-film，MSTF），电极的面积比活性提高到商品 Pt/C 的 8 倍以上，特别是在电极表面制备的 Pt_3Ni 薄膜催化剂，其面积比活性达到商品 Pt/C 的 20 倍以上。膜状的 NSTF 催化剂和传统的 Pt/C 催化剂进行加速衰减实验，$0.6\sim1.2$V（vs. RHE），NSTF 催化剂在 5000 圈 ADT 中 ECSA 只衰减了 33%，而传统的 Pt/C 催化剂在加速衰减 2000 圈之后衰减 90%，且在 1.5V（vs. RHE）恒电位条件下，NSTF 催化剂只是减少很少的一部分活性面积，而传统的 Pt/C 催化剂则在 30min 之后基本完全消失[44,46]。

3M 有序超薄催化层不同于传统催化层结构，催化层内仅有催化剂和绝缘支撑体，不含传导电子的载体和质子导体以及憎水性材料。PR149 绝缘支撑体并不能为催化层提供电子传递通道，但是薄膜结构的 NSTF 催化剂可用于传递电子。而关于质子在催化层内的传导机理尚有争议。Chan 和 Eikerling[47]假设超薄催化层内完全充满液态水，反应气体通过水相传输，并认为是质子与金属表面电荷形成的静电作用力实现了催化层内质子的传递。而燃料电池在实际运行时，催化层内如果完全充满液态水将造成燃料电池水淹。

　　Kongkanand 和 Sinha[48]则认为水合氢离子与金属催化剂表面的氧化物结合能够起到传导质子的作用。通过实验测得 NSTF 催化层内质子电导率随增湿度增加而增加，100%增湿时质子电导率为 0.1S/m。

　　在相同电流密度下，NSTF 催化层在单位厚度下产水量是传统催化层的 20～30 倍。同时催化层中主要为金属催化剂，整个催化层具有很强的亲水性，这就导致催化层极易发生水淹。水管理策略是这种超薄催化层商业化应用的关键。3M 公司研究结果表明，在不饱和增湿下，对阴阳极两侧施加适合的压差，可以促使阴极产生的水渗透到缺水的膜和阳极一侧，并改进阳极一侧 GDL 结构加快水的排出，从而较好地减缓阴极侧水淹。Kongkanand 等[49]尝试将 NSTF 超薄催化层与传统 Pt/C 相结合用于改善其水管理，但加入 Pt/C 催化剂的同时会显著增加催化层内的质子传递电阻。

　　有序结构催化层的研究中，作为有序超薄电极的载体材料主要有：

　　① 碳纳米管/线为载体，特点是载体电子电导率高，但易被氧化。

　　② 有序导电聚合物为载体，特点是质子传导率高。

　　③ 有序结构金属氧化物材料为载体，其特点是抗氧化，但需增强电子电导。

　　④ 无载体的自支撑结构催化层，其特点是通过模板法等形成催化剂自支撑结构，电导取决于催化剂，无载体氧化影响。

4.3.5.1　碳纤维/纳米管/N 掺杂碳纳米管阵列为载体的有序膜电极

　　碳材料由于其高电导率，被广泛用作燃料电池催化剂的载体。碳纳米管/线可形成有序阵列载体，利于电极结构的有序化。Tian 等[50]在铝箔上制备有序碳纳米管阵列（VACNT），磁控溅射法担载 Pt 催化剂。通过调节阵列的密度和 Nafion 的担载量，在 Pt 载量为 $35\mu g/cm^2$ 和 Nafion 载量为 $10.8\mu g/cm^2$ 时［图 4-23(a)］得到最佳的性能，与载量为 $0.4mg/cm^2$ 的传统 Pt/C 的性能相当［图 4-23(c)］。Murata 等[51]以制备有序碳纳米管阵列为载体，担载 $0.1mg/cm^2$ 的 Pt 催化剂［图 4-23(b)］，表现出良好的电化学性能，$2.6A/cm^2$ 时电压为 0.6V［图 4-23(d)］。但碳基材料为载体时，在燃料电池运行过程中易发生二电子过程，产生中间产物 H_2O_2，且在薄层催化层中其释放速率较快，导致膜腐蚀及降解，从而影响电池的稳定性。此外，碳材料在强酸性、强氧化性及高电位环境下稳定性也需要考虑。

　　有序碳纳米管/线阵列为载体的膜电极的稳定性也有一些研究工作[45,52,53]，通过 N 掺杂和担载金属氧化物（NbO_2[53]，TiO_2[54]等）提高催化剂的稳定性。

4.3.5.2　导电聚合物阵列为载体的有序膜电极

　　导电聚合物具有可调节的电子电导率、酸性环境下稳定性以及电化学稳定性良好的特点。以 PPy（聚吡咯）、PANI（聚苯胺）、PEDOT［聚（3,4-乙烯二氧噻吩）］为代表，可用作催化剂的载体材料。同时其拥有电容性质，制备成 3D 结构的导电聚合物阵列最开始被用作超级电容器的电极材料。夏章迅等[55]制备了 PPy 和 Nafion 的共聚体，利用原位自组装技术在纳米线表面形成了 Pt 纳米颗粒，构成了锚定的结构，这种方法在一维纳米线/棒结构中使用较多，通常加入的带电基团有 PDDA（聚二烯丙基二甲基氯化铵）、PBI、Nafion，还有离子液体等。所制备的电极结构在 PEMFC 体系中，表现出良好的性能，与所测得的传统电极性能相当，阴极质量比功率为 5.23W/mg。付旭东等[56]制备了 PANI 纳米线结构作为

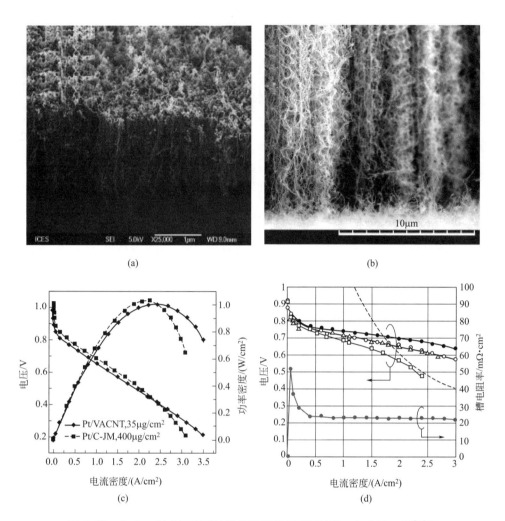

图 4-23 （a）、（b）垂直碳纳米管阵列的 FESEM 图；（c）Tian 等[50]和
（d）Murata 等制备的碳纳米管阵列的单池性能与传统 Pt/C 电极性能比较

○20cm²碳纳米管阵列电极；●20cm²碳纳米管阵列电极IR校正；△236cm²碳纳米管阵列电极；
□236cm²传统PtC电极；●碳纳米管阵列电极的单池内阻；虚线：DOE目标0.125g(PGM)/kW

PEMFC 的电极材料，电池性能也有所提高。

　　Nafion 纳米结构在催化层中的作用是传导质子，为改善催化层内部质子传导的传输途
径，Babu 等[57]采用多孔聚碳酸酯作为硬模板，在孔内添加 Nafion/SiO_2，去模板后冷冻干
燥制备出 Nafion 纳米线阵列结构，并沉积 Pt 纳米颗粒，电极亲水性较强，适于低增湿度的
工作环境。

　　Elabd 等[58]利用静电纺丝技术制备 Nafion 纳米纤维（图 4-24），直径为 400nm 的单根
纤维的质子传导率 1.5S/cm，发现 Nafion 纤维具有纳米尺寸效应，随着纳米纤维直径的减
小，质子传导率急剧增加。对比直径 600nm 单根高纯 Nafion（99.9%，质量分数）纳米纤
维和 Nafion 膜在 30℃不同相对湿度下的质子传导率，发现在相对湿度从 50%变化为 90%
时，Nafion 膜的质子传导率增加了一个数量级，而 600nm 的 Nafion 纳米纤维质子传导率增
加了两个数量级。由此显示了质子导体纳米化有序结构的优势。

图 4-24　担载催化剂的 Nafion 纳米管阵列[58]

　　蒋尚峰等在溅射 Pd 的不锈钢基片上采用恒电位电化学聚合制备导电聚合物 PPy 有序纳米线阵列，在其上通过 PVD 溅射 Pd 纳米晶须，再进行氢气低温还原 Pt 形成合金结构的催化剂，通过热压转印实现 Nafion 膜两侧电极同时有序，测试了两极有序膜电极在全电池中的性能。

　　PPy 纳米线阵列的制备过程如下：

　　① 不锈钢片基底预处理。用乙醇-水溶液（体积比 1∶1）进行清洗，通过磁控溅射的方法在基底表面进行 Pd 纳米颗粒的沉积。

　　② 配制电解质溶液。将吡咯单体溶解至 0.2mol/L 磷酸缓冲溶液中，加入 0.1mol/L 对甲苯磺酸钠，充分搅拌均匀。

　　③ 电化学聚合掺杂聚吡咯纳米线。将 Pd-不锈钢片作为工作电极，SCE 作为参比电极，铂片作为对电极，与工作电极距离为 1cm，在室温、0.70V（vs. SCE）聚合电位条件下反应。

　　PtPd-PPy 纳米线阵列的制备：

　　在 PPy 纳米线阵列表面，通过磁控溅射沉积 Pd 纳米颗粒，得到 Pd-PPy 纳米线阵列，随后在 K_2PtCl_4 的 100mL 乙醇溶液中，通入氢气将 Pt 纳米颗粒还原在 Pd 表面，得到 PtPd-PPy 纳米线阵列。

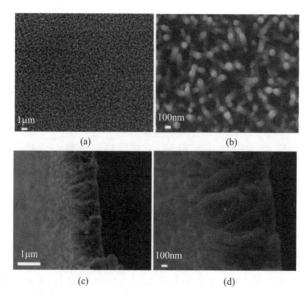

图 4-25　PPy 纳米线阵列的 FESEM 表征结果

电化学聚合的聚吡咯纳米线阵列的形貌表征结果如图 4-25（a）和（b）所示，PPy 样品呈现有序的纳米线阵列结构特征。侧面的 FESEM 照片［图 4-25（c）和（d）］显示这种复合结构纳米线基本呈现出一种垂直于基底表面的取向生长，其平均长度约为 1.1μm，底部平均直径约为 120nm，顶部的平均直径为 80nm，两根纳米线之间的间隙约为 60nm。沉积 Pd 纳米颗粒之后，阵列有序的形貌没有发生明显的改变。Pd 纳米颗粒在 PPy 纳米线表面以 68°±2° 的角度生长，沉积厚度约 5~6nm。Pd-PPy 纳米线的 FESEM 和 TEM 表征见图 4-26。

图 4-26　Pd-PPy 纳米线的 FESEM（a）和 TEM（b）表征

在 Pd-PPy 阵列上进行 Pt 纳米颗粒沉积，如图 4-27（a）。在 PtPd-PPy 相关电极制备完成之后，将其转印至 Nafion 膜表面，如图 4-27（b）。

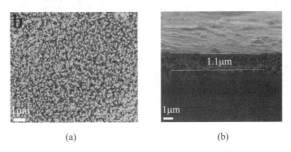

图 4-27　PtPd-PPy FESEM 表征

（a）PtPd-PPy 纳米线阵列；（b）PtPd-PPy 纳米线阵列转印至 Nafion 211 膜

从 PtPd-PPy 纳米线进行局部元素扫描，如图 4-28，可见在 PtPd-PPy 阵列中，Pt 与 Pd 元素都均匀分布在纳米线表面，同时 Pt 元素与 Pd 元素的分布状态基本对应。

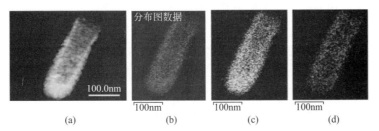

图 4-28　PtPd-PPy 纳米线的 HAADF-STEM（a）及 EDS ［（b）PdPt；（c）Pd；（d）Pt］

4.3.5.3　金属氧化物阵列为载体的有序膜电极

鉴于碳载体不耐高电位氧化，而金属氧化物具有强的耐酸、耐氧化等特点，有可能替换碳材料作为催化剂载体应用于燃料电池中，特别是 NbO$_2$、TiO$_2$、WO$_3$ 等[59-61]，同时这些材料与 Pt 基催化剂之间有很强的作用力，可以提高催化剂的活性与稳定性。在半电池测试中，金属氧化物为有序载体的电极表现出良好的稳定性和活性，但是由于其电导率低而催化剂又不易成膜，欧姆极化较大，在全电池中的性能还有待提高。

Lim 等[62]通过磁控溅射技术在 TiO$_2$ 纳米管阵列上担载 20nm 厚的 Pt 催化剂，在 0～1.2V（vs. RHE）的电势范围内循环 10000 圈后，其电化学活性面积保留了原来的 79.6%，表现良好的稳定性。Bonakdarpour 等[59]采用掠射角沉积制备的 NbO$_2$ 阵列，担载 0.1mg/cm^2 的 Pt 催化剂后，其 ORR 活性在 0.9V（vs. NHE）超过 1.0mA/cm^2。张长昆等[63]采用阳极氧化法制备有序的 TiO$_2$ 纳米管阵列（TNT），通过高纯氢气退火处理 TNT（H-TNT），H-TNT 的电子电导提高了一个数量级。采用连续离子吸附和反应的方法（SIAR）得到 Sn/Pd-H-TNT，将 Pt 催化剂在 Sn/Pd 周围还原，通过热处理形成 PtPdSn 三元合金催化剂，均匀分布在 H-TNT 管内，见图 4-29。

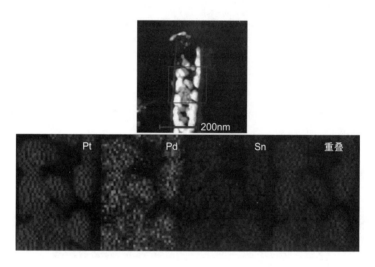

图 4-29　H-TNT-Sn/Pd/Pt:2@450 的 HAADF-STEM 图与元素面分布图

过渡金属氮化物具有与 Pt 比较相似的催化剂性质[64,65]，已经被广泛应用于催化剂载体。将金属氧化物处理成氮化物可以提高载体的电导率，如 TiN。Pan 等[66]制备 TiN 纳米管（TiN NT）作为催化剂 Pt 载体，12000 圈稳定性测试（ADT）表明 Pt-TiN NT 催化剂颗粒和电化学活性面积的稳定性都明显优于商品 Pt/C（E-TEK）。

蒋尚峰等[67]通过将 TiO$_2$ 纳米阵列在高温氨气中氮化处理得到 TiN 阵列，以提高阵列载体的电子电导率。通过磁控溅射方法，将 PtPdCo 沉积在 TiN 纳米棒表面，并通过中等温度焙烧制备 PtPdCo-TiN 电极（图 4-30）。四探针测试溅射 PtPdCo 催化剂后的电导率为 2.025×10^3 S/cm，较 TiO$_2$ 的 6.682×10^{-5} S/cm 电子电导大幅度提高。将所制备 PtPdCo-TiN 电极作为单电池阴极进行全电池测试，无外加质子导体，在低 Pt 载量 66.7μg/cm^2 条件下，单电池的最高功率密度为 390.5mW/cm^2，其质量比功率密度 5.85W/mg 优于商品 GDE 电极的 2.46W/mg。比较初始 ECSA 与 2000 圈动电位测试完成后的 ECSA，结果表明 PtPdCo-TiN 阴极在 2000 圈稳定性测试后电极的 ECSA 保留了 72.9%，而商品 GDE 电极仅保留了 59.5%，显示了 PtPdCo-TiN 阴极较好的稳定性。

图 4-30　PtPdCo-TiN 阵列的 FESEM 图

4.3.5.4　催化剂阵列自支撑的有序膜电极

金属氧化物载体的电导率毕竟不够理想，若制备自支撑的催化剂，则有可能绕开载体电导率的制约。为制备具有纳米线/棒/管阵列结构的自支撑催化剂，可牺牲的模板法是一种常用的方法，两性氧化物通常被用作牺牲模板，如 ZnO、$Co(OH)_xCO_3$ 等。

张长昆等[68]采用 Co-OH-CO_3 有序阵列作为催化剂结构支撑体，制备有序薄膜结构电极，得到无离子导体的超薄纳米催化层结构。

Co-OH-CO_3 阵列的制备：以硝酸钴、氟化铵和尿素配制反应溶液。将不锈钢片基底放置于反应溶液中，反应溶液转移至高压釜聚四氟乙烯内胆中，在 120℃反应得到 Co-OH-CO_3 阵列，之后采用磁控溅射技术在阵列上担载催化剂。

图 4-31（a）和图 4-32（a）为 Co-OH-CO_3 阵列电镜形貌图。图 4-31（b）～（d）和图 4-32（b）～（d）分别为担载不同催化剂 Pt、PdPt 和 CuPdPt 的 FESEM 图和 TEM 图。

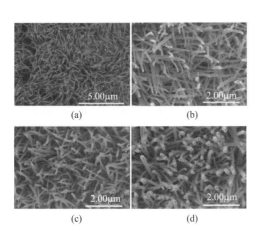

图 4-31　Co-OH-CO_3 系列电极的 FESEM 图
（a）Co-OH-CO_3；（b）Co-OH-CO_3-Pt；
（c）Co-OH-CO_3-PdPt；（d）Co-OH-CO_3-CuPdPt

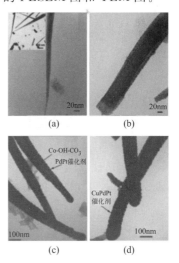

图 4-32　Co-OH-CO_3 系列电极的 TEM 图
（a）Co-OH-CO_3；（b）Co-OH-CO_3-Pt；
（c）Co-OH-CO_3-PdPt；（d）Co-OH-CO_3-CuPdPt

担载催化剂后采用酸腐蚀去除载体 Co-OH-CO_3，可得到自支撑的有序催化层结构，图 4-33 为酸腐蚀后的 Co-OH-CO_3-CuPdPt 形貌图及表面元素分布，酸洗后电极内部呈空心结构，形成 PdPt 催化剂空心薄膜结构。表面元素分析表明 Pd 元素主要分布在自支撑催化剂的内层,外层为 Pt 元素。空心薄膜结构的催化剂为催化层电子传递提供了通道。

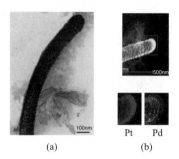

图 4-33 Co-OH-CO$_3$-CuPdPt 酸洗后的 TEM 图(a) 和 HAADF-STEM 图(b)

将此薄膜结构的催化层热压于质子交换膜上,无外加离子导体,制备有序超薄催化层的膜电极。图 4-34 为 Co-OH-CO$_3$-Pt 系列电极的单池 I-V 曲线。其 Pt 载量为 $43\mu g/cm^2$,Pd 载量为 $24\mu g/cm^2$,电池最高功率密度为 $475mW/cm^2$。

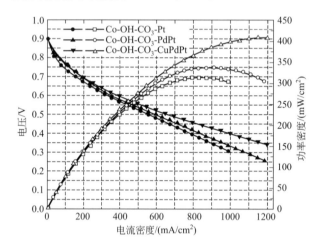

图 4-34 以 Co-OH-CO$_3$-Pt、 Co-OH-CO$_3$-PdPt 和 Co-OH-CO$_3$-CuPdPt 为电极的单池 I-V 曲线

在此基础上,曾亚超等[69]以 Co-OH-CO$_3$ 纳米线阵列为模板和钴源,通过退火处理获得 PtCo 合金纳米管。退火过程中,Pt@Co-OH-CO$_3$ NWA 的化学反应如下:

$$Co(OH)_y(CO_3)_{0.5(2-y)} \cdot nH_2O + H_2 \longrightarrow Co + (0.5y + n + 1)H_2O + 0.5(2-y)CO_2$$

通过调整退火的温度,可以有效地调变纳米管中的 Co 含量。采用欠电位沉积(under potential deposition,UPD)和伽尔瓦尼置换(Galvanic displacement)在纳米管壁上沉积 Pt 膜(Pt$_{skin}$):

$$Cu_{ML} + PtCl_4^{2-} \longrightarrow Pt_{ML} + Cu^{2+} + 4Cl^-$$

图 4-35(a)是 Pt$_{skin}$@PdCo NTA 的 ACSTEM 图,较暗的区域是纳米管的内表面,而较为明亮的区域是纳米管的外表面。图 4-35(b)是 Pt、Pd 和 Co 元素的 EDS 叠加图,Pt 在纳米管的外侧,与 PdCo NTA 形成核壳结构。图 4-35(c)显示 Pt 在 PdCo NTA 的内外管壁呈现均匀分布。

由图 4-36(a)可知,Pt$_{skin}$@PdCo NTA 与 GDL 垂直生长,Pt$_{skin}$@PdCo NTA 的厚度约 $3\mu m$。图 4-36(b)是图 4-36(a)的局部放大图,Pt$_{skin}$@PdCo NTA 的一侧开放。相较于闭管式的纳米管结构,开管式结构使反应物更易到达纳米管的内管壁,利于提高催化剂的利用率。

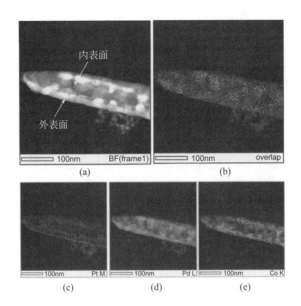

图 4-35 开管式 Pt$_{skin}$@PdCo NTA 表征

（a）开管式 Pt$_{skin}$@PdCo NTA 的 ACSTEM 图；（b）Pt，Pd 和 Co 元素的 EDS 面扫的叠加图；
（c）Pt，（d）Pd 和（e）Co 的元素分布图

图 4-36 基于 Pt$_{skin}$@PdCo NTA 的 GDE 断面 SEM 图

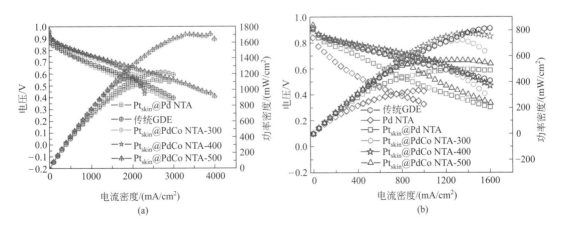

图 4-37 以 Pt$_{skin}$@Pd NTA、Pt$_{skin}$@PdCo NTA 为阳极（a）、阴极（b）的单电池性能

尽管 Pt_{skin}@PdCo NTA 中未添加质子导体，电极性能与传统电极相当（图 4-37）。其中，Pt_{skin}@PdCo NTA-500 阳极的 Pt 载量为 $5.1\mu g/cm^2$。

膜电极的有序结构有利于降低催化剂的用量，适宜的载体可增强电极的稳定性，但迄今为止，可批量生产应用的有序结构的膜电极仍需要进一步研究。

参 考 文 献

[1]　Barbir F. PEM fuel cells theory and practice [M]. United State: Elsevier, 2013.

[2]　Park S, Lee J-W, Popov B N. A review of gas diffusion layer in PEM fuel cells: Materials and designs [J]. International-al Journal of Hydrogen Energy, 2012, 37 (7): 5850-5865.

[3]　GB/T 20042.7—2014, 质子交换膜燃料电池　第 7 部分: 炭纸特性测试方法 [S].

[4]　Mark Mathias, Joerg Roth, Jerry Fleming, Werner Lehnert. Diffusion media materials and characterisation [J]. Fundamentals, Technology and Applications, 2003, 3: 1.

[5]　Srinivasan S, Derouin C R, Raistrick I D. Enhanced electrode-kinetics in phosphoric-acid fuel-cells by use of nafion-coated electrodes [J]. Journal of the Electrochemical Society, 1986, 133 (3): C130.

[6]　GB/T 20042.5—2009, 质子交换膜燃料电池　第 5 部分: 膜电极测试方法 [S].

[7]　Chun Y G, Kim C S, Peck D H, et al. Performance of a polymer electrolyte membrane fuel cell with thin film catalyst electrodes [J]. Journal of Power Sources, 1998, 71 (1-2): 174-178.

[8]　Srinivasan S, Velev O A, Parthasarathy A, et al. High-energy efficiency and high-power density proton-exchange membrane fuel-cells -electrode-kinetics and mass-transport [J]. Journal of Power Sources, 1991, 36 (3): 299-320.

[9]　Ralph T R, Hards G A, Keating J E, Campbell S A, Wilkinson D P, Davis M, St-Pierre J, Johnson M C. Low cost electrodes for proton exchange membrane fuel cells [J]. J Electrochem Soc, 1997, 144: 3845-3850.

[10]　Uchida M, Aoyama Y, Eda N, et al. New preparation method for polymer-electrolyte fuel-cells [J]. Journal of the Electrochemical Society, 1995, 142 (2): 463-468.

[11]　Zhang J L, Wang X L, Hu J W, et al. A novel method for preparing PEMFC catalytic layers [J]. Bulletin of the Chemical Society of Japan, 2004, 77 (12): 2289-2290.

[12]　Wilson M S, Gottesfel D S. Thin-film catalyst layers for polymer electrolyte fuel-cell electrodes [J]. Journal of Applied Electrochemistry, 1992, 22 (1): 1-7.

[13]　Wilson M S, Gottesfeld S. High-performance catalyzed membranes of ultra-low Pt loadings for polymer electrolyte fuel-cells [J]. Journal of the Electrochemical Society, 1992, 139 (2): L28-L30.

[14]　Springer T E, Wilson M S, Gottesfeld S. Modeling and experimental diagnostics in polymer electrolyte fuel-cells [J]. Journal of the Electrochemical Society, 1993, 140 (12): 3513-3526.

[15]　Liu P, Yin G-P, Shao Y-Y. High electrochemical activity of Pt/C cathode modified with NH_4HCO_3 for direct methanol fuel cell [J]. Journal of Solid State Electrochemistry, 2010, 14 (4): 633-636.

[16]　Song W, Yu H, Hao L, et al. A new hydrophobic thin film catalyst layer for PEMFC [J]. Solid State Ionics, 2010, 181 (8-10): 453-458.

[17]　Jung U H, Jeong S U, Park K T, et al. Improvement of water management in air-breathing and air-blowing PEMFC at low temperature using hydrophilic silica nano-particles [J]. Int J Hydrog Energy, 2007, 32 (17): 4459-4465.

[18]　Vengatesan S, Kim H J, Lee S Y, et al. High temperature operation of PEMFC: A novel approach using MEA with silica in catalyst layer [J]. Int J Hydrog Energy, 2008, 33 (1): 171-178.

[19]　Navarra M A, Abbati C, Scrosati B. Properties and fuel cell performance of a Nafion-based, sulfated zirconia-added, composite membrane [J]. Journal of Power Sources, 2008, 183 (1): 109-113.

[20]　Rhee C H, Kim Y, Lee J S, et al. Nanocomposite membranes of surface-sulfonated titanate and Nafion® for direct methanol fuel cells [J]. Journal of Power Sources, 2006, 159 (2): 1015-1024.

[21]　Munakata H, Chiba H, Kanamur A K. Enhancement on proton conductivity of inorganic-organic composite electrolyte membrane by addition of sulfonic acid group [J]. Solid State Ionics, 2005, 176 (31-34): 2445-2450.

［22］ Miao Z L，Yu H，Song W，et al. Effect of hydrophilic SiO_2 additive in cathode catalyst layers on proton exchange membrane fuel cells ［J］. Electrochemistry Communications，2009，11（4）：787-790.

［23］ 缪智力. 膜电极组件中掺杂 SiO_2 对质子交换膜燃料电池的影响［D］. 大连：中国科学院大连化学物理研究所，2009.

［24］ Arthur P Miller. Lange's Handbook of Chemistry. 11th ed.［M］. New York：McGraw-Hill，1973.

［25］ 吴越. 催化化学（下）［M］. 北京：科学出版社，2000.

［26］ Oetjen H F，Schmidt V M，Stimming U，et al. Performance data of a proton exchange membrane fuel cell using H_2/CO as fuel gas［J］. Journal of the Electrochemical Society，1996，143（12）：3838-3842.

［27］ Divisek J，Oetjen H F，Peinecke V，et al. Components for PEM fuel cell systems using hydrogen and CO containing fuels［J］. Electrochimica Acta，1998，43（24）：3811-3815.

［28］ Gasteiger H A，Markovic N M，Ross P N. H_2 and CO electrooxidation on well-characterized Pt，Ru，and Pt-Ru . 1. rotating-disk electrode studies of the pure gases including temperature effects［J］. Journal of Physical Chemistry，1995，99（20）：8290-8301.

［29］ Gasteiger H A，Markovic N M，Ross P N. H_2 and CO electrooxidation on well-characterized Pt，Ru，and Pt-Ru . 2. rotating disk electrode studies of CO/H_2 mixtures at 62℃［J］. Journal of Physical Chemistry，1995，99（45）：16757-16767.

［30］ Gasteiger H A，Markovic N，Ross P N，et al. CO electrooxidation on well-characterized Pt-Ru alloys［J］. Journal of Physical Chemistry，1994，98（2）：617-625.

［31］ Morimoto Y，Yeager E B. CO oxidation on smooth and high area Pt，Pt-Ru and Pt-Sn electrodes［J］. Journal of Electroanalytical Chemistry，1998，441（1-2）：77-81.

［32］ Lin W F，Iwasita T，Vielstich W. Catalysis of CO electrooxidation at Pt，Ru，and PtRu alloy. An in situ FTIR study［J］. Journal of Physical Chemistry B，1999，103（16）：3250-3257.

［33］ Ianniello R，Schmidt V M，Stimming U，et al. CO adsorption and oxidation on Pt and Pt-Ru alloys-dependence on substrate composition［J］. Electrochimica Acta，1994，39（11-12）：1863-1869.

［34］ Isono T，Suzuki S，Kaneko M，et al. Development of a high-performance PEFC module operated by reformed gas［J］. Journal of Power Sources，2000，86（1-2）：269-273.

［35］ Haug A T，White R E，Weidner J W，et al. Development of a novel CO tolerant proton exchange membrane fuel cell anode［J］. Journal of the Electrochemical Society，2002，149（7）：A862-A867.

［36］ Haug A T，White R E，Weidner J W，et al. Using sputter deposition to increase CO tolerance in a proton-exchange membrane fuel cell［J］. Journal of the Electrochemical Society，2002，149（7）：A868-A872.

［37］ Uribe Francisco A，Zawodzinski Thomas A，Shimshon G，et al. Fuel cell anode configuration for CO tolerance：WO 0036679［P/OL］. 1999-12-16.

［38］ Yu H M，Hou Z J，Yi B L，et al. Composite anode for CO tolerance proton exchange membrane fuel cells［J］. Journal of Power Sources，2002，105（1）：52-57.

［39］ Middelman E. Improved PEM fuel cell electrodes by controlled self-assembly［J］. Fuel Cells Bull，2002，2：9-12.

［40］ Soboleva T，Jankovic J，Hussain M，et al. Conductive mesh supported electrode for fuel cell：US 20140080032-A1［P/OL］. 2013-9-10.

［41］ Hussain M M，Song D，Liu Z-S，et al. Modeling an ordered nanostructured cathode catalyst layer for proton exchange membrane fuel cells［J］. J Power Sources，2011，196：4533-4544.

［42］ Zhang H F，Hussain I，Brust M，et al. Aligned two- and three-dimensional structures by directional freezing of polymers and nanoparticles［J］. Nature Materials，2005，4（10）：787-793.

［43］ Weber A Z，Kusoglu A. Unexplained transport resistances for low-loaded fuel-cell catalyst layers［J］. J Mater Chem A，2014，2：17207-17211.

［44］ Debe M K，Schmoeckel A K，Vernstrorn G D，et al. High voltage stability of nanostructured thin film catalysts for PEM fuel cells［J］. J Power Sources，2006，161（2）：1002-1011.

［45］ van der Vliet D F，Wang C，Tripkovic D，et al. Mesostructured thin films as electrocatalysts with tunable composition and surface morphology［J］. Nature Materials，2012，11（12）：1051-1058.

[46] Stevens D A, Wang S, Sanderson R J, et al. Assessing the Pt-upd Surface Area Stability of $Pt_{1-x}M_x$ (M=Re, Nb, Bi) Solid Solutions for Proton Exchange Membrane Fuel Cells [J]. J Electrochem Soc, 2010, 157 (5): B737-B743.

[47] Chan K, Eikerling M. Impedance Model of Oxygen Reduction in Water-Flooded Pores of Ionomer-Free PEFC Catalyst Layers [J]. Journal of the Electrochemical Society, 2012, 159 (2): B155-B164.

[48] Kongkanand A, Sinha P K. Load Transients of Nanostructured Thin Film Electrodes in Polymer Electrolyte Fuel Cells [J]. Journal of the Electrochemical Society, 2011, 158 (6): B703-B711.

[49] Kongkanand A, Owejan J E, Moose S, et al. Development of Dispersed-Catalyst/NSTF Hybrid Electrode [J]. Journal of the Electrochemical Society, 2012, 159 (11): F676-F682.

[50] Tian Z Q, Lim S H, Poh C K, et al. A Highly Order-Structured Membrane Electrode Assembly with Vertically Aligned Carbon Nanotubes for Ultra-Low Pt Loading PEM Fuel Cells [J]. Advanced Energy Materials, 2011, 1 (6): 1205-1214.

[51] Murata S, Imanishi M, Hasegawa S, et al. Vertically aligned carbon nanotube electrodes for high current density operating proton exchange membrane fuel cells [J]. J Power Sources, 2014, 253: 104-113.

[52] Zhu W, Zheng J P, Liang R, et al. Durability Study on SWNT/Nanofiber Buckypaper Catalyst Support for PEMFCs [J]. J Electrochem Soc, 2009, 156 (9): B1099-B1105.

[53] Mezalira D Z, Bron M. High stability of low Pt loading high surface area electrocatalysts supported on functionalized carbon nanotubes [J]. J Power Sources, 2013, 231: 113-121.

[54] Jiang Zheng-Zhi, Wang Zhen-Bo, Chu Yuan-Yuan, et al. Carbon riveted microcapsule PtMWCNTs-TiO_2 catalyst prepared by in situ carbonized glucose with ultrahigh stability for proton exchange membrane fuel cell [J]. Energy & Environmental Science, 2011, 4: 2558-2566.

[55] Xia Z X, Wang S L, Jiang L H, et al. Bio-inspired Construction of Advanced Fuel Cell Cathode with Pt Anchored in Ordered Hybrid Polymer Matrix [J]. Scientific Reports, 2015, 5.

[56] Fu X D, Wang S L, Xia Z X, et al. Aligned polyaniline nanorods in situ grown on gas diffusion layer and their application in polymer electrolyte membrane fuel cells [J]. Int J Hydrogen Energ, 2016, 41 (5): 3655-3663.

[57] Babu S K, Atkinson R W, Papandrew A B, et al. Vertically Oriented Polymer Electrolyte Nanofiber Catalyst Support for Thin Film Proton-Exchange Membrane Fuel Cell Electrodes [J]. Chemelectrochem, 2015, 2 (11): 1752-1759.

[58] Dong B, Gwee L, Salas-de la Cruz D, et al. Super Proton Conductive High-Purity Nafion Nanofibers [J]. Nano Letters, 2010, 10 (9): 3785-90.

[59] Bonakdarpour A, Tucker R T, Fleischauer M D, et al. Nanopillar niobium oxides as support structures for oxygen reduction electrocatalysts [J]. Electrochimica Acta, 2012, 85: 492-500.

[60] Gao Lina, Wang Xianfu, Zhong Xie, et al. High-Performance Energy-Storage Devices Based on WO_3 Nanowire ArraysCarbon Cloth Integrated Electrodes [J]. Journal of Materials Chemistry A, 2013, 1: 7167-7173.

[61] Jiang S F, Yi B L, Zhang C K, et al. Vertically Aligned Carbon-coated Titanium Dioxide Nanorod Arrays on Carbon Paper with Low Platinum for Proton Exchange Membrane Fuel Cells [J]. J Power Sources, 2015, 276: 80-88.

[62] Lim D-H, Lee W-J, Wheldon J, et al. Electrochemical Characterization and Durability of Sputtered Pt Catalysts on TiO_2 Nanotube Arrays as a Cathode Material for PEFCs [J]. Journal of the Electrochemical Society, 2010, 157 (6): B862-B867.

[63] Zhang C K, Yu H M, Li Y K, et al. Highly stable ternary tin-palladium-platinum catalysts supported on hydrogenated TiO_2 nanotube arrays for fuel cells [J]. Nanoscale, 2013, 5 (15): 6834-6841.

[64] Tian X L, Luo J M, Nan H X, et al. Binary transition metal nitrides with enhanced activity and durability for the oxygen reduction reaction [J]. Journal of Materials Chemistry A, 2015, 3 (32): 16801-16809.

[65] Dong Y Z, Wu Y M, Liu M J, et al. Electrocatalysis on Shape-Controlled Titanium Nitride Nanocrystals for the Oxygen Reduction Reaction [J]. Chemsuschem, 2013, 6 (10): 2016-2021.

[66] Pan Z C, Xiao Y H, Fu Z G, et al. Hollow and porous titanium nitride nanotubes as high-performance catalyst supports for oxygen reduction reaction [J]. Journal of Materials Chemistry A, 2014, 2 (34): 13966-13975.

[67] Jiang S F, Yi B L, Zhang H J, et al. Vertically Aligned Titanium Nitride Nanorod Arrays as Supports of Platinum-

Palladium-Cobalt Catalysts for Thin-Film Proton Exchange Membrane Fuel Cell Electrodes [J]. Chemelectrochem, 2016, 3 (5): 734-740.

［68］ Zhang C K, Yu H M, Fu L, et al. A novel ultra-thin catalyst layer based on wheat ear-like catalysts for polymer electrolyte membrane fuel cells [J]. RSC Adv, 2014, 4 (102): 58591-58595.

［69］ Zeng Y C, Zhang H G, Wang Z Q, et al. Nano-engineering of a 3D-ordered membrane electrode assembly with ultra-thin Pt skin on open-walled PdCo nanotube arrays for fuel cells [J]. Journal of Materials Chemistry A, 2018, 6 (15): 6521-6533.

第5章
双 极 板

5.1 燃料电池双极板的功能与分类

双极板，是质子交换膜燃料电池中的关键部件之一，其功能包括分隔氧化剂与还原剂以及冷却剂，通过流道将反应物（如氢和氧）从公用管道入口均匀分配到电堆内各单池电极的各处，并将反应物汇集到公用管道出口，此外，双极板还起到收集并传导电流和支撑膜电极的作用，同时还承担整个燃料电池的散热和排水功能。因此双极板需要具备以下特点[1]：

① 双极板作为两节相邻单电池的连接部件，起着连接单池组成完整电堆的作用，因此要求它必须具有良好的导电性：较低的面电阻、体电阻及与 MEA 扩散层的接触电阻。

② 双极板与密封件等部件构成反应气传输的孔道，将反应气均匀导入各个单池，并由流场均匀分配到电极的各处，双极板表面需具有适宜的亲、憎水特性。

③ 双极板起到阻隔氧气、氢气的作用，因而要求双极板必须有良好的阻气性。

④ 由于现阶段质子交换膜多为全氟磺酸膜，双极板材料需要具有较强的抗腐蚀性，必须在 PEMFC 运行条件下（一定的电极电位、与氧化剂或还原剂共存等）稳定运行几千至几万小时，以满足燃料电堆的寿命要求。

⑤ 燃料和氧化剂的电化学反应是放热反应，双极板材料需要具有良好的导热性，以便实现电堆的热管理。

⑥ 由于燃料电池多采用压滤机式结构组装，电堆核心材料需要承受一定的压紧力，因此双极板需要具有一定的强度。

⑦ 最好选用适于批量生产的极板材料以降低电堆的整体成本。

燃料电池双极板材料性能要求见表 5-1。

表5-1　燃料电池双极板材料性能要求[2]

性能	指标	性能	指标
电导率/(S/cm)	>100①	气体渗透率/[cm³/(s · cm²)]	<2×10⁻⁶①
接触电阻率/mΩ · cm²	<20②	热导率/[W/(m · K)]	>20①
机械强度/MPa	>25①	电化学腐蚀速率/(μA/cm²)	<1①

① DOE 指标；② GM 指标。

5.2 双极板的流场与密封

5.2.1 流场

流场的功能是引导反应气流动方向，确保反应气均匀分配到电极的各处，经电极扩散层到达催化层参与电化学反应，并将反应产物水排出单池。同时，流场材料也需要实现收集电流的作用。

因此，对流场材料的要求有：

① 高电导率，且与扩散层材料、双极板材料之间的接触电阻小；

② 高抗腐蚀性；

③ 高化学相容性；

④ 适宜的机械强度；

⑤ 适宜的亲憎水性；

⑥ 制备的简易性与高性价比。

除了材料的选择外，流道结构的设计是研究的重点。流场极板上分布着数十个甚至数百个精细的沟槽，用于反应气体的分布。其中，流场沟槽的尺寸和形状对燃料电池的单池性能具有显著的影响。理想的流场设计不仅可以优化气体传递、减小传质极化，而且可以提升电池的排水能力，减少液态水的聚集，避免电极水淹，总体上提高燃料电池的运行电流密度。根据燃料与氧化剂的不同，流场的结构形式有多种，如网状、多孔体、点状流场等以及平行沟槽、蛇形（单蛇形与多蛇形）和交指状流场等。目前，在实用的流场设计中，过渡区多采用点状流场，反应区以直流道和蛇形流道为主，结构示意见图 5-1。

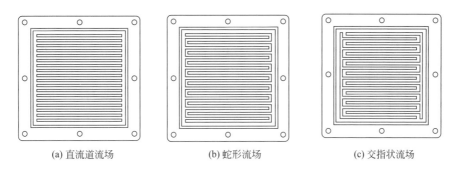

(a) 直流道流场　　　　(b) 蛇形流场　　　　(c) 交指状流场

图 5-1　直流道流场、蛇形流场与交指状流场示意图

网状流场多采用金属编织网或拉伸网，多孔介质流场则采用多孔碳与多孔金属，在与分隔板组成双极板时，需要考虑网与多孔介质间的接触电阻。网状、多孔介质以及点状流场常用于流速要求不高的场合。

平行沟槽、蛇形（单蛇形与多蛇形）和交指状流场中的气体流动线速度较高，有利于通过气体流动将液态水排出电池。在结构上，它们通常具有"沟""脊"特征，其中流场材料与扩散层接触的部分为"脊"，为流体提供通道的部分为"沟"。流场的导电特性取决于"脊"的材料与面积，流体的通量则取决于"沟"的横截面积与数量。可通过优化用改变沟与脊的宽度比和沟槽的长度来改变流经流场沟槽反应气的线速度，一方面供给燃料电池反应所需的气体，另一方面将液态水排出电池。流场的"脊"部分靠电堆组装力与电极扩散层紧密接触，而"沟"部分为反应气流的通道，通常将"沟"截面积与"脊"截面积之比称为流场的开孔率。开孔率过高，不仅减少流场与电极扩散层的接触面积，增大接触电阻，还有可能降低反应气流经流场的线速度；而开孔率过低，则导致"脊"部分的反应气扩散进入电极催化层的路径过长，增加了传质阻力，从而增大浓差极化。一般的，流场开孔率在40%～50%之间。流场沟槽的宽度与脊的宽度在1:(1.2～2.0)之间。通常沟槽的宽度为1mm左右，因此脊的宽度应在1～2mm之间。沟槽的深度应由沟槽总长度和允许的反应气流经流场的总压降决定，通常在0.5～1.0mm之间。

对于大面积电池，流场结构需要保证反应气在电极各处的均匀分配；对于多节单池的电堆，则需考虑反应气流经单池流场的压降与电堆总体的压降的关系。单蛇形流场仅具有一条流道，需向单流道提供较高的气体压力，才能推动气体穿过长流道，以排出生成的水，因此增加了寄生的功率损耗。同时，单一的长流道致使从入口到出口反应物的浓度差较大，易造成MEA活性区域电流密度分布不均，需注意相对应的扩散层的渗透率。针对单通道蛇形流场的缺陷，多通道蛇形流场中，相同活性面积采用多通道，有利于减少流道的转折，可有效降低压力损失，保证单池内的均匀性。

近年来出现的三维流场，与网状流场类似的是，其中无设定的流动通道，板型和扩散层部分结构有一定的夹角。流体在三维网格结构中不断进行分流流动，向扩散层中供应反应气。如此，气体的分流作用使得气体在流场上分布更为均匀；气体在流动中对扩散层表面有一定的冲击作用，可产生的强制对流，使反应气进入催化层发生反应，并促使催化层及扩散层中的水容易排出，不易产生水淹，气体流动阻力也有增加。由于几乎没有"脊"，使得流场开孔率较高，利于提高催化层的反应面积。

5.2.2　密封

燃料电池密封的功能是：①防止燃料与氧化剂或冷却剂与反应气通过公用管道互窜；②防止反应气与冷却剂与电池外部环境间的泄漏。对以氢为燃料的质子交换膜燃料电池，一般采用橡胶（与氢气、氧气/空气、冷却剂具有化学相容性）为密封材料，通过适宜的密封结构实现电池的密封。由于燃料电池的压滤机结构，其密封方式主要采用双极板与膜电极挤压密封材料，形成接触密封，装堆后无相对运动，属于典型的静密封。

燃料电池的密封结构与膜电极和双极板的结构密切相关。密封结构可以位于膜电极上，也可以位于双极板上，如图5-2所示。

用于燃料电池的密封材料有两种：固态密封件与液态密封胶。固态密封件通常按照一定的压缩比设计，考虑的因素有组装力、沟槽的填充率以及密封材料的硬度等。采用预制成形的密封垫片，基于密封件受压反弹的特性来实现密封功能，常用的材料有硅橡胶与氟橡胶。

液态密封胶因具有流动性，可以流入复杂的表面结构中，充满至结合面间的凹陷和缝隙中，消除界面泄漏。在电堆组装时，若膜电极封边采用液态密封胶，可同时实现封边和密封两种功能，通过密封胶与相邻的两块双极板配合，形成密封，有利于提高装配制造效率，同时降低产业化成本。

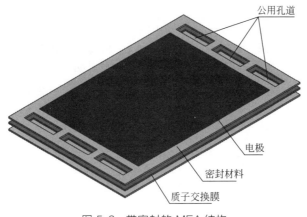

图 5-2 带密封的 MEA 结构

5.3 典型的双极板材料

作为燃料电池双极板的基础材料有碳基与金属基两大类，由于尚无一种完美的材料可同时满足作为双极板的所有要求，如气体抗渗性、导电性、机械强度、耐蚀性以及低成本等，因此，也有复合材料或涂层材料用于双极板的制造。

根据材料的不同可以分为石墨双极板、金属双极板和复合双极板，如图 5-3。

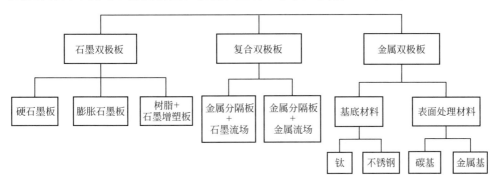

图 5-3 双极板分类

5.3.1 机加工石墨双极板

机加工的石墨双极板采用石墨粉、粉碎的焦炭与可石墨化的树脂或沥青混合成型，经焙烧、浸渍后，在石墨化炉中按照一定程序升温至 2500～2700℃ 得到无孔或低孔石墨块，经切割、研磨，获得厚度为 2～5mm 的石墨板，机器加工出公用孔道后，可采用电脑刻绘机等在其表面刻绘出需要的流场。石墨双极板具有良好的导电、导热性能，化学稳定性好；然而其机械强度低，难于做成薄板，用石墨双极板组装的电池体积比功率较低。此外，石墨双极板加工成本高，制备工艺复杂、耗时。加拿大 Ballard 公司生产的 Mark 系列 25～30kW 的 PEMFC 电堆均采用机加工石墨双极板。

基于石墨材料的双极板，具有良好的耐蚀性能及导电能力。石墨双极板燃料电池的工作性能良好，与碳材料的扩散层之间的接触电阻较低。Joo Louis 等[3] 提出的一种制备整片的石墨双极板的方法，其密封边缘部分无孔或孔极小，工作部分孔隙率很大。但石墨双极板的加工温度高达 2700℃，石墨化时间需要几十小时，能耗很高。

机加工石墨双极板通常孔隙率大、机械强度低、易脆断、不易加工，为了防止工作气体渗过双极板，并满足双极板的机械强度要求，石墨双极板的厚度通常较厚，导致石墨双极板的体积和重量普遍较大；此外，石墨双极板制备过程中的反复升温石墨化又会极大地提高制作成本，这些都极大地限制了其实际应用及商业化。同时由于石墨的脆性，对于具有剧烈振动的使用条件，石墨双极板的强度将是一个关键问题。

5.3.2　模压膨胀石墨双极板

模压膨胀石墨双极板采用成本低、易于加工的多孔层状膨胀石墨作为基材，以树脂为黏结剂，进行双极板模压加工或注塑成型而成。其中，石墨充当支持骨架并起到导电作用，树脂用于填孔、增加机械强度，起到黏结剂作用，该类石墨双极板价格低廉、生产工艺简单，适合批量廉价生产。膨胀石墨板早在 2000 年即应用于 Ballard 公司 Mark900 系列燃料电池堆中，目前仍用于该公司 FCveloCity 系列大巴车用燃料电池堆中。Ballard 公司专利[4]中提出使用滚压浮雕或模板冲压法生产带流场的膨胀石墨双极板，成型后向双极板孔隙中浸渍树脂，并利用真空环境抽出多余树脂，从而提高石墨板强度、控制孔隙率。Ballard 等多家公司均已针对膨胀石墨板流场结构设计、高温膨胀处理、真空压制、浸渍树脂改性等工艺步骤进行开发。广东国鸿氢能科技有限公司引进了 Ballard 膨胀石墨双极板技术，由天然鳞片石墨经氧化插层、高温膨胀后压制得到膨胀石墨双极板，具体工艺流程如图 5-4，加工过程简单，可大规模批量生产，具有耐腐蚀、良好导电导热、阻气隔气等特点。

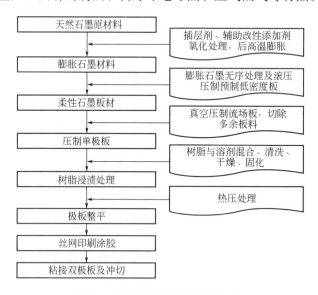

图 5-4　膨胀石墨双极板生产工艺

基于 Ballard 公司的技术，广东国鸿氢能科技有限公司建立了膨胀石墨板双极板批量自动化生产线，如图 5-5，实现了规模化生产，可定制，自动化程度高于 Ballard 公司，产能达每年 20000 台电堆。由于实现了规模化生产，耐腐蚀性好，单体均一性提高，经应用验证燃料电池电堆寿命可超过 30000h。

图 5-5　广东国鸿氢能公司膨胀石墨双极板批量生产线

　　中国科学院大连化学物理研究所自 2000 年起在模压膨胀石墨双极板方面开展了研究[5-8]。其中之一为采用真空浸渍结合模压的方法，以乙烯基酯（vinyl ester，VE）树脂和膨胀石墨（expanded graphite，EG）板材为原料制备复合双极板，具体做法如图 5-6。

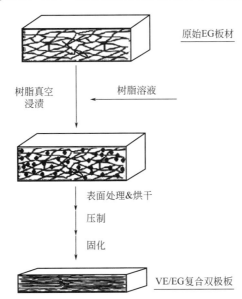

图 5-6　真空浸渍法制备 VE/EG 复合材料工艺流程[9]

　　取 3g BPO（过氧化苯甲酰）固化剂溶解于 300g 低黏度的乙烯基酯树脂中，配制成 VE 树脂溶液待用，树脂溶液的黏度为 286.8mPa·s（18.0℃）。将原始膨胀石墨板材（0.50g/cm³）密封于真空浸渍容器中，首先将膨胀石墨基材板置于密闭浸渍釜中，抽真空至 −0.08MPa 以下，然后将 VE 树脂溶液引入浸渍釜中，浸渍 10min 后取出，并利用乙醇处理掉表面残余的树脂，然后将板材于 50℃烘干 3h，以便除去树脂相中的有机溶剂，再将烘干后的板材用油压机压至不同厚度，并在 80℃下固化 4h，最后经 140℃固化 4h。

　　模压成型之后，从微观结构以及成型压力对双极板材料的导电性能、密封性能、力学性能以及表面亲、憎水性等方面分析其特性。图 5-7 为成型压力对膨胀石墨复合材料厚度和密度的影响。

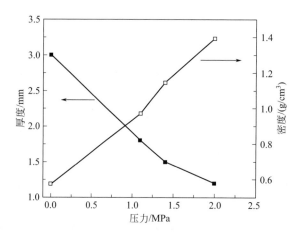

图 5-7　成型压力对膨胀石墨复合材料厚度和密度的影响[9]

　　实验结果表明，随着成型压力的增加，双极板的电阻下降。由于 EG 板材是一种多孔性的疏松材料，在双极板材料制备过程中，树脂的填充和压制过程可以降低材料中的孔隙率，使得材料变得密实，以达到降低气体渗透率的目的。如图 5-8，当密度大于 1.1g/cm^3 时，渗透率下降的速率变缓，当材料的密度为 1.4g/cm^3 时材料的气体渗透率低于 2×10^{-6} cm^3/ (s·cm^2)，相对于原始 EG 板材降低了 3 个数量级，可实现良好的气体密封性。

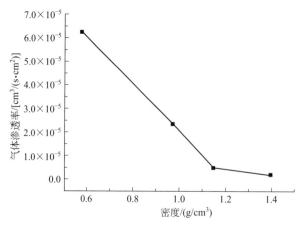

图 5-8　VE/EG 复合材料的气体渗透率[9]

　　由于 EG 板材的多孔性，原始材料的力学性能较差，树脂的浸渍和压制过程可以对原始 EG 材料起到增强作用，密度为 1.4g/cm^3 的 VE/EG 复合材料，其机械强度达到 20MPa，适于燃料电池的实际应用。

　　可以与石墨粉或炭粉进行复合的材料有很多，包括酚醛树脂、环氧树脂、导电胶等粘接剂等，通常采用注塑、浆注等方法来制备。Emanuelson 等[10] 曾提出将纯石墨粉与炭化热固性酚醛树脂混合注塑成双极板，然后进行石墨化，制得的石墨板机械强度可达到 27.6MPa，电阻率为 0.011Ω·cm^2（纯石墨板的电阻率约为 0.00138Ω·cm^2），比纯石墨板大约高了 10 倍。这种双极板的化学稳定性好，采用注塑成型降低机加工费用，但石墨化成本很高，并且孔隙率相对较大，约为 5%，必须将孔隙进行加密处理以适应质子交换膜燃料电池的需要。

　　热固性聚合物（如环氧树脂 epoxy resin）和酚醛树脂也可用于模压石墨材料的制备。

环氧树脂分子结构的主要特征为分子链中含有活泼的环氧基团,环氧基团可以位于分子链的末端、中间或成环状结构。由于分子结构中含有活泼的环氧基团,它们可与多种类型的固化剂发生交联反应而形成具有三向网状结构的高聚物。固化后的环氧树脂具有良好的物理化学性能,它对金属和非金属材料的表面具有优异的粘接强度,介电性能良好,收缩率小,制品尺寸稳定性好,硬度高,柔韧性较好,有着优良的耐碱性、耐酸性和耐溶剂性。此外,环氧树脂的固化便利,一般都是通过树脂分子结构中具有的环氧基或仲羟基的反应完成固化过程的。可用于环氧树脂的固化剂种类繁多,如多元伯胺、多元羧酸、多元硫醇、多元酚、叔胺、三氟化硼络合物等。通过选用各种不同的固化剂,环氧树脂体系几乎可以在 $0\sim180℃$ 温度范围中的任何温度下进行固化,更适合批量工业生产。

传统的模压成型和注塑成型工艺中,机械强度与导电性能两者往往不可兼得,随着树脂含量的增加,材料的力学性能会上升,但导电性能却会下降。而对于真空浸渍法制备的材料,当选用连续的膨胀石墨板材为原料,树脂含量小于一定比例时,可以在保持复合材料导电性能无明显变化的情况下增强复合材料的机械强度,在一定程度上解决了导电性与力学性能之间的矛盾,使得材料的性能更好。

为了增加双极板的导电性,还可以在混合物中加入金属粉末、细金属网等;为了增加其强度,也可在混合物中加入碳纤维、陶瓷纤维。

由于注塑双极板中的热塑成型树脂的导电性低于石墨材料,所以采用注塑双极板的单电池比硬石墨双极板的单电池的电压低 $10\sim20mV$。此外,石墨基复合双极板在制备过程中可能会由模具带入微量金属,影响电极催化剂和膜的导电性,需要注意去除。

5.3.3　复合材料双极板

金属基复合双极板是以薄金属板或其他具有一定强度的导电合金板作为分隔板,厚度通常为 $0.1\sim0.3mm$。以注塑与焙烧的碳基材料为流场[11],如薄碳板、石墨板或石油毡制备而成。复合材料双极板集金属板的强度高、导电性好与碳材料在燃料电池工作条件下的稳定性好的优点,具有耐蚀性能好、体积小、质量轻、强度高等特点,边框采用塑料、聚砜、聚碳酸酯等,减轻了电池组的重量。边框与金属板之间采用导电胶黏结。其关键问题是复合材料之间的接触电阻。

Davis[12]提出以铝板为支撑板,流道由 $30\%\sim80\%$ 的炭粉与聚丙烯混合,经注塑压制而成。为保证流场板与支撑板间的粘接,铝板表面需进行处理。在铝板表面加工出脊刺,使铝板与聚合物更容易连接,同时使脊刺处的电流更方便集流,减少电流通过导电聚合物的长度,从而减小电阻。还可将聚合物板与铝板粘接,同时冲压出所需的流场,采用刮涂法制备聚合物薄板使厚度减薄,电阻更小。

Xiao 等[13]用超声波辐射方法制备了聚合物石墨纳米复合双极板,挠曲强度可达到23.05MPa,电导率为 158.7S/cm,孔隙率为 8.96%。在模拟 PEMFC 环境中具有较好的热稳定性及耐腐蚀性。

结合导电好、强度高、无气体渗透的金属材料与耐腐蚀的石墨材料,大连化物所开发了金属/石墨复合双极板[14],如图 5-9。该复合双极板的特点是金属分隔板采用不锈钢基材,采用石墨流场,材料成本和加工成本低,易于批量生产,有利于燃料电池双极板的产业化。

与石墨双极板相比,复合双极板在耐蚀性、体积、重量、强度等方面具有明显的优势。

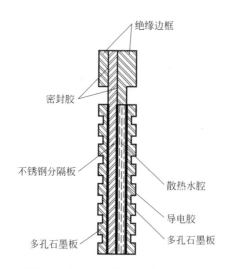

图 5-9　金属/石墨复合双极板示意图

新源动力公司的第一代燃料电池电堆采用了金属/石墨复合双极板技术，实现了批量生产（图 5-10），应用于 2008 年北京奥运会、2010 年上海世博会的燃料电池车以及大通 V80 的燃料电池商用车。

图 5-10　新源动力公司复合板电堆生产线

5.3.4　金属双极板

　　鉴于车用燃料电池堆对体积比功率具有较高要求，双极板的厚度需进一步降低。为克服石墨双极板在车用工况下存在抗震性差、低温启动差等固有问题。研发金属双极板成为车用燃料电池的一个主流研究方向。

　　金属不仅具有优良的导电性、导热性、致密性，而且韧性好，易于进行机械加工，可以实现超薄双极板的制备。其主要的缺点是在质子交换膜燃料电池的工作环境中（如，低 pH，高湿，约 80℃的运行温度），作为双极板的典型金属材料（不锈钢，钛等）化学性质不稳定，而化学性质稳定的金属材料多为贵金属，成本太高。金属双极板所处环境同时存在氧化介质和还原介质，在阳极一侧，金属双极板可能会缓慢地发生电化学腐蚀，腐蚀产生的多价阳离子可能会扩散到质子交换膜中，造成膜的质子传导能力下降；在阴极一侧，双极板可能会在富氧环境下表面发生钝化而引起表面接触电阻的增加。因此，应用金属双极板要解决两方面问题：一是在质子交换膜燃料电池酸性体系下的电化学腐蚀问题；二是在电池表面钝化引起的高电阻问题。当前的研究主要集中在表面改性的方法，用涂层保护基层金属，以改善金属材料存在的耐腐蚀和电性能方面的问题。可作为涂层的材料有金属、碳、聚合物及其组合物。在选择涂层时，基材和涂层材料之间需要具有相似的热膨胀系数，以避免燃料电池温度变化引起的开裂或分层。

金属双极板材料主要有：铁基合金、轻金属及其合金，铁基合金主要是不同型号的不锈钢；轻金属及其合金，包括钛、铝等。在这些基体材料表面，进行表面处理以对基体进行改性。

① 铁基合金（不锈钢）是最早用于双极板的金属材料。不锈钢双极板的价格低廉且坚固耐用，其厚度一般在 3～5mm。不锈钢中的合金元素对其耐蚀性能有很大的影响，通过调整合金元素的组成及含量能够获得耐蚀性能良好的不锈钢以满足电池的要求。然而，不锈钢表面通常会形成一层 1～10nm 厚的氧化物钝化层，对其导电性能产生明显的不利影响。另外，传统不锈钢双极板材料还存在氢脆、间隙腐蚀等问题，因此限制了不锈钢双极板的应用。

② 适于制作双极板的轻金属主要有钛及其合金、铝及其合金等。轻金属与不锈钢相比，具有比强度高、易加工等特点，是制作双极板的良好材料。但是，由于钛和铝在空气中会形成一层不活泼的绝缘氧化层，显著增加双极板的接触电阻，从而使这种双极板的耐久性变差。同时，轻金属表面的点蚀现象非常普遍。对轻金属而言，如果不采取特殊的措施，并不适于直接制成双极板。

③ 对金属板进行表面处理是防止金属板表面发生腐蚀的有效方法。通过表面处理，不但可以防止轻微腐蚀的产生，而且双极板的接触电阻在燃料电池运行过程中可以保持基本恒定。

在各种类型金属双极板中，导电导热性能好、机械强度高、加工简易且成本较低的不锈钢成为金属双极板基材的最佳选择之一。但不锈钢的耐腐蚀性能比较差，金属离子扩散到质子交换膜中，对质子传导产生阻碍，从而增加欧姆电阻，降低燃料电池输出功率，无法满足燃料电池长期稳定运行的需要。

为防止金属板表面产生腐蚀，行之有效的办法是对金属板进行表面改性。通过表面改性，可以显著改善其接触导电性及耐蚀性能，不但可以防止腐蚀的产生，而且在燃料电池运行过程中可以保持接触电阻基本恒定。因此对双极板进行表面改性具有重要意义。

金属双极板的基体材料主要包括：Al、Ti、Ni、不锈钢等，金属双极板表面处理所用的涂层物质应该具备以下两个特点：一是涂层物质是电的良导体；二是涂层物质与金属板基体之间具有较强结合力。同样表面涂层也可以分为两类：一是碳基涂层，包括石墨、导电聚合物、类金刚石膜等；二是金属基涂层，包括贵金属、金属碳化物以及金属氮化物等。

5.3.4.1　碳基涂层

石墨是理想的双极板抗腐蚀材料，将石墨材料制备成金属双极板的抗腐蚀涂层有望解决金属双极板在 PEMFC 运行工况中的腐蚀问题。

Chung 等[15]将石墨材料制备成不锈钢双极板的抗腐蚀涂层，结构示意如图 5-11。此镀层在 1.6V（vs. SCE）条件下仍能长时间保持稳定运行，如图 5-12 所示。

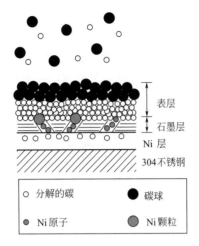

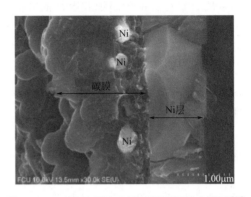

图 5-11　双极板表面的涂层构成示意图[15]　　　图 5-12　石墨涂层的双极板断面扫描电镜图[15]

此外，在 US6864007 中 Iqbal 等[7,10,13,16]在铝板上附着石墨，之间涂一层石墨乳液，施加压力使两板连接，得到质量轻、耐腐蚀、导电性好的双极板；US6749959 提出的双镀层结构金属双极板，则是先在基体金属上镀一层贵金属保护层，再涂覆碳材料，同样是结合了金属和石墨两种材料的优点[17]。

丰田研发中心实验室通过等离子体化学气相沉积法制备了 π 共轭无定形碳（pi-conjugated amorphous carbon，PAC）应用于燃料电池双极板的表面处理，π 共轭无定形碳结构可控制在纳米级，以保证良好的导电性，使得低成本碳表面处理取代金镀层成为可能。

在丰田公司专利[18-20]中介绍了碳膜的制备方法：采用直流等离子体化学气相沉积在金属板表面快速制备碳膜，在设备内通入氮气和含碳气体作反应气，高温环境并施加高压使 C—H 键断裂，保持四配位的碳在金属表面生成非晶碳膜起到导电作用。为提高非晶碳膜与金属基底间结合力，可以通过离子轰击在基材表面形成凹凸面，或提高金属氧化物表面自由能，使氧化层与非晶碳膜紧密接触，或在表面制备一层基材与非晶碳膜的混合层，工艺流程如图 5-13 所示。

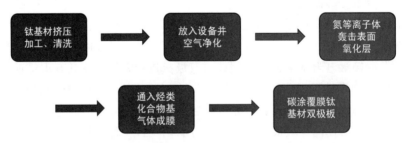

图 5-13　丰田公司专利（JP2016062837A）金属复合双极板生产工艺流程图

丰田公司生产的钛基材表面低成本非晶碳膜涂层双极板解决了腐蚀、低成本和导电等一系列问题，已应用于 Mirai 燃料电池汽车。

5.3.4.2　金属基涂层

金属基涂层的制备技术主要有电镀、化学镀等湿化学法与物理气相沉积法（PVD）。

（1）电镀

电镀是比较传统的表面技术，发展非常成熟、工艺稳定，已经实现了在金属基体上镀贵金属材料或复合材料膜层。尤其是近年来在电镀过程中引进诸多物理因素，如磁、声、光、热、电流波形及频率、溶液流速和机械振动等，进一步提高了镀层质量和电镀效率。然而，电镀层通常存在着缺陷，从而导致双极板在 PEMFC 中腐蚀液渗入发生微区腐蚀并进一步扩展；此外电镀废液会对环境产生一定程度的污染。

铂、金等贵金属在 PEMFC 环境下有很好的耐腐蚀性能，因此，在金属双极板上制备一层贵金属膜可以使双极板具有很好的性能。

大连化学物理研究所在 20 世纪 70 年代研制的静态排水、石棉膜型碱性燃料电池，采用铝板作双极板材料，表面镀镍后镀金，电池稳定运行超过 1000h，双极板没有明显变化[14]。

Wind 等[21]在 316L 不锈钢上镀金，组装的 PEMFC 单电池与石墨板组装的电池性能相当。如图 5-14 所示，Wang 等[22]分别在钛板上镀铂和烧结一层 IrO_2，两种双极板的性能都很好。然而贵金属膜使得双极板的成本显著提高，限制了商品化应用。Hentall 等[23]研究发现，铝板即使在镀金后也容易与质子交换膜发生反应，因此要将铝板用作双极板，必须保证涂层完全无孔隙，以避免质子交换膜污染。

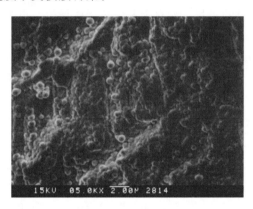

图 5-14　表面镀铂抗腐蚀涂层的金属双极板[22]

付宇[24]利用复合电镀的方法，在 316L 不锈钢上进行银-PTFE 复合电镀。通过金属电沉积方法，将一种或几种不溶性的固体颗粒，均匀地夹杂到金属镀层中形成复合镀层。获得复合镀层的工艺，称为复合电镀（composite plating），亦称弥散电镀、镶嵌电镀、分散电镀或组合电镀。通过复合电镀所得到的复合镀层是一种金属基的复合材料，由于固体微粒的嵌入，使原有镀层性能发生了显著变化。镀层中，电镀的金属或合金是复合镀层的基质，在其中弥散的固体微粒是分散相。

在银-PTFE 复合电镀过程中，PTFE 粒子的加入可以减少镀银层中的缺陷，显著提高了不锈钢板材的表面能，使双极板表面憎水，这有助于燃料电池内部的水管理。在控制 PTFE 总量的前提下，复合电镀双极板的接触电阻和模拟条件下的耐腐蚀性能变化不大。通过对银-PTFE 复合电镀双极板进行热处理，双极板表面致密均匀，并提高了平整度，且双极板表面与水的接触角也有所提高，在模拟腐蚀环境下的稳定性进一步增强。

在不锈钢表面镀金、铂、银等贵金属可达到与石墨涂层类似的接触电阻，但存在涂层微孔造成腐蚀、成本过高等问题。金属化合物用于表面处理是目前研究较广泛的一种处理方式，主要是在金属表面形成一层氮化物、碳化物等导电耐蚀涂层，如 TiN、$Cr_x N_y$ 等。此类涂层通常通过 PVD 技术制备。

（2）PVD

PVD 工艺按基本原理可分为反应离子沉积法和反应溅射法等。PVD 涂层纯度高，致密性好，涂层与基体结合牢固，涂层性能不受基体材料的影响，是比较理想的金属双极板表面改性技术。尤其是离子镀技术，随着近年来该技术的不断发展，已经可以在接近室温时沉积出致密无孔、内应力很低且大颗粒很少的高性能薄膜，并在装饰镀及刀具镀等方面得到了成功应用。PVD 技术被越来越多地引入 PEMFC 金属双极板表面改性领域，并获得了很好的效果[25,26]。

离子镀是一种在低气压放电下将蒸发出来的镀料粒子部分电离后形成离子、原子、分子和其他中性粒子的集团，再在扩散和电场吸引的作用下沉积于基片上，或与基片附近的反应气体相互作用生成化合物薄膜的技术。离子镀是在真空蒸镀和真空溅射的基础上发展起来的，由 Mattox 于 1963 年提出[27]，是 PVD 技术三大分支之一。离子在镀膜过程中对基片表面的轰击是改善膜沉积质量的关键，离子轰击能使膜层致密和膜基间的结合增强。电弧离子镀（arc ion plating，AIP）是将电弧技术应用于离子镀中，在真空环境下利用电弧蒸发作为镀料粒子源从而实现离子镀的过程。相对于其他离子镀形式，电弧离子镀具有沉积薄膜纯度高、均匀性好、致密、附着力强、成膜效率高、离化率高等优点。但是，电弧离子镀的薄膜存在大颗粒，成膜温度相对较高（400～500℃），不能沉积厚膜，而且偏压幅值水平较低，限制了该技术的发展。

将电弧离子镀的传统直流偏压改成脉冲偏压，即为脉冲偏压电弧离子镀技术（pulsed bias arc ion plating，PBAIP），利用电弧离子镀载能粒子脉冲成膜，因脉冲偏压的引入，不仅使薄膜的沉积温度降低，而且带来了一系列直流偏压工艺所不具备的功能特点。第一，它允许提高脉冲偏压的幅值，因此改变离子的沉积能量和提高瞬间的离子轰击强度；第二，脉冲偏压对大颗粒的尺度和数量有明显的减少作用，改善了薄膜表面的质量；第三，采用脉冲偏压能够对薄膜的内应力进行控制，使沉积厚膜成为可能；第四，脉冲偏压能改变薄膜的成核、生长机制，使薄膜从岛状生长向层状生长转变。综上，脉冲偏压的引入使电弧离子镀克服了传统工艺的不足，这使获得高质量薄膜成为可能。

PBAIP 成膜过程对环境无污染，是绿色环保工艺，达到国际 ISO 12870 标准，如图 5-15

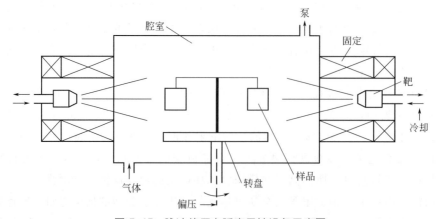

图 5-15　脉冲偏压电弧离子镀设备示意图

所示。而且，通过该技术成膜的沉积速度快，每小时可达到数微米的厚度，非常适合产业化生产。此外，成膜的材料成本低廉，有助于降低双极板成本。

付宇[24]将脉冲偏压电弧离子镀技术应用于 PEMFC 金属材料双极板表面改性薄膜的制备。通过 PBAIP 技术在 316L 不锈钢上沉积 Cr 的碳化物膜[28,29]。在 25℃，0.5mol/L $H_2SO_4 + 5 \times 10^{-6}$ F^- 腐蚀溶液中，C-Cr 双极板试片的腐蚀电位随时间的变化如图 5-16。在开路腐蚀过程中，经过表面改性后的 C-Cr 双极板试片，其腐蚀电位在 $0.45 \sim 0.55V$（vs. SCE）范围内波动；而未处理的 316L 不锈钢的腐蚀电位为 $0.05 \sim 0.15V$（vs. SCE）。

如图 5-17 所示，在 $0.1 \sim 0.8V$（vs. SCE）电位范围内，双极板试片和 316L 不锈钢都处于钝化状态。由于所制备的薄膜是亚稳态的非均一结构，因此双极板试片的腐蚀电流密度在 $10^{-9.0} \sim 10^{-6.5} A/cm^2$ 的较大范围内波动；而 316L 不锈钢的腐蚀电流密度要高出 1.5 个数量级以上，约为 $10^{-5.0} A/cm^2$。

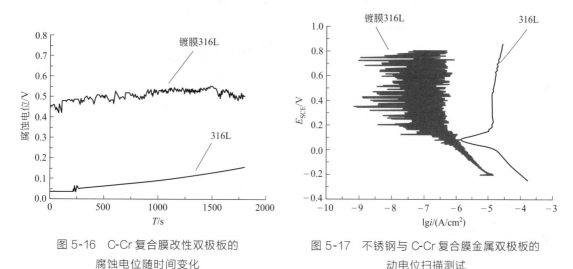

图 5-16　C-Cr 复合膜改性双极板的
腐蚀电位随时间变化

25℃，0.5mol/L $H_2SO_4 + 5 \times 10^{-6}$ F^- 腐蚀溶液

图 5-17　不锈钢与 C-Cr 复合膜金属双极板的
动电位扫描测试

电解液 0.5mol/L H_2SO_4，5×10^{-6} F^-，25℃

林国强等的专利[30,31]（CN106887599A、CN106887600B）中通过物理气相沉积电弧离子镀设备在不锈钢板或钛板表面制备两层镀层，中间层合金作保护层防止发生点蚀，表面金属碳化物导电性良好，这种涂层在导电性良好的情况下大大提高了双极板耐蚀性。为保证基材与保护层、保护层与表面改性薄膜间的结合力，林国强等采用等离子增强并辅以气体离子束流进行溅射刻蚀预处理，保证了双极板的综合性能。不锈钢双极板生产工艺流程如图5-18所示。

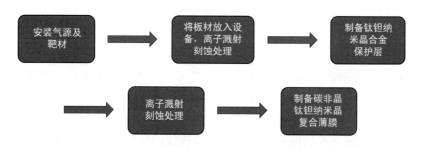

图 5-18　不锈钢双极板生产工艺流程图[30]

上海交通大学金属双极板研发团队联合上汽集团、新源动力公司等国内燃料电池优势企业，进行了金属双极板结构设计、细密流道高精度一致制造和高耐蚀导电涂层制备，形成了高性能、低成本车用燃料电池金属双极板精密批量制造方法，如图 5-19。

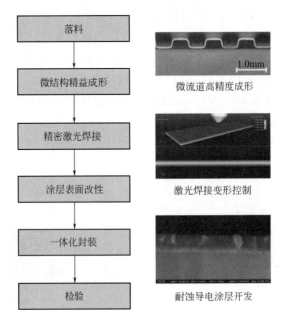

图 5-19　上海交大金属双极板制造流程图

围绕金属双极板设计与制造的核心瓶颈，开发了系列双极板构型，显著提升了流场均匀性，发明单极板流道错层组合与间隔支撑结构，实现了局部流场选择性联通，采用两板搭接焊合保证流场传质的"三进三出三独立"[32-34]。通过多步冲压成形拓展材料成形极限，建立单极板多步冲压工艺及回弹预测模型，提出了模具型面设计与工艺参数的鲁棒性质量控制方法[35,36]，极板流道尺寸波动小于 $10\mu m$；开发了极板表面随形夹紧-变形定向释放的双极板激光高速焊接工艺，提出了多回路封闭焊缝路径规划方法，将双极板焊接变形角减小到 $0.86°$ 以内[37-39]；开发了高导电、高耐蚀的复合涂层及其闭合场非平衡磁控溅射工艺，使双极板总体电阻降至 $4.5m\Omega \cdot cm^2$，腐蚀电流密度降至 $0.595\mu A/cm^2$，合金涂层金属极板通过了车用 5000h 寿命考核[40,41]。依托以上技术，上海治臻新能源装备有限公司开发了多腔连续磁控溅射技术，建立了超薄板自动物料传送-定位-成形系统与振镜扫描-转盘装夹的双极板焊接系统，开发出国内首条集成成形-焊接-涂层的金属双极板批量生产线（图 5-20），年产能 50 万副。

该团队研制的金属极板在上汽集团、新源动力、一汽集团、长城汽车、东风汽车等企业得到应用。

（3）渗氮处理

通过真空中氮分子被高电压电离出的氮离子，轰击作为阴极的工件可实现等离子体渗氮处理，具有渗氮速度快、渗层均匀、脆性小、微变形等特点。

Zhang 等[42]通过等离子体渗氮的方式在 316L 不锈钢双极板表面制备了 CrN_x 抗腐蚀涂层。附着有 $CrN_{0.86}$ 抗腐蚀涂层的金属双极板将双极板的接触电阻（在 1.0MPa 压力下）降至 $8.8m\Omega \cdot cm^2$，对应的腐蚀电流为 $10^{-7}A/cm^2$，具有良好的抗腐蚀性能。

图 5-20　上海交大金属双极板批量化制造工艺装备

Brady 等[43]通过等离子渗氮方法在 Ni50Cr、349TM、AISI446、Ni-Cr 系和 Fe-Cr 系等一系列合金上制备出了无缺陷的 Cr 氮化物膜，如图 5-21、图 5-22 所示。国内也有相关研究工作[44]。

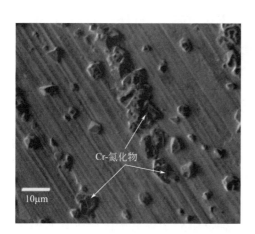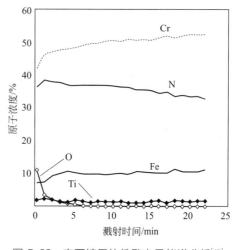

图 5-21　AL29-4C® 表面镀层渗氮处理扫描电镜图[43]　　图 5-22　表面镀层的俄歇电子能谱分析[43]

Bertrand 等[45]分别在铜、不锈钢等基体上磁控溅射了 CrN 和 Cr_2N 膜，发现这两种耐蚀化合物中 CrN 具有更好的导电性，而 Cr_2N 涂层具有更高的强度；而 Wang 等[26]则在不锈钢上 PVD 沉积了 TiN 薄膜，并对其在模拟 PEMFC 腐蚀环境下的腐蚀行为进行了研究，发现耐腐蚀性能有了很大改善，但试样发生了点腐蚀；Cho 等[46]则用 TiN 改性 316L 双极板组装了 12 节电堆，电极面积为 $240cm^2$，在 0.6V 稳定运行超过 1000h，性能基本无衰减（图 5-23）。

但是，CrN 单层改性薄膜存在针孔等缺陷，在加速腐蚀实验中出现局部腐蚀现象。

【示例】　脉冲偏压电弧离子镀用于金属板表面改性

由于制备技术自身的局限性，单层改性膜层在沉积过程中不可避免会形成缺陷，如针孔等。当表面改性金属材料与腐蚀介质接触时，缺陷处会发生局部电偶腐蚀，加速材料的失效。因此，为了提高表面改性金属双极板的实用性，需要减少直至消除针孔等膜层缺陷。

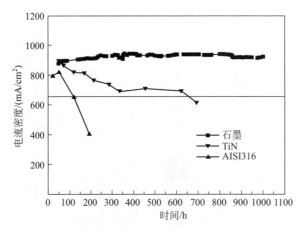

图 5-23　镀 TiN 膜 316L 不锈钢双极板组装的电堆在 0.6V 性能[46]

张化冰[47]等针对 CrN 单层改性薄膜存在针孔等缺陷，设计了如图 5-24 所示的多层结构薄膜，并采用 PBAIP 技术在 316L 不锈钢上制备 CrN/Cr 多层膜，以提高不锈钢金属双极板的耐蚀性能。

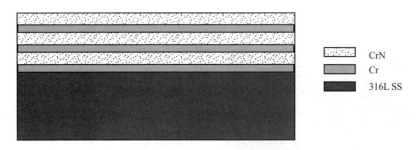

图 5-24　CrN/Cr 多层结构薄膜

采用图 5-25 所示的增强型脉冲偏压电弧离子镀设备，沉积室为 $\phi 800\text{mm} \times 1000\text{mm}$ 的圆柱形不锈钢腔体。两个对向平行分布的 Cr 靶位于腔体中下部，通过二级电磁线圈与沉积室相连，其中第一级线圈起稳弧的作用，第二级线圈起约束等离子体并滤除部分大颗粒的作用。两个 Cr 靶的纯度都是 99.9%，直径 60mm。样品台处于等离子体束流方向的中间位

图 5-25　增强型脉冲偏压电弧离子镀设备

置，其圆心距离弧源 600mm。在镀膜过程中，样品台在公转的同时保持自转，使薄膜均匀分布。脉冲负偏压通过转轴施加到样品台上。

将不锈钢基材在无水乙醇中超声 30min，再用去离子水清洗，吹干。将不锈钢基材固定在沉积室的样品台上，抽真空至 5×10^{-3}Pa，镀膜之前通过氩离子辉光溅射清洗 10min，以轰击掉基材表面的钝化膜。镀膜时的工作气氛为氩气（Cr 夹层）或氮气和氩气的混合气体（CrN）。CrN/Cr 多层结构薄膜厚度约为 400nm，先沉积 3min 的纯 Cr 夹层，再沉积 7min CrN 膜层，沉积时间共 1h。共 6 个调制周期，得到如图 5-26 的多层结构薄膜。

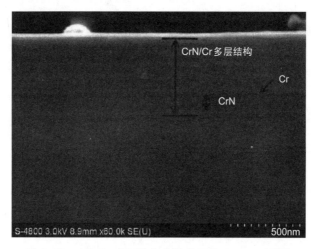

图 5-26　CrN/Cr 多层结构薄膜截面的 FESEM 图[47]

图 5-27 为 CrN/Cr 多层结构薄膜的 XRD 分析。实验采用掠入射的方法，弱化基体的衍射峰信息，利于分析薄膜的晶相结构。CrN 的三个衍射峰分别是 CrN(111)、CrN(200)、CrN(220)，Cr 的两个衍射峰分别是 Cr(110) 和 Cr(200)，表明多层结构薄膜是由 CrN、Cr 两相构成。

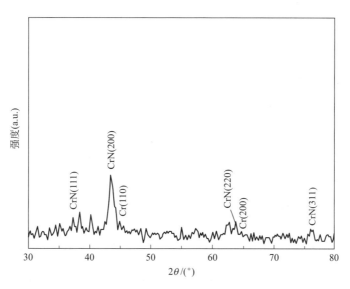

图 5-27　CrN/Cr 多层结构薄膜的 XRD 图[47]

模拟 PEMFC 的阴极环境，在 70℃、通入空气的条件下，0.5mol/L H_2SO_4 ＋ 5×10^{-6}

F⁻的溶液中通过动电位极化考察材料的腐蚀行为，与未进行表面处理的 316L 不锈钢进行对比，极化曲线如图 5-28。与未处理 316L 不锈钢相比，经 CrN/Cr 多层结构薄膜改性的 316L 不锈钢极板在 0～0.3V（vs.SCE）电压范围内具有明显的钝化行为。极板的腐蚀电流可通过阴、阳极极化曲线的斜率求得。改性极板的腐蚀电流密度约 10^{-7} A/cm²，比未处理 316L 不锈钢（约 $10^{-5.5}$ A/cm²）低 1～2 个数量级。

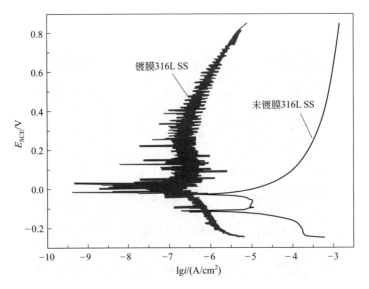

图 5-28 多层 CrN/Cr 处理的 316L 在腐蚀溶液中通入空气时的动电位极化[47]

改性后极板的界面导电性大幅度提高，界面接触电阻值降低了 1～2 个数量级（图 5-29）。通常质子交换膜燃料电池的组装压力为 0.8～1.2MPa，在此压力范围内，改性极板与 Toray 炭纸的接触电阻值为 8.4～12.8mΩ·cm²。而 316L 不锈钢基材与 Toray 炭纸的接触电阻很大，在 0.1～1.5MPa 压力范围内，其电阻值为 95.5～1340.7mΩ·cm²。CrN/Cr 多层结构薄膜改性的 316L 不锈钢双极板与炭纸间良好的界面导电性，与最外层 CrN 自身具有良好的导电性相关。

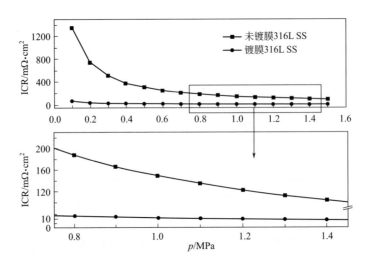

图 5-29 多层 CrN/Cr 处理的 316L 材料与炭纸的接触电阻[47]

动电位极化实验与恒电位极化实验（图 5-30）均表明，经 CrN/Cr 多层结构薄膜改性的 316L 不锈钢双极板具有良好的耐蚀性能，其耐蚀性能提高的原因为：①多层结构薄膜沉积时间较长，改性膜层厚度增加，降低了缺陷形成概率；②Cr、CrN 两相结构膜层的交替形成了不连续晶界，降低了穿透性针孔的形成概率；③垂直方向上 Cr、CrN 两种组分膜层的交替，可改变界面腐蚀电流通道。较单层渗氮处理，多层 CrC 掺氮对 PEMFC 金属双极板表面处理方面具有更好的效果[48,49]。

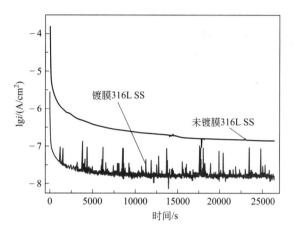

图 5-30　多层 CrN/Cr 薄膜双极板试片的恒电位极化[47]

70℃，0.5mol/L H_2SO_4＋5×10^{-6} F$^-$ 中通入空气，0.6V（vs. SCE）外加电压

在不锈钢等金属基体上制备导电聚合物膜也是解决金属板表面改性的方法之一。黄乃宝等[50,51]采用电化学方法在金属上沉积聚苯胺，实验发现在模拟腐蚀液中，聚苯胺改性不锈钢在电位低于 800mV 时几乎都处于钝化状态，且腐蚀电位由 －350mV 提高到 250mV（图 5-31）。不锈钢表面完整的复合膜（氧化膜和聚苯胺膜）能有效阻止侵蚀性离子对基体金属的腐蚀，从而大大降低金属的腐蚀速度。即使侵蚀性离子穿过导电聚苯胺涂层的缺陷处到达金属表面，但由于聚苯胺的氧化电位高于不锈钢，聚苯胺能加速基体不锈钢的钝化，从而使基体金属一直处于钝化状态。因而纳米导电聚苯胺膜层能显著提高不锈钢在模拟电池环境下的耐蚀性而不影响其导电性。Gonzalez-Rodriguez 等[52]研究了聚乙烯醇黏合剂的添加对在 304 不锈钢上沉积聚苯胺和聚吡咯的影响，发现聚乙烯醇的添加使聚苯胺和聚吡咯膜的耐蚀

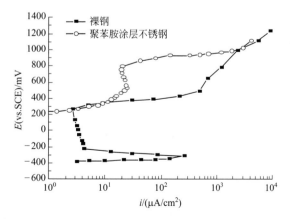

图 5-31　聚苯胺涂层不锈钢与裸钢的动电位极化曲线[51]

性分别提高了三个和一个数量级。

此外，其他的一些表面处理方法也开始应用在双极板的表面改性上。机械包覆技术是指以一种或多种金属板包裹在基体金属板表面的技术。Weil 等[53]通过碾压的方法在厚 $450\mu m$ 的 430SS 不锈钢表面包覆厚 $50\mu m$ 的铌薄板，其总厚度为 0.5mm。经测量其接触电阻比改性不锈钢、Ni-Cr 合金及石墨双极板显著降低；在模拟 PEMFC 阳极和阴极环境中，保持了较好的稳定性。也有研究采用 CVD 技术来获得其他方法难以得到的 SnO_2-F 薄膜[54]。

5.4　双极板的评价方法

双极板的特性通过关键参数来进行评价，如，导电性、与 MEA 扩散层的接触电阻、透气性、耐腐蚀性、机械强度和组装电池运行评价等。

5.4.1　体电阻测试

对于复合材料，需要测量其电阻率。具体方法为：

用四探针低阻测量仪分别在样品的靠近边缘和中心的至少 5 个部位测量，记录不同部位体电阻值。其原理如图 5-32 所示。1、2、3、4 四根金属探针排成一直线，将四探针以一定的压力压在板材上，在 1、4 两根探针间通过电流 I 时，在 2、3 探针间会产生电位差 ΔV。

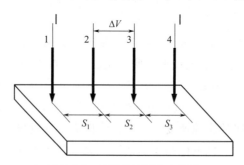

图 5-32　四探针法测定电阻率

按下式计算体电阻率：

$$\rho_{\text{bulk}} = \sum_{i=1}^{n} (\rho_i GD)/n \tag{5-1}$$

式中　ρ_{bulk}——试样体电阻率，$m\Omega \cdot cm$；

ρ_i——不同部位电阻率测量值，$m\Omega \cdot cm$；

G——试样厚度校正系数；

D——试样形状校正系数；

n——测试的数据点数。

G 和 D 的值参照 JJG 508—2004 中所述的方法进行计算，一般也可从四探针测试仪使用说明附表中查到。

5.4.2　接触电阻测试

影响接触电阻的因素很多，如接触界面的几何结构等，但最重要的还是外加压力。通常接触电阻与压力是指数关系，随外加压力的增大而迅速减小；当外加压力达一定值以后，接触电阻的变化幅度很小。接触电阻的测试方法原理如图 5-33。

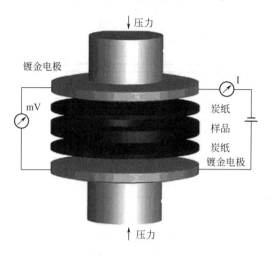

图 5-33　接触电阻测量装置

接触电阻利用万能试验机测得体系的总电阻 R_1，按式(5-2) 计算接触电阻：

$$R_{BP/CP} = (R_1 - R_2 - R_{BP} - R_{CP})/2 \qquad (5\text{-}2)$$

式中　$R_{BP/CP}$——双极板与炭纸间的接触电阻，$m\Omega$；

　　　R_1——双极板材料本体电阻、炭纸本体电阻、两个双极板与炭纸间接触电阻、两个铜电极本体电阻及两个炭纸与铜电极间的接触电阻的总和，$m\Omega$；

　　　R_2——两个铜电极本体电阻、炭纸本体电阻及两个炭纸与铜电极间的接触电阻总和，$m\Omega$；

　　　R_{BP}——双极板材料本体电阻，$m\Omega$；

　　　R_{CP}——炭纸本体电阻，$m\Omega$。

5.4.3　机械强度测试

在燃料电池内双极板需要具有一定的机械强度用以支撑燃料电池，对于石墨类双极板，采用万能试验机测试双极板的抗弯强度。采用三点弯曲法测试，参照国家标准 GB/T 13465.2—2014，其测试装置的原理图如图 5-34 所示。

使用万能试验机控制压头均匀无冲击地在双极板上施加负荷，直至板材断裂，记录断裂时施加的负荷力，即为断裂负荷值 $P(\text{N})$，其抗弯强度可以式(5-3) 计算。

$$\sigma = \frac{3PL}{2bh^2} \qquad (5\text{-}3)$$

式中　σ——双极板的抗弯强度，MPa；

　　　P——断裂负荷值，N；

　　　L——支座跨距，mm；

　　　b——样品的宽度，mm；

　　　h——样品的厚度，mm。

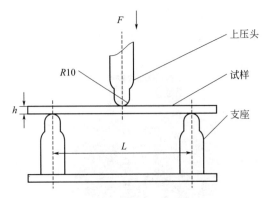

图 5-34　三点弯曲法测试装置原理图

5.4.4　电化学腐蚀评价

在模拟 PEMFC 的腐蚀环境下，通过电化学手段对双极板材料的腐蚀行为进行研究是目前最常用的方法，具体方法包括测量开路电压、线性极化曲线及恒电位腐蚀等。通过数据分析，可以得到关于双极板材料的腐蚀信息，从而对其耐腐蚀性能进行评价。

开路电压是在模拟 PEMFC 腐蚀环境下，测量金属双极板的自腐蚀电位。通常腐蚀电位越高，则材料的耐腐蚀性能越好。

动电位极化曲线即线性极化曲线，是最常用的评价金属双极板腐蚀行为的电化学手段，可以看出试片在不同电位下的腐蚀电流，也可以得到试片的腐蚀电位及钝化情况。对现行极化曲线进行 Tafel（塔菲尔）拟合，即可得到双极板试片在腐蚀条件下的腐蚀电位、腐蚀电流以及阴、阳极极化的 Tafel 斜率。具体方法为：

以样品为工作电极，以饱和甘汞电极（SCE）为参比电极，以铂片或铂丝为辅助电极进行测试。向温度为 $80℃$、含 $5×10^{-6}$ F^- 的 $0.5mol/L$ 的 H_2SO_4 电解质溶液中以 $20mL/min$ 的流速通入氧气或氢气，对样品进行线性电位扫描。扫描速率为 $2mV/s$，电位（vs. SCE）扫描范围为 $-0.5\sim0.9V$。对测得的极化曲线进行 Tafel 拟合（图 5-35），Tafel 直线的交点所对应的电流即为样品的腐蚀电流。腐蚀电流是动力学参数，与材料的腐蚀速率成正比，腐蚀电流越小，表明材料的腐蚀速度越慢，材料的耐蚀性能越好。

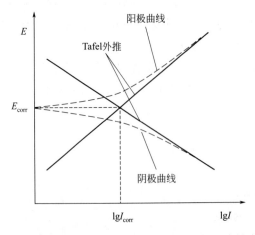

图 5-35　动电位极化 Tafel 斜率与腐蚀电位、腐蚀电流

腐蚀电流密度按式(5-4) 计算:

$$I_{corr} = I/S \qquad\qquad (5\text{-}4)$$

式中　I_{corr}——腐蚀电流密度，$\mu A/cm^2$;

　　　　I——腐蚀电流，μA;

　　　　S——试样的有效测试面积，cm^2。

图 5-35 中 E_{corr} 为腐蚀电位。极化电阻 R_p 可通过式(5-5) 得到:

$$R_p = \frac{\beta_a \beta_c}{2.3 i_{corr}(\beta_a + \beta_c)} \qquad\qquad (5\text{-}5)$$

式中　i_{corr}——腐蚀电流;

　　β_c，β_a——阴极极化曲线斜率和阳极极化曲线斜率。

极化电阻 R_p 与界面反应瞬时电流及腐蚀速率成反比，通常用于表征材料的耐腐蚀性能。极化电阻越大，表明材料发生腐蚀的阻力越大，耐蚀性能越好。腐蚀电位是热力学参数，它是材料腐蚀倾向的判据，腐蚀电位越高，表明材料发生腐蚀的倾向越小。

恒电位腐蚀，则是模拟 PEMFC 两极的不同环境，分别在 0.6V（vs. SCE）外加电压通入空气和 −0.1V（vs. SCE）外加电压通入氢气的恒电位下进行腐蚀实验，模拟 PEMFC 运行时的阴、阳极环境，研究腐蚀电流随时间的变化情况，反映了极板材料在 PEMFC 典型工作电压下的腐蚀情况。

5.4.5　接触角测试

双极板的表面亲疏水性对燃料电池的性能也有重要影响。在 PEMFC 内部，因增湿水和反应生成水的存在，是气液两相共存的。如果液态水不能及时排出，将会阻塞流道使反应气体分布不均;液态水若进入电极，可堵塞多孔通道，引起电池性能下降。所以双极板应该具有一定的憎水性，但要小于 MEA 扩散层的憎水性，这有助于简化电池的水管理，因此接触角测试也需要进行。可采用液滴成像分析仪测量极板试片与水的接触角。具体方法:

首先将样品放置于玻璃板上，固定好。在室温条件下，操控测试系统每次滴加 $3\mu L$ 去离子水于样品表面;水滴稳定一定时间后，如 3s，对接触角图像进行拍照，利用测试软件分析水滴与样品表面的接触角大小。当接触角＞90°时，为憎水;接触角＜90°时，为亲水。

参 考 文 献

[1] 黄乃宝，衣宝廉，侯明，等. PEMFC 薄层金属双极板研究进展 [J]. 化学进展，2005，17 (6)：963-969.

[2] DOE Hydrogen and Fuel Cells Program Record // 17007—Fuel Cell System Cost [R]. US：Department of Energy，2017.

[3] Joo Louis A，Kenneth W T，Jay S. Process for the production of a porous monolithic graphite plate [J]. Pergamon，1989，27 (4).

[4] Gibb P R. Fuel cell fluid flow field plate and methods of making fuel cell flow field plates：EP1147566 [P/OL]. 2001.

[5] 杜超，明平文，侯明，等. 乙烯基酯树脂/膨胀石墨燃料电池复合双极板 [J]. 电源技术，2010，34 (07)：667-671.

[6] 罗晓宽，侯明，傅云峰，等. 质子交换膜燃料电池模压石墨双极板研究 [J]. 电源技术，2008，(03)：174-176.

[7] Yan X，Hou M，Zhang H，et al. Performance of PEMFC stack using expanded graphite bipolar plates [J]. Journal of Power Sources，2006，160 (1)：252-257.

[8] Du C，Ming P，Hou M，et al. Preparation and properties of thin epoxy/compressed expanded graphite composite bipo-

lar plates for proton exchange membrane fuel cells [J]. Journal of Power Sources，2010，195（3）：794-800.

[9]　杜超. 质子交换膜燃料电池聚合物/膨胀石墨复合双极板的研究 [D]. 大连：中国科学院大连化学物理研究所，2010.

[10]　Emanuelson R C，Luoma W L，Taylor W A. Separator plate for electrochemical cells：US4301222 [P/OL]. 1981-11-17.

[11]　Antunes R A，De Oliveira M C L，Ett G，et al. Carbon materials in composite bipolar plates for polymer electrolyte membrane fuel cells：A review of the main challenges to improve electrical performance [J]. Journal of Power Sources，2011，196（6）：2945-2961.

[12]　Davis H J. Composite bipolar plate separator structures for polymer electrolyte membrane（PEM）electrochemical and fuel cells：US2002001743 [P/OL]. 2002-1-3.

[13]　Xiao M，Lu Y，Wang S J，et al. Poly（arylene disulfide）/graphite nanosheets composites as bipolar plates for polymer electrolyte membrane fuel cells [J]. Journal of Power Sources，2006，160（1）：165-174.

[14]　衣宝廉. 燃料电池：原理・技术・应用 [M]. 北京：化学工业出版社，2003.

[15]　Chung C Y，Chen S K，Chiu P J，et al. Carbon film-coated 304 stainless steel as PEMFC bipolar plate [J]. Journal of Power Sources，2008，176（1）：276-281.

[16]　Iqbal Z，Dave N，Guiheen J V，et al. Corrosion resistant coated fuel cell plate with graphite protective barrier and method of making the same：US6864007 [P/OL]. 2005-3-8.

[17]　Hiromichi N，Masayoshi Y，Masazumi O，et al. Fuel cell gas separator，manufacturing method of fuel cell gas separator and fuel cell：JP2002063914 [P/OL]. 2002.

[18]　Iseki T，Nakanishi K，Ozawa Y，et al. Amorphous carbon film，method for producing amorphous carbon film，conductive member provided with amorphous carbon film，and fuel cell separator：EP2811049 [P/OL]. 2016-11-23.

[19]　Izeki Takashi，Nakanishi Kazuyuki，Ozawa Yasuhiro，et al. Amorphous carbon film，method for manufacturing amorphous carbon film，and conductive member provided with amorphous carbon FILM：JP2013155406 [P/OL]. 2013.

[20]　Masanobu K，Ichiro Y. Separator for solid polymer type fuel cell and manufacturing method thereof：JP2019091665 [P/OL]. 2019.

[21]　Wind J，Späh R，Kaiser W，et al. Metallic bipolar plates for PEM fuel cells [J]. Journal of Power Sources，2002，105（2）.

[22]　Wang S-H，Peng J，Lui W-B. Surface modification and development of titanium bipolar plates for PEM fuel cells [J]. Journal of Power Sources，2006，160（1）：485-489.

[23]　Hentall P L，Lakeman J B，Mepsted G O，et al. New materials for polymer electrolyte membrane fuel cell current collectors [J]. Journal of Power Sources，1999，80（1-2）：235-241.

[24]　付宇. 质子交换膜燃料电池表面改性金属双极板研究 [D]. 大连：中国科学院大连化学物理研究所，2008.

[25]　Wang Y，Northwood D. An investigation of the electrochemical properties of PVD TiN-coated SS410 in simulated PEM fuel cell environments [J]. International Journal of Hydrogen Energy，2007，32（7）：895-902.

[26]　Wang Y，Northwood D O. An investigation into polypyrrole-coated 316L stainless steel as a bipolar plate material for PEM fuel cells [J]. Journal of Power Sources，2006，163（1）：500-508.

[27]　Mattox D M，Mcdonald J E. Interface Formation during Thin Film Deposition [J]. Journal of Applied Physics，1963，34（8）：2493-2494.

[28]　Fu Y，Lin G，Hou M，et al. Carbon-based films coated 316L stainless steel as bipolar plate for proton exchange membrane fuel cells [J]. International Journal of Hydrogen Energy，2009，34（1）：405-409.

[29]　吴博，付宇，侯中军，等. 燃料电池不锈钢双极板 CrC 薄膜表面改性研究 [J]. 电源技术，2015，39（07）：1397-1399.

[30]　林国强. 一种带有表面钛钯碳薄膜的燃料电池长寿命双极板及其制备方法：CN106887599A [P/OL]. 2017-1-20.

[31]　林国强，吴爱民，董闯. 一种带有表面钛钽碳薄膜的燃料电池高性能双极板及其制备方法：CN106887600B [P/OL]. 2020-1-24.

[32]　来新民，倪军，蓝树槐，等. 基于薄板冲压成形的质子交换膜燃料电池双极板：CN101101993 [P/OL]. 2008.

[33]　易培云，彭林法，徐竹田，等. 一种车用燃料电池的大面积金属双极板：CN102969513A [P/OL]. 2013.

［34］ Hu P，Peng L，Zhang W，et al. Optimization design of slotted-interdigitated channel for stamped thin metal bipolar plate in proton exchange membrane fuel cell ［J］. Journal of Power Sources，2009，187（2）：407-414.

［35］ Lai X，Peng L，Hu P，et al. Material behavior modelling in micro/meso-scale forming process with considering size/scale effects ［J］. Computational Materials Science，2008，43（4）：1003-1009.

［36］ Peng L，Liu D A，Hu P，et al. Fabrication of Metallic Bipolar Plates for Proton Exchange Membrane Fuel Cell by Flexible Forming Process-Numerical Simulations and Experiments ［J］. Journal of Fuel Cell Science and Technology，2010，7（3）.

［37］ 彭林法，胡唯，张延松，等. 一种燃料电池双极板的激光胶焊方法：CN102581487A ［P/OL］. 2012.

［38］ 彭林法，吴昊，邓宇君，等. 燃料电池超薄金属双极板自适应激光焊接夹具：CN102699533A ［P/OL］. 2012.

［39］ 来新民，杜祥永，彭林法，等. 一种超薄金属双极板多段夹持自适应激光焊接夹具：CN103878524A ［P/OL］. 2014.

［40］ Yi P，Peng L，Feng L，et al. Performance of a proton exchange membrane fuel cell stack using conductive amorphous carbon-coated 304 stainless steel bipolar plates ［J］. Journal of Power Sources，2010，195（20）：7061-7066.

［41］ Yi P Y，Peng L F，Zhou T，et al. Cr-N-C multilayer film on 316L stainless steel as bipolar plates for proton exchange membrane fuel cells using closed field unbalanced magnetron sputter ion plating ［J］. International Journal of Hydrogen Energy，2013，38（3）：1535-1543.

［42］ Zhang M，Lin G，Wu B，et al. Composition optimization of arc ion plated CrN_x films on 316L stainless steel as bipolar plates for polymer electrolyte membrane fuel cells ［J］. Journal of Power Sources，2012，205：318-323.

［43］ Brady M，Wang H，Yang B，et al. Growth of Cr-Nitrides on commercial Ni-Cr and Fe-Cr base alloys to protect PEMFC bipolar plates ［J］. International Journal of Hydrogen Energy，2007，32（16）：3778-3788.

［44］ Tian R J，Sun J C，Wang L. Effect of plasma nitriding on behavior of austenitic stainless steel 304L bipolar plate in proton exchange membrane fuel cell ［J］. Journal of Power Sources，2007，163（2）：719-724.

［45］ Bertrand G，Mahdjoub H，Meunier C. A study of the corrosion behaviour and protective quality of sputtered chromium nitride coatings ［J］. Surf Coat Technol，2000，126（2-3）：199-209.

［46］ Cho E A，Jeon U S，Hong S A，et al. Performance of a 1kW-class PEMFC stack using TiN-coated 316 stainless steel bipolar plates ［J］. Journal of Power Sources，2005，142（1-2）：177-183.

［47］ 张化冰. 质子交换膜燃料电池金属双极板表面改性研究 ［D］. 大连：中国科学院大连化学物理研究所，2012.

［48］ Zhang H，Hou M，Lin G，et al. Performance of Ti-Ag-deposited titanium bipolar plates in simulated unitized regenerative fuel cell（URFC）environment ［J］. International Journal of Hydrogen Energy，2011，36（9）：5695-5701.

［49］ Zhang H，Lin G，Hou M，et al. CrN/Cr multilayer coating on 316L stainless steel as bipolar plates for proton exchange membrane fuel cells ［J］. Journal of Power Sources，2012，198：176-181.

［50］ 黄乃宝，衣宝廉，李云峰，等. 硫酸溶液中非铂金属上苯胺的电聚合行为 ［J］. 电源技术，2004（12）：759-763.

［51］ 黄乃宝，衣宝廉，梁成浩，等. 聚苯胺改性钢在模拟 PEMFC 环境下的电化学行为 ［J］. 电源技术，2007（3）：217-219.

［52］ Gonzalez-Rodriguez J G，Lucio-García M A，Nicho M E，et al. Improvement on the corrosion protection of conductive polymers in pemfc environmets by adhesives ［J］. Journal of Power Sources，2007，168（1）：184-190.

［53］ Weil K，Xia G，Yang Z，et al. Development of a niobium clad PEM fuel cell bipolar plate material ［J］. International Journal of Hydrogen Energy，2007，32（16）：3724-3733.

［54］ Wang H，Brady M P，Teeter G，et al. Thermally nitrided stainless steels for polymer electrolyte membrane fuel cell bipolar plates ［J］. Journal of Power Sources，2004，138（1-2）：86-93.

第6章
单电池与运行

　　燃料电池的单节电池（简称单电池或单池）是完成电化学反应的基本单元，也是构成电堆的基本单元，单池的串联或并联组合形成燃料电池电堆，是燃料电池"积木"特性的具体体现。各种电极关键材料与部件的评价都首先经过单池的测试考核，单池测试评价所提供的基本数据，是电堆设计的基本依据，对优化燃料电池材料与部件以及操作条件都具有重要的指导意义。燃料电池电堆内各单池之间的一致性，包括电化学反应、传质、传热等，是保证燃料电池电堆整体性能良好的前提条件。因此单池研究在燃料电池的利用与研发过程中具有承上启下的关键作用[1]。

6.1 单电池的构成与组装

6.1.1 单电池的构成

　　组成燃料电池单池的主要部件有：膜电极、极板/集流板、绝缘板和端板以及必要的密封件。按照阳极端板、阳极绝缘板、阳极极板/集流板、阳极扩散层、膜电极 CCM、阴极扩散层、阴极极板/集流板、阴极绝缘板、阴极端板的顺序排列，一般的结构组成见图 6-1。

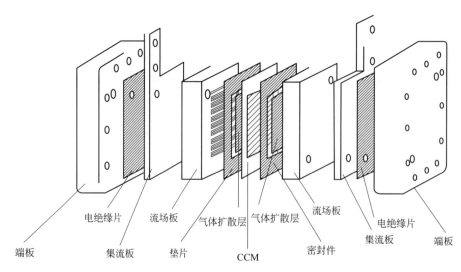

图 6-1　单电池的结构组成

组装时，两侧端板用螺杆和螺栓采用一定组装力紧固，组装为单电池。

带有密封件的膜电极结构如图 6-2 所示，由阴极密封层、阴极气体扩散层、阴极催化层、质子交换膜、阳极催化层、阳极气体扩散层及阳极密封层组成。

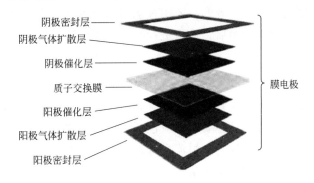

图 6-2　带有密封件的膜电极结构

实验室测试材料特性所用单电池的活性面积一般不小于 $5cm^2$，标准 IEC TS 62282-7-1 推荐的单电池活性面积为 $25cm^2$，而作为电堆基本单元的单电池，则按照电堆设计的活性面积制备。

燃料电池密封件的功能为：避免反应气与冷却剂向外部环境泄漏（简称外漏）；同时避免燃料气与氧化剂、冷却剂与反应气之间相互流通（简称内窜）。对质子交换膜燃料电池，密封材料通常采用橡胶类材料，需要与反应物、产物以及燃料电池各部件相匹配，并适应燃料电池运行温度等环境条件。密封结构则针对燃料电池膜电极、双极板几何结构进行设计。燃料电池的密封结构为静密封，主要设计因素为密封件在组装力下的形变与密封沟槽的配合。在膜电极、双极板以及公用孔道之间均有密封件。

集流板需用高电导率的材料制成。金属集流板可以进行表面处理，以降低接触电阻。涂层材料与其接触的部件以及反应介质相容。集流板应有一定的厚度以减小电压降。

6.1.2　单电池的组装

在准备好单电池所需的所有部件之后，开始进行燃料电池的组装。通常的单池组装程序为（以从阴极端开始组装为例）：

① 在水平的平台上，依次定位放置阴极端板、阴极绝缘板、阴极集流板与阴极极板；

② 放置相应的阴极侧密封件；

③ 阴极扩散层定位放置；

④ 膜电极定位放置（膜电极阴极侧面向阴极极板）；

⑤ 阳极扩散层定位放置；

⑥ 放置相应的阳极侧密封件；

⑦ 定位放置阳极极板、阳极集流板、阳极绝缘板与阳极端板；

⑧ 固定螺杆或装配夹具至设计压紧值，完成单电池组装。

燃料电池完成组装后，需要进行外漏与内窜检测，以检验密封效果。

氢空燃料电池的测漏可采用如下方法：

向阳极和阴极均通入氮气，向阳极一侧加压至 $50kPa(G)$，同时向阴极一侧加压至

30kPa（G）。关闭阳极和阴极气体的入口阀，将气体密闭于燃料电池内。使电池在这种状态下保持 10min，监测阳极和阴极的气压，气压变化应小于 5kPa（G）。

若阳极侧的压力降低，且阴极侧的压力升高，则表明气体穿透膜。如果任一侧的压力下降与另一侧不相关，则发生了一端外漏。若阴极侧与阳极侧气压均降低，则可能发生外漏。

在确定燃料电池无外漏与内窜后，才可进行其他特性测试。

6.1.3　测试装置

单池测试装置由反应气供给子系统、负载（含电流与电压控制）、温度控制子系统以及产物排放子系统构成。测试装置的主要功能应包括：反应气体流量的调节、反应气体增湿的控制、反应气压的控制、负载的控制（恒流模式或恒压模式）、单池的温度控制（加热或冷却）以及电池电压电流的监控和数据采集。

6.1.4　单电池的活化

组装好的单池在图 6-3 所示的测试装置上进行全电池测试。启动试验台运行电池，待电池温度和气体湿度稳定后，按照合适的化学计量比通入增湿的反应气体，从开路状态开始活化。通常以恒电流模式运行电池，逐渐增加电池负载，以每步 100mA/cm² 的速率增加电流密度，每步稳定运行 1h，直至电池电压为 0.3V（该值不宜过低，以避免损坏电池材料）。当电池的电压波动小于 ±5mV 时结束活化。

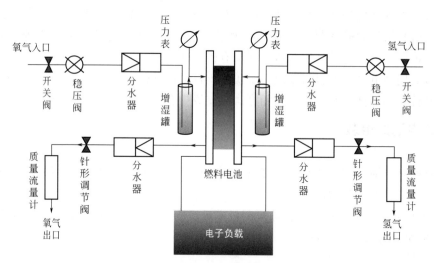

图 6-3　单池评价装置流程示意图

6.2　单电池的常规测试

6.2.1　电流-电压（I-V）特性测试与极化

待活化结束后，可开始电流-电压（I-V）特性（又称极化曲线）测试。测试时温度、压力和流量等操作条件与电池正常运行时的操作条件相同。电流-电压测试的记录采用电子负载，从电池开路状态开始逐步增加电池的放电电流，直到规定的截止电压，测试过程中记录不同电流密度下稳定的电压。

典型的电流-电压曲线如图 6-4 所示。

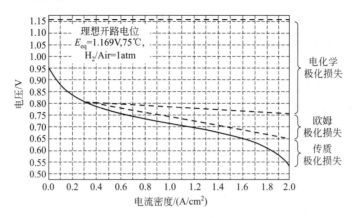

图 6-4　典型的电流-电压曲线

从电流-电压曲线的低、中、高电流密度区分别对应燃料电池极化的电化学极化、欧姆极化与传质极化。燃料电池极化产生的主要原因有：①电化学反应动力学慢；②电池内部电子电阻和离子电阻以及接触电阻；③燃料电池中反应物和产物的传输阻力。

① 电化学活化损失（activation loss）或者动力学极化损失（kinetic loss）。主要是由于电极表面上电化学反应的动力学限制而产生的，电化学活化损失直接与电化学反应速率有关。PEMFC 阳极侧发生氢的电化学氧化反应，在 Pt 表面的交换电流密度（i_0）为 10^{-3} A/cm^2，阳极反应的损失通常可忽略不计。而阴极侧氧的电化学还原（oxygen reduction reaction，ORR）动力学非常慢（i_0 较低，$10^{-10}\sim10^{-8}$ A/cm^2）。通常认为活化损失是由动力学慢的 ORR，以 ORR 活性较低的催化剂造成的。减小活化极化的影响需要提高 ORR 的交换电流密度 i_0，通过提高电池温度、采用高活性催化剂、增加电极的活性面积、提高反应气体浓度和压力等方式可以有效提高交换电流密度。低电流密度的电化学控制区，Tafel 斜率 b 受电催化剂活性、温度、压力等因素的影响。

电化学极化带来的电压损失可由式(6-1)计算

$$\Delta V_{act}=a+b\lg i=-2.3\frac{RT}{\alpha F}\lg i_0+2.3\frac{RT}{\alpha F}\lg i \tag{6-1}$$

电池的实际电压为：

$$E=E_r-\frac{RT}{\alpha F}\ln\frac{i}{i_0} \tag{6-2}$$

考虑到反应物渗透，由渗氢电流 i_{loss}，则总电流为 $i+i_{loss}$，则式(6-2)变为：

$$E=E_r-\frac{RT}{\alpha F}\ln\frac{i+i_{loss}}{i_0} \tag{6-3}$$

② 欧姆极化损失（iR loss）。主要包括燃料电池催化层、集流体内电子、聚合物膜内质子传导的阻抗以及界面接触电阻。选用导电性优良的材料制备电极和集流体，降低界面处的接触电阻，可减少电子电阻造成的影响。电极厚度减薄，有利于降低欧姆电阻。保障催化层

与膜适宜的水含量，提高催化层和膜内的质子电导率，同时降低 PEMFC 中各组件的接触电阻，可以降低欧姆损失。

根据欧姆定律，欧姆极化损失可由式(6-4) 得到

$$\Delta V_{ohm} = iR_{total} \tag{6-4}$$

式中，i 为电流密度，A/cm^2；R_{total} 为电池内部总电阻，$\Omega \cdot cm^2$。

③ 传质极化损失（mass transport loss）。主要是由于反应界面上反应气体传质速率不能满足电极反应的需要而引起的。在饱和增湿的 PEMFC 中，较大电流密度时，一方面，由于电化学反应速度较快，反应气的消耗快，电极反应的速度比传质的速度快即导致反应气的供应不足；另一方面，由于燃料电池大电流密度运行产生较多的液态水，有可能堵塞气体扩散层和催化层中的孔道，而引起反应气的传递受阻，产生传质极化。因此，合理的孔道结构、适宜的亲/疏水性质是降低传质损失的关键。

由于电化学反应导致电极表面的反应因消耗与扩散速率不同而形成浓度梯度。传质极化引起的电压损耗，可由式(6-5) 表示

$$\Delta V_{conc} = \frac{RT}{nF} \ln \frac{i_L}{i_L - i} \tag{6-5}$$

式中，i_L 为极限电流密度。

$$i_L = \frac{nFDC_B}{\delta} \tag{6-6}$$

式中，C_B 为反应物总浓度，mol/s；D 为反应物组分的扩散系数，cm^2/s；δ 为扩散距离，cm。

考虑所有极化损失，可以获得 PEMFC 极化曲线近似为：

$$E = E_r - \frac{RT}{\alpha F} \ln \frac{i + i_{loss}}{i_0} - \frac{RT}{nF} \ln \frac{i_L}{i_L - i} - iR_{total} \tag{6-7}$$

在实际的 I-V 测试中，可采用曲线拟合方法，按经验方程式(6-8) 求出燃料电池的相关动力学参数[2]：

$$E = E_0 - b \lg i - R_{total} i - m \exp(ni) \tag{6-8}$$

$$E_0 = E_r - b \lg i_0 \tag{6-9}$$

式中，E 与 i 是电池工作电压与电流密度，即 I-V 曲线的两个变量；E_r 为电池可逆电势；i_0 与 b 是氧电化学还原反应的交换电流密度和 Tafel 斜率；R_{total} 是欧姆电阻，包括质子交换膜的电阻、氢氧电极反应电子转移电阻、电极和极板等的电子电阻、质量传递电阻等。R 与膜的类型、水含量、厚度有关。m、n 用以表征传质的影响，m 值既影响 E-i 曲线线性区的斜率，也影响偏离线性区的电池电压，而 n 对 E-i 曲线线性区的影响很小，主要影响偏离线性区的电池电压。式(6-8) 拟合的 E-i 曲线见图 6-5。

Kim 等用式(6-8) 的经验模型拟合了不同浓度 O_2/空气混合气的单池 I-V 曲线（图6-6），得到的参数如表 6-1。需要注意的是，此类经验方程中的参数与实验采用的单池参数密切相关，如催化剂载量、膜的厚度、极板以及组装力等，因此，此类经验方程对评价一个给定单池在不同操作条件下的特性更为有效。

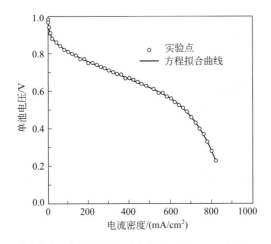

图 6-5　方程 $E = E_0 - b\lg i - R_{total}i - m\exp(ni)$ 拟合的 E-i 曲线

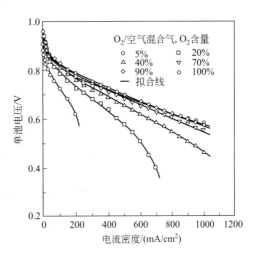

图 6-6　不同浓度 O_2/空气混合气的 单池性能模拟结果[2]

表6-1　Kim 等对采用 E-TEK 电极 [0.4mg(Pt)/cm²]，Aciplex-S 1004 膜在 不同浓度阴极进气下，以方程（6-8）的拟合动力学与传质参数[2]

反应气	O_2 含量 /%	E_0 /mV	b /(mW/dec)	R /Ω·cm²	m /mV	n /(cm/mA)
O_2/空气	5	890	46	0.751	1.33×10^{-4}	5.78×10^{-2}
	20	930	48	0.430	2.76×10^{-2}	1.17×10^{-2}
	40	937	48	0.311	4.05×10^{-3}	8.47×10^{-3}
	70	948	50	0.254	1.40×10^{-10}	2.69×10^{-3}
	90	953	52	0.229	1.06×10^{-19}	3.36×10^{-3}

如果运行电流密度未超出线性区域，即不出现浓差极化控制区，则指数项可去掉，变为：

$$E = E_0 - b\lg i - Ri \qquad (6\text{-}10)$$

方程(6-10)适用于 I-V 曲线的电化学极化和欧姆极化控制区，同时假定氢电极的极化很小，与氧电极极化和膜的欧姆极化相比，可忽略不计。

I-V 曲线的测试通常固定电池温度、压力、进气湿度，而进气量则有两种方式：对于大面积电池或电堆按各运行电流密度下的化学计量比供气；而对于用于评价催化剂与材料的电化学活性的小面积单池，通常固定进气的气体流量，为几十倍于各电流密度下所需化学计量比的反应气，以排除传质影响。

6.2.2　电化学阻抗测试

电化学交流阻抗谱法是一种动态测量技术，当对一个电极的电位或电流施加 AC 扰动时，对应的电流（或电压）会产生相应的变化，类似一个等效电路受到电压（或电流）扰动时，产生电流与电压响应的情况。通常在一定的电流密度下，将电压正弦微扰施加于系统，一般在 1～20kHz 之间测量产生的电流随时间的变化，得到阻抗谱，进而可以计算电极参数。实验中采用阻抗仪进行燃料电池在加载状态下的阻抗测定。

图 6-7 为燃料电池典型的阻抗谱，实轴的截距 A 代表燃料电池的欧姆内阻 IR。

单池的内阻也可采用电流中断法或者采用交流毫欧表在固定频率下（一般为 1kHz）进

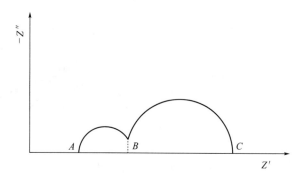

图 6-7　燃料电池典型的阻抗谱图

A—高频阻抗；C—低频阻抗；A-B—高频弧阻抗；

B-C—低频弧阻抗；Z'—阻抗实部；Z''—阻抗虚部

行测量。

电流中断法是测量电流被切断时电池电压的瞬时变化 ΔV_{CI}，由电压瞬时变化 ΔV_{CI} 与电流可计算电池内电阻。具体操作为：

设置电流密度为所需值，电池电压达到稳定值 $\pm 5mV$，持续 5min。将电池电流调至零，用示波器监测电池电压随时间的变化，电流中断时电池电压的瞬时变化为 ΔV_{CI}，如图 6-8 所示。

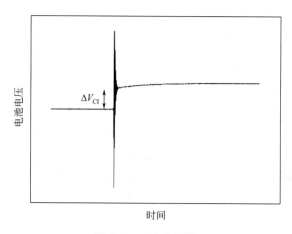

图 6-8　ΔV_{CI} 的测定

电池电阻 IR 用式(6-11) 计算：

$$IR = \Delta V_{CI}/I \tag{6-11}$$

式中　IR——电池电阻，Ω；

　　ΔV_{CI}——电池电压在电流中断（V）时的瞬时变化；

　　I——电流，A。

面电阻（area-specific resistance，ASR）R_{ASR} 的计算公式如下：

$$R_{ASR} = IRA \tag{6-12}$$

式中　R_{ASR}——面电阻，$\Omega \cdot cm^2$；

　　IR——电池电阻，Ω；

　　A——电极的几何面积，cm^2。

6.2.3 电化学活性面积测试

通过单电池可以测试燃料电池的膜电极的电化学活性面积，即实际发生电化学反应的有效面积，单位为 m^2/g。

电极的 ECSA 采用单电池通过电化学恒电位仪进行测试，用高纯 N_2 吹扫进气管路、工作电极及反应腔后，将阳极侧通入 RH 100% 的 H_2，作为参比电极和对电极，阴极侧通入 RH 100% 的 N_2 作为工作电极。电压扫描范围控制为 $0\sim1.2V$（vs. SHE）；扫描速度通常为 $20mV/s$。

测试 ECSA 的典型 CV 曲线如图 6-9 所示。对伏安图中的氢吸附/脱附面积进行积分，得到氢的吸附/脱附电荷 Q_H，以单位 Pt 质量计，则为

$$ECSA[m^2/g(Pt)] = \frac{Q_H(C)}{2.1(C/m^2)L[g(Pt)]} \tag{6-13}$$

式中　Q_H——氢脱附电荷，C；

　　　L——Pt 的担载量，g。

光滑 Pt 表面吸附氢单层吸附电量常数为 $0.21mC/cm^2$。

也可表示为

$$ECSA[m^2/cm^2(Pt)] = \frac{Q_H(C)}{2.1(C/m^2)A[cm^2(MEA)]} \tag{6-14}$$

ECSA 测定还可采用 CO 溶出伏安法（CO stripping voltammetry）测试（图 6-10）。在氮气吹扫单池后，以 $99\%N_2+1\%CO$ 通入工作电极侧（通常 15min），氢气通入参比电极侧。测试电压范围 $0.05\sim1.0V$，通过 CO 吸附面积计算 ECSA。原理为：

$$Pt-CO+H_2O \longrightarrow Pt+CO_2+2e^-+2H^+$$

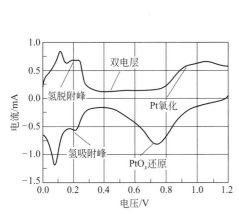

图 6-9　氢吸附/脱附峰电荷 Q_H
测试 ECSA 的 CV 曲线

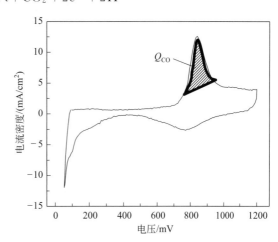

图 6-10　CO 吸附电荷（Q_{CO}）

则电化学活性面积为

$$ECSA[m^2/cm^2(MEA)] = \frac{Q_{CO}(C)}{4.2(C/m^2)A[cm^2(MEA)]} \tag{6-15}$$

或

$$\text{ECSA}[\text{m}^2/\text{g}(\text{Pt})]=\frac{Q_{\text{CO}}(\text{C})}{4.2(\text{C}/\text{m}^2)L[\text{g}(\text{Pt})]} \tag{6-16}$$

其中，光滑铂表面单层 CO 脱附或吸附电荷为 $4.2\text{C}/\text{m}^2$。

6.2.4　膜的氢渗透

质子交换膜在电池运行前后，膜的透气性可能发生改变，膜的降解与损坏会导致氢渗透量增加，从而引起燃料电池性能的衰减。可以通过膜电极的氢气渗透电流表征膜的氢气渗透量，在单电池上进行氢渗透的检测。当工作电极（电池阴极）的电势达到或高于 H_2 的氧化电势，从电池阳极渗透到阴极的 H_2 直接被电化学氧化，产生的氧化电流，即为氢气渗透电流。

氢渗透不仅取决于膜的种类与厚度，同时也受湿度、温度以及反应气压的影响，因此，膜的氢渗透测试条件通常与燃料电池的运行条件保持一致，在测试过程中保持不变，通常在单电池中进行测试。采用电化学工作站进行线性伏安扫描（linear sweep voltammetry，LSV），在所要求的温度、湿度和压力稳定后，以阳极作为对电极和参比电极，在阳极侧通入氢气，流速通常为 $2\sim4\text{mL}/(\text{min} \cdot \text{cm}^2)$；阴极作为工作电极，阴极侧通入氮气，流速通常为 $2\sim20\text{mL}/(\text{min} \cdot \text{cm}^2)$。在测试过程中 MEA 两侧的气体流速保持不变，可以得到稳定的电流，即透过膜的 H_2 被完全电化学氧化的电流，电压范围 $0\sim0.5\text{V}$（vs. RHE），保证从阳极渗透至阴极的 H_2 完全氧化，扫描速度 $2\text{mV}/\text{s}$。

则氢渗透速率 v_{cross} $[\text{mol}/(\text{s} \cdot \text{cm}^2)]$ 可由氢渗透电流密度 i_{cross}（即在电势为零的电流密度截距）计算得出，

$$v_{\text{cross}}=i_{\text{cross}}/(2F) \tag{6-17}$$

式中，i_{cross} 为渗氢电流密度，A/cm^2；F 为法拉第常数，$96485\text{C}/\text{mol}$。

通常取 0.4V 左右的电流值，为该条件下燃料电池的氢气渗透电流。典型的透氢电流测试曲线如图 6-11 所示。

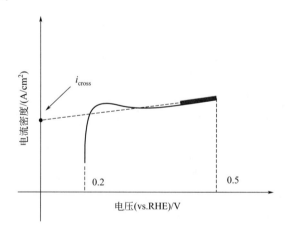

图 6-11　透氢电流测试曲线

6.2.5　开路测试

燃料电池在处于有反应气体供给，但外接电路未接通的开路状态时，单池两端的电压为开路电压（open circuit voltage，OCV），因此，开路测试也称为 OCV 测试。开路测试的目的是检测膜电极在开路高电位下的化学衰减，如，催化剂 Pt 在开路的高电位下可能发生的氧化：

$$Pt + H_2O \longrightarrow PtO + 2H^+ + 2e^-$$

Pt 的表面氧化降低了催化剂的电化学活性比表面积和催化活性，导致燃料电池性能衰减。生成的 PtO 在强酸环境下可以溶解生成 Pt^{2+}，反应方程式为：

$$PtO + 2H^+ \longrightarrow Pt^{2+} + H_2O$$

Pt 表面发生的氧化对催化剂的稳定性有重要影响，可从电化学活性面积进行评价。

碳载体在高电位下可能发生的氧化：

$$C + 2H_2O \longrightarrow CO_2 + 4H^+ + 4e^-$$

碳载体的氧化则对催化剂的流失起到重要作用，碳载体的腐蚀会导致 Pt 颗粒塌陷，使 Pt 颗粒发生聚集与流失。此外，碳载体腐蚀有可能在表面生成 C—O、C＝O、COOH 等含氧官能团，改变材料的表面性质，降低材料的憎水性，增加气体传质阻力。可从尾气中检测出 C 氧化后的 CO_2。

开路测试通常的做法是在单池阳极、阴极两侧分别通入一定相对湿度（relative humidity，RH）的氢气、空气，并保持单池的温度恒定，间隔一定时间后监测渗氢量、电化学面积等参数，以判断膜、催化剂与膜电极的衰减状况。

6.3　运行条件

6.3.1　运行温度

对于质子交换膜燃料电池，依据电化学热力学原理，升高燃料电池的工作温度，会导致电池电动势下降。但依据电化学动力学原理，升高单电池的工作温度，会加速氢电化学氧化和氧电化学还原的反应速率，降低电化学极化。而且电池工作温度的升高，还能增加质子交换膜的电导率，减小膜的欧姆极化。动力学起主导作用，升高电池温度，有利于提升电池性能，提高化学能至电能的转换效率。但目前常用的全氟磺酸质子交换膜在超过 100℃时易失水，导致质子传导率降低，且催化剂衰减现象加重，质子交换膜燃料电池的运行温度一般不超过 100℃。温度对电池性能的影响见图 6-12。

6.3.2　工作压力与反应气计量系数

依据电化学热力学原理和电化学动力学原理，提高燃料电池的工作压力能改善电池性能。但是电池工作压力的升高，一方面提高了单池密封的难度；另一方面，当氧化剂为空气时，进气压力高会增大空压机的能耗，因此，PEMFC 的运行压力在常压～0.3MPa 之间。图 6-13 为运行压力对燃料电池性能的影响。

按照反应所需的燃料与氧化剂的量，调节燃料电池的反应气进气量，反应气进气量与按电化学反应计算所需的反应气之比为计量系数（stoichiometric ratio），考虑到燃料的利用率与燃料电池运行成本，反应气计量系数不宜过高。但是在利用单池评价材料的电化学特性时，通常将反应气进气量设定为远超计量比的固定进气量，排除传质的影响。

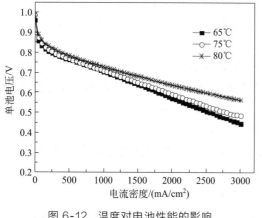

图 6-12 温度对电池性能的影响

有效面积：$25cm^2$；膜厚度：$18\mu m$，

Pt 载量：$0.2/0.4mg/cm^2$，

背压：1bar，H_2/空气计量比：2:3

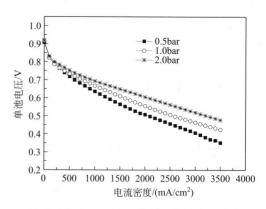

图 6-13 运行压力对燃料电池性能的影响

有效面积：$25cm^2$，膜厚度：$10\mu m$，

Pt 载量：$0.1/0.2mg/cm^2$，

90℃，H_2/空气计量比：2:3

图 6-14 为采用膜厚为 $18\mu m$ 的复合膜，Pt 催化剂载量分别为 $0.2mg/cm^2$、$0.4mg/cm^2$ 的单池在不同计量比时的单池性能。

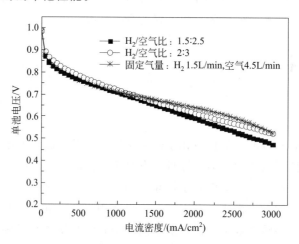

图 6-14 反应气不同计量比的单池性能

有效面积：$25cm^2$，Pt 载量：$0.2/0.4mg/cm^2$，背压 1bar，温度 75℃

6.3.3 湿度

反应气湿度主要影响的是质子交换膜的含水量，进一步影响膜的质子电导率与单池的性能。通常，在单池性能测试实验中，采用鼓泡增湿，在增湿器到单池进气段加热保温，以保证单池进气的相对湿度（relative humidity，RH），确保质子交换膜处在良好的水合状态，但要注意若 100％增湿需防止水淹对反应气供给的影响。在湿度变化时，通过进气干湿循环的变化，可评价膜的机械稳定性。

图 6-15 为反应气不同增湿温度下的单池性能。图 6-16 为不同厚度膜在无增湿干气逆流操作，以及进气经增湿后的单池性能对比，可见，干气进气对厚膜的影响更为明显。

随着实际应用的质子交换膜厚度的降低，由于电迁移与薄膜两侧水的浓度差的作用，增湿温度的影响与厚膜时的不同，如图 6-17。并非与增湿温度升高正相关，需要结合电池中的水分布进行解析。

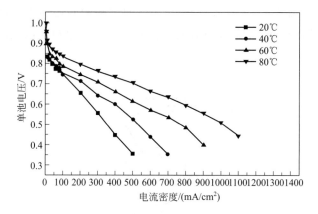

图 6-15　反应气增湿温度对电池性能的影响

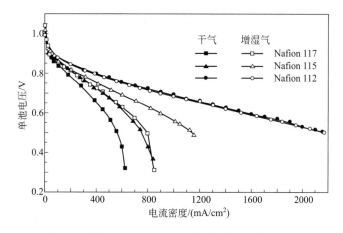

图 6-16　不同厚度膜的 PEMFC 在干气逆流操作和外增湿操作的性能比较

$p_{H_2} = p_{O_2} = 0.30MPa$，$T_{Cell} = 80℃$。增湿气：$T_{H_2} = T_{O_2} = 85℃$，干气：$H_2$ 与 O_2 逆流，
T_{Cell}（Nafion 112）$= 80℃$，T_{Cell}（Nafion 115 或 Nafion 117）$= 60℃$，$V_{H_2,out} = 10mL/min$，$V_{O_2,out} = 15mL/min$

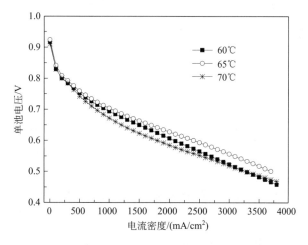

图 6-17　薄膜（10μm）在不同增湿温度下的单池性能

有效面积：25cm²，催化剂载量：0.1/0.2mg/cm²，90℃，计量比（H_2/空气）：2∶3

湿度的变化直接影响燃料电池的膜阻。若掌握膜阻的实时变化，则可为燃料电池的水管理提供重要信息。膜阻的在线测试方法目前还在探索之中。Watanabe 等[3]设计了四层质子交换膜的 MEA 结构（如图 6-18 所示），在相邻的两层膜中间各加入一根 25μm 的铂丝，作为测量相邻铂丝之间质子交换膜膜阻的探针。通过探针测试单池在电流加载过程中，不同位置的膜阻变化。

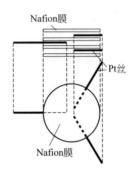

图 6-18　Watanabe 等的膜阻测试探针设计

当燃料电池在运行过程中，Watanabe 等就氢气增湿温度以及加载电流对质子交换膜膜阻的影响进行了研究，如图 6-19 所示。其中，氢气增湿温度对质子交换膜的电导率有着很大的影响，增湿温度的提高对应较低的膜阻。同时，瞬时加载时，质子交换膜的膜阻在膜厚度方向上的分布存在差异。随着加载电流的增大，质子交换膜的膜阻逐渐减小，而且其在膜厚度方向上的分布差异变小，该现象反映了电流加载过程中的质子交换膜内部水的分布在厚度方向上的变化。随着同一电流密度运行时间的延长，膜阻逐渐达到稳态。

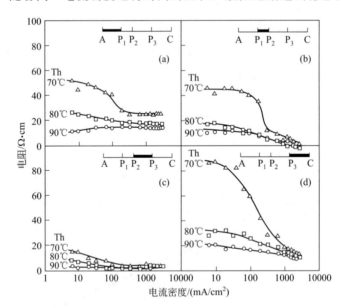

图 6-19　氢气增湿温度以及加载电流对质子交换膜内电阻及分布的影响[3]
Th—增湿温度；A—阳极位置；C—阴极位置；$P_1 \sim P_3$—探针位置

类似的，Büchi 等[4]采用直径 25μm 的金线为探针制备与 Watanabe 等[3]类似的MEA 结构，通过电流脉冲方法[5]，如图 6-20，测试加载电流前后质子交换膜的膜阻变化。

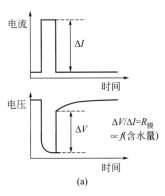 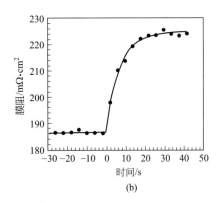

图 6-20　电流脉冲探针法[6]测试膜阻原理与示例

（a）电流脉冲法测试膜阻的原理；（b）单池从 0A/cm² 阶跃到 0.777A/cm² 过程中膜阻的变化

图 6-20 中，ΔI 为电流脉冲变化值；ΔV 是加载脉冲电流后对应的电压变化；$R_{膜}$ 为与水含量相关的膜阻。Büchi 等结合模型计算，得到膜中水的传递和水的扩散系数与膜的局部含水量密切相关，并导致加载过程中膜厚度方向水的非线性变化。但是，绝对的水含量在线测试仍需进一步研究。

为避免 Pt 丝、Au 丝等可能在单池中催化氢氧化反应，对测试带来影响，郝立星[7]等采用铜线作为探针，对单池运行过程中膜内的含水量进行在线测试。根据探针测得的膜两侧的电压降及式(6-18)～式(6-20) 换算得到的含水量。

$$R_{mem} = \Delta V_{mem} / I \tag{6-18}$$

$$R_{mem} = \sigma_{mem} / (\kappa_{mem} A) \tag{6-19}$$

$$\kappa_{mem} = (0.5139\lambda - 0.326)\exp[1268(1/303 - 1/T)] \tag{6-20}$$

式中，R_{mem} 为膜阻；ΔV_{mem} 为膜两侧电压降；I 为电池加载电流；σ_{mem} 为膜的厚度；κ_{mem} 为质子交换膜的质子电导率；A 为膜面积；λ 为膜内含水量（1 个磺酸根所携带的水分子的个数）；T 为电池操作温度。

图 6-21 为由膜两侧的电压降并根据公式计算得到的含水量，图 6-22 为在 0.1A/cm² 条件下反应气湿度对膜含水量的影响。

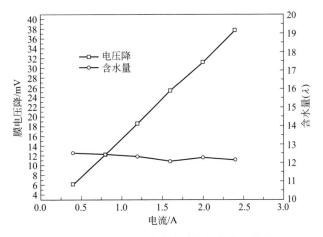

图 6-21　质子交换膜内含水量与加载电流的关系

O_2/H_2 气体流量 100/40mL/min，55℃饱和增湿，电池面积 4cm²

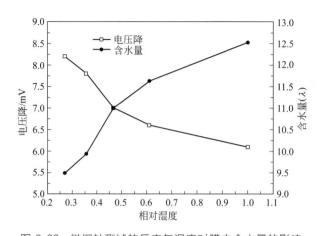

图 6-22　微探针测试的反应气湿度对膜内含水量的影响

电池温度 55℃，电流密度 $0.1A/cm^2$，O_2/H_2 气体流量为 $100/40mL/min$，电池面积 $4cm^2$

6.4　低温环境对燃料电池的影响

燃料电池的含水量对于低温环境适应性尤为重要。在 0℃ 以下低温储存与启动时，燃料电池停车后内部残存的水可能结冰，而水-冰相变会影响材料性能、破坏电极材料与部件结构，造成燃料电池不能正常启动。含水量是燃料电池低温存储的关键因素。

6.4.1　燃料电池中水的状态

燃料电池中，除了反应气增湿带入的水，还有电化学反应生成的水，宏观上以气态或液态形式分布于流场、扩散层之外，微观上以三种形态存在于质子交换膜与催化层树脂的微观尺度的高分子离聚物中，根据与磺酸根等亲水基团结合力的强弱，可将全氟磺酸树脂中的水分为：自由水（free water）、束缚水（tightly bond water）和弱束缚水（loosely bound water）。靠近磺酸根或球状离子簇壁的水与磺酸根发生水合作用形成较强的化学键，即为束缚水；在稍微远离离子簇壁，与束缚水具有较弱氢键作用的水称为弱束缚水；分布在离子簇中央的水，未与离子簇壁以及束缚水发生作用，称为自由水。

质子交换膜燃料电池中水含量的影响因素有：质子交换膜的水合状态、电极树脂含量以及微孔结构，但不易直接测量其绝对值。可研究质子交换膜燃料电池部件的水含量的方法有核磁共振[8-10]、中子成像[11-13]及 X 射线显微成像技术[14]等，但所采用仪器设备价格昂贵，以及可测样品的尺寸有限，多用于实验室研究，不宜用于实际应用的燃料电池。

根据质子交换树脂水合与脱水状态下阻抗不同的特性，通过电化学阻抗可以在线监测电池中自由水的含量相对变化。图 6-23 显示了停车之后的燃料电池在吹扫过程中的高频阻抗变化。在线单池阻抗的监测，更方便用于燃料电池内部水含量的评估。

在停车后的燃料电池中，吹扫初期移除的水主要为电池流场内部宏观形态的液态水以及气体扩散层微孔中的自由水。由于这部分水分不影响燃料电池的高频阻抗，所以此阶段燃料电池的 HFR 并没有随着吹扫时间发生明显的变化。随着流场和气体扩散层内部水分的移除完毕，出现了第一个"台阶"，主要反映的是水从催化层内部的移除过程，由于催化层质子

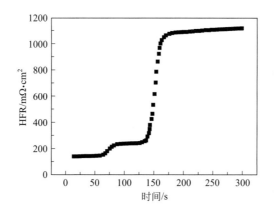

图 6-23　燃料电池吹扫过程中高频阻抗（HFR）的变化

导体中含有的水对高频阻抗有影响，所以这部分水的移除直接体现为 HFR 的变化。随着这部分水的逐渐移出，单池的 HFR 逐渐增大。之后出现的第二个"台阶"则是对应的水在质子交换膜中的移除过程。当质子交换膜内的大部分自由水和弱束缚水被吹扫出去之后，电池的 HFR 达到了最大值并维持不变。

6.4.2　低温存储

　　燃料电池在除水过程中吹扫至膜电极 HFR 不变的平台，对应为电池内部的自由水与弱束缚水吹扫完全，则膜电极在冷冻过程中，可以保持完好。

　　图 6-24 为燃料电池吹扫除水之后在−30℃进行 60 次冰冻/解冻循环过程中电池的 I-V 性能对比结果。从中可以看出，循环过程中电池的阻抗基本一致，电池的性能也未出现明显的衰减现象。

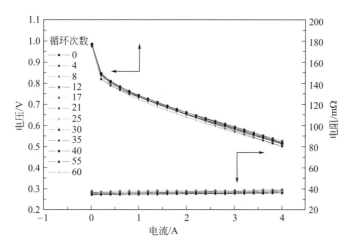

图 6-24　燃料电池−30℃下 60 次冰冻/解冻循环 I-V 性能对比[7]

O_2/H_2 气体流量 100/40mL/min，60℃饱和增湿，电池面积 4cm²

　　在−30℃吹扫保存的基础上继续将温度降至−40℃，考察束缚水在−40℃条件下对电池结构以及电化学特性的影响。图 6-25 分别为经过吹扫操作之后燃料电池在−40℃条件下 5 次冰冻/解冻循环过程中电池的 I-V 曲线。

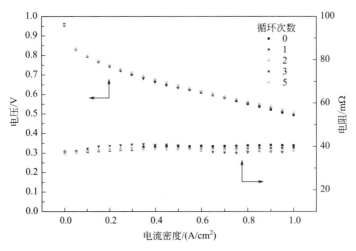

图 6-25　燃料电池−40℃冰冻/解冻循环 I-V 性能对比

实验表明，燃料电池在吹扫达到膜电极 HFR 不变之后，经历−30℃条件下 60 次的冰冻/解冻循环以及−40℃条件下的 5 次冰冻/解冻循环过程，其电化学性能未发生明显的衰减。证明了有效吹扫可以保证燃料电池材料以及电池电化学性能不受−40℃低温存储的影响。

6.4.3　低温启动

燃料电池在低温环境可以完好保存的前提下，可进行燃料电池的低温启动。由于燃料电池电化学反应发生与生成水的同时也产生废热，则低温启动可利用燃料电池启动时产生的废热，保持启动电流下产生的水不结冰，同时加热燃料电池本体，使之升温至 0℃以上额定工作点。

低温启动成功与否取决于燃料电池生成水与产生废热的速度以及燃料电池的热容。应满足：

$$Q_r > Q_s + C_p \Delta T \tag{6-21}$$

式中，Q_r 为燃料电池电化学反应生成的热量，可通过效率计算得到；Q_s 为燃料电池向周围环境散出的热量；$C_p \Delta T$ 为电池升温所需热量。

若

$$Q_r < Q_s + C_p \Delta T \tag{6-22}$$

则启动过程生成的水在燃料电池内部结冰，当结冰覆盖三相反应的活性位、气体传输通道时，则电化学反应无法进行，导致启动失败。

在低温启动过程中，阴极催化层发生电化学反应生成水。产物水在电池内的迁移主要有几个方向，如图 6-26 所示。分别是通过扩散作用以液体形式进入质子交换膜内；以气态形式向扩散层迁移和充斥在阴极催化层的微孔内。由于水向质子交换膜迁移的速度较慢，而以气态形式进入扩散层的水量也较少，因此大部分水存留在阴极催化层内。当生成水向质子交换膜和扩散层迁移的速度较慢时，阴极催化层的水就会在微孔内结冰。

美国宾州州立大学王朝阳研究团队通过可视化的方法观察了电池运行时催化层表面水的情况。观察结果表明，电池刚刚启动时生成水量较小，催化层表面观察不到液滴出现；电池

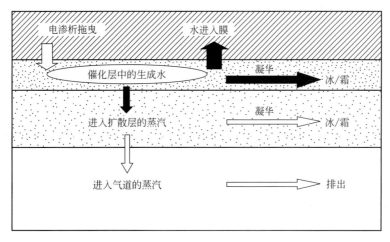

图 6-26   低温启动过程中电池内生成水的迁移

运行一段时间后，水量积累达到了催化层的饱和容水量，液滴才会出现在催化层表面上。据此，低温启动过程中，阴极电极反应生成的水在催化层内时不结冰，当水到达催化层表面会结冰。因此催化层和质子交换膜的容水能力是电池成功自启动至关重要的因素。Tajiri 等[15]考察了多个启动参数对电池低温启动的影响。通过对电池采用不同的吹扫方式来获得不同的膜含水量，研究了其对低温启动的影响。研究发现初始含水量较大的膜在启动过程中性能是单调下降的，而水量较小的膜其性能先降低再上升最后至零，如图 6-27 所示。

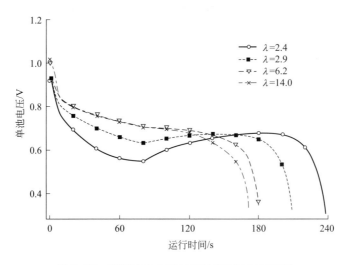

图 6-27   膜初始含水量对低温启动过程的影响

可利用低含水量的膜在启动过程中容水的缓冲特性，吸收低温启动初期生成的水与热量，为低温启动争取时间，在此时间段内获得的废热加热燃料电池电堆，使电堆温升。即，低温启动过程放出的热量需大于燃料电池升温至 0℃以上所需热量与燃料电池对外散热之和，才可能实现低温启动。如式(6-23)，

$$\int_0^t q_r > Q_{stack} + \int_0^t q_{enviro} \tag{6-23}$$

式中，t 为启动时间；q_r 为启动反应废热产生速率；Q_{stack} 为电堆温升所需热量；q_{enviro}

为对外散热速率，含反应尾气带出热。

$$Q_{stack} = C_{stack} m_{stack} \Delta T \tag{6-24}$$

式中，C_{stack} 为电堆比热容；m_{stack} 为电堆质量；ΔT 为电堆温升。

6.4.3.1　膜电极的保湿与低温启动

如前所述，电池低温启动过程中，液态水产生于催化层内部，当催化层中水量饱和后会出现在催化层表面，此时才会结冰覆盖催化层，导致启动失败。增加催化层的容水量，有助于延缓催化层间的自由水出现。

据此，缪智力[16]向膜电极的催化层添加保水物质（SiO_2 或磺化 SiO_2），增加燃料电池在低温启动时的容水量，利于低温启动，如图 6-28 所示，实验结果表明，不掺杂 SiO_2 的电池（S0）无法在实验中任何电流密度下从 $-8℃$ 成功自启动。而掺杂 5%（质量分数）纳米 SiO_2（S5）或磺化 SiO_2（S5h）的电池均能够在 $50mA/cm^2$ 下从 $-8℃$ 自启动。通过多次启动实验考察不同催化层的低温启动耐受性发现，该实验中条件下，不掺杂 SiO_2 和掺杂磺化 SiO_2 的电池低温启动耐受较差，而掺杂纳米 SiO_2 的电池低温启动耐受性较好。

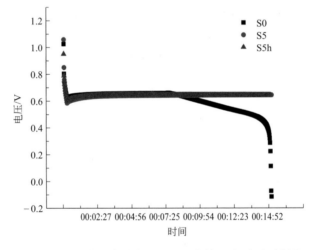

图 6-28　不同保湿电池在 $50mA/cm^2$ 从 $-8℃$ 自启动过程

掺杂了 SiO_2 的阴极催化层的保水能力有所提高，反应过程生成的水被更多地保存在阴极催化层内部，延长了催化层表面完全被冰覆盖的时间，使得电极反应放出的热量足以使电池的温度升高到 0℃ 以上，电池得以成功启动。

6.4.3.2　无辅助自启动

无辅助自启动是除燃料、氧化剂供给以外，无其他外界电、热的输入时，实现 0℃ 以下环境中燃料电池的加载至正常工作点的启动方式。

侯俊波[17]以一定湿度（RH56.0%，25℃）的反应气对单池进行吹扫，将电池出口湿度吹扫到 16.6%（50℃）时停止吹扫，避免 PEMFC 中残留的水结冰。之后先通入 30mL/min 的反应气保证电池开路电压在 1.0V 以上，然后停止通入反应气，在 $-5℃$ 冰冻电池。以 $0.1mA/cm^2$ 电流密度启动电池，启动过程中电流和电压变化如图 6-29。

由于单池对外界的散热面积占比较大，对于更低温度，如－10℃，单池不易自启动。而散热小的电堆则有可能在此温度下实现无辅助自启动。以空气进气量为 4 倍计量比，恒电流方式运行复合板燃料电池短堆，可实现－10℃无辅助自启动。图 6-30 为燃料电池短堆在－10℃下无外加辅助自启动时电流、电压以及温度曲线。

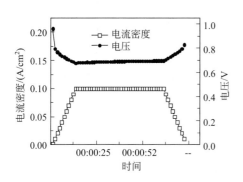

图 6-29 －5℃时的单池自启动过程

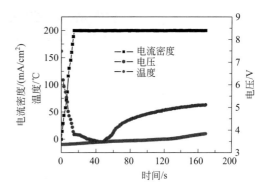

图 6-30 短堆从－10℃下以 4A/s 线性加载到 0.2A/cm² 启动的总电压变化和空气出口温度[17]

6.4.3.3 氢泵辅助低温启动

在环境温度低或电堆散热快的条件下，仅利用反应生成热使燃料电池升温的无辅助启动就显得有些力不从心了，需要另外补充热量。

氢泵启动是采用在燃料电池两端加反向直流电，通过电推动加速将氢气以氢离子的形式传送到阴极，在阴极处使氢氧反应释放热量的方法。

图 6-31 和图 6-32 分别为氢泵工作原理示意图及氢泵辅助燃料电池启动流程。其反应原理如下：

阳极侧：$H_2 \longrightarrow 2H^+ + 2e^-$

阴极侧：$H^+ + 2e^- \longrightarrow H_2$，$H_2 + \frac{1}{2}O_2 \longrightarrow H_2O$，$2H^+ + \frac{1}{2}O_2 + e^- \longrightarrow H_2O$

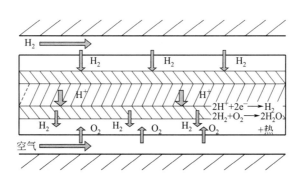

图 6-31 氢泵工作原理图

Wang 等[18]先以氮气（5L/min）吹扫面积为 128cm² 的单电池的阴极与阳极腔，在环境舱中冷冻单池至单池温度为－15℃。随后在阳极、阴极间加载 0.8V 的直流电，同时向电池阳极、阴极气体腔分别供给氢气、空气，以氢泵方式启动单池（图 6-33）。

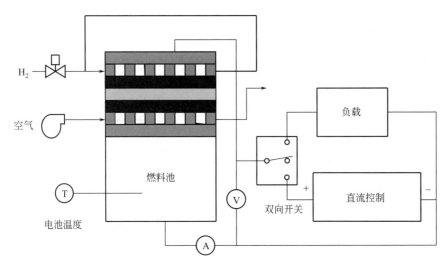

图 6-32　氢泵辅助燃料电池启动流程图

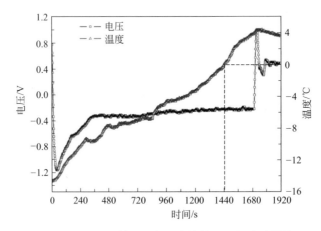

图 6-33　Wang 等采用氢泵方法从－15℃启动单池

6.4.3.4　氢氧催化低温启动

氢氧催化低温启动，是在燃料电池微流道内将氢氧反应气在爆炸极限之外进行混合，在燃料电池固有的电催化剂作用下，进行氢氧催化反应，生成水与热，以加热燃料电池本体，使之实现启动的方法。氢氧化学催化反应是在低温启动时快速升高电池温度的另一条途径。在不增加燃料电池系统辅助部件的前提下，可以使燃料电池能快速启动。

孙树成等[19]采用氢氧复合催化反应方法，进行了单池 0℃ 以下低温启动实验，由于 PEMFC 的流场沟槽尺寸一般在几百微米级，小于 H_2/O_2 混合物的熄火距离 $1000\mu m$[20,21]，且控制混合比例在爆炸范围之外，即可通过电池内部的微通道反应进行氢氧催化，使燃料电池在 0℃ 以下环境中启动。

图 6-34 和图 6-35 分别为燃料电池单池以氢氧进气比为 15L/min：1.4L/min 的条件下，在－10℃和－20℃化学催化氢氧反应时温升速率曲线，在 6min 时升到 0℃。证实利用化学催化氢氧反应（混合气比例在爆炸限之外），可在无附加外辅助条件下，迅速提高电池温度，使电池完成在低温环境中的启动。

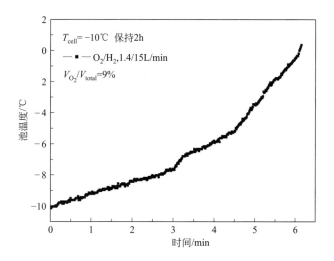

图 6-34 活性面积为128cm² 的单池在 − 10℃ 催化氢氧反应下的温升[19]

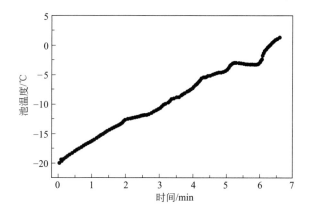

图 6-35 活性面积为128cm² 的单池在 − 20℃ 催化氢氧反应下的温升[19]

6.5 杂质对电池的影响

反应气杂质对质子交换膜燃料电池的影响，主要体现在对催化剂的催化活性的影响，广义上，除氢、氧反应物之外，带入燃料电池的其他物质对燃料电池也可能产生影响，如，增湿带入燃料电池的水若含金属离子，对质子交换膜的质子传导率影响等，均可称为杂质适应性。

Ballard 公司最先对阴阳极各种杂质气体对电池性能的影响进行了研究，如图 6-36 所示，包括了反应气中的 NH_3、NO_2、CO、SO_2 及 H_2S 对电池性能的影响。图中，在杂质气体浓度同为 $0.1×10^{-6}$ 时，阳极 H_2S 对电池的毒化作用最为明显且难以恢复；而 NH_3 主要表现为形成 NH_4^+ 后对质子交换膜质子传导的破坏，空气中 NO_2 有一定的影响但可以完全恢复，而只有空气中普遍存在的 SO_2 对电池性能和耐久性的影响非常显著，且通入纯净空气运行后，电池性能只能得到部分的恢复。有资料显示，在空气污染较为严重的城市，车载 PEMFC 的寿命要比在空气质量良好的城市中短得多。

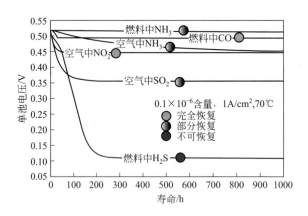

图 6-36 各种反应气中杂质对电池性能的影响比较

6.5.1 杂质对质子交换膜的影响

杂质对质子交换膜的影响主要体现在质子传导率的变化。质子交换膜的作用是传导质子，从第 2 章的质子交换膜传导机理分析，无论是运载机理还是 Grotthuss 机理，质子载体是传导质子的媒介。当质子交换膜中传导质子的载体与阳离子结合时，即减少了与质子结合的载体数目，将导致质子传导率下降。

6.5.1.1 金属离子的影响

为研究金属离子的影响，Okada 等[22] 配制了各种组分含量不同的 HCl/ACl（A＝Li$^+$、Na$^+$、K$^+$、Rb$^+$、Cs$^+$）混合溶液，然后将 Nafion 117 膜浸泡在混合溶液中达到离子交换平衡，溶液中 HCl 和 ACl 总浓度固定为 0.03mol/L。离子交换平衡后 Nafion 117 膜中的组分含量 x_{HM} 采用 X 射线荧光光谱（XRF）进行定量。

图 6-37 为 Nafion 膜与 HCl/ACl 混合溶液离子交换至平衡后，膜相组成与溶液组成的比较。此时在膜相与溶液相间发生离子交换反应为：

$$HCl(aq)＋AM \Longrightarrow ACl(aq)＋HM \tag{6-25}$$

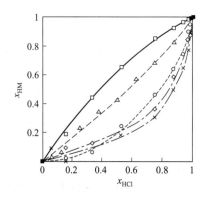

图 6-37 交换平衡后膜相组成与溶液组成
□ H/Li；△ H/Na；○ H/K；◇ H/Rb；× H/Cs

M 为膜中的磺酸根离子，平衡常数 K_{ex} 定义为：

$$K_{ex} = \frac{x_{ACl}x_{HM}}{x_{HCl}x_{AM}} \tag{6-26}$$

根据图 6-37 结果，估算得到 H/Li、H/Na、H/K、H/Rb 及 H/Cs 平衡常数分别为 1.85、0.73、0.25、0.2 和 0.14。Okada 等指出，对于大多数金属离子（除 Li 外）均有平衡常数 $K_{ex}<1$，即离子交换的发生是源于金属离子污染物与质子相比与磺酸根位点具有更强的亲和性，该现象被称为是 Nafion 膜的"金属阳离子效应"。

王磊磊等[23] 研究了阳离子对质子交换膜的质子传导率的影响。将质子交换膜在含有 Ca^{2+}、Mg^{2+}、Na^+ 等离子的溶液中浸泡不同的时间，考察了 Nafion® NRE-212 膜和催化层中氢离子含量，随着浸泡时间的增加，膜中氢离子的浓度逐渐下降，如图 6-38，12h 后氢离子浓度只为原来的 20%。对应组装的单池几乎不放电。说明质子交换膜中的大部分质子被溶液中的金属阳离子置换，影响了燃料电池中的质子传导。

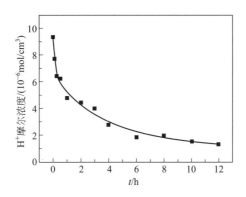

图 6-38　质子交换膜中 H^+ 浓度随阳离子浸泡时间的变化

当金属离子取代聚合物中磺酸根上的部分质子后，质子交换膜的离子电导率是一个特征混合离子电导率。由于质子交换膜是阳离子交换膜，膜中的阴离子是固定不动的，所以质子交换膜的离子电导率与各种可移动的阳离子相关联，即离子电导率是质子交换膜组成及各种阳离子离子淌度的函数。质子和金属离子占据质子交换膜中所有磺酸根位点的摩尔分数分别定义为此时的质子组成 x_H 和金属离子组成 x_M，且 $x_H + x_M = 1$。

并且此时质子交换膜的离子电导率为

$$\kappa = FC_{SO_3^-}(\mu_H x_H + \mu_M x_M) \tag{6-27}$$

式中，F 是法拉第常数；$C_{SO_3^-}$ 是膜中磺酸根位点的浓度；μ_H 与 μ_M 分别是质子和金属离子的离子淌度。金属离子污染质子膜后（膜中水始终完全饱和）造成膜的质子传导率显著下降的原因主要在于膜中质子淌度较金属离子淌度大得多。

6.5.1.2　NH₃ 的影响

由于 NH_3 可能作为氢的载体，NH_3 分解产生 N_2 和 H_2 从而为 PEMFC 提供燃料，为氢的储运提供解决方案。但在此过程中，富氢燃料中会有微量的 NH_3 存在，而天然气重整制氢过程中，由于 H_2 和 N_2 的同时存在，在高温、催化剂条件下会生成 NH_3，浓度范围在 $(30\sim90)\times10^{-6}$。NH_3 随燃料气进入燃料电池后，由于水的存在，可生成铵根阳离子，对质子交换膜有类似金属离子的影响。Uribe 等[24]研究了注入 NH_3、$(NH_4)_2SO_4$ 以及 KOH 的 N-105 Nafion 质子交换膜的电导率变化，如表 6-2。由表可知，NH_4^+ 与 K^+ 的引入，使得质子交换膜的离子电导率下降。

表6-2　不同阳离子对 N-105 Nafion 膜的电导率影响[25]

阳离子	膜的电导率①/（S/cm）	膜的电导率②/(S/cm)
NH_4^+ ③	0.106	0.032
NH_4^+ ④	0.108	0.033
K^+ ⑤	0.113	0.021
H^+	0.133	0.133

① 膜在 0.1mol/L 溶液中浸泡 1h。

② 膜在 1.0mol/L 溶液中浸泡 66h。

③ 浸泡于 $(NH_4)_2SO_4$ 溶液。

④ 浸泡于 NH_4OH 溶液。

⑤ 浸泡于 KOH 溶液。

Uribe 等还将含有 NH_3 的氢气注入质子交换膜燃料电池，研究电池性能的改变。发现氢气中含有 30×10^{-6} 的 NH_3 即可造成电池性能的下降，且随通入时间的延长，电池性能下降的幅度增大。如图 6-39，在切换为纯氢进气之后，电池性能也无法恢复，显示为不可逆的电池性能损失。分析电池性能衰减的机理，推测 NH_3 对质子的传导影响源于 NH_3 与膜中的质子结合，形成 NH_4^+，影响了质子传导。

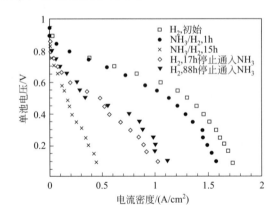

图 6-39　在阳极通入 H_2+ 30×10^{-6} NH_3 的燃料电池性能变化[25]

Halseid 等[26,27]发现即使 1×10^{-6} 的 NH_3 就可使燃料电池性能衰减。用旋转圆盘电极研究了硫酸溶液中 NH_4^+ 对氧还原反应的影响，结果表明中等浓度的 NH_4^+ 对 ORR 过程带来显著影响。在 0.18mol/L H_2SO_4＋0.1mol/L NH_3 溶液中，Pt 电极上 ORR 过程的动力电流密度和交换电流密度均降低。在恒电流（0.7A/cm²）和恒电压（0.5V）模式下 10×10^{-6} NH_3 中，电池性能衰减相类似，随通入 NH_3 时间的增加，电池性能下降，电池欧姆阻抗增大，但欧姆阻抗造成的电压降（恒流模式）和电流降（恒压模式）只占电池总电压降和总电流降的 5% 和 15%。使用 PtRu 催化剂的 MEA 抗 NH_3 性能没有明显改善。

6.5.2 杂质对阳极的影响

6.5.2.1 CO 对阳极的影响

当质子交换膜燃料电池的燃料气来自化石燃料重整气时，重整过程未完全去除的 CO 等对铂基催化剂具有毒化作用。由于 CO 在 Pt 表面具有强吸附作用，当燃料中含有 CO 时，CO 会优先占据 Pt 催化剂的活性位，并能覆盖在其表面，从而阻碍了 H_2 的吸附和随后的电化学氧化过程，10×10^{-6} 级的 CO 即造成电池性能的严重下降[14-17]。由于质子交换膜燃料电池工作温度低（约 80℃），CO 对质子交换膜燃料电池影响显著，燃料气中 CO 浓度应控制在 2×10^{-6} 以下。

至今 PEMFC 广泛采用的抗 CO 电催化剂为 PtRu/C。图 6-40 是以 Pt/C 和 PtRu/C 为电催化剂制备的催化层，以氢和 53×10^{-6} CO/H_2 为阳极燃料气的电池性能。

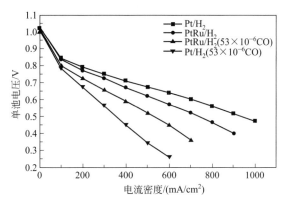

图 6-40　Pt/C 与 PtRu/C 为电催化剂，
以纯氢及 CO/H_2 为阳极燃料气时的电池性能

由图 6-40 可知，当以纯氢为燃料时，以 Pt/C 为阳极电催化剂的电池性能优于以 PtRu/C 为电催化剂的电池；当以含 53×10^{-6} CO 的氢气为燃料时，以 PtRu/C 为电催化剂的电池性能较好，但低于以纯氢为燃料时的电池性能。

针对质子交换膜燃料电池 CO 中毒的解决对策有：阳极采用抗 CO 催化剂、复合结构阳极、提高电池温度、施加脉冲电压和阳极注氧等方法。

其中，阳极采用 PtRu 催化剂的抗 CO 机理有两种解释：双功能机理（bifunctional mechanism）与配体机理（ligand mechanism）。双功能机理是指 Pt 与 Ru 的协同作用降低了 CO 的氧化电势；配体机理是指 Ru 的加入减弱了 CO 在 Pt 上的吸附强度。但当燃料气中含有一定浓度的 CO，即使采用 PtRu 催化剂，电池性能也有显著下降，且在纯氢中的性能要低于 Pt 催化剂。

复合结构阳极则是将抗 CO 催化剂与 Pt 催化剂分为两个催化层，在阳极侧分别催化 CO 与 H_2 的反应，从而提高燃料电池的整体性能。

以纯氢为燃料时，双催化层电极（E5）的性能优于由 PtRu/C 电催化剂制备的单层催化层电极（E2），与由 Pt/C 电催化剂制备的单层电极性能相当，图 6-41。以含有 50×10^{-6} CO 的氢气为燃料时，具有双催化层阳极的燃料电池性能也优于以 PtRu/C 为电催化剂的单层阳极燃料电池。

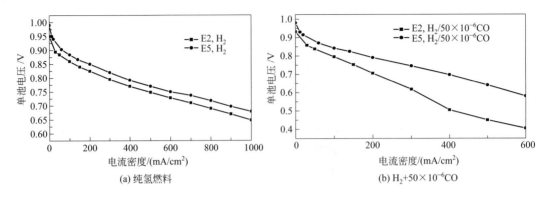

图 6-41　PtRu/C 催化层电极（E2）和复合催化层电极（E5）性能比较

提高质子交换膜燃料电池工作温度可以有效提高质子交换膜燃料电池的抗 CO 能力，原理是 CO 和 H_2 在 Pt 上的吸附过程均为放热反应，且前者的焓变大于后者（25℃ 时，$\Delta H_{CO} = -134 kJ/mol$，$\Delta H_{H_2} = -87.9 kJ/mol$），当温度高于 100℃ 后，CO 在 Pt 催化剂上的吸附强度大大降低，但同时要考虑高温操作对 PEMFC 各部件的影响，如升高电池温度会显著增大质子交换膜的电阻，加快 Pt 催化剂的团聚速度和 Pt 的溶解速度，当燃料电池操作温度高于 100℃ 后，依赖于水合质子的传导变得困难，膜的降解速度显著加快。此外，较高的电池操作温度对双极板与密封材料的要求也将更为苛刻。

6.5.2.2　H_2S 对阳极的影响

美国 Los Alamos 国家实验室和 South Carolina 大学的研究发现：H_2S 对电池造成的中毒效应非常严重，且随时间延长而加重[24,28,29]。Uribe 等[24]在线研究了 H_2S 对质子交换膜燃料电池的影响，发现 H_2S 对电池造成的中毒不可恢复，即 H_2S 毒化的电池在重新使用纯氢后，电池性能不可恢复。而 Mohtadi 等[28]的研究认为 H_2S 毒化后的电极性能在使用纯氢时可以部分恢复，认为 H_2S 的吸附是部分可逆的；测试了 PtRu 催化剂的抗 H_2S 性能，表明 Ru 不会提高电极的抗 H_2S 性能。研究不同温度下 H_2S 在阳极上的吸附速率，发现燃料电池在低温操作时形成的硫吸附更为强烈，且 Pt—S 在 50℃ 的形成速率比在 90℃ 的形成速率慢 69%，但通过延长通入 H_2S 的时间，Pt 表面最终都会被完全覆盖[29]。

在水溶液体系 H_2S 于 Pt 电极上的吸附和氧化动力学研究中，Loučka[30]发现在吸附过程中 H_2S 脱氢形成吸附硫（adsorbed sulfur），生成的氢气则在阳极正电位下氧化。并发现氧化 Pt 电极上吸附的硫所需的电量远大于氧化单层吸附硫的电量，认为在扫描过程中形成了难以还原的氧化物而不是存在多层的吸附硫。根据 Loučka 的研究，扫描电位 1.6V（vs. DHE）（dynamic hydrogen electrode，动态氢电极）也不能将 Pt 上吸附的硫全部氧化，完全氧化需要经过多次扫描，提出吸附硫氧化的机理为：

$$Pt—S + 3H_2O \Longleftrightarrow SO_3 + 6H^+ + 6e^- + Pt$$

$$Pt—S + 4H_2O \Longleftrightarrow SO_4^{2-} + 8H^+ + 8e^- + Pt$$

在 0.1mol/L H_2SO_4 溶液中，以循环伏安法和恒电势电解的方法对 H_2S 在 Pt 电极上的吸附和氧化行为研究中，Najdeker 等[31]发现：H_2S 强烈吸附在 Pt 电极表面，在 0.625V 时发生如下的反应，并生成 Pt 的硫化物。

$$Pt \cdot (H_2S)_2 \Longrightarrow PtS_2 + 4H^+ + 4e^-$$

在 1.42V 的氧化峰则对应于 PtS_2 的氧化（生成单质硫）及部分未被覆盖的 Pt 的氧化，反应机理可能为：

$$Pt + H_2O \Longrightarrow PtO + 2H^+ + 2e^-$$

$$PtS_2 + H_2O \Longrightarrow PtO + 2S + 2H^+ + 2e^-$$

$$PtS_2 + 2H_2O \Longrightarrow PtO_2 + 2S + 4H^+ + 4e^-$$

对于 H_2S 在 Pt 催化剂上的吸附、分解和氧化行为，石伟玉[32]通过电位阶跃法发现，当电池温度在 60℃时，H_2S 在 0.5V 附近发生分解，而分解生成的吸附态硫则在 0.9V 附近被氧化。因此，通过对 H_2S 中毒的阳极外加高电压脉冲（≥0.9V）可以将吸附在催化剂上的 H_2S 氧化，从而恢复催化剂活性。考虑到 Pt 催化剂在高电位下会被氧化而丧失催化活性，可在高电压脉冲之后，施加低电压脉冲（≤0.5V），使氧化态的铂还原。

在 H_2S 毒化后，利用高、低电压脉冲方法，对燃料电池进行处理，图 6-42 为短堆在 $600mA/cm^2$ 恒流下阳极通入 18×10^{-6} H_2S/H_2 2h 后的性能及高低电压脉冲（1.5V，2min；0.2V，2min）后的性能。H_2S 毒化后，经过外加高电压脉冲（1.5V，2min）和低电压脉冲（0.2V，2min）后，电池性能在低电流密度范围内（0～$500mA/cm^2$）可完全恢复。

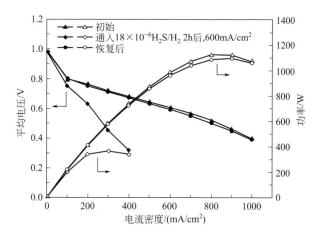

图 6-42　阳极通入含 18×10^{-6} H_2S 的氢气 2h 及电压脉冲后的短堆性能

电池温度：60℃；燃料气和空气的相对湿度：20%，60%；常压操作

6.5.3　杂质对阴极的影响

质子交换膜燃料电池通常以环境空气作为氧化剂，空气中不同程度地存在 SO_2 与氮氧化物（表 6-3），在燃料电池运行的环境下，含 S、N 等杂质的反应气，会在电催化剂 Pt 上产生吸附，占据催化剂上的活性位，表现为电化学反应活性面积的降低，影响氧气在催化剂上的催化反应，进而影响燃料电池的性能和耐久性。

表6-3   环境空气质量标准

污染物项目	取值时间	浓度限值/($\mu g/m^3$)		
		一级	二级	三级
SO$_2$	年平均	20	60	100
	日平均	50	150	250
	小时平均	150	500	700
NO$_2$	年平均	40	40	80
	日平均	80	80	120
	小时平均	200	200	240
NO$_x$	年平均	50	50	100
	日平均	100	100	150
	小时平均	250	250	300

6.5.3.1   NO$_2$对阴极的影响

针对空气中的氮氧化物，傅杰[33]利用5cm^{2}单电池，阴极通入含5×10^{-6} NO$_2$杂质气体的空气（图6-43），对比了以纯净空气、含有5×10^{-6} NO$_2$杂质气体的空气以及重新以纯净空气恢复供气并恒流运行电池时，单电池电压的变化。发现空气中5×10^{-6}的NO$_2$杂质就对电池性能产生影响。在电池性能基本稳定后，停止含NO$_2$气的进入，重新以纯净空气恒流运行电池时，与初始采用纯净空气运行电池的电压基本相同，说明NO$_2$对电池性能的影响通过纯净空气吹扫可以恢复。

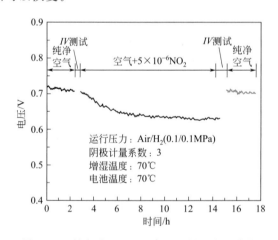

图 6-43   单电池通5×10^{-6} NO$_2$前后电压变化

6.5.3.2   NO对阴极的影响

图6-44为在以纯净空气、含有5×10^{-6} NO杂质气体的空气、重新以纯净空气对电池进行恢复并恒流运行电池，以及CV测试后燃料电池电压随累计时间的变化[33]。由图6-44可见，在以纯净空气运行电池性能稳定后，切换为含有5×10^{-6} NO杂质气体的空气，开始

电压降幅较大，之后电池电压下降变缓直至基本稳定。整个过程电压降低约 $50mV$，小于同样含量的 NO_2。

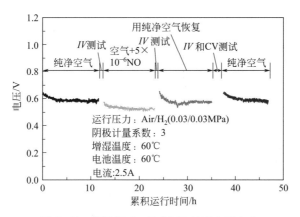

图 6-44　单池通 $5×10^{-6}$ NO 前后电压变化

6.5.3.3　SO_2 对阴极的影响

翟俊香[34]利用电化学方法研究 SO_2 的毒化作用。向燃料电池阴极通入含有 $30×10^{-6}$ SO_2 的空气，燃料电池在 $500mA/cm^2$ 下运行，每隔一段时间对电池进行循环伏安扫描，图 6-45 为 $30×10^{-6}$ SO_2 通入燃料电池阴极过程中的循环伏安曲线。循环伏安扫描测试过程中为防止吸附的 S 杂质被氧化，选择扫描电位上限为 $0.6V$。随着时间的推移，催化剂电化学活性面积逐渐减小，30min 后氢脱附峰面积几乎为 0。

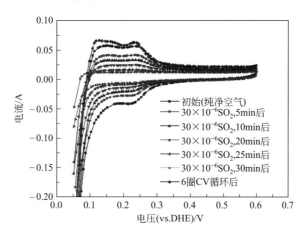

图 6-45　阴极通入 $30×10^{-6}$ SO_2 过程中循环伏安扫描曲线（$0.05～0.6V$）
及循环伏安扫描 6 圈后的曲线（$0.05～1.4V$）[34]

Mohtadi 等[35]采用循环伏安的方法，可使中毒之后的电池性能几乎完全恢复（图 6-46）。在 CV 扫描的过程中，在 $0.89V$ 和 $1.05V$ 分别出现两个氧化峰，认为其对应于 S 的弱吸附和强吸附。5 圈 CV 扫描之后，氧化峰完全消失，对应吸附的 SO_2 被氧化脱除。

图 6-47 是 $30×10^{-6}$ SO_2 毒化燃料电池后的循环伏安曲线。循环伏安扫描第一圈低电位区（$0.05～0.4V$）氢脱附峰较小，高电位区（$0.8～1.4V$）出现较大的电流峰。随着循环次数的增加，低电位区氢脱附峰逐渐增大，高电位区氧化峰逐渐减小。对应 SO_2 毒化电池

后部分催化剂被吸附的 S 杂质覆盖，而吸附的 S 杂质在高电位 1.1V 左右被氧化脱除，催化剂活性位重新裸露，催化剂电化学活性面积恢复。

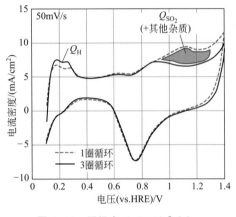

图 6-46　阴极在 1.5×10⁻⁶ SO₂毒化 3.2h 之后的 CV 曲线

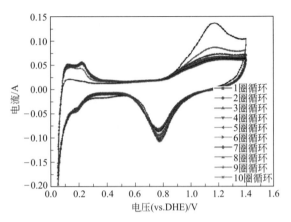

图 6-47　30×10⁻⁶ SO₂ 毒化后燃料电池阴极的循环伏安曲线

　　美国 Los Alamos 国家实验室 Uribe 等[36]采用化学过滤器 Donaldson FC Test Filter FCX400027，对含 SO₂ 的空气在进入电池前进行净化。图 6-48 中，未经净化的 500×10⁻⁹ SO₂ 使电池性能在数十小时内严重衰减。而在电池阴极进口前使用脱硫过滤器后电池在含 500×10⁻⁹ SO₂ 的空气中稳定运行约 1000h。

　　翟俊香[34]在净化器的基础上再外加电位 0.5V，对含 1×10⁻⁶ SO₂ 的空气进行净化。在图 6-49 中，电池性能在 240h 内基本没有变化，与未经处理的含 SO₂ 的反应气直接进入电池的结果相比，电池性能得到显著改善。

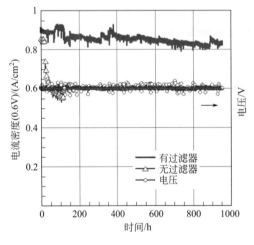

图 6-48　经空气过滤器的 500×10⁻⁹ SO₂对燃料电池性能影响

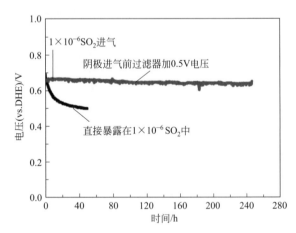

图 6-49　净化器脱除 1×10⁻⁶ SO₂后的电池性能[33]

参 考 文 献

[1]　衣宝廉. 燃料电池——原理·技术·应用 [M]. 北京：化学工业出版社，2003.

[2]　Kim J，Lee S M，Srinivasan S，et al. Modeling of proton-exchange membrane fuel-cell performance with an empirical-

equation [J]. J Electrochem Soc，1995，142（8）：2670-2674.

［3］ Watanabe M，Igarashi H，Uchida H，et al. Experimental analysis of water behavior in Nafion® electrolyte under fuel cell operation [J]. Journal of Electroanalytical Chemistry，1995，399（1-2）：239-241.

［4］ Büchi F N，Scherer G G. Investigation of the Transversal Water Profile in Nafion Membranes in Polymer Electrolyte Fuel Cells [J]. J Electrochem Soc，2001，148（3）：A183-A188.

［5］ Büchi F N，Marek A，Scherer G G. In-situ membrane resistance measurements in polymer electrolyte fuel-cells by fast auxiliary current pulses [J]. J Electrochem Soc，1995，142（6）：1895-1901.

［6］ Büchi F N，Scherer G G. In-situ resistance measurements of Nafion® 117 membranes in polymer electrolyte fuel cells [J]. Journal of Electroanalytical Chemistry，1996，404（1）：37-43.

［7］ 郝立星. 质子交换膜燃料电池 MEA 中水含量对其性能的影响研究 [D]. 大连：中国科学院大连化学物理研究所，2010.

［8］ Shohji T，Kazuhiro T，Kousuke N，et al. Water content distribution in a polymer electrolyte membrane for advanced fuel cell system with liquid water supply [J]. Magnetic resonance imaging，2005，23（2）.

［9］ Kirk W Feindel，Steven H Bergens，Roderick E Wasylishen. The use of ^{1}H NMR microscopy to study proton-exchange membrane fuel cells [J]. Chemphyschem ：a European journal of chemical physics and physical chemistry，2006，7（1）.

［10］ Teranishi K，Tsushima S，Hirai S. Analysis of water transport in PEFCs by magnetic resonance imaging measurement [J]. J Electrochem Soc，2006，153（4）：A664-A668.

［11］ Turhan A，Heller K，Brenizer J S，et al. Quantification of liquid water accumulation and distribution in a polymer electrolyte fuel cell using neutron imaging [J]. Journal of Power Sources，2006，160（2）.

［12］ Zhang J，Kramer D，Shimoi R，et al. In situ diagnostic of two-phase flow phenomena in polymer electrolyte fuel cells by neutron imaging [J]. Electrochimica Acta，2005，51（13）.

［13］ Hickner M A，Siegel N P，Chen K S，et al. Real-time imaging of liquid water in an operating proton exchange membrane fuel cell [J]. J Electrochem Soc，2006，153（5）：A902-A908.

［14］ Sinha P K，Halleck P，Wang C Y. Quantification of Liquid Water Saturation in a PEM Fuel Cell Diffusion Medium Using X-ray microtomography [J]. Electrochemical and Solid State Letters，2006，9（7）：A244-A248.

［15］ Tajiri K，Tabuchi Y，Wang C Y. Isothermal Cold Start of Polymer Electrolyte Fuel Cells [J]. J Electrochem Soc，2006，154（2）.

［16］ 缪智力. 膜电极组件中掺杂 SiO_2 对质子交换膜燃料电池的影响 [D]. 大连：中国科学院大连化学物理研究所，2009.

［17］ 侯俊波. 质子交换膜燃料电池零度以上保存与启动的研究 [D]. 大连：中国科学院大连化学物理研究所，2008.

［18］ Wang H，Hou J，Yu H，et al. Effects of reverse voltage and subzero startup on the membrane electrode assembly of a PEMFC [J]. Journal of Power Sources，2006，165（1）.

［19］ Sun S C，Yu H M，Hou J B，et al. Catalytic hydrogen/oxygen reaction assisted the proton exchange membrane fuel cell（PEMFC）startup at subzero temperature [J]. Journal of Power Sources，2007，177（1）.

［20］ Spalding D B. Combustion flames and explosions of gases：Bernard Lewis and Guenther von Elbe 3rd Edn. Academic Press，New York，1987 [J]. Pergamon，1988，31（1）.

［21］ Ryi S-K，Park J-S，Choi S-H，et al. Novel micro fuel processor for PEMFCs with heat generation by catalytic combustion [J]. Chemical Engineering Journal，2005，113（1）.

［22］ Okada T，Satou H，Okuno M，et al. Ion and water transport characteristics of perfluorosulfonated ionomer membranes with H^+ and alkali metal cations [J]. J Phys Chem B，2002，106（6）：1267-1273.

［23］ 王磊磊，贺高红，揭晓，等. 金属离子对质子交换膜燃料电池性能的影响 [J]. 电源技术，2007（3）：205-208.

［24］ Uribe F，Zawodzinski T. Effects of fuel impurities on PEM fuel cell performance：proceedings of the 200th ECS Meeting [C]. San Francisco：2001.

［25］ Uribe F A，Gottesfel D S，Zawodzinski T A. Effect of Ammonia as Potential Fuel Impurity on Proton Exchange Membrane Fuel Cell Performance [J]. J Electrochem Soc，2002，149（3）：A293.

［26］ Halseid R，Bystroň T，Tunold R. Oxygen reduction on platinum in aqueous sulphuric acid in the presence of ammonium [J]. Electrochimica Acta，2005，51（13）.

[27] Halseid R，Vie P J S，Tunold R. Effect of ammonia on the performance of polymer electrolyte membrane fuel cells [J]. Journal of Power Sources，2005，154（2）.

[28] Mohtadi R，Lee W-K，Cowan S，et al. Effects of Hydrogen Sulfide on the Performance of a PEMFC [J]. Electrochemical and Solid State Letters，2003，6（12）.

[29] Mohtadi R，Lee W-K，Zee J W V. The effect of temperature on the adsorption rate of hydrogen sulfide on Pt anodes in a PEMFC [J]. Applied Catalysis B，Environmental，2004，56（1）.

[30] Loučka T. Adsorption and oxidation of sulphur and of sulphur dioxide at the platinum electrode [J]. Journal of Electroanalytical Chemistry and Interfacial Electrochemistry，1971，31（2）：319-332.

[31] Najdeker E，Bishop E. The formation and behaviour of platinum sulphide on platinum electrodes [J]. Journal Electroanalytical Chemistry and Interfacial Electrochemistry，1973，41：79-87.

[32] 石伟玉. 阳极杂质气体对质子交换膜燃料电池性能的影响及解决对策研究 [D]. 大连：中国科学院大连化学物理研究所，2005.

[33] 傅杰. 阴极杂质气体对质子交换膜燃料电池性能的影响及对策研究 [D]. 大连：中国科学院大连化学物理研究所，2009.

[34] 翟俊香. 阴极杂质气体 SO_2 对质子交换膜燃料电池性能的影响及解决对策研究 [D]. 大连：中国科学院大连化学物理研究所，2012.

[35] Mohtadi R，Lee W-K，Zee J W V. Assessing durability of cathodes exposed to common air impurities [J]. Journal of Power Sources，2004，138（1）.

[36] Francisco U，Peter A，Guido B，et al. Electrodes for Hydrogen-Air PEM Fuel Cells，FY 2004 Progress Report：Ⅳ. B. 2 [R]：Los Alamos National Laboratory，2004. https：//www. hydrogen. energy. gov/pdfs/progress04/ivb2＿uribe. pdf.

质子交换膜燃料电池（proton exchange membrane fuel cells，PEMFC）具有高功率密度、高效环保及良好的启动循环性能等优势，随着高压储氢技术的成熟应用，PEMFC 相对于其他化学电源能量密度的优势明显，因而成为现有化学电源中最具应用价值的技术之一[1]。目前作为电动汽车的动力电池，已经进入产业化发展和应用阶段[2]。

根据 PEMFC 反应的热力学特性，考虑到极化和效率的因素，单节电池输出电压范围通常在 0.5～1.0V 之间。在实际应用中，需要将一定数量的单体电池（简称单池）通过一定的设计进行组合，以达到功率、电压和电流等电气应用要求，从而形成了 PEMFC 电堆（简称电堆）。电堆内各节单池在机械结构、流体分配、热量传递以及电气连接等方面互相作用和影响，因此设计和应用中需要兼顾考虑的因素众多，且关系复杂。本章将从电堆的设计和研究方法两个角度，对电堆机械结构、性能设计以及耐久性研究等方面进行介绍。电堆机械结构部分通过对电堆机械结构的介绍，说明电堆中流体分配、密封以及绝缘等功能的实现方法；电堆性能设计与研究方法部分主要介绍单池性能设计方法，以及从单池到电堆的放大设计原则；电堆的耐久性研究部分介绍电堆性能衰减原理和典型失效模式。

7.1 电堆的若干概念

7.1.1 能量转换效率

我们将燃料电池视为一个黑匣子，通过它将燃料的化学能转化为电能。如图 7-1 所示。进入燃料电池的燃料热焓为 ΔH，燃料电池输出电流为 I，电压为 V（对于电堆，取各节单池的平均电压），时间为 t，则输出的电能为 IVt。燃料电池工作时，为避免燃料中惰性气体

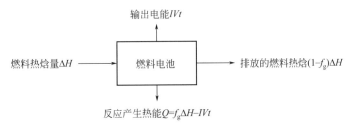

图 7-1 燃料电池的燃料能流图

杂质的积累，影响反应物浓度，需要将燃料中的惰性气体杂质排除，与此同时也会排出一部分的燃料，定义 f_g 为燃料的利用率，则 $(1-f_g)\Delta H$ 为经尾气排放的燃料带走的热焓，Q 为燃料电池黑匣子与环境热交换的热量。

定义燃料电池热电转换效率 f_{FC} 为进入电池的燃料输出电能与热焓的比，如式(7-1)所示：

$$f_{FC} = \frac{IVt}{\Delta H} \tag{7-1}$$

对式(7-1)进行下述变换，得到式(7-2)：

$$f_{FC} = \frac{IVt}{\Delta H} = \frac{\Delta G}{\Delta H} \times \frac{It}{f_g nF} \times \frac{V}{\dfrac{\Delta G}{nF}} \times f_g \tag{7-2}$$

式中，ΔG 为氢气的吉布斯自由能；F 为法拉第常数；n 为氢气电化学反应电荷数。定义 f_T 为热力学效率，则 $f_T = \dfrac{\Delta G}{\Delta H}$，表 7-1 列出了一些化学反应的标准热焓、标准吉布斯自由能、标准热力学电动势与标准热力学效率。当以氢为燃料时，在标准状态下，电池反应生成水为液态水时，则反应焓 ΔH^0 为高热值（HHV）$-285.1 kJ/mol$，ΔG 为 $-237.2 kJ/mol$，则 f_T（HHV）为 83%；若生成水为气态，反应焓 ΔH 为低热值（LHV）$-242.0 kJ/mol$，ΔG 为 $-228.6 kJ/mol$，则 f_T（LHV）为 94%。

表7-1 一些化学反应的标准热焓、标准吉布斯自由能、标准热力学电动势与标准热力学效率

化学反应	$\Delta H^0/(kJ/mol)$	$\Delta G^0/(kJ/mol)$	E^0/V	$f_T/\%$
$H_2 + \frac{1}{2}O_2 \longrightarrow H_2O(l)$	-285.1	-237.2	1.229	83
$H_2 + \frac{1}{2}O_2 \longrightarrow H_2O(g)$	-242.0	-228.6	1.185	94
$C + \frac{1}{2}O_2 \longrightarrow CO$	-110.5	-137.3	0.711	124
$C + O_2 \longrightarrow CO_2$	-393.5	-394.4	1.022	100
$CO + \frac{1}{2}O_2 \longrightarrow CO_2$	-282.9	-257.1	1.332	91

式(7-2)中 It 为电池实际输出电量，而 $f_g nF$ 为依据法拉第定律得到的电池反应产生的电量，定义 f_I 为电流效率或法拉第效率，则 $f_I = \dfrac{It}{f_g nF}$。质子交换膜具有良好的阻气性能，在电堆绝缘良好的条件下，可以认为法拉第效率为 100%。

定义式(7-2)中 $\dfrac{V}{\dfrac{\Delta G}{nF}}$ 为电压效率 f_V，根据吉布斯公式电池的热力学电动势计算式 $E^0 = \dfrac{\Delta G}{nF}$ 及表 7-1，对于氢燃料电池 $E^0 = 1.229V$，则

$$f_V = \frac{V}{\dfrac{\Delta G}{nF}} = \frac{V}{E^0} = \frac{V}{1.229}$$

则式(7-2)变为

$$f_{FC} = f_T f_V f_I f_g \cong f_T f_V f_g = f_T \times \frac{V}{1.229} \times f_g \qquad (7\text{-}3)$$

电池反应生成的水为液态时，得到的效率为高热值效率 f_{HH}：

$$f_{HH} \cong 0.83 \times \frac{V}{1.229} \times f_g = \frac{V}{1.48} \times f_g \qquad (7\text{-}4)$$

当反应生成的水为气态时，得到的效率为低热值效率 f_{LH}：

$$f_{LH} \cong 0.94 \times \frac{V}{1.185} \times f_g = \frac{V}{1.26} \times f_g \qquad (7\text{-}5)$$

如果燃料电池气体利用率为 99%，在 $0.1A/cm^2$ 电流密度下电池输出电压为 0.85V，则燃料电池的低热值效率为 $0.85V/1.26V \times 99\% = 67\%$，$1.6A/cm^2$ 电流密度下输出电压为 0.65V，则燃料电池的低热值效率为 $0.65V/1.26V \times 99\% = 51\%$。

7.1.2　电堆单池性能的一致性

单池性能是电堆性能的基础，然而电堆输出能力不仅仅等同于各节单池输出性能的加和，而是遵从"木桶原理"[1]，性能最差的单池将限制电堆性能的输出能力和持续工作的稳定性，这就是电堆单池要保持一致的原因。电堆单池性能的一致性，简称单池一致性，是指电堆工作过程中各节单池性能的一致程度，一致程度越高电堆工作稳定性越好。单池一致性既取决于每节单池设计和加工一致性，也取决于电堆整体在流体和机械方面设计的合理性。

在电池串联情况下，每节单池输出电流相同，电堆中各节单池的工作状态最终体现在其输出电压上，因此通常用各节单池输出电压的一致程度来衡量单池一致性，以各节单池电压的标准偏差作为定量评价单池一致性的关键指标，如式(7-6)：

$$S = \sqrt{\frac{1}{n-1} \times \sum_{i=1}^{n} (u_i - \bar{u})^2} \qquad (7\text{-}6)$$

式中，S 为各节电池电压的标准偏差；n 为电堆的单池节数；u_i 为第 i 节单池的输出电压；$\bar{u}$ 为电堆所有单池的平均电压。

同时电堆各单池电压的极差也是评价单池一致性的参考指标，单池电压极差即最高单池电压和最低单池电压的差，即 $R = V_{max} - V_{min}$，其中 R 为极差；V_{max} 为最高单池电压；V_{min} 为最低单池电压。

图 7-2 是电堆（XY200 电堆）在不同电流密度工作条件下的单池一致性，图中的表格列出了不同电流密度操作时各节单池电压的标准偏差 S 和极差 R。单池性能的一致性与电堆组装状态以及工作条件紧密相关，图 7-2 中不同电流密度的单池一致性是对应图中所标注的工作条件下的表现，工作条件发生变化时，单池一致性会相应发生变化。图 7-3 显示了标准偏差 S 和极差 R 与电流密度的关系，随着电流密度的升高，S 和 R 值都呈上升趋势，总体来说在低电流密度工作的单池一致性好于高电流密度的情况。不考虑零部件加工差异的情况下，电堆单池一致性的设计原则是确保每节单池具有一致的工作条件，需同时兼顾各节单池

---

❶　木桶原理是由美国管理学家劳伦斯·彼得（Laurence J. Peter）提出的，意指由多块木板构成的水桶，其价值在于其盛水量的多少，但决定水桶盛水量多少的关键因素不是其最长的板块，而是其最短的板块。

流体分配一致性和机械应力分配一致性，以确保各节单池的电化学反应物状态、水热状态和机械接触状态等的一致性。

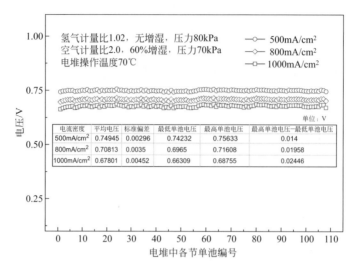

电流密度	平均电压	标准偏差	最低单池电压	最高单池电压	最高单池电压一最低单池电压
500mA/cm²	0.74945	0.00296	0.74232	0.75633	0.014
800mA/cm²	0.70813	0.0035	0.6965	0.71608	0.01958
1000mA/cm²	0.67801	0.00452	0.66309	0.68755	0.02446

图 7-2 电堆在不同电流密度工作条件下的单池一致性

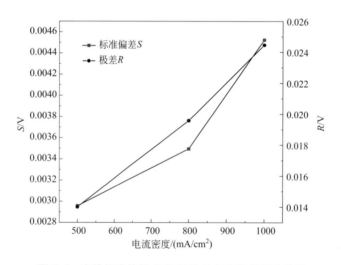

图 7-3 电堆标准偏差 S 和极差 R 与电流密度的关系

不管是零部件加工因素还是设计因素导致的单池性能差异，都可能导致个别单池电压明显低于电堆平均电压的情况。这种不健康的电堆运行状态，通常称为电堆的"单低"问题。"单低"问题是限制电堆持续稳定工作的关键要素。在实际应用中，如果忽视电堆的"单低"问题，持续保持或提高电堆输出功率，将会导致单低电池电压的进一步下降，甚至产生负电压，发生"反极"现象，从而对电堆造成不可逆损伤。

7.1.3 反极

电堆单池一致性不佳的极端情况是出现反极现象，反极现象是电堆发电过程中单池输出电压由正变为负的特有现象。电堆工作过程中，当燃料和氧化剂充足且有效地通入各节单池时，阳极氢燃料的电化学氧化和阴极氧的电化学还原将持续进行。然而，当某节单池出现阳极燃料或者阴极氧化剂供应不充足时，即发生"欠气"现象，电堆的工作电流将会转而驱动阳极或者阴极内发生反极反应，导致单池电压的反转变负。

图 7-4 显示了气体供应正常的电池反应、阳极欠气时电池反应和阴极欠气时的电池反应及三种情况下的电极反应：

① 正常电池反应中，氢气和氧气分别从外部的气体通道进入阳极和阴极，氢气在阳极分解为质子和电子，质子通过电解质通道由阳极流到阴极，电子则通过电子通道和外部电路流到阴极，氧气、质子和电子在阴极反应生成水。

② 当氢气供应不足而发生阳极欠气时，工作中的电堆为维持欠气单池内电流的导通，产生的电势将促使阳极中的水发生电解，提供维持电流所需的质子和电子，同时伴随氧气的生成，阴极则正常进行氧的电化学还原反应。这种情况下，在电流驱动下通过电化学反应在阳极侧生成了氧气，实现了氧气从阴极侧向阳极侧的"转移"，可以视为是一种"电化学氧泵"。

③ 当氧气供应不足而发生阴极欠气时，同样为维持电池组内电流的导通，阳极氢气进行正常的电化学氧化，质子和电子分别通过经过膜和外部电路到达阴极，在缺少氧气的情况下质子和电子结合生成氢气。相应地，在电流驱动下通过电化学反应在阴极侧生成了氢气，实现了氢气从阳极侧向阴极侧的"转移"，同样可以视为是一种"电化学氢泵"[3]。

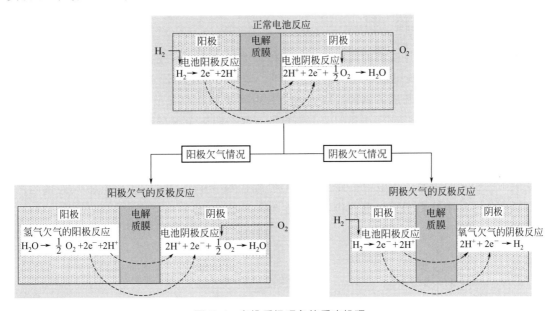

图 7-4　电堆反极现象的反应机理

表 7-2 中列出了图 7-4 中各种情况下的电极反应电势和单池电压，考虑到电化学反应的极化因素，在阳极和阴极欠气时，由于电流不同，极化损失不同，单电池将处于不同的负电压状态。阳极欠气导致阳极侧产生氧气，阴极欠气则导致阴极侧产生氢气，从而发生氢气和氧气的混合，因为气腔体积小，在反极单池内会发生燃烧反应烧毁 MEA。在 PEMFC 的实际应用中，由于电极中采用了以活性炭为载体的担载型催化剂，气体扩散层中也含有多孔碳材料，阳极欠气所产生的高电位会导致电极中的碳材料发生电化学氧化，从而破坏了电极的结构。

表7-2　各种情况下的电极反应电势和单池电压

电池状态	阳极反应及电势范围 $\varphi_{阴极}$	阴极反应及电势范围 $\varphi_{阴极}$	单池电压范围 $U = \varphi_{阴极} - \varphi_{阴极}$
正常电池反应	氢气的电化学氧化 0~0.2V	氧气的电化学还原 0.7~1.0V	0.5~1.0V
阳极欠气	水的电化学氧化 1.23~1.5V	氧气的电化学还原 0.7~1.0V	−0.8~−0.23V
阴极欠气	氢气的电化学氧化 0~0.2V	质子的电化学还原 0~0.2V	−0.2~0V

7.2　电堆的机械结构与组装技术

本节将从电堆的应用安全与基本功能出发，介绍电堆及其相应关键零部件的结构，以及电堆的组装技术。

7.2.1　电堆的机械结构

7.2.1.1　电堆的基本结构

电堆具有非常复杂且精细的机械结构，总体上类似于压滤机或板式换热器等装置的叠片结构。图 7-5 是车用燃料电池电堆的结构示意图，电堆由多组单池单元叠片而成，再加上两侧的正负极集流板，以及最外侧的端板构成。其中每个单池单元由膜电极组件（membrane exchange assembly，MEA）、相邻的两个密封件及两个阴阳单极板构成，阴阳单极板组合可构成一片双极板；电堆叠片结构的稳定性是通过外部的紧固螺栓或者捆扎带所施加的组装力来保持的，组装力施加在端板上，端板作为电堆的结构件需要具有一定的强度和刚度，以保证组装力的稳定及组装力在电池平面上的均匀分配；各节单池单元以串联的方式连接起来，集流板作为电功率输出端子将电堆功率输出至外部负载。

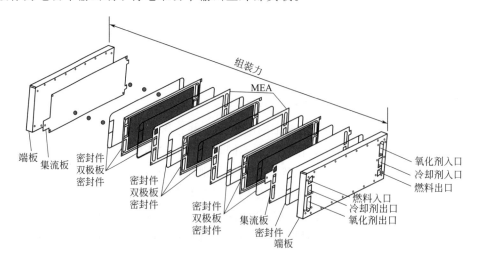

图 7-5　车用 PEMFC 电堆结构示意图

图 7-6 是图 7-5 中单池单元的剖面结构示意图，从剖面图可以看到双极板、密封组件和MEA 复杂的匹配结构。

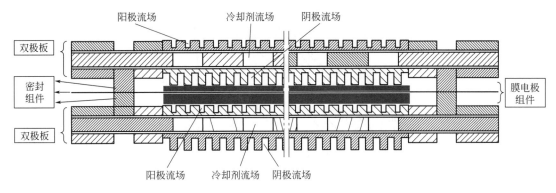

图 7-6　单池单元的剖面结构示意图

图 7-7 是双极板的结构示意图，双极板总体分为四个区，1 区及其轴向对称的另一端孔道为公用管道区，2 区为双极板的流场区，3 区为双极板上的过桥结构区，4 区和 5 区是密封结构区，密封区域 4 处于双极板的周边，是防止流体外漏密封区，密封区域 5 处于公用管道的周边，是防止流体内窜密封区。

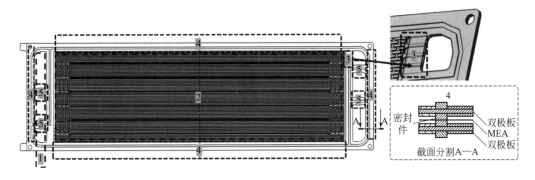

图 7-7　双极板结构示意图（平面和剖面图）

1—公用管道区；2—流场区；3—过桥结构区；4—防外漏密封区域；5—防内窜密封区域

图 7-8 为 MEA 多层结构示意图，质子交换膜两侧为阳极催化层和阴极催化层，这三层组合也称为"三层电极结构"，阴阳极的两侧分别为阳极和阴极扩散层，三层电极结构加上两个扩散层也可以称为"五层电极结构"，五层电极结构以外还有两片边框（gasket），边框是密封结构的一部分，同时起到单池单元之间的绝缘隔离功能，将在下文介绍，五层电极结构加上两个边框也称为"七层电极结构"。

7.2.1.2　电堆的结构功能

在电堆工作过程中，电池结构中伴随着燃料、氧化剂及冷却剂等流体的输入与输出。因此，在电堆的结构设计中，需要重点考虑流体的分配和密封问题。此外，电堆作为动力输出源，通常具备着高电流和高电压，因而电堆的电气绝缘设计也是其基本功能要求之一。

（1）流体分配功能

反应气体（燃料和氧化剂）和冷却剂（液体或气体）是电堆内的两种关键流体类型。因

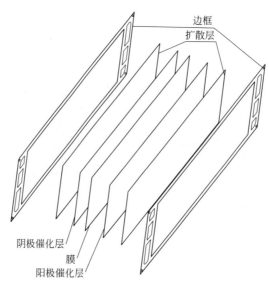

图 7-8　MEA 多层结构示意图

此，流体的分配功能也包含两部分：一是均匀地将燃料（氢气）、氧化剂（空气或纯氧）和冷却剂分别导入至各节单池不同的流体腔内，并将反应生成水和未参加反应的燃料及氧化剂有效地排出电堆；二是引导冷却剂均匀地流入电堆内，从而有效带走电池反应产生的多余热量，维持电堆整体温度的稳定。根据能斯特方程，在相同电池设计的条件下，电池组中各节单池性能与其压力、温度和反应气体浓度等操作参数直接相关，而电池组的流体分配功能则决定了各节单池的上述操作参数是否能够保持一致，是影响电堆的单池一致性的关键因素。

（2）机械密封功能

电堆的机械密封功能是指通过电堆密封结构实现燃料（氢气）、氧化剂（空气或氧气）与冷却剂三者之间的有效隔离，防止三者的相互窜漏和对外泄漏。燃料与氧化剂的少量窜漏，会导致二者的直接接触反应，产生"短路"，造成电堆经济性下降，严重的窜漏甚至会造成电极乃至电堆烧毁。燃料或氧化剂与冷却剂之间的窜漏，一方面影响电堆经济性，另一方面冷却剂进入反应气体流场可能会污染电极，造成气体传质阻力提升，吸附于催化剂表面，减小电池有效反应面积，造成电池性能衰减，严重时造成电极的不可逆损伤。不论是反应气体还是冷却剂的对外泄漏，除了造成经济性下降，还会引起电堆以及系统的安全性隐患，导致电堆和系统可靠性下降。因此，电堆的机械密封功能是维持电堆高效、可靠和安全运行的基本保障。

（3）电气绝缘功能

在电动汽车的动力电池中，电堆通常由百节以上单池单元串联而成，功率通常达到几十乃至上百千瓦，工作电压也达百伏以上，因而需要通过有效的绝缘设计保障电堆应用的电气安全。

上述流体分配、密封以及绝缘等功能均须通过不同的电堆机械结构来实现，下面将开展详细介绍。

（1）流体分配结构

电堆的流体分配功能是通过电堆级分配和单池级分配的两级结构实现的：电堆级分配结

构通过电堆的公用管道来实现，电堆外部的燃料、氧化剂及冷却剂分别通过三种流体的公用管道导入并分配至各节单池，每种流体公用管道分为进口和出口两段，公用管道是通过图7-5中每节单池中双极板、MEA上的六个孔道搭接而成，包括燃料入口和出口、氧化剂入口和出口，以及冷却剂入口和出口。单池级分配结构则包括每节单池的过桥通道和双极板的流场，过桥通道将公用管道的流体导入到双极板的流场区，过桥结构主要通过双极板公用管道和流场区之间的微小通道结构来实现，如图7-7中区域3的放大图例所示，双极板流场如图7-7中区域2，每种流场将相应的流体进行均匀的分配，每片双极板都包含三种流场，分别负责燃料、氧化剂和冷却剂的分配和流通。从图7-6的剖面图中可以看出每片双极板一面与MEA的一面构成一个流场，双极板另一面与另一片MEA的一面构成另一个气体流场，而双极板中心的空腔区域则是冷却剂流场。

电堆的公用管道有内公用管道和外公用管道两种方式[4]。图7-5所示为内公用管道结构，燃料、氧化剂和冷却剂三种流体从电堆一个外立面进入三个相互密封隔离的公用管道，经过二三级分配，流经每一节单池后，汇集到相应的出口公用管道中从该外立面或对面外立面导出，这就要求每个单池上要有相应的公用管道通道。而外公用管道结构，燃料、氧化剂和冷却剂分别从电堆不同的外立面通过密封罩和相应的分配结构导入各节单池，流经各节单池后汇集到对面的外立面导出，如图7-9所示，而在每片单池上没有相应的导通孔道。

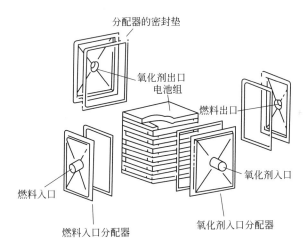

图 7-9　外公用管道燃料电池电堆结构示意图

（2）密封结构

图7-6展示了一种典型的电堆密封结构，通过双极板、密封边框和密封件三个部件共同实现，密封件通常为橡胶材料，在双极板和密封边框的约束下，在电堆组装力的作用下，实现密封作用。图7-7中标识为4的周边区域是防止流体对外部泄漏的密封部位，而公用管道之间标识为5的环状密封则是为了防止燃料、氧化剂及冷却剂三种流体之间的互相窜漏。

电极的密封边框结构如图7-8所示，两片密封边框分别处于膜电极的两侧，与密封件进行搭接压缩后实现密封功能，该电极边框为双边结构，密封边框也可以为单边结构，即MEA中只在阳极或阴极单侧加入边框材料，甚至可以采用无边框密封结构，比如图7-10为

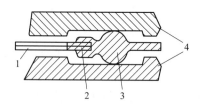

图 7-10　无边框密封结构

Ballard 公司电堆的密封结构（专利 WO2004/102721），图中 1 为 MEA，3 为硅橡胶材料，采用模压灌胶技术将液体硅橡胶注入 2 部位的扩散层多孔材料中，在 4 所示的双极板的组装力作用下，实现单池对外的密封功能，同时兼顾了边框的隔离功能和电极边缘的密封功能。

（3）绝缘结构

电堆的绝缘具有两级结构：第一级为防止单池之间电气短路的单池绝缘结构，通过图 7-8 中的边框来实现，单池工作电压低于 1V，因此单池绝缘通常采用聚酯材料即可达到要求；第二级是电堆对外部环境的电堆级绝缘结构，通过电堆集流板外侧的绝缘板来实现，如果端板为绝缘特性良好的材料，则可以直接作为绝缘板起到绝缘隔离作用，如图 7-5 中所示，否则在集流板与端板之间需要加入独立的绝缘板。

图 7-11 为电堆的绝缘等效电路示意图，整个放电回路的电压为电堆正负集流板间的电压，正常放电回路与短路电流回路并联，电堆的绝缘强度取决于两个绝缘板之间的阻抗 $\Omega_{绝缘}$，$\Omega_{绝缘}$ 越高，电堆绝缘特性越好。由于在电堆工作过程中冷却剂需要流经绝缘板，在短路电流回路中冷却剂的电阻 $\Omega_{冷剂}$ 和绝缘板本体电阻 $\Omega_{绝缘板}$ 为并联关系，因此 $\Omega_{绝缘}$ 可由式（7-7）表示，其中，$\rho_{绝缘板}$、$S_{绝缘板}$、$l_{绝缘板}$ 分别为绝缘板的电阻率、面积和厚度；$\rho_{冷剂}$、$S_{冷剂}$、$l_{冷剂}$ 分别为冷却剂的电阻率（电导率的倒数）、流经绝缘板的冷却剂的截面积和距离。综上，电堆的绝缘设计要根据应用领域确定其绝缘等级要求[5]，再依据电堆的输出电压确定电堆绝缘阻抗 $\Omega_{绝缘}$，最后根据式(7-7) 和电堆的形状确定绝缘板的材质和厚度，以及冷却剂的电导率要求。

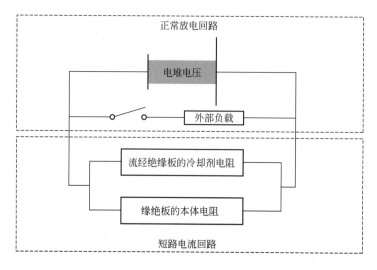

图 7-11　电堆绝缘等效电路示意图

$$\Omega_{绝缘} = \frac{\Omega_{绝缘板}\Omega_{冷剂}}{\Omega_{绝缘板} + \Omega_{冷剂}} = \frac{\dfrac{\rho_{绝缘板}S_{绝缘板}}{l_{绝缘板}} \times \dfrac{\rho_{冷剂}S_{冷剂}}{l_{冷剂}}}{\dfrac{\rho_{绝缘板}S_{绝缘板}}{l_{绝缘板}} + \dfrac{\rho_{冷剂}S_{冷剂}}{l_{冷剂}}} \qquad (7\text{-}7)$$

7.2.2 电堆的组装技术

电堆组装是将端板、集流板、密封件、双极板和 MEA 等零部件按顺序、按位置堆叠在一起，并采用一定的压缩速度压缩的过程，通常采用螺杆或液压机械来实施。组装技术是通过合理的工艺将电堆各单池单元以及集流板和端板组装起来的技术，电堆的组装状态直接影响到电堆密封、内阻以及流体分配等功能，是电堆性能的重要保障，电堆的组装包括定位和匹配两部分。

7.2.2.1 定位

由图 7-5 和图 7-6 可见，电堆的公用管道是由双极板、MEA 与密封件在电池组组装时通过相互位置的对正形成的，组装过程中每个零件位置的相对移位，会导致公用管道、流道位置的偏移，从而导致公用管道压力损失增加，并影响反应气在各单池间的分配，所以组装过程中零部件的对正是组装技术的重要组成部分。通常通过定位的方式来确保零部件的对正，如图 7-12，采用外定位机构和内定位机构实现电堆的对正，内定位机构是通过在 MEA 和双极板等零件上制作定位孔的方式来实现，并在组装过程中在定位孔中加入定位杆，通过定位杆锚定双极板、MEA，零件遵循定位杆轨迹在规定对正位置叠摞在一起。

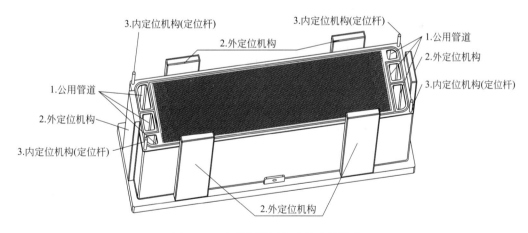

图 7-12　电堆组装过程中的定位技术

7.2.2.2 匹配

每节单池产生的电能通过串联的方式经由集流板导出电堆，电堆组装力越大，各节单池的接触状态越紧密，接触电阻越低，电堆的电子内阻越小，有利于提升电堆的输出性能，反之则电堆内阻变大，容易造成电堆的输出性能下降。电堆的密封功能是通过硅橡胶等弹性密封材料，施以装配压力来实现的，在合理范围内组装力越大，密封效果越好。然而，电堆的组装力也不是越大越好，过大的组装力会导致单池单元中流场通道变形，造成流体分配功能的损失，也会造成 MEA 中扩散层及膜材料产生屈服和断裂等损伤。电堆的组装设计就是在合理控制流阻增加、零部件压损的前提下，以适当的组装力实现电堆的有效密封并减小电堆内阻，以实现电堆的匹配设计的过程。

图 7-13 为电堆组装过程匹配关系图，图中"组装前状态"指电堆组装力施加前的状态，此时堆内密封件与 MEA 没有组装力挤压，处于未变形状态，密封件处间隙高度为 $h_{密封1}$，MEA 高度为 h_{MEA1}，"组装后状态"为施加组装力 F 后的状态，组装力 F 作用在密封件和 MEA 上，分别为作用于密封件部位的 $F_{密封}$ 和作用于 MEA 部位的 F_{MEA}，密封件在 $F_{密封}$ 作用下压缩变形，间隙高度变为 $h_{密封2}$，MEA 在 F_{MEA} 作用下压缩变形，高度压缩为 h_{MEA2}。

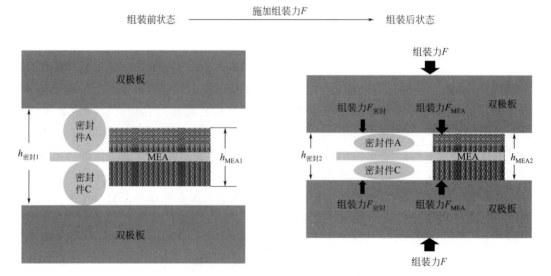

图 7-13　电堆组装过程匹配关系图

双极板的刚度远远高于密封件和 MEA，因而假设双极板在组装过程中保持平整状态（没有变形），则在组装条件下

$$F = F_{密封} + F_{MEA} \tag{7-8}$$

同时，密封件部位间隙高度与 MEA 部位高度一致，即有

$$h_{密封2} = h_{MEA2} \tag{7-9}$$

在合理的组装力范围之内，密封件和 MEA 在组装力作用下的压缩变形是弹性形变，定义密封件的弹性模量为 $k_{密封件}$，MEA 弹性模量为 k_{MEA}，MEA 压缩变形量为 $\delta H_{MEA} = h_{MEA1} - h_{MEA2}$，则有

$$F_{密封} = k_{密封件} \times (h_{密封1} - h_{密封2}) \tag{7-10}$$

$$F_{MEA} = k_{MEA} \times (h_{MEA1} - h_{MEA2}) = k_{MEA} \times \delta H_{MEA} \tag{7-11}$$

F_{MEA} 可以通过 MEA 与双极板接触电阻实验确定，当 MEA、双极板在固定的组装装置上进行压紧时，F_{MEA} 与组装装置的压强示数 p 值成正比，图 7-14 为压紧力与接触电阻（MEA 与双极板接触电阻）的实验结果，接触电阻随着压紧力的提升不断下降，下降速率逐渐减小，当达到一定值后接触电阻基本不再降低（有效组装区间，assembly zone），此时 MEA 与双极板已经紧密接触，组装力达到设计要求，可设定此时的组装力为电堆中施加于 MEA 部位的组装力 F_{MEA}，同时也可以根据式(7-11)来确定 δH_{MEA} 的值。

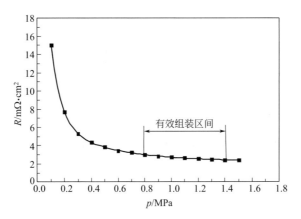

图 7-14　压紧力与接触电阻的关系

根据式(7-9)，有 $h_{密封2}=h_{MEA2}=h_{MEA1}-\delta H_{MEA}$，因而式(7-10)可表示为式(7-12)

$$F_{密封}=k_{密封件}\times[h_{密封1}-(h_{MEA1}-\delta H_{MEA})] \tag{7-12}$$

其中，$k_{密封件}$ 和 $h_{密封1}$ 可以测量确定，δH_{MEA} 是电堆组装力调节参数，根据图 7-14 接触电阻与 MEA 变形量的关系可以确定 δH_{MEA} 的设定范围，对于节数为 n 的电堆，δH_{MEA} 应当为每一节 MEA 变形量的 n 倍。则通过式(7-12)可以计算得到施加于密封件部位的组装力 $F_{密封}$。组装力的优化过程可以在一定范围内通过调节 δH_{MEA} 来实现，每节单池压缩变形量通常在几十微米以内，如果过大会发生 MEA 的屈服变形。

确定了 F_{MEA} 和 $F_{密封}$ 之后，根据式(7-8)即可确定电堆的组装力。在实际设计过程中，可以根据上述原理，对密封件的弹性系数和尺寸，以及 MEA 的厚度、材料以及压缩变形量进行相应的调变，以得到所需要的电堆组装力和组装尺寸，保证电堆材料不受压损的同时满足密封和接触电阻的匹配要求。

7.3　电堆的性能

本节所讨论的性能特指能量转换性能，以电堆在一定输出功率下的发电效率来衡量，电堆的性能提升是以相同电流密度下的输出电压的提升为目标，即提升电堆的输出伏安特性。单池性能是电堆性能的基础，电堆的单池一致性是发挥单池性能的前提，电堆性能的设计分为单池的性能设计和以电堆单池性能一致性为前提的工程放大设计两部分。单池的性能设计基于电极反应动力学原理，对电池反应的极化现象进行分解，从而提供性能设计的依据；电堆的工程放大设计是将单池性能放大到全面积单池，并进一步基于全面积单池结构放大到所需的多节组合，从而实现具备一定功率和电压电流输出特性的电堆级设计。

7.3.1　单池单元的性能设计

电池反应中的极化现象导致电池效率降低，极化来源包括氢燃料和氧还原剂的电催化反应、电子和质子传导以及反应气体、产物水的传质过程等，相应的极化带来能量损失，该损失以过电位的形式分为电化学反应极化过电位或活化极化过电位 η_{act}，电荷传导过电位或欧姆极化过电位 η_{ohm}，以及传质过程极化过电位 η_{mass}，在一定输出电流下电池输出电压 V 可表示为式(7-13)。

$$V = E_{rev} - \eta_{act} - \eta_{ohm} - \eta_{mass} \quad (7\text{-}13)$$

其中 E_{rev} 为理论热力学可逆电势，其计算可根据如式(7-14) 经验公式[6]，标准状态下以高热值效率计算 E_{rev} 为 1.229V。

$$E_{rev} = 1.229\text{V} - 0.0009 \times (T - 298.15) + \frac{2.303RT}{4F} \lg \left[\left(\frac{p_{H_2}}{p_{H_2}^*} \right)^2 \frac{p_{O_2}}{p_{O_2}^*} \left(\frac{p_{H_2O}}{p_{H_2O}^*} \right)^2 \right] \quad (7\text{-}14)$$

每种极化符合不同的规律，其体现出的极化特征也有所区别，图 7-15 是典型的极化过电位分解图。

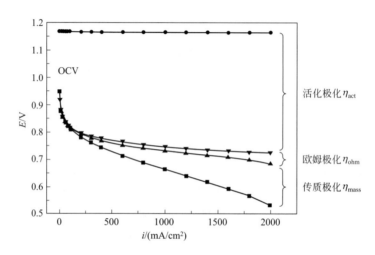

图 7-15　单池极化曲线分解图

针对不同的极化过程对单池单元性能进行优化，是进行电堆性能设计的重要过程。单电池极化曲线是经典的电池性能评估方法，极化曲线的获得简单且高效，因此基于单池极化曲线的信息对各种极化因素进行分解研究，是优化电池性能设计的一种简单且高效的方法，在工程实践中非常实用。下面介绍利用单池测试技术进行极化诊断的原理和方法。

7.3.1.1　活化极化

活化极化指电化学反应过程产生的极化，在电化学反应过程中，极化的电势 η 与电流密度 i 关系可用 Butler-Volmer 方程来描述，如式(7-15)：

$$i = i_0 \left[\exp \frac{\alpha n F \eta}{RT} - \exp \frac{-(1-\alpha)nF\eta}{RT} \right] \quad (7\text{-}15)$$

式中，i_0 为电化学反应的交换电流密度；α 为传递系数；n 为电化学反应的转移电子数；F 为法拉第常数；η 为极化电势；R 为理想气体常数；T 为反应位点温度。对于不同的电化学反应，其特征参数不同，该公式可进行不同程度的简化。

氢气的氧化反应（HOR）与氧气的还原反应（ORR）分别在 PEMFC 的阳极与阴极发生。阴极氧还原反应动力学速度缓慢，是限制整个电化学反应过程的关键过程，在极化曲线上能够显著地体现出阴极反应过程的活化极化特征，因此可通过测试 PEMFC 单电池极化曲线的方法分离出阴极反应的活化极化。而阳极氢气的氧化反应动力学速度则快很多，极化电势较小，在极化曲线中体现得不明显，需要通过其他的测试方法来具体评估和分析。

（1）阴极活化极化的研究方法

阴极氧还原反应动力学缓慢，其特征参数交换电流密度 i_0 较小，意味着当需要产生较大的电流密度时，需要通过显著提高极化电势 η_{ORR} 来实现，因此阴极氧还原反应需要损失较多的电池电压。较大的极化电势会导致式（7-16）中的最后一项趋于零，则电流密度与 η_{ORR} 关系可简化为：

$$i \approx i_0 \exp \frac{\alpha n F \eta_{ORR}}{RT} \tag{7-16}$$

从式（7-16）可以了解 $\lg i$ 与 η_{ORR} 符合线性关系，因此可依据实验数据，通过拟合的方式确定阴极氧还原过程动力学参数，从而得到相应的阴极极化曲线。

电池的极化曲线受到活化极化、欧姆极化、传质极化、渗氢电流等因素的影响，要准确地得到阴极极化以及阴极动力学的影响，需要将其他因素去除或者影响降至最小。

首先，为消除欧姆极化的影响，可通过测试极化曲线时同步捕捉实时高频阻抗（HFR）来实现。根据欧姆定律，欧姆极化电势 η_{ohm} 等于电流密度 i 与 HFR 的乘积。将欧姆极化电势补偿到电池输出电压 E_{cell} 中，得到 $E_{iR\text{-}free}$，消除欧姆极化的影响，如式（7-17）和图 7-16 所示：

$$E_{iR\text{-}free} = E_{cell} + \eta_{ohm} = E_{cell} + i \cdot HFR \tag{7-17}$$

其次，渗氢电流的影响可以通过测试膜电极的渗氢电流 $i_{crossover}$ 来进行补偿。渗氢电流的产生是由于质子交换膜本身具有一定的氢气透过性，而且膜在一定程度上无法实现完全的电子绝缘。在电池内部产生的微小电流，未经过外电路，直接在内部消耗，视为电流损失。通过渗氢电流测试，可以直接测试其数值。对电流密度 i 通过 $i + i_{crossover}$ 的关系进行渗氢电流的补偿，由图 7-17 所示，未补偿渗氢电流的阴极极化电压 E_{ORR} 曲线在低电流密度区会偏离直线关系。

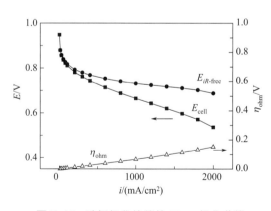

图 7-16　欧姆极化补偿的 $E_{iR\text{-}free}$ 极化曲线

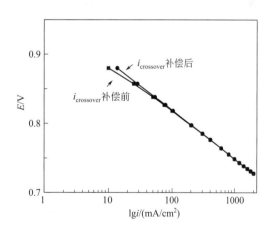

图 7-17　渗氢电流补偿前后的对比 E_{ORR} 曲线

再次，传质极化产生的原因是反应物在电极表面发生了损耗，其浓度小于气体供给浓度。电流越大，则电极表面的反应物消耗得越多，传质极化电势越大。因此，传质极化在中高电流密度区时，表现得较为显著。而在低电流密度区，由于反应物消耗量少，传质极化的影响并不显著，在一定程度上对阴极氧还原极化的分离影响较小。因此，为降低传质极化的影响，阴极氧还原极化的分离通常采用低电流密度区的极化曲线数据，通过外延法及式（7-

16）推算中高电流密度区的活化极化。具体如图 7-18 所示，根据在极化曲线中低电流密度区 $E_{iR\text{-}free}$ 数据与补偿了渗氢电流后 $\lg(i+i_{crossover})$ 的线性关系（黑色曲线），可以拟合出 E_{ORR} 与 $\lg(i+i_{crossover})$ 整个电流密度区的关系曲线，该曲线符合式(7-16) 的关系。通过图 7-17 的拟合结果，也可以确定式(7-16) 中相应的氧还原极化参数，从而得到阴极极化反应的动力学特性。

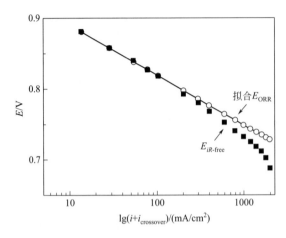

图 7-18　E_{ORR} 的线性拟合曲线

阴极极化过电位 η_{ORR} 可以通过式(7-18) 得到，其中 E_{rev} 可从式(7-14) 得到，根据上述过程可以做出如图 7-19 的阴极氧还原极化曲线，其中氧还原可逆电极电势与电流密度无关，氧还原极化过电位 η_{ORR} 与透氢电流校正后的电流密度成对数关系。

$$\eta_{ORR} = E_{rev} - E_{ORR} \tag{7-18}$$

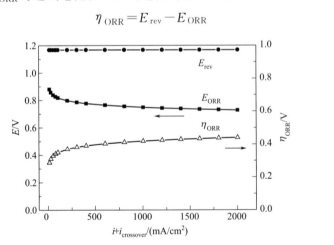

图 7-19　阴极氧还原极化曲线

（2）阳极活化极化的研究方法

阳极 HOR 由于动力学反应速度快，极化电势较小，在单电池的极化曲线中体现不明显，需要通过针对性测试技术，例如氢泵（hydrogen pump）技术，获取 HOR 的极化电势与动力学信息。氢泵的工作原理可以表述为在阳极发生氢气的氧化反应，如式(7-19)，产生的电子通过外电路，与从阳极通过质子交换膜传导到阴极的质子相结合，发生氢还原反应（HER），如式(7-20)。铂催化剂作用下的 HOR/HER 是近似的可逆反应，在较高的电流密度下需要的极化电势也较低，因而通过氢泵对阳极反应过程开展针对性测试，设置较低极化电势的阴极反应，减少阴极极化电势的干扰，提高极化分解过程的精度。

$$\text{HOR：} \qquad\qquad\qquad H_2 - 2e^- \Longleftrightarrow 2H^+ \qquad\qquad\qquad (7\text{-}19)$$

$$\text{HER：} \qquad\qquad\qquad 2H^+ + 2e^- \Longleftrightarrow H_2 \qquad\qquad\qquad (7\text{-}20)$$

由于各反应过程均为非自发过程，需要通过外部电源加载在单电池两极上驱动。需求的外部电源电压则由阴阳两极氢气浓差电势、HOR 极化电势、HER 极化电势、电池各部分内阻产生的（电子电阻和离子电阻）欧姆极化电势和催化层中质子传输产生的离子极化电势共同构成，如式（7-21）所示。

$$E_{cell} = \frac{RT}{2F}\ln\frac{p_{H_2,An}}{p_{H_2,Ca}} + \eta_{HOR} + \eta_{HER} + \eta_{ohm} + \eta_{proton} \qquad (7\text{-}21)$$

式中，$p_{H_2,An}$ 为阳极中氢气的分压；$p_{H_2,Ca}$ 为阴极中氢气的分压。

在阴阳两极氢分压相同、饱和增湿的条件下，阴阳两极氢气浓差电势等于零，并且催化层中质子传质电阻可以忽略，而电池内阻可以通过交流阻抗方法得到，并且补偿到电池电势中，得到补偿欧姆电势后的极化电势，如式（7-22）所示。

$$E_{iR\text{-}free} \approx \eta_{HOR} + \eta_{HER} \qquad\qquad\qquad (7\text{-}22)$$

一般认为 HOR/HER 在低电流密度区域是近似可逆的，且具有相同的动力学，可以采用相同的动力学参数进行计算[7]。通过制备阳极与阴极铂担载量相同的对称电极方式，即实现 $\eta_{HOR} \approx \eta_{HER}$，从而通过式（7-22）可分离阴极的 η_{HER}。在已知 η_{HER} 的阴极下，依据式（7-22），便可求得其他任意阳极的 η_{HOR}，如图 7-20 是通过上述方法获得的阳极 HOR 极化曲线。

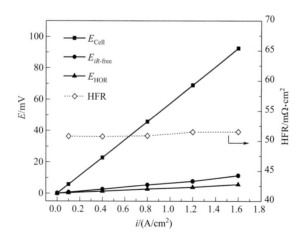

图 7-20　氢泵分离阳极 HOR 的极化曲线

7.3.1.2　欧姆极化

由燃料电池中电子或离子传导过程产生的极化，称为欧姆极化。

欧姆极化符合欧姆定律，如式（7-23）：

$$\eta_{ohm} = iR = i \times (R_{electron} + R_{proton}) \qquad\qquad (7\text{-}23)$$

欧姆极化的产生是由于单电池包括膜电极、极板等部件不可避免地存在本体电阻（包含电子电阻 $R_{electron}$ 和离子电阻 R_{proton}）和界面接触电阻的原因。

电子电阻常用定频的高频阻抗法或断电流法进行测定。高频阻抗法基于交流阻抗技术，所测得阻抗曲线与实轴的交点 $Re(Z)$ 即为欧姆内阻 $R_{electron}$。为了在测试极化曲线的同时获得高频阻抗的数据，同时兼顾便捷性，通常测试设备可采用定频方式来测试高频条件下的阻抗 $Re(Z)$。

断电流法的原理是，实际操作时突然将负载切断，外电路电流瞬间为零，此时电池的电压会瞬间发生响应，电池内纯电阻结构的电压也会瞬间降为零，而对于电池内具有储能功能的元件，例如具备电容、电感特性的结构，其电流则是逐步释放的过程，结构上的电压不会瞬间降为零，而是随着自放电时间而逐渐消耗。基于上述现象，在断开电池输出电流的瞬间，电池内部仍会产生放电回路，电池的欧姆内阻成为放电负载，因此电池欧姆内阻可以基于欧姆定律 $R_{electron} = \dfrac{V_{断路后电压}}{I_{断路后电流}}$ 而获得。

质子传质极化是指在单池反应过程中，在阳极中质子的生成、阴极中质子消耗及质子从阳极迁移至阴极的过程中，质子在催化层中的定向迁移产生的极化，用 R_{proton} 表示质子（离子）传递电阻。

催化层中质子的传质极化常采用交流阻抗技术来表征，由于 PEMFC 的催化层为多孔电极，采用传输线等效电路（transmission-line equivalent circuit）模型来模拟催化层中质子传质情况。相比于阴极反应活化极化电势，催化层传质极化较为微弱，交流阻抗谱中催化层传质极化过程辨识困难。为消除阴极氧还原过程的影响，在测试过程中阴极通入氮气，阳极通入氢气，此时等效电路的简化公式如式（7-24）[8] 所示：

$$Z(\omega) = R_{ohm} + \sqrt{\frac{R_{proton}}{j\omega C}} \coth(\sqrt{j\omega C R_{proton}}) \tag{7-24}$$

式中，Z 为阻抗；R_{ohm} 为欧姆电阻；R_{proton} 为催化层中质子传质电阻；j 为虚数；ω 为角频率；C 为电极的电容。

当 ω 趋近于 ∞ 时，

$$Z(\omega \to \infty) \approx R_{ohm} \tag{7-25}$$

当 ω 趋近于 0 时，

$$Z(\omega \to 0) \approx R_{ohm} + \frac{R_{proton}}{3} + \frac{1}{j\omega C} \tag{7-26}$$

因此，通过测试全频范围内的阻抗，根据高频曲线与实轴的交点得到单电池的欧姆电阻 R_{ohm}，低频区曲线的延长线与实轴的交点得到 $R_{ohm} + R_{proton}/3$，两个数据相减，计算出催化层的质子传质电阻，如图 7-21 所示。

催化层中质子传导产生的极化电势为：

$$\eta_{Ca,H^+} = iR_{H^+}^{eff} = i\frac{R_{proton}}{3} \tag{7-27}$$

7.3.1.3　传质极化

反应气体在到达反应位点前会于电极表面发生损耗，因此反应位点上反应物质的浓度通

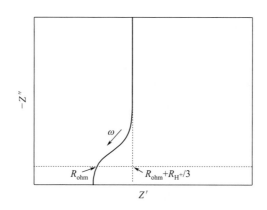

图 7-21　催化层交流阻抗图谱

常低于供给浓度，从而引起反应动力学和热力学电极电势的变化。由反应物浓度损耗或差异造成的电势变化，称为传质极化。

对于 PEMFC，阴极常使用氧气含量为 21％的空气作为反应物，可以看到明显的传质极化的影响，氧气在电极表面发生反应产生电流，该过程遵循法拉第定律：

$$i = nFJ \tag{7-28}$$

式中，i 为电流密度；n 为反应中的转移电子数；F 为法拉第常数；J 为单位电极面积上氧气的消耗量。

当电极表面氧气消耗时，由于反应位点上氧浓度低于供给浓度，氧气会从高浓度向低浓度的电极表面扩散，扩散过程符合菲克扩散定律：

$$J = D\,\frac{\Delta c}{\delta} \tag{7-29}$$

式中，D 为扩散系数；Δc 为浓度梯度；δ 为扩散长度。

对于稳态的电极过程，消耗与传质相互平衡、速度相等，此时式（7-30）成立：

$$i = nFD\,\frac{\Delta c}{\delta} = nFD\,\frac{c_{\text{bulk}} - c_{\text{s}}}{\delta} \tag{7-30}$$

式中，c_{bulk} 为本体氧浓度；c_{s} 为催化剂表面的氧浓度。

当催化剂表面氧浓度降至零时，此时电流密度达到极限值，此时的电流密度称为极限电流密度 i_{lim}。

$$i_{\text{lim}} = nFD\,\frac{c_{\text{bulk}}}{\delta} \tag{7-31}$$

根据实时的电流密度与本体的氧浓度即可计算催化剂表面的氧浓度。催化剂表面浓度的改变会导致热力学电势的改变以及动力学电势的改变。由此可以计算传质极化：

$$\eta_{\text{conc}} = \frac{RT}{nF}\ln\frac{c_{\text{bulk}}}{c_{\text{s}}} + \frac{RT}{\alpha nF}\ln\frac{c_{\text{bulk}}}{c_{\text{s}}} = \left(1 + \frac{1}{\alpha}\right)\frac{RT}{nF}\ln\frac{c_{\text{bulk}}}{c_{\text{s}}} \tag{7-32}$$

若电池中扩散系数不随电流密度改变，则将式（7-30）和式（7-31）代入式（7-32），得到式（7-33），可以根据极限电流密度及实时的操作电流求得传质极化电势，其中氧传质极化的极限电流密度可以通过配制不同浓度的氮氧混合气，采用电池实验的方法获得：

$$\eta_{\text{conc}} = \left(1 + \frac{1}{\alpha}\right)\frac{RT}{nF}\ln\frac{i_{\text{lim}}}{i_{\text{lim}} - i} \tag{7-33}$$

7.3.2 电堆的工程放大设计

电堆的工程放大设计是基于单池单元的性能设计，分别进行两个维度的放大设计，一是在平面维度上进行单池面积的放大；二是进行单池节数的放大设计，两个维度的放大会产生相应的放大效应，对反应气体、水以及热量等的分布产生相应影响，严重时可能会导致电堆放电效率下降、电堆单池低电压等问题，严重影响性能和可靠性。

从电堆工程的角度来看，上述两个维度的放大效应必然涉及本书 7.2.1.2 中所介绍的电堆的两级分配问题，即电堆级和单池级的两级分配。面积放大效应是通过单池级分配结构来解决的，即通过过桥结构和双极板的流场将流体均匀分配到 MEA 的扩散层表面，其关键是双极板流场的设计；节数放大效应则通过电堆级分配结构来解决，即通过公用管道将流体导入到每节单池的过桥结构，关键在于流体分配的一致性设计。

7.3.2.1 大面积电池的流场设计

（1）面积放大效应

申强等[9]采用电势探针方法研究了全面积电池在不同空气计量比下单池不同部位的电极电势，明确观测到了面积放大效应对电池性能带来的影响。图 7-22(a) 为恒定空气计量比下阴极进口与出口处的电势差随电流密度的变化曲线，低电流密度时（100～300mA/cm²）进口与出口处的阴极电势差很小；当电流密度超过 400mA/cm² 时，进口与出口处的阴极电势差逐渐显著。图 7-22(b) 为恒定电流密度下阴极进口与出口处的电势差随空气计量比的变化曲线，随着空气计量比的降低，进口与出口处的阴极电势差逐渐变大。可见，沿着流道方向反应气不断消耗，生成水的不断累积，导致大面积电池不同部位的反应气体出现分配不均匀的情况，从而导致反应速度分布不均，造成了恒电流下的不同部位产生电势差的现象，相应地，如果采用恒电位模式来研究，则会造成电流密度的分配不均。

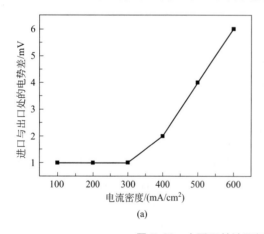
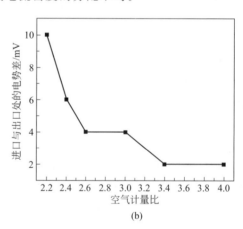

图 7-22　大面积单池阴极进口与出口处的电势差

（a）空气计量比为 2.5 下电势差随电流密度的变化规律；

（b）500mA/cm² 下电势差随空气计量比的变化规律

在汽车领域的应用中，电堆的实际电流密度往往远高于 500mA/cm²，在大电流密度下，流体分配不均带来的局部电流密度分布不均（恒电位模式下）或者电势分布不均（恒电流模式下）的现象将更为显著。解决面积放大效应的主要手段是开展合理的流场设计，并通过合理的操作工况设计使反应气体尽可能均匀地分布于整个电池面积上，可以同时实现生成水的有效排出。采用流体计算软件进行流场结构的仿真计算是开展流场设计的重要手段，便捷地评估流场设计的合理性。

（2）流场的细密化

胡军等[10,11]采用二维等温模型研究了常规条形流场（如图 7-23）设计参数对电池性能的影响，图 7-24 为建模区域的几何结构示意图，图 7-25 为建模区域内阴极扩散层不同厚度处（沿图中 Y 方向）的氧浓度（a）和水浓度（b）的分布，结果表明，扩散层内的氧浓度在双极板流场的肩部区域明显低于流道区域，而反应生成水则在肩部对应部位的浓度较高，这也表明流道细密化有利于流场肩部和流道部位所对应电极内传质现象的均匀分布。图 7-26 展示了流场几何参数对电池极化曲线的影响，其中 a 和 b 分别为流场的半宽度和肩的宽度，由图可知流场细密化后电池性能得到提高，因为流场加密不影响电极扩散层与流场脊部的接触面积，接触电阻不变，而流场加密使相邻两流道间距变短，改善了氧气与产物水在脊部区域的分布，提高了 MEA 有效利用率。

图 7-23　常规条形流场 PEMFC
结构示意图

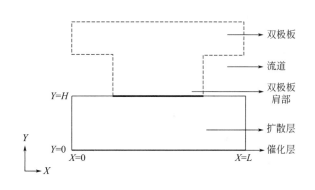

图 7-24　对条形流场 PEMFC 的
建模区域几何结构示意图

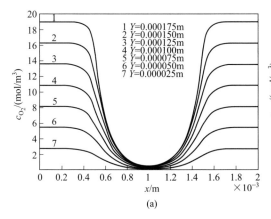

(a)

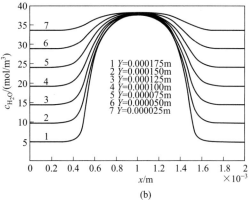

(b)

图 7-25　阴极扩散层不同厚度处的氧浓度（a）和水浓度（b）分布

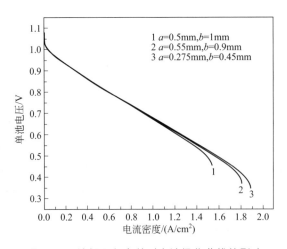

图 7-26　流场几何参数对电池极化曲线的影响

（3）流场的过渡区

作为氧化剂的空气从公用管道进入单池流场后，会发生动静压头的转化，经历气体的二次分配，将气流导入到各条流道之中，流出单池时又由各流道汇集到公用管道中，在动静压头发生转化的过渡区域，其结构形式对各流道的气体分配作用十分明显。以图 7-27 中两种空气流场的设计为例，图（a）为点状过渡区，图（b）为直流道过渡区，具体的差异如图 7-28。通过流体仿真分析对两种过渡区形式进行了分析，图 7-29 是在 0.8A/cm² 和空气计量比为 2.5 情况下，流场内气体分配的静压图，点状过渡区流场的静压分布相对更为平缓和均匀，直流道过渡区流场的静压分布则明显体现出上中下三个静压分布区，不同区域的流道分配效果差异更为明显。图 7-30 是两种过渡区方案流场中各流道所分配到的气体流量数据，点状过渡区各流道流量分配的变异系数为 16.5%，而直流道过渡区各流道流量分配的变异系数达到 39.8%，可见点状过渡区结构对各流道气体的均匀分配具有更好的效果。

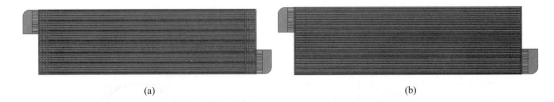

(a)　　　　　　　　　　　　　　　　　(b)

图 7-27　阴极流场设计方案：点状过渡区（a）、直流道过渡区（b）

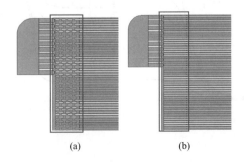

(a)　　　　(b)

图 7-28　两种流场形式的过渡区比对：点状过渡区（a）、直流道过渡区（b）

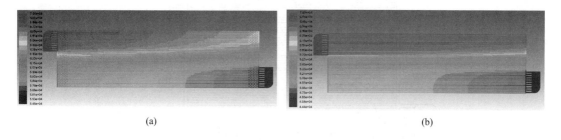

(a)　　　　　　　　　　　　　　　　　　　(b)

图 7-29　电流密度为 0.8A/cm² 和空气计量比为 2.5 时空气分配静压图：
点状过渡区（a）、　直流道过渡区（b）

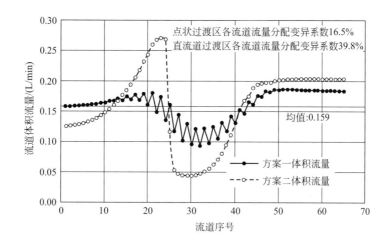

图 7-30　电流密度为 0.8A/cm² 和空气计量比为 2.5 时各流道流量分配图：
点状过渡区（方案一）、　直流道过渡区（方案二）

（4）流场设计的验证技术

采用电池分区测试技术进行大面积流场电池的验证是非常必要的，分区测试技术是通过特定的技术对大面积电池、不同部位的放电电流（恒电位模式）或电势（恒电流模式）进行监测，从而评估大面积电池各部位反应速度的差异，评价流场进行流体分配的均匀程度。典型的分区测试方法有印刷电路法[12]和子电池法[13,14]。

吴金锋等[15]采用子电池法研究了大面积电池直流道流场的电流密度分布情况，图 7-31是对 130cm² 的流场选定了 15 个区域进行分布研究的方案，每个区域都可以通过特殊的子电池结构进行独立的性能标定，通过这种方法可以研究不同反应条件下各子电池输出的伏安曲线，从而反映流场分配的差异。图 7-32(a) 可以看出在低电流密度放电时各子电池性能差别不大，随着电流密度的提高，子电池性能差异越来越明显，处于气体入口一侧的子电池1、2 和 3 的性能较好，沿气体流动方向子电池性能逐渐降低。这是由低电流密度下电化学活化极化所决定的，随着电流密度的升高，传质对性能的影响越来越明显，沿流道方向氧浓度逐渐降低，生成水浓度逐渐升高，氧传质效果下降，子电池性能也相应逐步下降。由0.45V 电压下各子电池的电流密度，可以得到图 7-32(b) 所示的电流密度分布图，该图直观地反映了该流场分配的效果，从而可以有效地支持流场的评价和优化。

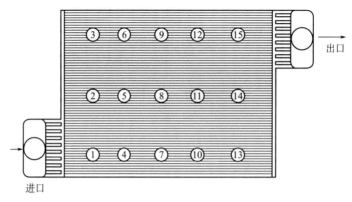

图 7-31 电流密度分布研究中的子电池设置方案

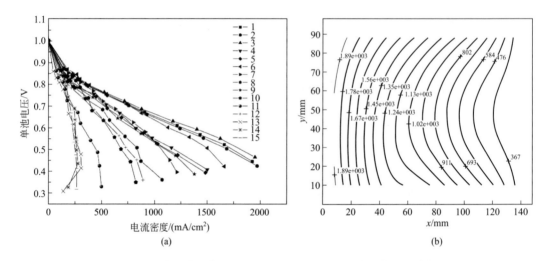

图 7-32 子电池的伏安曲线差异（a）及 0.45V 下的电流密度分布图（b）

7.3.2.2 电堆的公用管道设计

节数放大效应的关键是通过调整公用管道、过桥结构、单池流场的设计，实现各节单池的流体分配具有良好的一致性。总体来看公用管道出入口截面尺寸、公用管道出入口截面比例、单堆阻力、单电池数量等是影响流体分配的关键参数。

（1）阻力分配分析

对于采用内公用管道的电堆，反应气体从进入电堆到排出电堆的流动路径如图 7-33 所示，气体依次流经了进气公用管道 R_i^{in}、单池入口过桥结构 r_i^{in}、单池流场 r_i、单池出口过桥结构 r_i^{out} 和出气公用管道 R_i^{out} 等阻力阶段，各段的流动阻力分布对电堆节数放大过程中的流体分配至关重要。相关研究表明，当流场中气体流动阻力占比较高时（即 $r_i \gg R_i^{in}$ 或 R_i^{out}），有利于促进反应气在各节单池的均匀分配，也有利于液态水的有效排出。也就是说，在电池组设计中，应保持公用管道具有合理且充足的截面积，降低公用管道内的流动阻力占比。但当截面积过大时，也会降低双极板面积的有效利用率，造成设计结构冗余，电池功率密度下降。因此，在双极板设计中，单池内的流动阻力最好集中于图中 r_i 部位（即 $r_i \gg r_i^{in}$ 或 r_i^{out}）。

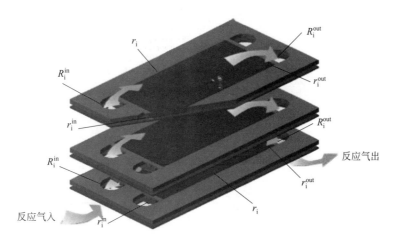

图 7-33　内公用管道电堆的气体流动阻力分配示意图

研究者采用数值仿真的方法对电堆冷却剂的分配现象进行了研究，电堆的冷却剂公用管道为 U 形流动形式，电堆均由 300 节单池组成（除研究电堆节数对分配情况影响的算例以外），如图 7-34 所示，区域 1 为冷却路入口公共通道，区域 2 为冷却路出口公共通道，区域 3 为各单池流场区。

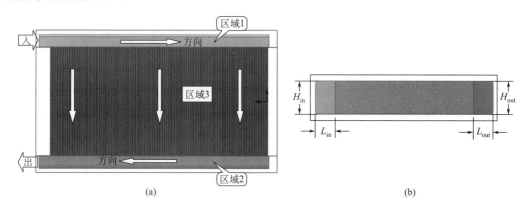

图 7-34　电堆冷却腔流体流动（a）和公用管道结构参数示意图（b）

（2）公用管道进出口截面尺寸对分配的影响

表 7-3 列出了三种公用管道截面积算例的参数设定，算例 2 和 3 将算例 1 中的公用管道高度和长度分别提高 1 倍和减小 1/2，即截面积增大了 4 倍和减小至 1/4，比较三种情况下冷却剂分配情况的变化。由图 7-35 和表 7-4 可知公用管道出入口截面尺寸越大，截面静压变化越小，同时各单池分配的流量相差越小，分配越均匀。

表7-3　不同公用管道出入口截面尺寸的设定参数

算例	入口总流量 /（m³/h）	出口压力 /kPa	出入口截面尺寸/mm		单池水流场阻力 Q/(L/min),Δp/kPa
			$H_{in} = H_{out}$	$L_{in} = L_{out}$	
1			49.6	42.5	
2	18.9	5	89.6	82.5	$\Delta p = 53.91Q + 0.361Q^2$
3			29.6	22.5	

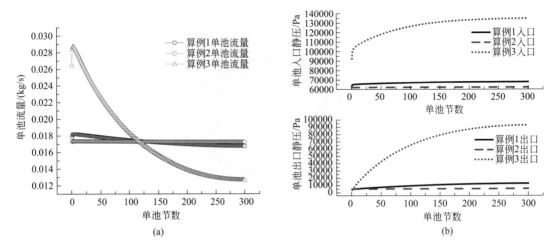

图 7-35　公用管道截面积的影响：单池入口流量（a）和单池进出口静压（b）分布图

表7-4　公用管道截面积的影响——各节单池流量分配分析结果

算例	标准偏差/（kg/s）	均值/（kg/s）	变异系数/%
1	4.49×10^{-4}	1.73×10^{-2}	2.60
2	3.44×10^{-4}	1.73×10^{-2}	0.20
3	4.67×10^{-3}	1.73×10^{-2}	26.98

（3）公用管道进出口截面积比例对分配的影响

表 7-5 列出了不同公用管道进出口截面积比例的算例设定参数，相对于算例1，算例2~5 将进口截面的长度进行了成比例的降低，即截面积成比例减小，比较各种情况下冷剂分配效果的变化，由图 7-36 和表 7-6 可知，减小公用管道进口截面尺寸，能够改变进公用管道的压力分布，由图 7-37 可知当 L_{in}/L_{out} 在 1.25/2 时，流量分配最为均匀，说明公用管道进出口的截面积比例优化也是公用管道设计的重要方面之一。

表7-5　不同公用管道进出口截面积比例的算例设定参数

算例	入口总流量/（m³/h）	出口压力/kPa	出入口截面尺寸/mm				单池水流场阻力$Q/$（L/min），$\Delta p/$kPa
			L_{in}	L_{out}	$H_{in} = H_{out}$	L_{in}/L_{out}	
1			42.5			2/2	
2			37.2			1.75/2	
3	18.9	5	31.9	42.5	49.6	1.5/2	$\Delta p = 53.91Q + 0.361Q^2$
4			26.6			1.25/2	
5			21.3			1/2	

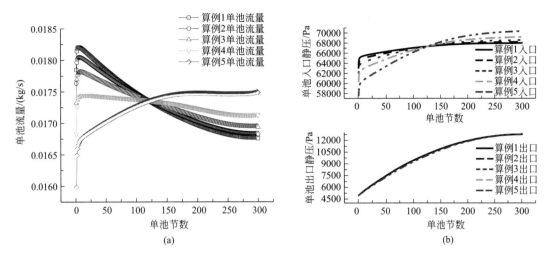

图 7-36　公用管道进出口截面积比例的影响：单池入口流量（a）和

单池进出口静压（b）分布图

表7-6　公用管道进出口截面积比例的影响——各节单池流量分配分析结果

算例	标准偏差/（kg/s）	均值/（kg/s）	变异系数/%
1	4.49×10^{-4}	1.73×10^{-2}	2.60
2	3.81×10^{-4}	1.73×10^{-2}	2.20
3	2.78×10^{-4}	1.73×10^{-2}	1.61
4	1.14×10^{-4}	1.73×10^{-2}	0.66
5	2.44×10^{-4}	1.73×10^{-2}	1.41

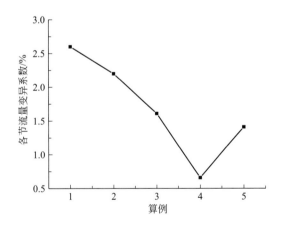

图 7-37　公用管道进出口截面横向尺寸与流量变异系数的关系

（4）单池阻力对分配的影响

表 7-7 列出了不同单池阻力的算例设定参数，相比于算例 1，算例 2 的单池阻力提升了一倍，而算例 3 的单池阻力则降低至 1/2，比较三种情况下冷剂分配效果的变化，由图 7-38 和表 7-8 可知，单池阻力越大，流量分配越均匀。

表7-7　不同单池阻力的算例设定参数

算例	入口总流量/（m³/h）	出口压力/kPa	出入口截面尺寸/mm		单池水流场阻力 Q/（L/min），Δp/kPa
			$H_{in} = H_{out}$	$L_{in} = L_{out}$	
1					$\Delta p = 53.91Q + 0.361Q^2$
2	18.9	5	49.6	42.5	$\Delta p = 107.82Q + 0.722Q^2$
3					$\Delta p = 26.95Q + 0.181Q^2$

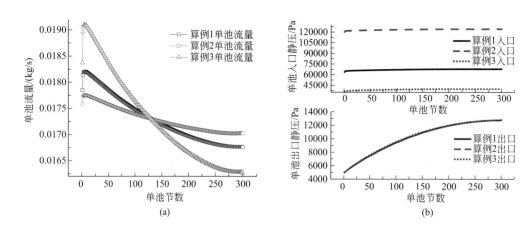

图 7-38　不同单池阻力的影响：单池入口流量（a）和单池进出口静压（b）分布图

表7-8　不同单池阻力的影响——各节单池流量分配分析结果

算例	标准偏差/（kg/s）	均值/（kg/s）	变异系数/%
1	4.49×10^{-4}	1.73×10^{-2}	2.60
2	2.28×10^{-4}	1.73×10^{-2}	1.32
3	8.77×10^{-4}	1.73×10^{-2}	5.07

7.3.3　电堆的水管理

PEMFC采用全氟磺酸树脂材料构成的质子交换膜作为电解质，膜的导电性与其含水量成正比关系。一方面，为了降低电堆内阻，通常通过给反应气体增湿的方式将外部的水带入电堆，同时结合电池反应自身生成的水来确保膜的充分润湿。另一方面，由于PEMFC工作温度低于100℃，电池反应生成的水以气液两相状态存在，液态水可能存在于催化层、扩散层以及流道等各个位置，如果液态水无法及时排出电堆，可能会产生"水淹"，即液态水阻碍反应气体向电极活性反应位的传质，导致催化剂利用率降低和电池性能下降，严重的还会导致欠气，造成电极材料腐蚀。因此电堆内水含量的设计和控制需要平衡上述两方面的因素，既要通过适当的反应气体增湿保障膜的有效润湿，降低其内阻，同时又要通过流场和排气策略等设计将液态水及时排出电堆，这就是电堆的水管理问题。由于温度对膜的电导率、增湿引入的水以及生成水的存在状态有直接影响，因此电堆的水管理往往与热管理问题紧密联系在一起。

7.3.3.1　质子交换膜内的水传递

水在质子交换膜内的传递有三种方式：

① 电迁移　水分子与 H^+ 一起，由膜的阳极侧向阴极侧迁移，电迁移的水量与电池工作电流密度和质子的水合数有关。

② 浓差扩散　PEMFC 为酸性燃料电池，水在阴极生成，因此膜阴极侧水浓度一般高于阳极侧，在水浓差的推动下，水由膜的阴极侧向阳极侧反扩散，浓差扩散迁移的水量正比于水的浓度梯度和水在质子交换膜内的扩散系数。

③ 压力迁移　在 PEMFC 运行过程中，如果使氧化剂（如空气或氧气）压力高于还原剂（如氢）的压力，在压力梯度推动下，水由膜的阴极侧向阳极侧产生宏观流动，即压力迁移，压力迁移的水量正比于压力梯度和水在膜中的渗透系数，与水在膜中的黏度成反比。

水在质子交换膜内的迁移可用 Nernst-Plank 公式表达：

$$N_{w,m} = n_d \frac{i}{F} - D_m \nabla c_{w,m} - c_{w,m} \frac{K_p}{\mu} \nabla p_m \tag{7-34}$$

式中，n_d 为水的电迁移系数；D_m 为水在膜中的扩散系数；K_p 为水在膜中的渗透系数；μ 为水在膜中的黏度。

7.3.3.2　增湿与排水

增湿是通过特定方式将水蒸气和反应气体均匀混合来提升反应气体中的气态水分压，从而提高质子交换膜的水含量。常见的增湿方式可以分为外增湿和自增湿：外增湿是反应气体进入电堆前首先流经增湿器，如膜增湿器、焓轮增湿器和罐式增湿器等，在增湿器内低相对湿度的反应气体与饱和水蒸气进行混合后再通入电堆，实现增湿的目的；自增湿是通过一定的电极设计或操作条件，不依赖外增湿来实现电堆内部的水平衡，比如采用自增湿电极技术提升膜电极吸收水分的能力，可以在一定程度上实现无外部增湿，但是通常自增湿技术难以达到外增湿稳定可控的增湿效果。

采用二维等温模型对 PEMFC 电池内水传递与平衡进行研究，图 7-39 给出了反应气体增湿程度对膜阳极侧水含量的影响规律，可以看到当通入低增湿度反应气（如气体相对湿度为 0.05）时，电池入口处膜的水含量很低，形成较大的膜电阻，导致此处电流密度偏低（图 7-40）。随着增湿操作的强化，入口气体相对湿度提高，膜得到更好的润湿，电流密度明显提升[16]。

图 7-41 为不同空气增湿条件下，采用杜邦公司 Nafion 1035（厚度 $70\mu m$）膜的电堆在电流密度为 $0.325 mA/cm^2$ 的输出电压性能，其他操作条件包括氢气、空气操作压力均为绝对压力 2atm，电池温度 60℃，阳极不增湿，空气利用率 40%（过量系数为 2.5），氢气利用率 90%。可以看出，电堆采用较厚的质子交换膜时，其性能对增湿条件的依赖是非常明显的，提高电池阴极进气的增湿程度，可以有效增强膜的质子传导能力，从而提升电池性能。但当进气增湿程度超过相对湿度 80% 时，电池性能反而开始下降，这是因为气体过度增湿，阴极侧产生过量的液态水积聚于多孔电极和流道，无法及时从电堆排除，导致反应气体无法有效地传输至反应活性位[17]。

排水是指电堆采取适当的尾气排放策略，将液态水排出的操作，其基本思路是通过双极

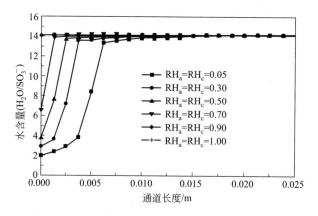

图 7-39 不同进气增湿条件对膜水含量分布的影响

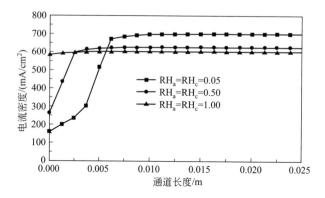

图 7-40 不同进气增湿条件对电流密度分布的影响

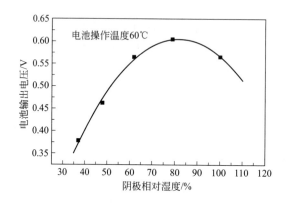

图 7-41 不同增湿条件下电堆性能的变化规律

板流场、电堆操作条件和排放策略的设计，使反应气体以适当的流速流经电极和流道，通过夹带效应和蒸发效应将液态水从电池排除。从电堆的操作条件来看，增湿程度越低带入电堆的水分越少，则液态水生成机会降低，而电堆操作温度越高，电堆生成水的液态水比例低，均有利于缓解液态水累积的问题。从电堆结构设计角度来看，电堆的排水能力取决于流道的尺寸、反应气体利用率、电极与流道表面特性等因素，比如通过设计流道的截面积和流道长度，实现反应气体一定的流速和流动压力差，可以通过夹带效应更有效地排出液态水[18]。

相对于纯氧操作的情况，以空气为氧化剂时氧分压降低带来的氧气传质问题更为突出，液态水堵塞气体通道会加剧传质困难，排水的问题更为突出。因此在选择电池运行条件时，应尽可能增加气态排水份额，这样做不但可以减少扩散层内液态水量，有利于氧传质，而且还可利用水蒸发潜热，减小电池排热负荷。水的蒸发冷凝是一个快速的物理过程，可视为处在热力学平衡状态，因此依据质量平衡方程可计算出电池在各种操作条件下的气态排水份额，计算结果如图 7-42 所示，图中 RH 为空气的相对湿度，p 为空气侧工作的绝对压力，r 为空气中的氧利用率，T 为电池工作温度。由图 7-42 可知，影响气态排水份额的主要操作参数为空气工作压力、空气中的氧利用率、电池进口空气的预增湿程度及电池工作温度。低

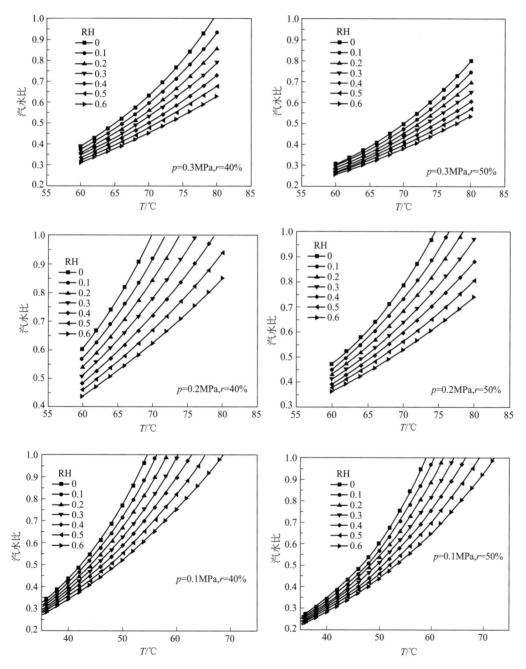

图 7-42 电池操作条件对气态水排出份额的影响规律

空气工作压力、低氧利用率、低的预增湿和高的电池工作温度可以提高气态排水份额，有利于电堆内液态水的排除。

7.3.3.3 阳极与阴极的水管理

合理的电堆水管理一方面依托于良好的 MEA 和双极板流场的设计，以实现对式(7-34)中三类水传递过程的调控；另一方面需结合操作条件的优化设计，实现电堆内部的水平衡，在保障膜内的充足含水量的同时，有效地排出产生的液态水。

由于 PEMFC 在阴极侧反应生成水，同时电迁移效应也将造成阳极水向阴极侧的迁移，因此，为了保证膜阳极侧和阳极催化层中离子交换树脂的充分润湿，通常要强化阴极生成水向阳极的传递，笔者称其为"阴极水管理"。阴极水管理的实现方式包括：①对氧化剂气体实施增湿，提高阴极与阳极之间的水含量梯度，增强扩散过程，促进阳极侧水含量的提升；②采用较薄的膜，促进水由膜的阴极侧向阳极侧的扩散；③在操作条件中构造由阴极向阳极的气体压差，通过水的液压渗透原理促进水从阴极侧向阳极侧的跨膜传递，从而提高阳极侧水含量，但是在实践中该方法应用较少，因为阴阳极气体压差的设定受到膜承受能力的限制，不宜过大，同时由于渗透系数较低，压力迁移所带来的水通量也较为有限。

当采用超薄质子交换膜时（如膜厚度<20μm），水的浓差扩散过程得到强化，阴极侧的生成水大量迁移到阳极，足以保障阳极侧膜的充分润湿。另外考虑到电堆经济性因素，电堆氢燃料的利用率比较高（通常高于95%），加之氢气密度小，因此阳极侧液态水的排出能力比较差，可能造成阳极的"水淹"现象。这种情况下，需要降低甚至消除阴极侧气体增湿，强化阳极侧的液态水排出能力，水管理设计的焦点由阴极侧增湿转向阳极侧排水，笔者称其为"阳极水管理"。阳极水管理的主要实现方式包括：提升阳极流场中氢气的流速，强化液态水的排出；降低或消除阴极增湿，减少阴极生成水向阳极的浓差扩散；提高电堆工作温度，减少电堆内的液态水份额。

可见，阴极水管理与阳极水管理的区别除了水管理的焦点部位从阴极转向阳极，另外也从强化增湿转为强化排水。

7.3.3.4 面向汽车应用的电堆水管理设计

在实际应用中，电堆的设计需要充分考虑系统集成的需求，比如在汽车应用中，电堆设计需要兼顾图 7-43 中的三方面要求，包括提升电堆发电效率以保证整车经济性，提升电堆和系统功率密度以及操作温度，以便于汽车的集成应用［功率密度越高占用整车空间越小，操作温度越高（接近 100℃）整车热管理设计越简单］，以及控制整个燃料电池系统的成本。基于上述要求，电堆的水管理技术发展逐步由阴极水管理向阳极水管理发展，因为阴极水管理型电堆，需要系统具备体积较大和成本较高的空气增湿器，同时阴极增湿带来的阴极氧分压下降会影响电堆在高电流密度下的性能，限制电堆功率密度的提升。

图 7-44 为电堆的性能发展历程，一方面电堆性能不断提升，特别是高电流密度的性能提升更为明显；另一方面电堆的水管理方式实现了由阴极水管理逐步向阳极水管理的发展。从第一代电堆阴极 80% 增湿、第二代阴极 60% 增湿、第三代阴极 50% 增湿的阴极水管理设计，到第四代发展为不需要阴极增湿的水管理设计，提高了阴极侧氧气分压，使高电流密度操作的氧传质得到强化。同时第四代电堆采用阳极氢气循环，并且提升了电堆操作温度，这

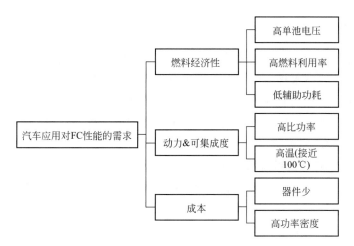

图 7-43　车用燃料电池电堆设计中的关键因素

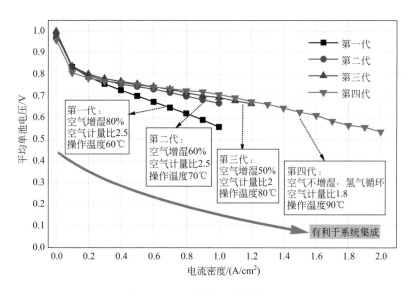

图 7-44　电堆性能的发展历程

样的设计有利于降低电堆中液态水的比例，与此同时提升了阳极侧氢气的流速来增强液态水的排出速度。电堆技术进步所采用的主要技术手段包括 MEA 结构的优化、应用更薄的质子交换膜、双极板的流场优化和电堆操作条件的设计等。

从图 7-44 中电堆的技术变迁可以看出，电堆水管理的发展方向顺应实际应用所要求的更高性能和更低成本的发展目标，包括：

① 电堆功率密度越来越高，有利于整车的高效集成及经济性要求；

② 电堆操作温度逐步提升，由第一代的 60℃ 提高到第四代的 90℃，提升了电堆的环境适应性，有利于整车热管理系统的设计；

③ 电堆空气计量比降低，由 2.5 降到了 1.8，降低了系统空压机负荷，有利于降低系统辅助功耗；

④ 消除了对空气增湿的需求，从第一代的 80％ 空气增湿到第四代不需要空气增湿，简化了系统复杂度的同时也降低了系统成本。

7.3.3.5 低温特性

水管理是电堆工程化设计中的核心问题，电堆在 $0 \sim 100℃$ 的温度区间运行时，水的气液相变带来了上述液态水排除的问题，而当电堆在 $0℃$ 以下操作时，还会面临水的气液固三相相变问题。水的固相状态即冰的出现，会堵塞多孔电极，造成反应气体传质中断和电极结构破坏等诸多不利影响，以致电堆无法正常工作，因此电堆的低温储存与启动是水管理中亟待优化和解决的重要命题。

Song 等对 PEMFC 的低温特性进行了较为系统的研究。首先，采用 $2mol/L$ 的 H_2SO_4 为电解质并建立三电极体系，研究了 Pt/C 催化剂在 $-10 \sim 20℃$ 环境下的电化学活性表面积变化规律和氧还原反应动力学特征[19]。由图 7-45 可知 Pt/C 的电化学活性表面积在所研究温度范围内没有发生明显改变。图 7-46 给出了 Pt/C 催化剂氧还原反应交换电流密度与温度之间的 Arrhenius 关系，由图可知在氧还原反应的不同 Tafel 斜率区（代表氧在催化剂表面不同吸附状态下）的两种反应机理[20]，氧还原反应活性保持与温度的线性关系，说明催化剂表面的氧还原反应机理在 $-10 \sim 20℃$ 范围内没有发生改变。另外通过控制电池运行工况以累积不同的膜电极含水量，考察了不同含水量下膜电极在 $-10℃$ 低温环境下保存后性能的变化[21]，如图 7-47 所示。图中 C1～C4 分别表示膜电极的含水量［mg/cm^2（MEA）］分别为 0.9、3.9、3.8 以及 41.6。当含水量较小时冰冻循环没有给电池带来明显的影响，而随着含水量的增大电池的性能损失逐渐显著。上述研究表明，PEMFC 内部发生冰冻将导致电堆的

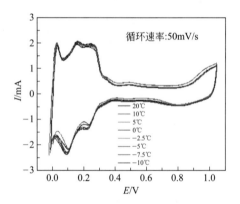

图 7-45　Pt/C 催化剂在不同温度下的循环伏安图

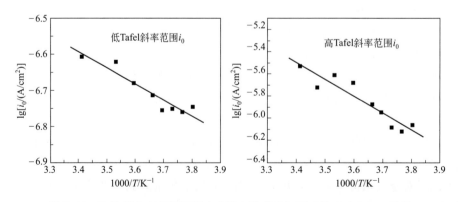

图 7-46　Pt/C 催化剂氧还原反应交换电流密度与温度的 Arrhenius 关系

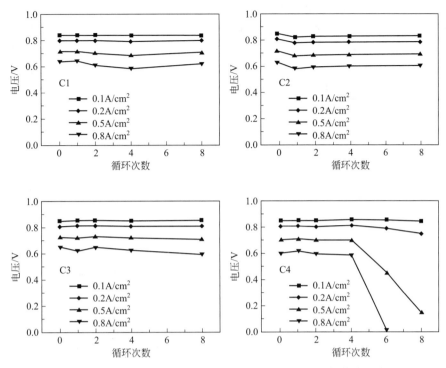

图 7-47　−10℃ 冰冻-解冻循环过程中电池存水量对性能的影响

显著性能衰减，其中催化剂活性下降带来的性能衰减相对有限，生成水结冰破坏电极结构是电堆性能衰减的主要原因。因此电堆在冰冻条件下的储存与启动需要开展针对性的设计，集中解决 0℃ 以下环境中电堆的水管理问题，以避免结冰对电极结构产生的不可逆损伤，以及电堆性能的严重衰减问题。

膜中水的含量可以用膜材料或树脂材料中每个磺酸根所携带的水分子数量 λ 来表示，λ 越大水含量越高，以杜邦公司的 Nafion 膜为例，当膜材料充分润湿时，λ 值为 20 左右，即膜材料中每个磺酸根携带 20 个水分子。研究表明膜中水的状态可以分为强结合状态、弱结合状态和自由状态等三种状态[22]，每种状态的水在低温条件下的结冰温度不同，对膜的电导率影响也各自不同，图 7-48 中显示了 Nafion 材料在 λ 分别为 5、10 和 15 的情况下，膜中

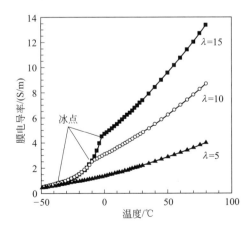

图 7-48　不同含水量下 Nafion 材料电导率随温度的变化规律

水的冰点和膜电导率随着温度的变化规律。温度降低，膜的电导率呈下降趋势，当水结冰后，电导率下降幅度加快。λ 值为 0～5 的水分子为强结合态水，这种状态的水不会结冰；λ 值为 5～10 的水分子为弱结合态水，其结冰温度明显低于 0℃；λ 在 10 以上的水分子为自由态水，其结冰温度接近 0℃。

对燃料电池水含量进行实时在线测量，可实现水含量精确预测，从而实施有效的低温启动控制策略，是提升电堆低温启动性能的关键。日本丰田公司通过测量电堆高频阻抗判断电堆的含水量，从而开发了燃料电池汽车（FCHV-adv）的低温启动策略，然而在大功率区燃料电池高频阻抗值与水含量关系不易分辨，如图 7-49（a）所示，影响到低温启动性能的进一步优化；通过测量电堆低频阻抗，并通过基于电堆阻抗等效电路模型的数学处理，如图 7-49（b）所示，从而获得电堆大功率操作区间电堆阻抗值与电池水含量的精确关系，优化了燃料电池汽车（Mirai）的低温启动性能[23]。

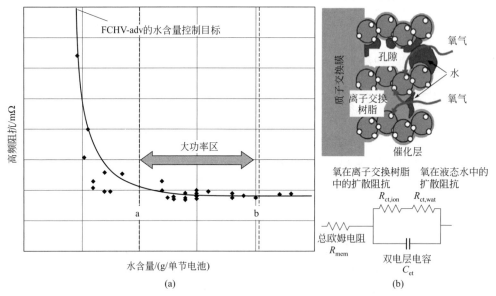

图 7-49　（a）水含量与高频阻抗的关系；（b）燃料电池电堆的等效电路图
（上：催化层结构，　下：等效模型）

PEMFC 的低温操作包括 0℃ 以下环境的保存和启动两个方面，低温保存是指电池在 0℃ 以下环境中停止运行（电池停车）后的储存问题，低温启动是指电池从 0℃ 以下环境中完成启动过程。停车后电池内部残存有一定量的水，这部分水在电池冰冻保存时将会结冰，其体积膨胀可能对电极材料造成破坏。避免这一现象的有效方法是在冰冻保存前通过气体吹扫的方式将水排出，将膜的 λ 值降低到合理的范围，同时尽可能保障膜具有较高的电导率，在此范围内水分子在相应的低温条件下不会发生结冰。电堆低温启动过程中，如果电池自身产生的热量不足以使电池温度上升，或者说电堆启动过程中产生的热量低于生成水冷冻所吸收的热量，电极催化层生成的水将会结冰，从而阻断三相反应界面，导致启动失败，因此低温启动的设计关键在于合适的输出电流，既要保证足够的产热量，又要避免生成水过多导致结冰速度过快，同时兼顾低温环境中电堆内阻较大和活性条件较差的情况下，能稳定持续地输出功率。

图 7-50 是根据实际应用条件进行电堆低温吹扫的示意图，采用一定流量的吹扫气体对

电堆进行持续吹扫。由于电堆经过运行后膜处于充分润湿状态，电极和流道内残留大量水分，因此在起始阶段吹扫尾气是过饱和状态，电堆内阻也较低，随着吹扫时间的延长，电堆含水量和吹扫尾气相对湿度逐步下降，当电堆内阻上升达到一定条件时，此时在相应的低温条件下膜内的结合水不会结冰，即可停止吹扫。图 7-51 是在吹扫后进行－20℃启动过程的电堆状态图，以电堆冷却剂温度来确定电堆实际温度，启动初期冷却剂进出口温度都在－20℃，随着电堆以一定的电流加载策略进行加载，电堆的温度逐步上升，直到电堆冷却剂的出入口温度上升到 0℃以上，电堆低温启动成功。值得注意的是电堆启动过程中冷却剂的流量变化对电堆温度影响明显，为了加速启动过程，在启动初期常常将冷却剂流量降低，以减少电堆生成热量的损失，当电堆达到一定温度时，为了保证电堆内各节单池温度的均衡，需要逐步加大冷却剂流量，这个过程会导致电堆启动过程中温度的大幅波动。图 7-52 是该电堆在－20℃下多次启动循环后电堆性能的变化，可以看出电堆性能比较稳定，说明启动策略可以确保电堆在低温保存和启动条件下稳定工作。

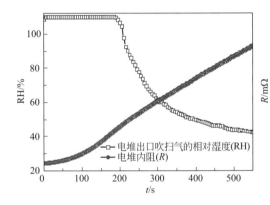

图 7-50　低温环境存储时电堆吹扫过程中
吹扫气相对湿度和电堆内阻的变化

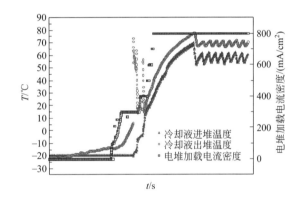

图 7-51　电堆－20℃启动过程中的
加载过程和温度变化

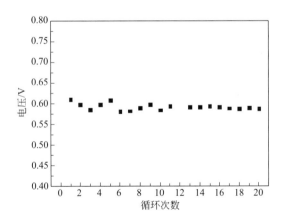

图 7-52　电堆－20℃低温启动循环性能

7.4　电堆的耐久性

根据燃料电池的不同用途，对其寿命的要求也不同，轿车用燃料电池发动机要求电堆具有 5000h 以上的运行寿命，公共汽车用燃料电池发动机要求电堆具有 20000h 以上的运行寿命，而作为固定电站使用的燃料电池电池组则需要具有 40000h 以上的寿命。电堆的性能衰减是以一定时间后的性能相对于起始性能的差别来衡量的，衰减原因主要是由于电池中关键材料的老化导致其功能衰减，从而影响到电堆性能。关键材料主要包括电解质膜、电催化剂、炭纸和双极板等，这些材料在燃料电池操作条件下会逐渐老化衰退，电堆设计不合理或者操作条件不当会加速关键材料的衰减过程，导致电堆耐久性的加速下降。

7.4.1 关键材料的性能衰减路径

引起电堆性能衰减的直接原因是电池关键材料在电池运行过程中发生老化、应力损伤或污染等现象，产生了膜的质子传导能力降低和阻气性下降、电催化剂活性下降、电极结构发生变化等问题[24-27]。关键材料的衰减机理研究一直是车用燃料电池研究领域的研究重点，图 7-53 归纳出了典型的关键材料的失效模式，包括材料性能的衰减路径、各衰减路径的产生机理和原因以及相应的解决方案等。关键材料包括膜、离子交换树脂和催化剂等，其中膜和离子交换树脂材料相同或者接近，失效模式相似。膜材料的衰减路径包括膜的渗漏、磺酸根流失和离子污染等，而膜的渗漏模式根据产生原因的不同又分为机械应力导致和自由基攻击导致的化学降解两种情况。催化剂的衰减路径主要包括催化剂活性（电化学活性面积，ECSA）的下降和中毒两种情况，其中 ECSA 的下降包括 Pt 颗粒溶解沉积变大、电化学溶解流失和载体腐蚀导致的流失等三种情况。材料的各种衰减路径和机理的产生原因主要归结于电堆操作条件和负载条件因素，操作条件包括反应气体的压力、温度、湿度和电堆的控制情况，负载条件包括电堆的电压范围、电压动态情况以及载荷与燃料供应的动态关系等。针对不同材料的失效模式，可以通过两类措施进行针对性设计，一方面是高耐受性材料的开发和应用；另一方面是针对导致材料失效和衰减的操作模式，采用适当的系统控制策略减少或避免相应的操作条件。

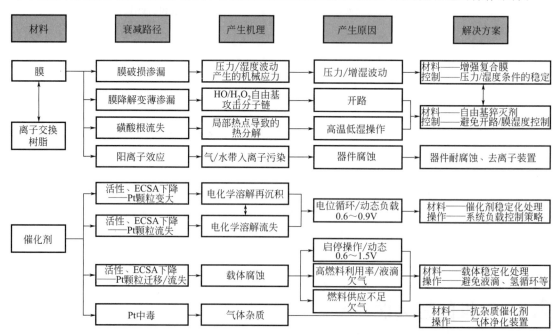

图 7-53 PEMFC 关键材料的失效模式

7.4.2　电堆性能的衰减模式

下面从电堆应用的角度来介绍电堆常见的失效模式。

7.4.2.1　启停问题

电堆在电池启动/停车的操作过程中，可能在阳极或阴极产生氢气和氧气的混合界面，这会导致在阴极部分区域出现非常高的界面电势差，造成催化剂碳载体的严重腐蚀，加速燃料电池性能的衰减[28]。具体来说，界面电势差的形成是因为停车后，电池阴极和阳极腔内残余的空气与氢气在膜电极的两侧仍维持电池电压，并发生漏电反应逐渐消耗，在电堆进出口密闭的情况下，会因为气体的消耗形成负压。经过一定的存放后，电堆外部的空气逐渐扩散进入电堆，在阴极和阳极两个腔内都以空气为主要成分。当电池启动时，氢气通入充满空气的阳极，会形成瞬间的氢/氧界面。阳极氢/氧界面的形成会导致与阳极空气侧相对应的阴极区域内出现非常高的界面电势差。电堆内的氢氧界面导致阴极产生高电位是由"反向电流"机理导致的[29]，图7-54显示了形成氢/氧界面的瞬间，在电池内各区域发生的反应和界面电势差。可以看到，阳极区域A与氢气接触，阳极区域B与空气接触，因此在它们之间形成了氢/氧界面，由于膜非常薄并且平面方向的质子传导率很低，所以在膜平面方向的区域A和区域B形成了膜电势差（该研究达到0.593V）。在阴极区域B中，阴极与膜之间的界面电势差达到了1.443V，导致该部位发生碳腐蚀反应和水分解反应。

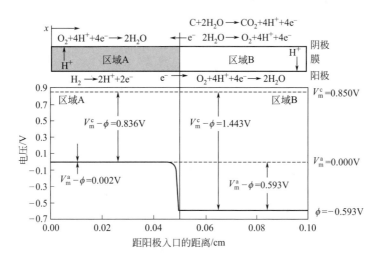

图7-54　PEMFC启停过程中产生的氢/氧界面现象

申强[30]采用膜电极电势探针法研究了电池启停过程中阳极和阴极的电势变化，通过实验观测到了启停所产生的高电位现象。图7-55（a）和（b）分别为电池启动和停车时，在阳极形成氢/氧界面瞬间，通过膜电极电势探针观测到的阴极和阳极电势以及电池电压随时间的变化曲线。电池启动前，电池内部由于长期存放阴极和阳极均为空气，所以测量到的阴极电势和阳极电势均为1V左右，当阳极通入氢气后，阳极电势开始由1V逐渐下降至0V左右，相应地电池电压由0V逐渐升高至1V左右，而阴极电势则由于阳极侧氢/氧界面的出现，电势由1V最高升到了约1.34V，随着氢气的不断通入氢/氧界面逐步消失，阴极电势才降回至 1V 左右。电池停车前阳极电势和阴极电势分别处于约 0V 和 1V，停车后空气通过扩散逐步进入阳极，形成了氢/氧界面，阳极电势缓慢升高，电池电压缓慢降低，并形成了阴极的高电位。由于空气扩散进入阳极速度较慢，导致氢/氧界面的持续时间较启动过程的时间更长，停车时氢/氧界面的持续时间大约为 50s，而启动时只持续了不到 20s。

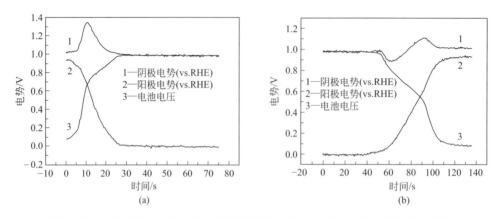

图 7-55　电池启（a）停（b）过程中阴阳极电势和电池电压随时间的变化曲线

　　研究者通过选取曾经应用于燃料电池轿车的电堆样本，对其中单低电池中的老化电极进行了分区研究，由于该电堆在应用过程中并没有针对启停衰减模式的有效预防措施，因此可以用来评估在实际汽车应用中启停现象对电堆性能的影响[31]。如图 7-56 所示，沿氢气流动方向将电极分为 1#、2#、3# 三个区域，分别对应阳极侧气体入口、中间和出口等三个部位，由于电堆采用氢空逆流操作，因此空气侧的 1#、2#、3# 三个部位分别对应阴极侧的出口、中间和入口等部位。研究者分别对三个部位的电极进行了伏安曲线的测试，并在每个部位的阴阳极提取了催化剂样品，进行了透射电镜表征。图 7-56 中 a 和 d、b 和 e、c 和 f 分别是阳极和阴极催化剂在部位 1#、2#、3# 的透射电镜表征图像，表 7-9 中列出了

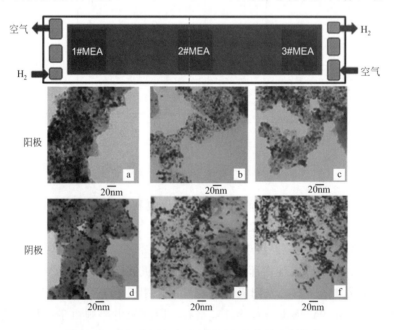

图 7-56　电极分区示意图和不同部位的催化剂状态

相应的分析数据，可以看出阳极三个部位的催化剂粒径变化相对较小，而阴极侧沿出口到入口方向，催化剂粒径呈现出了明显变大的现象，而且 3＃区域的阴极（空气入口）部位已经看不到碳载体的团簇形貌。图 7-57 显示了三个部位电极的伏安特性，呈现出 1＃＞2＃＞3＃梯度式的性能变化特点，该性能趋势与催化剂颗粒变大趋势保持一致。上述的表征结果进一步揭示了启停失效模式的衰减路径和机理，电堆在应用过程中必须采取有效措施，避免氢/氧界面高电位的产生。

表7-9　老化电极中不同部位的催化剂颗粒变化

项目		老化电极 1＃位置	老化电极 2＃位置	老化电极 3＃位置
透射电镜分析的粒径/nm	阳极	5.5	6.0	6.6
	阴极	6.5	7.6	7.8

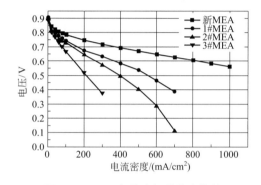

图 7-57　不同部位电极的伏安特性

7.4.2.2　欠气问题

电堆的欠气现象是指在燃料或氧化剂的供应速度低于电池反应速度时，在电堆电流驱动下发生水电解反应或者碳材料的电化学氧化反应等电极副反应的现象[32]。电堆在实际应用中诸多因素都容易导致欠气现象的发生，比如在汽车应用条件下为提升经济性，电堆往往采用较高的燃料利用率、设计或制作的电堆中各单池流道阻力分布不均匀、液态水堵塞单池流道和电极导致反应气体的传质受阻、车用条件下的快速变载等。电堆阴极侧氧欠气所导致的副反应主要为质子在阴极侧的电化学还原，由于电极电势较低不发生其他副反应，对电堆造成的应用风险较低；而阳极侧燃料欠气会导致水分子中氧的电化学氧化，并产生较高的电极电势，同时导致碳材料的电化学氧化腐蚀，对电极结构产生不可逆的影响，导致电极性能的严重衰减，因而对电堆应用造成更大的风险，是欠气现象中需要重点关注的问题。

梁栋[33]将分区电池技术与膜电势探针技术结合起来，研究了燃料欠气状态下阴阳极不同部位［燃料进口区（segment 1）、中间区（segment 2～4）和燃料出口区（segment 5）］的电流密度和相对于电解质的电极电势分布，解释了燃料欠气导致的电极负压现象，并证实了在此过程中水和碳材料发生的电化学氧化反应。研究基于 $270cm^2$ 活性面积的电池，采集了沿燃料流动方向的进口、中部和出口三个部位的阳极和阴极电势，其中电池燃料欠气的情况通过控制氢燃料的计量比来模拟，当燃料计量比低于 1 时燃料供应不充分产生阳极欠气效应。图 7-58 是阳极发生燃料欠气（设置计量比为 0.91）时，加载前后电极电势的变化情况，

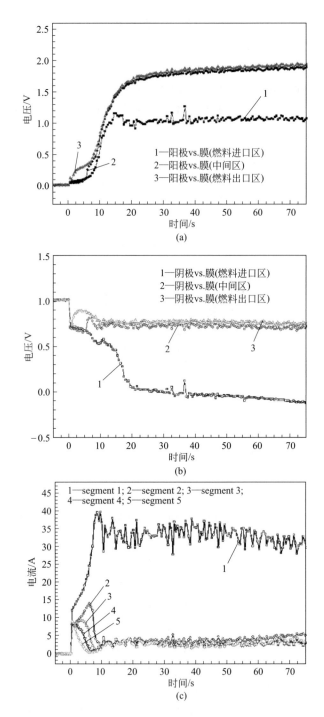

图 7-58　阳极欠气时电池阳极（a）与阴极（b）不同部位的电极电势以及不同部位的
放电电流分布情况（c）

电池温度 60℃，采用氢浓度为 73％的氢氮混合气为燃料，阳极计量比为 0.91，加载电流为 46A

图（a）中阳极燃料进口区电极电势伴随加载升至 1.1V 左右，而中间区及燃料出口区电极电
势达到 1.8V，已经明显高于水分解反应电极电势以及碳的电化学氧化电势。供应的氢气在
燃料进口区域发生氧化反应，而中间和燃料出口区域由于燃料不足，主要发生的是水分子中

氧和电极中碳材料的电化学氧化反应［式(7-35) 和式(7-36)］。从表 7-10 阳极尾气分析的结果中看到有明显的 CO_2 成分，也可以证实碳氧化反应的存在，此时的阳极表观电势是各区域不同反应的混合电势。

$$2H_2O \longrightarrow O_2 + 4H^+ + 4e^-, \quad E_{25℃}^0 = +1.23V(vs.RHE) \tag{7-35}$$

$$C + 2H_2O \longrightarrow CO_2 + 4H^+ + 4e^-, \quad E_{25℃}^0 = +0.21V(vs.RHE) \tag{7-36}$$

阴极不同位置电极电势分布随时间响应情况如图 7-58(b) 所示，可以看到对应燃料进口位置的电极电势持续降低至接近 0V，而中间区及燃料出口区的电极电势小幅升高后又小幅下降，在 0.7～0.8V 之间保持相对稳定。由图 7-58(c) 可以看出在燃料进口的 segment 1 区电极反应电流最大，约占整个电池放电电流的 75%，因此这个区域阴极氧还原反应的极化效应更为突出，导致阴极该区域电极电势大幅降低，而 segment 2～5 区的电流很小，极化现象也相应较轻，因此阴极电位下降相对较小。

表7-10   不同氢气计量比条件下的阳极尾气分析

实验序号	氢气计量比	阳极排放尾气组分及含量/%			
		氢气	氮气	氧气	二氧化碳
1	1.82	54.9	45.1	0	0
4	0.91	0	71.9	16.1	12.0
6	0.55	0	39.1	48.7	12.0

图 7-59 显示了不同燃料计量比条件 $(1.09 > \lambda_H > 0.55)$ 下电池阳极电势随时间的响应情况，可以看到燃料计量比越低，欠气现象越严重，阳极电势增加速率随之上升。图 7-60 显示了燃料欠气前后电极性能的变化情况，图(a) 是电极没有发生欠气现象时的电极伏安曲线，图(b) 是发生欠气现象以后的情况，可以看出伏安曲线明显下降，并且欠气更加严重的阳极出口区域电流密度下降更加明显。

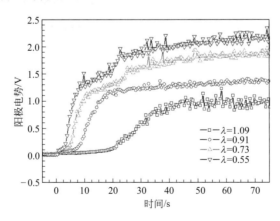

图 7-59   不同燃料计量比条件下加载过程中阳极电势的变化情况

电堆在实际汽车应用中，产生欠气现象导致的电极碳材料腐蚀除了影响催化剂和电极活性，还会导致电极的憎水性下降，研究者[31]在分析实际汽车应用中性能衰减的电池过程时，发现电极的憎水性随着电池长期运行逐渐下降，特别是在最容易发生燃料欠气的阳极出口区域，图 7-61 给出了两节性能衰减电池（sample 1 和 sample 2）的阳极（a）和阴极（b）

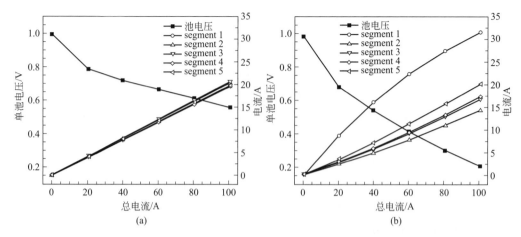

图 7-60　燃料欠气发生前（a）和后（b）单池极化曲线及相应电流分布情况

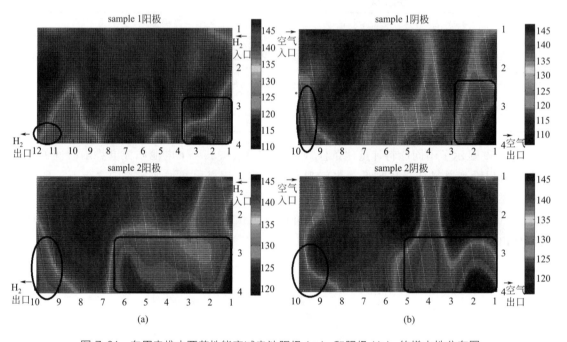

图 7-61　车用电堆中两节性能衰减电池阳极（a）和阴极（b）的憎水性分布图

的憎水性分布图，憎水性的检测通过测量该位置的液滴接触角进行表征，可以看到黑框所标记的靠近出口的部位憎水性有明显下降，说明阳极憎水性的流失主要集中于出口和靠近流场边缘的区域，这些区域都是在汽车高动态操作过程中容易发生燃料欠气的部位。另外在阴极出口区域也发生了明显的憎水性下降，主要原因是该区域容易发生生成水的聚集，长期浸泡导致电极憎水结构被破坏。发生燃料欠气现象时阳极会发生水的氧化生成氧气，根据前文所述氢/氧界面的形成会导致阴极出现高电位，造成碳材料的腐蚀，进一步破坏电极的憎水结构。

7.4.2.3　膜的降解

质子交换膜衰减过程主要包括化学降解、热降解和机械降解等形式。

　　电池工作过程中会形成 H_2O_2 和 $HO\cdot/HO_2\cdot$ 等强氧化性的自由基物种，这些强氧化性自由基会攻击膜的高分子链，导致膜的化学降解。自由基的来源有两种：一是在燃料电池运行过程中阴极氧还原反应存在氧的四电子还原和二电子还原的竞争反应，二电子还原反应会产生 H_2O_2；二是氢和氧分别经过膜渗透到另一侧，在电极催化剂 Pt 及其他微量过渡金属离子的催化作用下，反应形成 $HO\cdot/HO_2\cdot$。赵丹[34]研究了开路测试条件下，MEA 透气性与阴阳极自由基生成数量的关系，图 7-62 中（a）可以看出 MEA 在开路条件下运行过程中，阴极侧与阳极侧均检测到 H_2O_2，阴极 H_2O_2 的生成速率要明显高于阳极，这项研究中 H_2O_2 的生成速率包括了 H_2O_2、$HO\cdot/HO_2\cdot$ 等自由基物种的总量。从图 7-62（b）可以看出随着电池开路运行时间的增加，单电池的氢气渗透量也逐渐增加，表明膜在开路操作条件下化学降解过程比较明显。

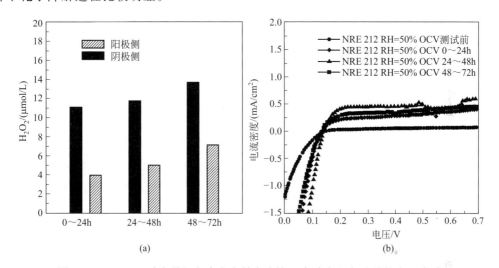

图 7-62　MEA 开路条件运行中自由基生成情况（a）与透氢电流的变化（b）

　　Nafion 材料的玻璃化转变温度较低，大约在 110℃，当温度高于 150℃ 时即发生形变，会导致高分子聚合物的微观晶体结构发生变化。因此当处于较高的工作温度时（比如接近或高于 100℃），膜的机械强度和气体阻隔性变差，容易发生膜的热降解失效。在电池运行过程中，温度、湿度和压力的波动变化均会导致膜内针孔及裂缝的形成，这种外部机械应力导致膜材料的破损属于物理降解。

　　热降解和机械降解常常导致电堆快速失效，通过适当的操作控制可以有效避免，化学降解机理更为复杂，控制因素也比较多。电堆实际应用中，膜的失效模式主要为透气性的上升，膜透气性的变化是化学降解、热降解和机械降解等共同作用的结果，随着透气性的上升电堆性能也逐步下降。图 7-63 给出了燃料电池电堆在寿命测试中电堆性能与膜透气性指标的关系，可以看到在 FCS200 的寿命测试中，电堆在运行至 1500h 后，膜的透气性开始上升，在之后的 1500h 内，膜的透气性逐步上升直至电堆失效，整个膜的失效过程经历了千小时以上，是在化学降解、热降解和机械降解的共同作用下缓慢发展的过程，当膜降解到一定程度，透气性开始快速上升，加速了膜的降解速度，导致电堆的快速失效。需要注意的是，透气性的逐步上升导致了电堆平均电压的逐步下降，但电堆仍能维持一定的发电性能，电堆的失效主要是因为膜的透气性快速上升导致。Hysys30 电堆中的膜材料强化了对几种降解作用的耐受性，因此在 6000h 的 Hysys30 寿命测试中，膜的透气性和电堆的性能均保持稳定。

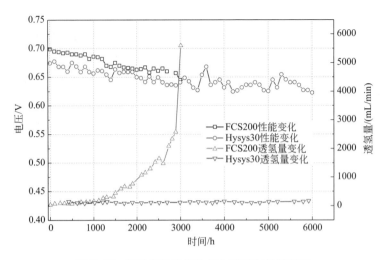

图 7-63　燃料电池电堆性能与膜透气性的关系

7.4.2.4　催化剂的老化

催化剂活性下降是电堆运行过程中另一重要的性能衰减机制，对于 Pt/C 催化剂，活性下降主要体现在 ECSA 的减少。前文已经提到启停和欠气引起的高电位会导致催化剂载体腐蚀，进而导致 Pt 颗粒的脱落流失使催化剂 ECSA 快速衰减。此外在正常的电堆应用过程中，阴极电极电位在 0.6~0.9V 不断变化，这种电位变化会导致催化剂的老化，即 Pt 颗粒在电位循环下溶解再沉积或者溶解流失的现象[35]，这同样会导致催化剂颗粒逐渐长大和 ECSA 的逐步下降。相较于载体腐蚀导致的 ECSA 变化，电位变化导致的催化剂老化过程比较缓慢。从图 7-63 可以看到 Hysys30 电堆的寿命测试中，电堆平均单池电压在 6000h 运行过程中下降了约 8%。图 7-64 展示了 Hysys30 进行寿命测试的动态循环工况，电堆电流密度在 0.1~0.8A/cm² 之间不断循环，相应地阴极电位在 0.6~0.9V 范围内不断循环，这种条件会导致催化剂颗粒的逐渐老化，进而造成 ECSA 和电堆性能的逐步降低。

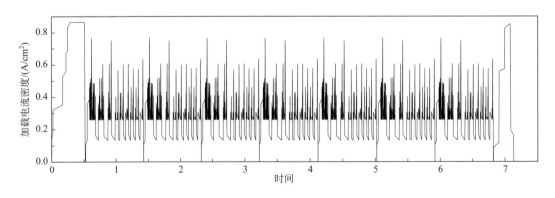

图 7-64　燃料电池电堆寿命测试工况结果

7.4.3　实际应用中电堆耐久性的提升策略

电堆的耐久性表现取决于电堆自身的设计状态，包括所采用的材料和结构等，同时也取决于电堆的应用条件，包括操作条件和负载工况等，并且自身设计和应用条件对电堆耐久性的影响是紧密联系的。实际应用中为了提升电堆的耐久性，需要对耐久性进行评价，并进行性能衰减模式的诊断，然后再针对衰减模式进行设计和应用条件的改进，从而不断提升电堆耐久性。

研究者基于电堆设计开发、耐久性验证、失效模式诊断和设计优化的顺序逻辑，进行了电堆的耐久性改进，通过几代技术的迭代开发实现了汽车应用条件下耐久性超过 5000h。图 7-65 是电堆在不同发展阶段的寿命表现，电堆的寿命以电堆从初始性能（beginning of life，BOL）发展到衰减 10％ 的最终性能（end of life，EOL）所经历的时间来定义：第一代系统中，电堆由于在汽车应用的启停操作条件导致催化剂载体腐蚀和 Pt 催化剂的快速流失，电堆寿命仅为约 700h；第二代系统中，通过系统控制技术解决了碳腐蚀问题，电堆的耐久性得以提升至约 1300h，这一代系统性能衰减的主要原因是欠气条件导致电极发生水淹现象（电极亲水）；第三代系统通过燃料循环技术解决了气体欠气问题，从而使电堆寿命提升至约 3000h，3000h 后由于膜材料的降解，导致膜电极阻气性下降，电堆快速失效；第四代系统则解决了膜材料的降解问题，电堆寿命超过了 6000h，而性能的逐步下降原因是电催化剂在动态的电极电势条件下发生了老化，电极活性逐步下降。

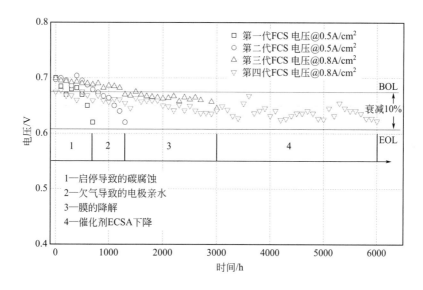

图 7-65　燃料电池电堆的寿命技术进步情况

表 7-11 汇总了上述电堆寿命的发展过程，基于实验数据总结出了各种失效模式的发生时机、现象、机理、相应的应对措施以及采取应对措施后电堆耐久性的提升效果，通过这个总结可以看出不同的电堆因为在设计和使用中的差异，性能衰减的过程和耐久性水平也各自不同，然而不同的失效模式及其发生时机仍然是有规律的。由于设计与应用条件不匹配带来的性能衰减，往往比较迅速并且衰减更为严重，而材料的自身衰减和老化则相对缓慢和温和。电堆实际应用过程中，载体腐蚀造成的催化剂衰减、膜的机械应力破损等属于快速失效模式，膜的化学降解衰减和催化剂的溶解沉积老化造成的衰减属于相对较慢的失效模式。

表7-11　燃料电池电堆的失效模式分析与耐久性提升

耐久性	<1000h	1000~2000h	约3000h	>5000h
运行现象	电极分层，催化剂流失	电极逐步失活，扩散层亲水	膜透气性增加	电极活性下降
失效机理	启停操作载体电化学氧化	水淹-阳极欠气载体电化学氧化	动态工况膜物理化学降解	动态负载，Pt的电化学老化
改进设计	启停电位控制	阳极循环，降低载体电化学电位	提升膜的强度膜内加入自由基猝灭剂	载荷控制，高稳定性催化剂
实施效果	>1000h	>3000h	>5000h	1万小时目标

参 考 文 献

[1] 查全性. 化学电源选论 [M]. 武汉：武汉大学出版社，2005.

[2] 欧阳明高. 节能与新能源汽车技术路线图 [M]. 2016.

[3] Barbir F，Gorgun H. Electrochemical hydrogen pump for recirculation of hydrogen in a fuel cell stack [J]. J Appl Electrochem，2007，37（3）：359-365.

[4] 俞红梅，衣宝廉，阿卜都拉·阿布里提，等. 燃料电池组的气体分配管道 [J]. 电源技术，2001（6）：423-427.

[5] 燃料电池　模块：GB/T 29838—2013 [S]. 北京：中国标准出版社，2014.

[6] Neyerlin K C，Gu W，Jorne J，et al. Determination of Catalyst Unique Parameters for the Oxygen Reduction Reaction in a PEMFC [J]. J Electrochem Soc，2006，153（10）：A1955.

[7] Neyerlin K C，Gu W，Jorne J，et al. Study of the Exchange Current Density for the Hydrogen Oxidation and Evolution Reactions [J]. J Electrochem Soc，2007，154（7）：B631.

[8] Makharia R，Mathias M F，Baker D R. Measurement of Catalyst Layer Electrolyte Resistance in PEFCs Using Electrochemical Impedance Spectroscopy [J]. J Electrochem Soc，2005，152（5）：A970.

[9] Shen Q，Hou M，Yan X，et al. The voltage characteristics of proton exchange membrane fuel cell（PEMFC）under steady and transient states [J]. Journal of Power Sources，2008，179（1）：292-296.

[10] 胡军，衣宝廉，侯中军，等. 采用常规条形流场的质子交换膜燃料电池阴极数值模拟（Ⅰ）模型建立 [J]. 化工学报，2004（1）：91-95.

[11] 胡军，衣宝廉，侯中军，等. 采用常规条形流场的质子交换膜燃料电池阴极数值模拟（Ⅱ）电池性能影响因素的分析 [J]. 化工学报，2004（1）：96-100.

[12] Cleghorn S J C，Derouin C R，Wilson M S，et al. A printed circuit board approach to measuring current distribution in a fuel cell [J]. J Appl Electrochem，1998，28（7）：663-672.

[13] Stumper J，Campbell S A，Wilkinson D P，et al. In-situ methods for the determination of current distributions in PEM fuel cells [J]. Electrochimica Acta，1998，43（24）：3773-3783.

[14] Wu J，Hou M，Yi B，et al. An Experimental Investigation on Current Distribution in PEMFCs with Metal Mesh Flow Field [J]. Chinese Journal of Power Sources，2002，26（2）.

[15] 吴金锋，衣宝廉，侯明，等. 直通道流场 PEMFC 电流密度分布测定实验 [J]. 化工学报，2004（5）：837-841.

[16] 葛善海，衣宝廉，徐洪峰. 质子交换膜燃料电池水传递模型 [J]. 化工学报，1999（1）：39-48.

[17] 才英华，胡军，衣宝廉，等. 质子交换膜燃料电池内水传递影响因素分析 [J]. 电源技术，2005（10）：659-662，697.

[18] 马海鹏，张华民，胡军，等. 增湿温度与气体流速对 PEMFC 阴极流道内液态水分布及排水影响 [J]. 化工学报，2007（9）：2357-2362.

[19] Song W，Hou J B，Yu H M，et al. Kinetic investigation of oxygen reduction reaction in sub-freezing acid media [J]. International Journal of Hydrogen Energy，2008，33（18）：4844-4848.

[20] Parthasarathy A，Martin C R，Srinivasan S. Investigations of the 0-2 reduction reaction at the platinum Nafion interface using a solid-state electrochemical-cell [J]. J Electrochem Soc，1991，138（4）：916-921.

［21］ 宋微，侯俊波，俞红梅，等. 存水量对 PEMFC 零度以下储存性能衰减的影响 ［J］. 电源技术，2008（6）：361-364.

［22］ Jiao K，Li X. Water transport in polymer electrolyte membrane fuel cells ［J］. Progress in Energy and Combustion Science，2011，37（3）：221-291.

［23］ Tsuyoshi M，Masashi T，Tomohiro O，et al. Development of Fuel Cell System Control for Sub-Zero Ambient Conditions ［J］. SAE International，2017，（1）.

［24］ Borup R，Meyers J，Pivovar B，et al. Scientific aspects of polymer electrolyte fuel cell durability and degradation ［J］. Chemical Reviews，2007，107（10）：3904-3951.

［25］ Wu J，Yuan X Z，Martin J J，et al. A review of PEM fuel cell durability：Degradation mechanisms and mitigation strategies ［J］. Journal of Power Sources，2008，184（1）：104-119.

［26］ Knights S D，Colbow K M，St-Pierre J，et al. Aging mechanisms and lifetime of PEFC and DMFC ［J］. Journal of Power Sources，2004，127（1-2）：127-134.

［27］ 侯中军，衣宝廉. 质子交换膜燃料电池性能衰减研究进展 ［J］. 电源技术，2005（7）：482-487.

［28］ Kim J，Lee J，Tak Y. Relationship between carbon corrosion and positive electrode potential in a proton-exchange membrane fuel cell during start/stop operation ［J］. Journal of Power Sources，2009，192（2）：674-678.

［29］ Reiser C A，Bregoli L，Patterson T W，et al. A reverse-current decay mechanism for fuel cells ［J］. Electrochemical and Solid State Letters，2005，8（6）：A273-A276.

［30］ 申强. 质子交换膜燃料电池动态特性及催化剂载体抗腐蚀性研究 ［D］. 大连：中国科学院大连化学物理研究所，2010.

［31］ Hou Z，Wang R，Wang K，et al. Failure mode investigation of fuel cell for vehicle application ［J］. Frontiers in Energy，2017，11（3）：318-325.

［32］ Taniguchi A，Akita T，Yasuda K，et al. Analysis of electrocatalyst degradation in PEMFC caused by cell reversal during fuel starvation ［J］. Journal of Power Sources，2004，130（1-2）：42-49.

［33］ 梁栋. 质子交换膜燃料电池分布特性测试与应用研究 ［D］. 大连：中国科学院大连化学物理研究所，2010.

［34］ 赵丹. 燃料电池质子交换膜降解机理研究 ［D］. 大连：中国科学院大连化学物理研究所，2011.

［35］ Ferreira P J，La O G J，Shao-Horn Y，et al. Instability of Pt/C electrocatalysts in proton exchange membrane fuel cells-A mechanistic investigation ［J］. J Electrochem Soc，2005，152（11）：A2256-A2271.

第8章
系 统

在能源与环保问题的压力下，以氢为燃料的质子交换膜燃料电池作为动力电池，在电动汽车领域得到了越来越广泛的应用。燃料电池电动汽车通常采用氢燃料电池与二次电池两种化学电源进行混合驱动，图 8-1 为燃料电池电动汽车动力系统架构图，燃料电池电动汽车动力系统（1）包括氢燃料电池电源系统（2）、二次电池（3）、功率控制单元（4）和电机（5）等部分，工作的过程为氢燃料电池电源系统和二次电池分别输出功率，通过功率控制单元将两种电源输出功率混合输出给电机，功率控制单元通过一定的控制策略决定氢燃料电池电源系统和二次电池输出功率的比例，在二次电池容量较低时，氢燃料电池电源系统一方面对电机输出功率，也会通过功率控制单元对二次电池输出功率，实现对二次电池的充电。

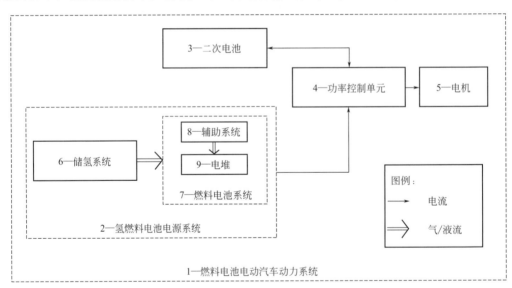

图 8-1　燃料电池电动汽车动力系统架构图

图 8-1 中氢燃料电池电源系统（2）由储氢系统（6）和燃料电池系统（7）构成，储氢系统的储氢容量决定了电源系统的能量多少，燃料电池系统（7）由辅助系统（8）和电堆（9）构成，决定了氢燃料电池电源系统的输出功率大小，本章将从系统架构、辅助系统的关键零部件以及应用情况等方面对燃料电池系统（7）进行介绍。

电堆将氢燃料和氧化剂（空气中的氧气）中的化学能高效地转化为电能，然而燃料和氧化剂并不存储于电堆之中，需要通过相应的系统以一定的控制方式将燃料和氧化剂导入电堆，并将电堆反应生成的热量及时排出，为电堆提供上述反应条件的系统称为辅助系统（balance of plant，BOP）。电堆和辅助系统共同组成了燃料电池系统（fuel cell systems，简称系统），辅助系统为电堆提供反应所需的操作条件，电堆的反应性能和运行稳定性很大程度上取决于电堆与辅助系统的匹配条件。

8.1　系统的结构

系统由电堆和 BOP 构成，BOP 包括燃料子系统、空气子系统、热管理子系统和系统控制器等部分，如图 8-2 所示，电堆包括阳极、阴极和冷却腔等三部分，燃料子系统、空气子系统和热管理子系统在系统控制器的控制下，分别将燃料、空气和冷却液导入到电堆相应腔体，为电堆提供稳定运行的条件。

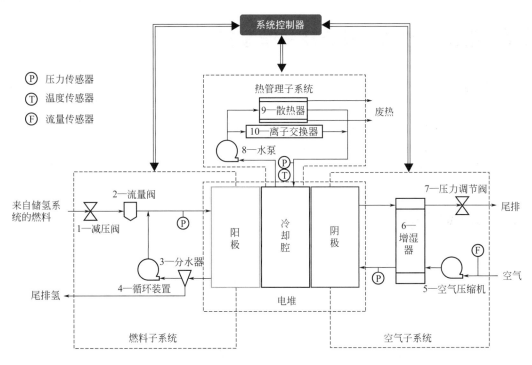

图 8-2　系统结构示意图

（1）燃料子系统

目前常见的燃料电池汽车采用高压储氢技术，燃料以高压氢气的形式进入到燃料子系统，经过减压阀（1）和流量阀（2）的控制，以一定的压力和流量流入电堆阳极腔，进行电池反应，排出的氢气经过分水器（3）和循环装置（4），实现液态水的分离以及燃料的循环利用，一小部分尾排氢与液态水同时排出系统之外。

（2）空气子系统

空气压缩机（5）将环境的空气压缩到一定的压力进入电堆的阴极腔，通过控制空压机的转数实现对空气供应压力和流量的控制，经过增湿器（6）的反应气体通道进入到电堆，经过电堆反应后，排出的空气进入增湿器（6）的湿热回收通道，然后经压力调节阀（7）后排出系统，压力调节阀用来协助调节系统的空气压力。另外有的系统设计不需要增湿器，将在后文介绍。

（3）热管理子系统

热管理子系统的流动介质是冷却液，水泵（8）将冷却液打入电堆的冷却腔，冷却液经过堆内热交换将电堆的反应热带出电堆，然后流经散热器（9）经过系统热交换将废热排出系统外，通过控制水泵的转速或者调整管路阻力来调节冷却液的流量，实现排热能力的调整，从而控制电堆的反应温度，为了满足电堆电气绝缘要求，冷却液的电导率需要通过离子交换器（10）降低到安全范围。

（4）系统控制器

系统控制部分对电堆和各子系统中传感器和零部件的反馈信号进行采集，对工作状态进行分析，根据控制策略进行计算处理，然后将操作参数反馈给各部件以执行受控的操作，从而实现各子系统协同工作。

8.2 系统的效率、设计及关键零部件

由图 8-1 的分析可知，燃料电池电动汽车的动力需求是通过燃料电池系统与二次电池的功率匹配来实现的，燃料电池系统的设计目标是实现动力系统所需的功率和效率要求，并且达到寿命和成本要求。系统的寿命主要是采用适当的控制策略来规避电堆的失效操作模式，这部分内容可以参见电堆章节的相关内容，成本与实际应用情况密切相关，本节不做讨论。下面重点介绍针对动力系统功率需求进行系统开发的方法和原理，电堆的设计过程参见电堆章节相关内容，这里只介绍基于确定设计的电堆进行 BOP 的集成设计和零部件选型的方法。

8.2.1 系统的效率

系统包含 BOP 中空压机、水泵等消耗功率的器件，因此电堆所发功率一部分需要供应系统自身的功率消耗，动力系统所需的功率是系统的净输出功率为 P_{net}，电堆发出的总功率定义为 P_{stk}，BOP 系统的功耗为 P_{BOP}，则有：

$$P_{net} = P_{stk} - P_{BOP} \tag{8-1}$$

实际应用中，通常以高热值效率衡量系统效率，根据电堆章中式(7-4)电堆高热值效率的定义，$f_{HH} \cong 0.83 \times \dfrac{V}{1.229} \times f_g = \dfrac{V}{1.48} \times f_g$

系统的效率定义为 f_{FCS}，则

$$f_{FCS} = \frac{V}{1.48} \times f_g \times \frac{P_{net}}{P_{stk}} \tag{8-2}$$

系统的效率取决于电堆的性能和辅助系统的功耗，电堆的性能需要通过 BOP 提供适当的操作条件来体现，因而 BOP 与电堆的有效匹配是提升系统效率的关键；另外 BOP 中关键器件的工作效率影响到 BOP 的功耗，因而对系统效率同样重要。

8.2.2 系统的设计

对于确定设计的电堆，进行 BOP 的设计包括架构设计和关键零部件匹配两个部分。

8.2.2.1　系统的架构

根据电堆的水管理技术特征（见电堆章节相关内容），BOP架构可以分为阴极增湿架构和阳极增湿架构两大类，采用阴极水管理技术的电堆需要匹配阴极增湿架构的BOP，阴极增湿架构常常也具有阳极增湿的设计，但是电堆的增湿功能主要由空气子系统的增湿器来实现；采用阳极水管理技术的电堆则匹配阳极增湿架构的BOP，这种架构中空气子系统中消除了增湿器，只在阳极子系统通过氢气循环装置或增湿器来实现电堆的增湿功能。

（1）阴极增湿架构

图8-3是典型的阴极增湿架构系统流程图[1]，其中空气供应子系统中来自空压机的压缩空气经中冷器和膜增湿器后，为电堆提供合适压力和温湿度的空气，开关阀1用来调节电堆入口空气的流量和湿度；氢气供应子系统采用氢气调压阀实现电堆氢气压力的控制，同时采用了氢气循环泵或者引射器实现氢气的循环；冷却子系统加入了节温器以实现电堆温度的稳定控制；控制系统除了实现燃料电池系统的压力、流量、温度和湿度控制外，同时控制电堆的稳定工作电位和内阻的监测。阴极增湿架构的优点是通过空气增湿器可以有效回收空气尾排中的水和热量，从而有效地实现电堆入口空气的增湿，以保证膜的湿度，提升电堆性能，并提升膜电极的工作状态和寿命，从图8-4可以看出通过阴极增湿架构进入电堆的空气湿度可以稳定在70％以上，而这种架构缺点是空气增湿器体积较大，且成本较高。

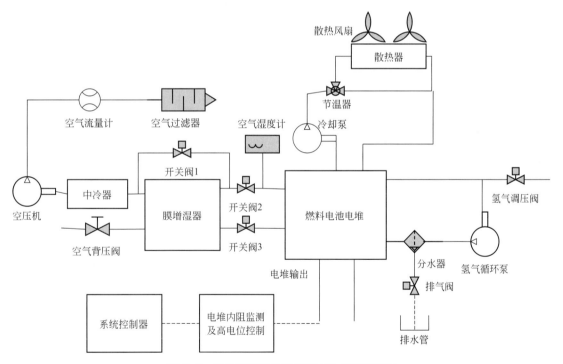

图8-3　阴极增湿架构的燃料电池系统流程图

（2）阳极增湿架构

丰田公司开发了电动汽车系统的阳极增湿架构[2]，如图8-5所示，该架构中阳极通过氢气循环泵将排出电堆的含水氢气循环至电堆入口，实现入堆氢气的增湿，阴极侧则消除了空气增湿器，空气以干空气的形式进入电堆。这种架构消除了空气增湿器，优点是系统架构更

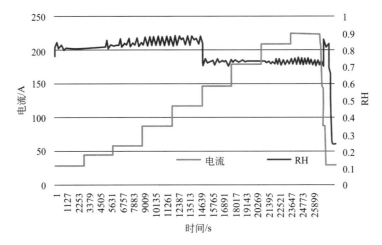

图 8-4 阴极增湿架构系统中进入电堆的空气湿度

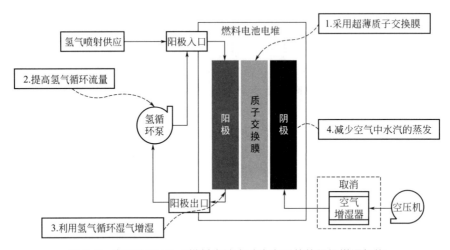

图 8-5 丰田公司 Mirai 燃料电池电动汽车系统的阳极增湿架构

为简化，减小了体积和重量，同时降低了成本；缺点是系统的水热管理难度比较大，容易导致电堆膜的干燥、电导率下降，影响到电堆性能，同时会影响电堆的寿命。丰田公司为了解决阳极增湿架构的水热管理问题，采用了四方面的措施，包括：①膜电极采用超薄的质子交换膜，有利于阴极侧生成水快速扩散至阳极侧；②加大氢气循环设计，充分回收通过尾排氢气带出电堆的水；③氢气与空气采用对流操作，利用电堆氢气出口所含的生成水扩散至电堆空气侧入口进行增湿，缓解干空气导致的膜干问题；④降低阴极侧水的蒸发损失。

8.2.2.2 关键零部件的匹配

（1）空压机的匹配

根据电堆的操作电流、节数、空气化学剂量比等与电堆相关的参数，可以通过式（8-3）计算空压机的流量需求：

$$W_{cp} = \frac{NIM_{air}}{4 \times F \times 0.21} \times \xi \tag{8-3}$$

式中，W_{cp} 为空气质量流量，kg/s；N 为电堆节数；I 为电堆工作电流，A；M_{air} 为空气的摩尔质量，29g/mol；ξ 为氧气的化学计量比；F 为法拉第常数，96485C/mol。

假设空压机吸气端状态接近环境状态，空气离开压缩机时的温度可以式(8-4) 计算：

$$T_{cp} = T_{atm} + \frac{T_{atm}}{\eta_{cp}} \left[\left(\frac{p_{sm}}{p_{atm}} \right)^{(\gamma-1)/\gamma} - 1 \right] \tag{8-4}$$

式中，T_{cp} 为空压机出口空气温度，K；T_{atm} 为环境温度，K；η_{cp} 为空压机效率；p_{sm} 为空压机出口空气压力，kPa；p_{atm} 为环境大气压力，kPa；γ 为空气的热比率系数或绝热系数（定压比热容与定容比热容之比）。

空压机的功耗可以式(8-5) 计算：

$$P_{cp} = C_{cp} \frac{T_{atm}}{\eta_{cp}} \left[\left(\frac{p_{sm}}{p_{atm}} \right)^{(\gamma-1)/\gamma} - 1 \right] W_{cp} \tag{8-5}$$

式中，P_{cp} 为空压机功耗，kW；C_{cp} 为空气定压比热容，kJ/(kg·K)。

（2）氢循环装置的匹配

根据电堆的操作电流和节数，可以通过式(8-6) 计算燃料子系统中氢气的进气质量流量：

$$W_h = \frac{NIM_{H_2}}{2 \times F \times f_g} = \frac{W_h^0}{f_g} \tag{8-6}$$

式中，W_h 为系统氢气进气质量流量，kg/s；N 为电堆节数；I 为电堆工作电流，A；M_{H_2} 为氢气的摩尔质量，2g/mol；F 为法拉第常数，96485C/mol；f_g 为燃料利用率；W_h^0 为电池反应消耗的氢气质量流量，kg/s。

氢气循环装置将排出电堆的含水氢气抽取循环至电堆入口，与电堆入口的干氢气混合进入电堆，起到循环利用氢气并提供增湿的功能，循环的氢气质量流量可以式(8-7) 来表示：

$$W_{hp} = \chi W_h^0 + W_{H_2O} - W_h \tag{8-7}$$

式中，W_{hp} 和 W_{H_2O} 分别为氢循环装置回流质量流量、燃料增湿所需水的质量流量，kg/s；χ 为氢气进入电堆的计量比。

常见的氢气循环装置包括文丘里管型的氢气引射器（简称氢引射器）和电动氢循环泵，氢引射器实现循环的动力来自进入引射器的氢气压力，由于车载氢系统本身具备足够的压力，足以驱动氢引射器实现氢气循环，因而不再产生额外功率消耗。

电动氢循环泵依靠电机驱动机械泵来实现氢气的循环，因而会产生额外的功率消耗。假设氢气循环泵吸入端温度为电堆运行温度，出口端的温度可由式(8-8) 计算：

$$T_{hp} = T + \frac{T}{\eta_{cp}} \left[\left(\frac{p_{hp\text{-}out}}{p_{hp\text{-}in}} \right)^{(\gamma-1)/\gamma} - 1 \right] \tag{8-8}$$

式中，T_{hp} 为氢气循环泵出口氢气温度，K；T 为电堆温度，K；η_{cp} 为氢循环泵效率；$p_{hp\text{-}out}$ 和 $p_{hp\text{-}in}$ 分别为氢气循环泵出口和入口压力，kPa；γ 为氢气的热比率系数或绝热系数（定压比热容与定容比热容之比）。

氢循环泵的功耗可由式(8-9) 计算：

$$P_{hp} = C_{hp} \frac{T}{\eta_{cp}} \left[\left(\frac{p_{hp\text{-}out}}{p_{hp\text{-}in}} \right)^{(\gamma-1)/\gamma} - 1 \right] W_{hp} \tag{8-9}$$

式中，P_{hp} 为氢气回流泵功耗，kW；C_{hp} 为氢气定压比热容，kJ/(kg·K)。

（3）热管理系统的匹配

系统在各种应用环境中，热管理系统都应具备充足的散热能力，因而实际应用中应以高热值效率计算燃料电池系统废热量，如式(8-10)：

$$Q = N \times (1.48 - V_{cell}) \times I \tag{8-10}$$

式中，Q 为系统释放的废热量，W；N 为电堆节数；V_{cell} 为电堆平均单池电压，V；I 为电堆电流，A。

热管理系统冷却剂的质量流量以式(8-11)来计算：

$$W_L = \frac{Q}{C_L \Delta T_L} \tag{8-11}$$

式中，W_L 为系统冷却剂质量流量，kg/s；C_L 为冷却剂定压比热容，J/(kg·K)；ΔT_L 为电堆进出口冷却剂温差，K。

热管理系统的冷却剂循环泵遵循式(8-12)，可以根据此式进行冷却剂循环泵的选型：

$$\eta = \frac{P_e}{P} = \frac{W_L H g}{P} = \frac{W_{LV} \rho H g}{P} \tag{8-12}$$

式中，η 为冷却剂循环泵效率；P_e 为有效功率，W；P 为泵的轴功率，W；W_L 为冷却剂的质量流量，kg/s；W_{LV} 为冷却剂的体积流量，m³/s；H 为循环泵的扬程，m；ρ 为冷却剂的密度，kg/m³；g 为重力加速度，m/s²。

8.2.3　关键零部件

BOP中大多零部件可以从传统汽车或化工行业选型匹配，而空压机、氢循环泵以及增湿器等既是关键零部件，也是专用零部件，需要单独进行开发。

8.2.3.1　空压机

空压机主要分为速度式压缩机和容积式压缩机，速度式压缩机通常借助于高速旋转的叶轮，使气体获得很高的速度，然后在扩压器中急剧降速，使气体的动能转变为压力能；容积式压缩机的工作原理是依靠工作腔容积的变化来压缩气体，因而它具有容积可周期变化的工作腔。速度式压缩机包括离心式、轴流式和混流式空压机；容积式压缩机有旋转式和往复式空气压缩机，其中旋转式又分为罗茨式、双螺杆式、滑片式、液环式、单螺杆式、涡旋式；往复式又分为隔膜式和活塞式空气压缩机，如图8-6所示。

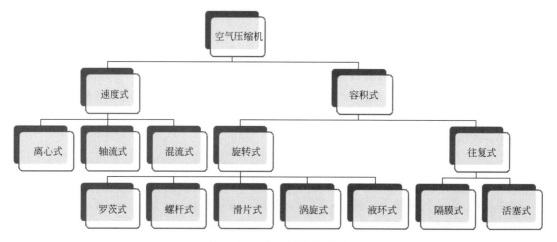

图 8-6　空气压缩机的分类

　　燃料电池用空气压缩机的技术要求比较高,包括:效率高——空压机的功率消耗是 BOP 功耗的主要组成部分,提高空压机效率是降低 BOP 功耗、提升系统效率的重要途径;工作范围宽——汽车应用条件的高动态特性决定了燃料电池系统具有较宽的功率输出范围,相应的空压机要具备较宽的流量和压比范围;输出空气不含油——常见的有机润滑油若进入电堆会导致电堆污染,因而空压机输出的压缩空气需要无油;低噪声——噪声水平是汽车应用的关键性能,燃料电池空压机通常具备高转速和气体强压缩等工作过程,容易产生较强的噪声,需要在设计中进行规避;体积小、重量轻——空压机的体积和重量影响到整个系统的功率密度,从而影响到整车的继承性能,因而体积和重量越低越好。

　　基于上述技术特征,目前系统应用的空压机主要包括离心式空气压缩机、罗茨式空气压缩机和螺杆式空气压缩机。

(1) 离心式空气压缩机

　　离心式空气压缩机结构简单可靠,能够适应较大范围的流量变化,参照图 8-7 Rotrex™ C15 空压机性能曲线,其主要有两个特点:高效率工作区比较狭窄,在定压比下等效率线靠得非常近;空压机存在喘振区间,在喘振线左侧空压机将变得不稳定,故在低流量区工作时效率较低且不稳定。离心空气压缩机需要通过提高转速来满足输出流量和压比的要求,转速有时会超过每分钟 10 万转,因而轴承的润滑成为关键技术,关键是要避免润滑油进入到压缩空气中,目前较为主流的技术是采用空气轴承技术,从而规避润滑油的问题。

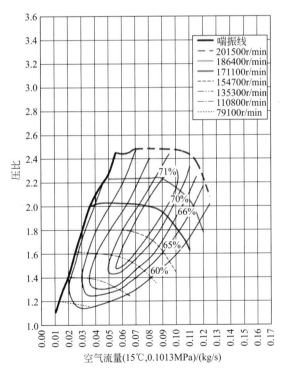

图 8-7　Rotrex™ C15 空压机性能曲线

(2) 罗茨式空气压缩机

　　罗茨式空气压缩机属容积旋转式,转子互不接触,它们之间靠严密控制的间隙实现密封,故排出的气体不受润滑油污染。输送时介质不含油、结构简单、维修方便、使用寿命长、整机振动小。由于周期性的吸、排气和瞬时等容压缩造成气流速度和压力的脉动,因而会产生较大的气体动力噪声。此外，转子之间和转子与气缸之间的间隙会造成气体泄漏，从而使效率降低。罗茨式空压机最大的特点是运行时当压力在允许范围内变化时流量变动甚微，压力的选择范围很宽，具有强制输气的特点，图 8-8 为 Eaton 公司 WCER340 空气压缩机性能曲线。

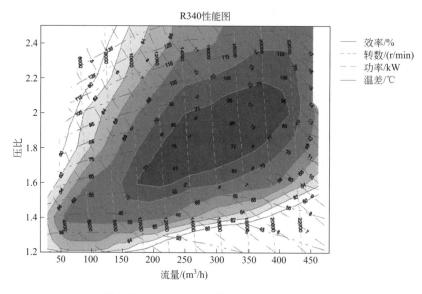

图 8-8　WCER340 空气压缩机性能曲线图

（3）螺杆式空气压缩机

螺杆式空气压缩机的优点是能够提供较大范围的压缩比，压缩比高，并且在较大的流量范围内有较高的效率；缺点是机械结构精密复杂，噪声大，需要润滑因而必须保证润滑油不会渗漏到输出的空气中。目前螺杆式空气压缩机主要分为单螺杆空气压缩机和双螺杆空气压缩机。

① 单螺杆空气压缩机：外部的电机仅仅驱动一个转子，第二个转子由第一个转子驱动，两个转子相对接触，所以必须有油润滑，少量的油随着空气被带出。这种空气压缩机广泛地被用于气动工具和其他工业应用，但存在油对入堆空气的污染，不能用作燃料电池空压机。

② 双螺杆空气压缩机：两个转子由一个同步齿轮相连接——其提供了从一个转子到另一个转子驱动的连接。虽然为了高效率使两个转子靠得很近，但相对旋转的螺杆并没有相互接触。这种空气压缩机没有油排出，正是燃料电池系统所需要的。

表 8-1 为以上三种空气压缩机的纵向比对，"＋"表示相比有优势及竞争力，"－"表示相比处于弱势或不足。三种形式空气压缩机各有优缺点，对它们在燃料电池汽车中的应用还在持续开发和验证中。

表8-1　不同类型空气压缩机特点

类型	压比	效率/%	特点
涡轮增压器	约 3.0	约 75（压缩机）约 65（涡轮机）	＋ 震动噪声 ＋ 体积、重量

续表

类型	压比	效率/%	特点
罗茨鼓风机	2	50~60	− 震动噪声 − 压比 − 体积、重量 + 寿命
螺杆式压缩机	3	约65	− 震动噪声 + 压比 − 体积、重量

8.2.3.2　氢气循环装置

阳极增湿架构逐步成为系统的主流发展方向，与阴极增湿相比不仅可以减小体积、降低成本，还可以提高动态响应速度，解决电堆阳极的液滴排出问题，提升系统寿命。阳极增湿架构的核心部件是氢气循环装置。氢气循环装置包含电动循环及机械循环两类，电动循环装置通过电动氢气循环泵实现，机械循环装置则以文丘里管氢气引射器[3,4]来实现。

图8-9是两种电动氢循环泵产品的图片，电动氢循环泵的吸气端与电堆的氢气尾排端相连，压缩出气端与电堆氢气入口端相连，通过泵压缩做功将尾排氢气循环至氢气进气端进行混合，实现氢气的增湿和循环利用功能。电堆工作过程中，阴极侧空气中的一部分氮气会扩散至阳极侧，因而尾排氢气中含有一定比例的氮气以及电堆反应生成的水分，因此在氢气循环管路中要增加排气阀，通过一定的排放策略适时排出循环路中的氮气和水分。

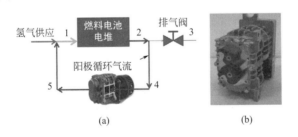

图 8-9　电动氢循环泵

(a) 日本 Ogura 公司产品；(b) 瑞士 Busch 公司产品

图8-10是典型的文丘里管氢气引射器的结构，其安装方式与图8-9中电动氢循环泵类似，电堆的氢气尾排端与引射流体端相连，系统输入的氢气与喷嘴相连，扩压器后端的压缩流体出口与电堆氢气入口相连。文丘里管氢气引射器主要由喷嘴、接受室和扩压器组成，将从喷嘴出口截面1至完全混合截面3之间的一段定义为混合段，工作过程是系统导入的氢气高速流经喷嘴，在截面1处形成负压，电堆的氢气尾排连接到引射流体端，截面1处的负压会将氢气尾排引入引射器，新鲜氢气与氢气尾排两股流体在混合段充分混合后，形成压缩流体，从扩压器后段4截面排出后进入电堆，从而完成整个氢气的循环过程。

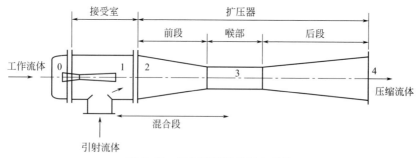

图 8-10 氢气引射器的基本结构

8.2.3.3 增湿器

增湿器是空气增湿架构中的关键器件，其应用过程如图 8-2 中空气子系统的流程，电堆尾排气体和进入电堆的干气分别通入增湿器的干端和湿端，干端和湿端的气体在增湿器中进行水分和热量交换，实现将回收湿端水和热并对干端气体进行增湿的效果。典型的增湿器包括膜增湿器和熔轮增湿器两大类，膜增湿器的优势是干湿气之间窜漏量低，水热交换效率高，缺点是膜材料成本较高；熔轮增湿器优势是成本较低，缺点是机械结构复杂，可靠性差，干湿气的窜漏量较高。

图 8-11 所示为一种典型的膜增湿器，由增湿器壳体和内部一定数量的中空膜管构成，干气通过干端进气歧管进入膜管的内腔，在流经膜管的过程中与湿端气体进行水热交换后，经过干端出气歧管流出；湿气即电堆尾排气体通过湿端进气歧管进入膜管的外腔，在流经膜管外侧的过程中与干端气体进行水热交换后，经过湿端出气歧管流出。膜管采用透水阻气的高分子材料构成，比如 Nafion®，增湿器内包含多根膜管，在膜管两端以一定的工艺进行封闭处理，实现膜管内腔与外腔的隔离，以避免膜管内外的干湿气发生窜漏。在系统设计时，膜增湿器选型的关键设计参数是膜管的干湿交换面积，可以通过调整膜管的数量和增湿器

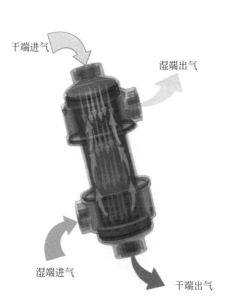

图 8-11 膜增湿器

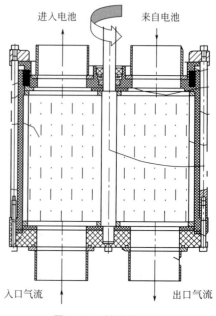

图 8-12 熔轮增湿器

的体积来实现。

　　焓轮增湿器的功能和应用方式与膜增湿器相类似，区别在于焓轮增湿器是通过内部的多孔陶瓷材料吸附湿端的水分和热量，并通过陶瓷材料的旋转，将所吸附的水分和热量传送至干端，从而实现对干端空气的增湿功能。图 8-12 是一种典型的焓轮增湿器实物图片及其内部结构[5]，主要包括焓轮内筒、焓轮外筒以及驱动电机三部分：焓轮内筒内填充多孔陶瓷材料，在工作时处于旋转状态；焓轮外筒用来承载内筒结构，并通过进出气歧管导入和导出工作气体；驱动电机通过转动轴驱动内筒旋转。焓轮增湿器的关键性能包括水热交换能力和干湿端窜气量两个方面，水热交换能力取决于多孔陶瓷材料的水热吸附容量以及焓轮内筒的转速，干湿端的窜气量则取决于内外筒的动密封性能以及干湿端气体的压差。

8.3　系统的应用分析

　　燃料电池系统在汽车领域的应用开始于 20 世纪末，以通用、戴姆勒和丰田等为代表的各大汽车公司开始燃料电池电动汽车的研发，经历坚持不懈的努力，目前燃料电池系统技术已经满足汽车应用要求，逐步进入市场化发展阶段。图 8-13 列出了燃料电池系统在燃料电池汽车应用中的发展过程，总体来说可以分为三个阶段：2005 年以前的系统应用验证阶段，这个时期各汽车公司对于燃料电池系统在汽车动力系统的应用可行性进行了评估，尽管系统性能在寿命和功率密度方面仍有欠缺，但是在汽车上的应用可行性得到确认；2005～2015 年间的系统性能提升阶段，这个时期各汽车公司纷纷自行开发电堆和系统，并且在寿命和功率密度方面取得了大幅提升，经过两轮开发后电堆功率密度超过 3kW/L，系统功率密度也达到传统内燃机水平，系统耐久性超过 5000h，具备-30℃启动能力，整车续驶里程达到传统燃油车的水准，技术上已经成熟并满足市场应用要求；2015 年之后的商业化推广阶段，这个时期主要是降低系统成本，同时通过各种示范应用拉动加氢基础设施的发展，从而满足燃料电池汽车大批量应用要求。

图 8-13　燃料电池系统在燃料电池汽车领域的应用和发展

国外燃料电池技术从起步到成熟应用，离不开大量的实际道路运行验证。事实上车用燃料电池系统在实际应用中进行验证的难度较大，一方面系统在实际道路中的运行情况非常复杂，很难在实验室进行模拟，因而系统的性能稳定性必须通过实际道路运行来验证；另一方面这类实际道路耐久性测试消耗非常大，影响因素繁多，需要系统组织和长期坚持才能实现，相关的研究报道也比较少。下面通过两个系统在实际道路应用条件下的性能研究案例，介绍实际道路验证系统性能的方法，同时也从这个角度反映我国"十五"期间燃料电池电动汽车的应用和研发情况。

8.3.1 客车示范运行中的系统稳定性分析

系统的实车运行验证是基于燃料电池/锂电池电电混合动力客车平台进行的，图 8-14 是该动力平台的结构示意图[6]，图 8-15 为参加示范的燃料电池客车，该客车在示范运营期间，参加了北京"奥运会"及"残奥会"相关活动，并在北京 801 公交线路参加公交运营，平均每天运行 100km，系统日工作时间 5h，为了进行系统状态分析，定期对系统运行数据进行采集。燃料电池系统由电气并联的两个独立模块构成，系统额定功率 80kW，最大功率 100kW，系统为阴极增湿架构，空气子系统采用常压操作，通过焓轮增湿器实现阴极增湿。

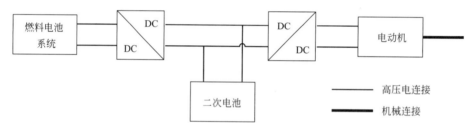

图 8-14　燃料电池客车混合动力系统结构示意图

图 8-15　燃料电池客车

采用与系统中同样的电堆，在电堆台架上控制电池温度 65℃，空气 80% 增湿，化学计量比 2.5（利用率 40%），氢气不增湿，采用脉冲方式排气，利用率 96%，电池氢气压力为 50~70kPa，空气压力 30kPa，按照图 8-16 中的加载工况，每个工况运行 1h，每天运行 8 个工况，每天运行前后测试电池组的伏安特性曲线，累计进行 1000h 运行考核。

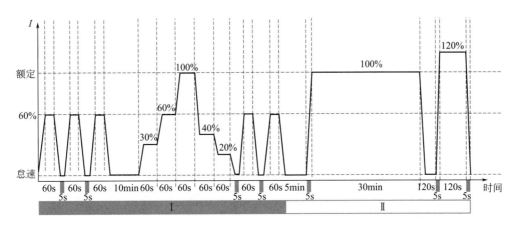

图 8-16　燃料电池电堆寿命考核工况

8.3.1.1　实际道路运行中的系统性能变化

　　燃料电池客车累计运行 20000km，系统累计工作 14 个月，每个月 22d，每天 5h，总计约 1500h。图 8-17 是运行不同时期，燃料电池系统的伏安特性曲线，在实车运行条件下系统发电性能出现一定的衰减现象。

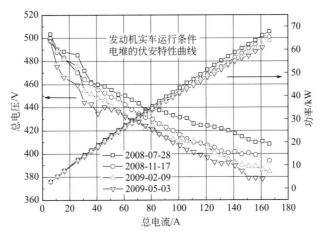

图 8-17　燃料电池系统运行期间不同时期的伏安特性曲线

　　为了具体分析燃料电池系统性能的变化情况，在系统运行过程中实时采集运行数据。图 8-18（a）是系统在 100A、110A、120A、130A 及 150A 等工作点的输出功率随运行时间的变化情况，随着运行时间的增加，各电流工况点下系统输出功率都呈下降趋势，根据对曲线的拟合，在不同工作点下降速度有所不同，图 8-18（b）中将各电流下系统输出功率折算成平均单池电压，将日期折算为小时，则得到相应电流时单池平均电压随小时数增加的变化曲线，进行线性拟合，根据斜率得到电堆单池平均电压的衰减速率，见表 8-2。

表8-2　系统不同电流工作点衰减速率

工作点	150A	130A	120A	110A	100A
功率衰减速率/(W/d)	16.3	14.4	10.8	9.2	7.9
单池平均电压衰减速率/(μV/h)	50	55	45	43	41

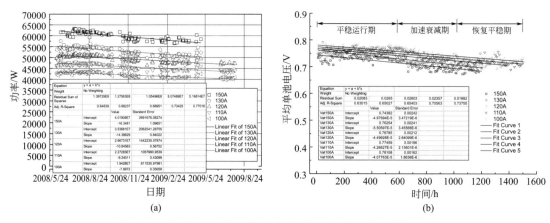

图 8-18　系统功率变化曲线（a）和系统输出电压变化曲线（b）

值得注意的是，在示范运营过程中系统功率的衰减并不是均衡发生的，在 2008 年夏秋两季性能非常平稳，但冬季运行期间有一个加速下降的过程，随着春季来临，性能又趋于平稳，甚至缓慢回升，如图 8-19，全过程基本可以分为平稳运行期（2008 年入冬以前）、加速衰减期（跨 2008 年末和 2009 年初的冬季）、恢复平稳期（2009 年入春以后）。为了分析系统功率变化的趋势，图中同时列出了系统功率变化所对应的运行环境条件，包括环境温度、露点温度及当时的空气污染指数。可以看出，在"平稳运行期"，系统运行的环境温度及露点温度大都在 10～20℃，空气质量也比较好（API 指数低于 20）；在"加速衰减期"，系统运行的环境温度及露点温度降至 0℃以下，空气质量恶化（API 指数高于 40）；当进入"恢

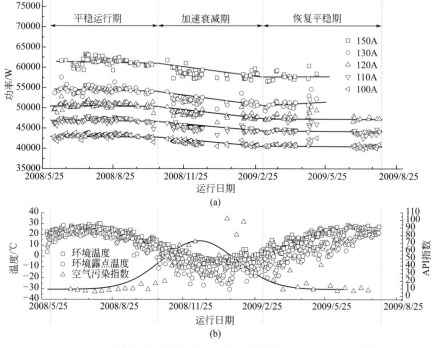

图 8-19　燃料电池系统耐久性在示范运营过程中的三个发展阶段

（a）运行期间系统功率变化性能；（b）运行期间的环境温度、露点温度及空气质量

复平稳期"后，随着环境温度及露点温度恢复到 10～20℃，以及空气质量好转（API 指数下降到 40 以下），系统性能又出现一个平稳运行阶段。

　　基于上述情况，我们认为系统性能的变化速度与系统运行环境密切相关：一方面，系统增湿系统是基于焓轮增湿器的被动自增湿体系，环境温度及湿度对于焓轮增湿器的增湿效果有明显的影响。环境温度和湿度高，有利于焓轮增湿器中热焓和气态水的保持，有利于电堆增湿效果；而环境温度和湿度低，则焓轮增湿器因与温度较低的环境发生热交换，导致热焓值降低和气态水流失，大大降低了系统的增湿能力，从而影响到电堆的性能。另一方面，由于空气中痕量的 SO_2 即可导致燃料电池性能的衰减[7-9]，随着冬季到来，空气污染指数上升，空气中硫化物浓度增加，燃料电池性能出现加速衰减现象，而在空气质量较好的其余时段，燃料电池性能相对比较平稳。

8.3.1.2　电堆试验台架动态耐久性测试

　　采用与系统同型号的单堆进行千小时动态运行考核，图 8-20(a) 是不同时段电堆的伏安特性曲线，单堆性能在近 950h 动态运行后，性能逐渐出现小幅衰减。为了与系统实际道路情况进行对照，选取动态工况中 80A 下的电压输出值（相当于实际道路运行中的 150A 工作点），得到此工作点电压随时间变化的趋势，如图 8-20(b)，经线性拟合可以得到单池平均电压的衰减速率为 $12\mu V/h$。

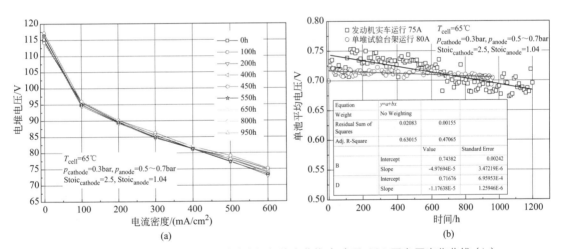

图 8-20　电堆试验台架下千小时动态运行伏安曲线（a）及 80A 下电压变化曲线（b）

8.3.1.3　系统实际道路运行与电堆试验台架耐久性测试的对比分析

　　从前文分析可以得到系统实际道路运行与电堆试验台架运行条件下性能衰减速度分别为 $50\mu V/h$ 和 $12\mu V/h$，实车运行条件下电堆性能下降更快。

　　由于采用同一型号电堆，运行负载工况也比较相似（客车动态负载工况），那么在相近的工作点下，二者性能衰减速度差异的主要原因在于燃料电池操作条件的差异，显然实验室台架为单堆提供了更为理想的温湿度以及供气条件，从而有效降低燃料电池性能衰减速度。表 8-3 列出了两种操作条件的主要差异，支持系统所提供的操作条件效果不同，导致系统实车运行性能衰减快于单堆试验台架的衰减速度。

操作条件		系统实车运行	单堆试验台架动态考核
增湿因素	系统	焓轮系统	露点精确控制
	特点	由于重量和体积限制，能力相对差，受环境温湿度影响，响应慢	增湿系统配套庞大，控制准确，稳定，响应快
	效果	湿度变化范围大	稳定，相对湿度 70%～80%
温度因素	系统	系统热管理系统（车用）	测试系统热管理系统
	特点	由于重量和体积限制，能力相对差，受环境温度影响，响应慢	热管理系统配套庞大，控制准确，稳定
	效果	系统在环境温度约 70℃ 波动	操作温度稳定在 65℃±3℃
供气因素	系统	车载鼓风机及其空滤	测试系统空压机及空滤
	特点	重量和体积限制，空滤能力有限，供气压力和流量有限	专用空压机配套设施，多级空滤系统，供气能力强
	效果	供气响应慢，供气质量易受空气杂质影响	供气响应快，气体质量有保障，受环境影响小

表8-3　系统实际道路运行与电堆试验台架运行条件分析对比

8.3.2　轿车示范运行中的系统稳定性分析

示范运行的燃料电池轿车整车平台是上汽荣威 750，采用燃料电池/锂电池混合动力系统[10]，如图 8-21。示范运行期间该轿车作为"2010 上海世博会"接待用车，选取其中 03# 示范车的运行数据进行整理和分析。系统采用基于焓轮增湿器的阴极增湿架构，空气子系统为常压系统，图 8-22 是系统的架构图，采用如图 8-23 所示的动态负载试验工况，对系统进行循环运行试验。

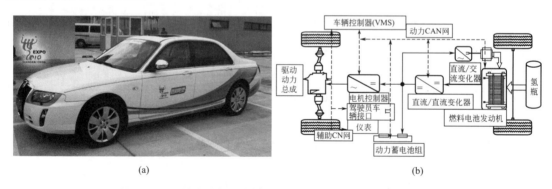

(a)　　　　　　　　　　　　　　　　(b)

图 8-21　燃料电池轿车（a）及混合动力系统结构示意图（b）

8.3.2.1　系统在实验室的性能稳定性研究

燃料电池采用常压操作条件，反应气体相对湿度是其初性能及稳定性的重要影响因素，通过监控系统反应气体的温湿度参数，对系统的增湿控制条件进行了动态工况中的标定。图 8-24是系统在动态循环工况中，进入燃料电池电堆的实时空气相对湿度值，可以看出除了系统启动的几十秒时间，电堆的空气入口相对湿度基本高于 75%，达到系统设计要求。另外，从图 8-24 中可见，相对湿度值随着电流的增大而升高，随着电流的减小而降低，这是因为熔轮增湿系统依靠电堆生成水对电堆进行增湿，因此随着电堆电流增大，生成水量增加，空气入堆的相对湿度升高，反之电堆生成水减少，相对湿度也降低。

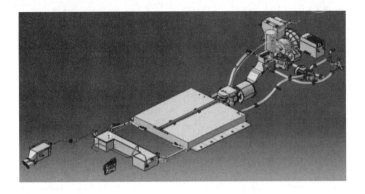

图 8-22 轿车用系统架构图

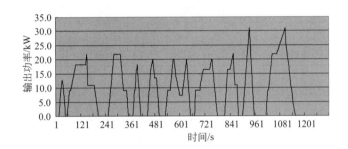

图 8-23 轿车用燃料电池系统"实验室动态工况"

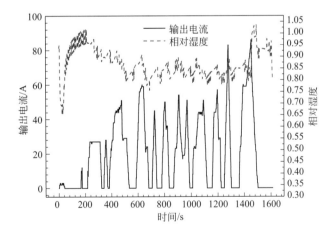

图 8-24 系统动态工况中反应空气的实时相对湿度

图 8-25(a) 是系统在循环工况中的电流电压输出状况，从中取出相应的电流和电压数据，得到如图 8-25(b) 所示的系统性能发展曲线，即不同电流下电压随时间变化的过程。通过线性拟合可以得到各输出电流下电压的衰减速度，如表 8-4 所示，在所讨论的 50～120A 常用输出工况点下，系统性能变化随载荷的加大有逐步放大的趋势。系统实际累计循环运行 360h，电压衰减速度 18～23mV/h，单池平均衰减速度为 33～43μV/h。

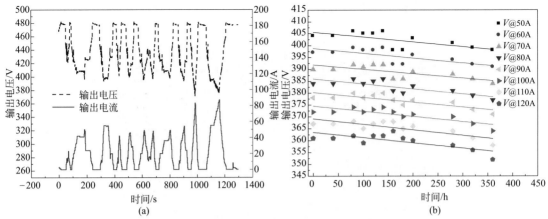

图 8-25　系统动态工况下的电流电压输出情况（a）和性能发展曲线（b）

表8-4　系统不同电流工作点衰减速度

工作点/A	50	60	70	80	90	100	110	120
系统电压衰减速度/(mV/h)	−20	−20	−18	−21	−20	−22	−23	−22
单池平均电压衰减速度/(μV/h)	−37	−37	−33	−39	−37	−41	−43	−41

8.3.2.2　系统在实际道路运行条件下的性能稳定性研究

示范 3 # 车自 2010 年 1 月至 2011 年 4 月 20 日示范运行期间累计运行 15000km，图 8-26 （a）显示了系统在示范运行期间的不同电流下的功率与运行里程的关系，图 8-26（b）是将功率换算成不同输出电流时的输出电压的变化情况。可以看出输出电流越大输出功率的衰减越为明显。系统性能也经历了波动期和稳定期：车辆 6868km 以前，系统功率输出在波动中逐步下降，可以认为是第一阶段的性能波动期；随后运行时间里，系统性能比较平稳，形成性能稳定期。

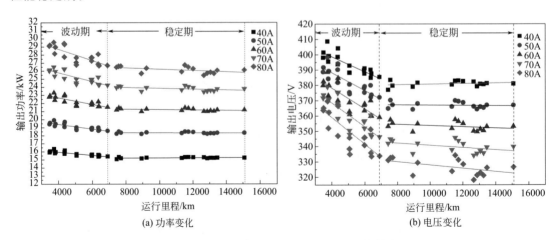

图 8-26　系统实际道路运行中单位里程的性能变化

对图 8-26 中的数据分别进行线性拟合，可以得到系统在不同输出电流下随运行里程发展的功率变化率和电压变化率，如表 8-5 所示。随着系统输出电流的增加，即输出载荷的加大，系统的性能衰减呈现放大的趋势，这与表 8-4 中实验室条件下趋势一致。"性能波动期"

的性能衰减速率明显高出"性能稳定期"，随着输出电流增大两个时期性能衰减速率差异减小，后文中会对两个时期性能变化差异的原因进行分析。如果以平均时速为 20km/h 计[11]，则可以推算出实际道路运行条件下系统性能随时间变化情况，如表 8-5 中的"时间变化率"列，相对于实验室运行条件性能衰减情况，实际道路运行条件下衰减率更高。

表8-5　系统实际道路运行中不同电流下的性能变化率

工作点 /A	单位里程的功率变化率			单位里程的电压变化率			时间变化率 /（mV/h）
	性能波动期 /（W/km）	性能稳定期 /（W/km）	总体变化率 /（W/km）	性能波动期 /（mV/km）	性能稳定期 /（mV/km）	总体变化率 /（mV/km）	
40	−0.20	−0.0073	−0.071	−4.92	0.182	−1.76	−70
50	−0.29	−0.0048	−0.11	−5.84	0.097	−2.18	−87
60	−0.41	−0.024	−0.16	−6.80	−0.402	−2.61	−104
70	−0.55	−0.051	−0.21	−7.78	−0.725	−3.06	−122
80	−0.70	−0.085	−0.28	−8.79	−1.060	−3.51	−140

8.3.2.3　系统实际道路运行与实验室运行条件的对比分析

实际道路运行与实验室运行采用同样的系统方案，运行条件的差异主要有两方面：一是动态载荷条件；二是在两种情况下支持系统为电堆提供的运行条件。图 8-27 是在"实际道路运行"中采集的约 1400s 的系统实时输出工况，经过多次采集相关数据证实该实时工况具有典型性。由图可见该实际工况具有较强的动态特性，启停和载荷的波动比较频繁，通过分析图 8-27 的实际道路工况与图 8-23 的实验室运行工况，可以对比出两种工况的加载速率和变载频率，如表 8-6 所示。系统的加载速率主要取决于控制逻辑，两种情况的加载速率基本一致，而变载频率则取决于实际应用条件，由表中数据看出实际道路工况的变载频率要远高于实验室运行工况，这会造成燃料电池操作条件的频繁波动，如气体压力、气体相对湿度、燃料电池温度等，这些条件的变动会导致燃料电池内阻的波动，并加快电池材料老化速度，从而影响到燃料电池性能稳定性。

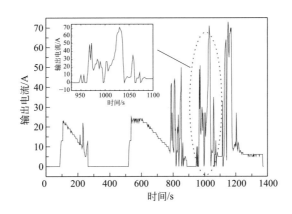

图 8-27　燃料电池系统"实际道路运行"中的典型输出工况

表8-6 "实际道路运行"与"实验室动态工况"条件对比

项目	加载速率/（A/s）	变载频率/（次/s）
实际道路工况	1.75	1/33
实验室动态工况	2	1/107

另外，两种工况下支持系统所提供的电堆操作条件也存在差异，图 8-28 显示了两种情况下进入电堆的空气相对湿度的对比，从图中可以看出，实际道路运行时空气相对湿度波动更为剧烈，且总体低于实验室动态工况，这就导致燃料电池膜电极内阻逐步增大，电池性能逐步下降。

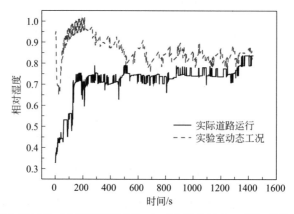

图 8-28　燃料电池系统"实际道路运行"与"实验室动态工况"的湿度条件对比图

参 考 文 献

[1] 王克勇，石伟玉，王仁芳，等.车用燃料电池系统耐久性研究 [J].电化学，2018，24（6）：772-776.

[2] Nonobe Yasuhiro. Development of the fuel cell vehicle mirai [J]. IEEJ Transactions on Electrical & Electronic Engineering，2017，12（1）：5-9.

[3] 王洪卫，王伟国.质子交换膜燃料电池阳极燃料循环方法 [J].电源技术，2007（7）：559-561.

[4] 许思传，韩文艳，王桂，等.质子交换膜燃料电池引射器的设计及特性 [J].同济大学学报（自然科学版），2013，41（1）：128-134.

[5] 孙茂喜，侯中军，马庸颇，等.一种用于质子交换膜燃料电池的空气湿焓转换装置：CN 2007100111428 [P] 2007.

[6] 徐梁飞，卢兰光，李建秋，等.燃料电池混合动力系统建模及能量管理算法仿真 [J].机械工程学报，2009，45（1）：141-147，53.

[7] Jing F，Hou M，Shi W，et al. The effect of ambient contamination on PEMFC performance [J]. Journal of Power Sources，2007，166（1）：172-176.

[8] Fu J，Hou M，Du C，et al. Potential dependence of sulfur dioxide poisoning and oxidation at the cathode of proton exchange membrane fuel cells [J]. Journal of Power Sources，2009，187（1）：32-38.

[9] 傅杰，侯明，俞红梅，等.空气中 SO_2 杂质气体对 PEMFC 性能的影响 [J].电源技术，2007（11）：864-866，913.

[10] 贠海涛，钟再敏，孙泽昌.燃料电池轿车动力系统建模与仿真研究 [J].上海汽车，2006（3）：4-6.

[11] 杜爱民，步曦，陈礼璠，等.上海市公交车行驶工况的调查和研究 [J].同济大学学报（自然科学版），2006（7）：943-946，59.